Historia stosunków polsko-japońskich 1904-1945

【増補改訂】

日本・ポーランド関係史

エヴァ・パワシュ＝ルトコフスカ◉著
Ewa Pałasz-Rutkowska

アンジェイ・タデウシュ・ロメル◉著
Andrzej Tadeusz Romer

柴 理子◉訳
Riko Shiba

彩流社

ポーランド広報文化センター
INSTYTUT POLSKI TOKIO

本書は、ポーランド広報文化センターが後援すると共に
出版経費を助成し、刊行されました。

Niniejsza publikacja została wydana pod patronatem
i dzięki finansowemu wsparciu Instytutu Polskiego w Tokio.

Published in Japan in 2019 by SAIRYUSHA

〔増補改訂〕日本語版の出版によせて

二〇一九年は、日本とポーランドが正式に国交を結んでからちょうど一〇〇年にあたる。一九一九年三月、第一次世界大戦を集結させたパリ講和会議の際、日本政府が独立ポーランド国家を承認したからである。このような重要な年には、来し方を振り返り、改めて思いを馳せようという気持ちにさせられるものだが、同時に過去の出来事やそこに関わった人々への記憶を新たにする機会にもなる。今からちょうど一〇年前に出版された『日本・ポーランド関係史』の初版は、予想外に多くの方々が読んでくださった。この記念の年に増補改訂版を日本の読者に届けられる運びとなったことは、著者にとって大きな喜びである。本書は、残念ながら出版を待つことなく二〇一八年夏に逝去した共著者アンジェイ・T・ロメルに捧げたい。

再版が可能になったのは、著者の最新の研究成果を盛り込む作業を根気強く続けてくれた訳者の柴理子さんの言葉に尽くせぬ尽力のおかげである。今回もまた出版に多大な関心を寄せてくださった彩流社の竹内淳夫会長にも、心から御礼申し上げる。また、ポーランド広報文化センターにも感謝の意を表したい。その助成なしには、今回の出版は困難であったろう。

最後に、長年にわたって私の研究を支えてくださった日本とポーランド両国のみなさま、本当にありがとう。

二〇一九年一二月

エヴァ・パワシュ＝ルトコフスカ

ポーランド語版・増補改訂版への序文

一九九六年六月二八日、ワルシャワ王宮のコンサートホールで、本書のポーランド語初版のプロモーションが行われた。王宮統括責任者のアンジェイ・ロッテルムント教授が司会進行を務められ、傑出した日本研究者の一人であり、初版への序文を寄せてくださったヨランタ・トゥビェレヴィチ教授が本書の紹介をしてくださった。兵藤長雄駐ポーランド日本大使からは、ポーランドと日本の交流についての心温まるお話をいただいた。兵藤大使はポーランドに並々ならぬ好意を寄せられ、その在任中（一九九三―一九九七）に、日ポ両国は一段と親密の度を増し、双方向の交流がたいへんな活況を呈した。[1] 本書に記された数々の出来事の登場人物を代表して、エリク・ブズィンスキ氏がスピーチを行った。ブズィンスキ氏は「日本便」、すなわち第二次世界大戦中の情報をめぐる日ポ協力のカウナスのエピソードに関わっていた数少ない生き証人の一人であり、この会のためにわざわざカナダからお越しくださったのである。ベローナ出版社代表と私たち著者も本書について一言ずつ述べた。

本書には大きな関心が寄せられ、他の方々の仕事にも刺激を与えることになった。本書出版の一年後、杉原領事とその第二次世界大戦中のポーランド諜報機関との協力関係という一筋の糸から、アンジェイ・ミウォシュ、ピョートル・ヴェイヘルト監督作品『命のビザ』（映像集団「コンタクト」、一九九七年）が生まれた。三年後の一九九九年、日ポ国交樹立八〇周年に際しては、イエジ・ポミャノフスキ駐日ポーランド大使のイニシアティヴで「ショパン・ポーランド・日本」展が開催された。展示の三つのテーマ、ショパン、文化芸術、歴史・政治のシナリオはいずれも、まさに本書がその土台となった。[2] 東京におけるオープニング・セレモニーには、高円宮両殿下のご臨席をも賜った。展示は東京のみならず大阪（一九九九年一二月）にも巡回し、その後、ワルシャワ（二〇〇〇年一―二月）、クラクフ（同年三月）でも開催された。

初版の出版から一〇年余りが経過したが、その間たくさんの方が買ってくださり、在庫が底をついてしまった。そこで私は、共著者であるアンジェイ・T・ロメルの承諾を得て、本書の増補改訂に取り組むことにした。私をその作業に駆り立てたのは、何より二〇〇九年が日ポ国交樹立九〇周年と国際ショパン年にあたっていたことであり、日ポ両国で記念事業が予定されていたからであった。もう一つの理由は、私がこの間もずっと探していた文書や新たな情報を入手していたことである。初版を上梓した後も、日ポ関係史を私のもっとも重要な研究テーマの一つと考えていたからである。長い年月が経つうちに、私は過去の思考からすっかり遠ざかってしまっていた。こうした諸々の事情から、私たちは増補改訂版の出版に踏み切ったわけである。

私は新たに得られた知見に依って改修作業を進め、新たな内容を追加し、初版に書いた内容をさらに展開させた。しかし、全体の構成と生き証人たちが当時の出来事を自ら語っている部分についてはそのままにした。多くの出来事について、彼らの証言と関連する文書からの引用は、コメントを付さずそのまま引用してある。そのほうが、読者が自分で読み解き結論を引き出すことができると思うからだ。一般書・教養書の性格は保っているが、関心を持った事柄の探求の手助けになるよう、特に典拠については多くの注を加えてある。文献目録についても、新たな資料を追加するだけでなく、初版では省略した基本的な文献も加えた。主な登場人物についての人名小辞典は、初版ではポーランド人と日本人に限定したが、これも範囲を広げる形で加筆修正した。日ポ関係史の関係年表も新たに載せてあり、読者にとってその歴史をひもとく大きな手助けになるだろう。図版をさらに充実させることができたのは、多くの方々からご提供いただいたおかげである。また、外務省外交史料館（日本）、国立デジタル・アーカイヴ（ポーランド）、宮内公文書館（日本）および防衛省防衛研究所図書館（日本）の職員のみなさま、ニェポカラヌフのフランチェスコ会修道院アーカイヴ（ポーランド）にも大変お世話になった。写真の出典については注に記してある。

最後に、私の研究を支えてくださったすべての方々に心からお礼を申し上げる。みなさまのご助力なくしては、そもそも本書は存在しなかったであろう。多くの方々のお名前はすでに初版の序文に記してあるが、初版を丹念に読み貴重なご指摘をくださった方々、そして新たな資料をご提供くださった方々にも感謝の意を表したい。すなわち、小野寺百合子、杉原幸子、タデウシュ・ロメル元大使のご遺族、とりわけご息女のテレサ・ロメル、ゾフィア・リビコフスカ、ボレスワフ・シュチェシニャクとヤニーナ夫人、ヤン・ズヴァルテンディク元領事のご子息ヤンJr.のみなさまである。

この一二年間に、自らの知識や重要な情報を私に伝え、興味深い図版をご提供くださった方々にもお礼を申し上げたい。福島安正のご令孫福島尚郎・安光、大鷹節子・正夫妻、松本照男、沢田真、白石仁章、渡辺勝正、エルネスト・G・ヘップナー、グスタフ・ブズィンスキ、ヤン・キェニェヴィチ、ヘンリク・リプシッツ、ヤヌシュ・ウォプシャンスキ、チェスワフ・マツキェヴィチ、リシャルト・マツキェヴィチ、アルフレト・マイェヴィチ、アンジェイ・シェロシェフスキ、プシェミスワフ・シルサルチク、アグニェシュカ・ジュワフスカ＝ウメダ、梅田良穂、ピョートル・ヴェイヘルト、トマシュ・ヴィトゥフ、ヤニナ・ジュウトフスカのみなさま、あなた方のおかげで、文化的には隔たりのある二つの国が互いに近づいたと確信する。たとえわずかであれ、本書もその役に立つことを願っている。

ワルシャワ、二〇〇九年春

エヴァ・パワシュ＝ルトコフスカ

日本語版への序文

本書のポーランド語版の出版からちょうど一〇年が過ぎようとしている。本書は、日本側とポーランド側双方の公刊・未公刊史料と当時の出来事の直接体験者へのインタビューに基づく、一九〇四〜一九四五年のポーランド・日本関係史を扱った最初の、そして唯一の研究書である。この一〇年間、日本のポーランド研究者やポーランド愛好家の勧めもあり、わたしたちはずっと日本語版の出版の可能性を探っていた。それはなかなか容易ではなかったが、ついに出版の運びとなった。これは、柴理子さんのおかげである。彼女はポーランド研究者で日ポ関係の研究にも携わっており、多忙にもかかわらず自ら翻訳の労をとってくれたばかりでなく、出版社まで見つけてくれた。理子さん、ご尽力どうもありがとう。

また、本書に関心を持ち、出版を引き受けてくださった彩流社の竹内淳夫社長にも心よりお礼を申し上げる。

何しろ一〇年も経ってしまったので、わたしたちは、本書がもはや価値を失ってしまったのではないか、加筆修正を施すべきなのではないか、と考え始めていた。しかし結局は、わたしたちがポーランド、日本、アメリカ、カナダ、イギリスで何年もかかって集めた当時のもっとも重要な、かつ、今もなお唯一の資料を使っているのだから、初版のままにしておくべきであるという結論に達した。最初から全部書き直すことも可能だったとも思うが、これは常にどの著者にとってもジレンマである。とりわけ、そのテーマの研究を続けていて、情報を集めている場合はそうである。だが、まったく別の本が出来上がったら、その翻訳にはまた時間がかかってしまう。そこで、わたしたちは、一九九六年以前には情報を持っていなかったか、私たちの知識が完全でなかったために不十分なものになっていた部分を加筆修正するにとどめた。これには、著者ルトコフスカの研究が大いに役立った。その主たる成果は、Polityka Japonii Wobec Polski 1918-1941（日本の対ポーランド政策　一九一八―一九四一年）. Nozomi, Warszawa, 1998という論文である。また、歴史的背景の叙述も改めた。ポーランドでは日本についての詳しい記述を求められるし、逆に日本ではポーランドやヨーロッパの歴史をより詳しく紹介することが不可欠だからである。脚注、登場人物の簡単な経歴についても、日本の読者にとって必要のないものは省略した。ただし、一九九六年以降に出版された文献で、日ポ関係の研究にとって重要なものは追加した。

わたしたちの研究のジレンマや経緯、研究を開始した動機についてはポーランド語版の序文に記してあるので、そちらをご覧いただきたい。わたしたちの研究を支え、重要な知識を与えてくれた人々のお名前も挙げてある。一〇年という月日の間には、残念ながら、日本語版の出版を待ちきれずにこの世を去られた方もいるが、あらためてすべての方々にいま一度心からの感謝を表し、本書を捧げたい。

二〇〇六年夏、ワルシャワにて

エヴァ・パワシュ＝ルトコフスカ

ポーランド語版への序文

ポーランド人が日本に大きな関心を寄せ、また両国が相互に対して伝統的に好感情を抱いてきたにもかかわらず、ポーランドと日本の交流の歴史を専門に扱った研究書はまだ存在しない。主として日本でいくつかの論考が出ているが、それらも交流史の断面を扱っているにすぎない。今日、読者諸氏の手に委ねるのは、交流史の全貌に関する最初の研究書であり、エヴァ・パワシュ＝ルトコフスカとアンジェイ・T・ロメルの長年にわたる研究の成果である。

ワルシャワ大学日本学科で教鞭をとるパワシュ＝ルトコフスカは、一九八〇年代後半、目前に迫っていた学科創立七〇周年をきっかけとして、ポ日間の交流に関心を抱いた。ポーランドの日本研究者たちや、当時、著者の指導教授であったヴィエスワフ・コタンスキ教授、ヨランタ・トゥビェレヴィチ教授（ともに故人）の回想を聞き、また助力を得たおかげで、日本学科の歴史と戦前を含め日本学科にゆかりのある人々に関する多くの新事実を知ることができた。まさにこのとき、第二次世界大戦前のポ日関係がポーランドでは——日本学科ですら——ほとんど知られていないという問題に直面し、両国の交流に関する資料の収集を開始しようと決意したのである。

調査は日本とポーランドの両方で行なったが、一九九〇年に日本での調査に着手できたのは国際交流基金の一年間のフェローシップを得たおかげである。一九九三年夏には立教大学の一年間の奨学金により、調査を継続することができた。多数の史料を閲覧しただけでなく、戦前の出来事の体験者や近親者として伝え聞いている十数名の人々に直接話を聞くことができた。小野寺眞夫人・百合子さん（故人）、杉原千畝夫人・幸子さん（故人）、三井高陽夫人・三井正子さん、鍋島直和令嬢・松原史主子さん、酒匂秀一元大使の令息・酒匂秀夫氏、森元次郎氏（故人）である。日本の歴史研究者、とりわけ東京大学で長年にわたってご指導をいただいた伊藤隆教授ならびに菊池昌典教授（故人）からは貴重な専門的アドバイスをいただいた。また、ここに一人一人お名前を挙げることはできないが、ポーランド史やポーランド文化の専門家、文書館・図書館の職員の方々にもお世話になった。当時、東京のドイツ日本研究所に勤めておられたゲルハルト・クレプス博士は、戦前の駐日ポーランド大使タデウシュ・ロメルに関する文書の入手のために便宜をはかってくださった。こうして、ポ日交流史に関する多くの知識を得たものの、研究書の執筆に不可欠ないくつかの資料はなかなか入手できなかった。

一九五〇年代末から日本に関心を持っていたアンジェイ・T・ロメルは、一九六〇―六二年に商用で日本を訪れ、この国を知る機会を得た。ロメルがポ日関係に関心を持つ直接のきっかけとなったのは、当時、日商岩井副社長をしていた創業者の孫と大阪で出会ったことである。

私と同世代の人間、特に国に仕えていた者、中でも高級軍人にはポーランド語を話す人がたくさんいることに気づかれることでしょう。日本とポーランドは、ロシアによって一万一千キロも隔てられている両極のようなものです。私たちは生来の同盟者です。仮に軍事的観点を離れても、この巨人の影響を東西から食い止めるという文化的観点から。共通の安全保障以外に、私たちを結びつけるものはありません。ロシアにちょくちょく出入りするのは困難だったため、日本はポーランドを対ロ観察地点に選んだのです。

この示唆に富む一言こそ、ロメルがポ日関係史に興味をもち、詳細の調査に乗り出す直接のきっかけとなったものである。彼は、アメリカと日本に加えてポーランドでも資料を収集した。さらに、両国の交流の歴史を作った多くの人々へのインタビューを行う機会にも恵まれた。その主な人物は、山脇正隆、エリク・ブズィンスキ、ヴィンツェンティ・フションシュチェフスキ、ヤン・フリリンク、ルドヴィク・フリンツェヴィチ、ヴァツワフ・イェンジェイェヴィチ、タデウシュ・ロメル、ミハウ・リビコフスキである。しかし、多数の貴重な記録を入手したものの、日本語の史料を読みこなすだけの日本語の知識は持ち合わせていなかった。

一九九二年夏、ヤドヴィガ・ロドヴィチらワルシャワ大学日本学科の日本研究者たちのおかげで、わたしたち二人の著者は初めて出会うことになった。このとき、それぞれが収集してきた資料を持ち寄って共同で執筆したならば、ポーランドと日本の交流史のほぼ全体を扱う貴重な研究書を世に送り出すことができるのではないかと思いついた。何年もの間、骨の折れる調査を続けてはきたが、それでもすべての資料に行きつくことができたわけではないことを、わたしたちは重々承知している。しかし、ポーランド・日本関係史、すなわちポーランドと日本双方の外交史の重要な側面に関する待望の研究書になると考え、このような形で研究成果を出版することを決意した。

本書は、ポーランド・日本間の主として政治関係を扱っているが、軍事関係にも触れており、基本的には一九〇四年から一九四五年までの時期を含んでいる。それまで、すなわち一九〇四年以前には、両国を隔てる距離と好ましいとはいえない歴史の推移——ポーランドの独立喪失と一世紀を超える国際社会からの離脱、二世紀以上に及ぶ日本の鎖国（一六三八—一八五四）のために、交流は散発的であり、ほぼ文化の領域に限られていた。一九世紀末から二〇世紀初頭にかけて日露関係が悪化してはじめて、日本とポーランドは相互に注意深い視線を送るようになる。日本陸軍参謀本部の遣欧使節で情報将校の草分けである福島安正将軍は、一八九〇年代にはすでにポーランドの独立運動家たちと関係を結んでいた。それを日露戦争前夜に利用したのが、日本の情報将校の次なるエース、明石元二郎大佐である。

本文は時系列的に五つの章から成っている。日露戦争期（一九〇四—一九〇五）のポ日間の協力関係を扱った章では、ポーランド人、すなわち日本人との関係締結を目的としたポーランド社会党と民族連盟の活動とともに、日本側の反応やピウスツキ、ドモフスキの訪日の経緯と結果についても述べている。

これに続く章では、一九二〇年代のポ日関係を扱っている。すなわち、ポーランドと日本の外交関係の締結、ユゼフ・タルゴフスキと川上俊彦に始まる両国の歴代の外交代表や、ヴァツワフ・イェンジェイェヴィチ、山脇正隆ら駐在武官の活動である。

一九三〇年代のポーランド・日本間の協力関係に関する次章も同様の構成となっているが、とりわけ外交関係を詳しく論じている。すなわち、満州国承認問題、両国公使館の大使館昇格、初代駐日ポーランド大使タデウシュ・ロメル、駐ポーランド日本大使・酒匂秀一の活動などである。一九三〇年代後半のヨーロッパおよび世界の情勢は、ドイツとソ連の狭間という地政学的位置との観点から日本がポーランドへの関心を強める契機となり、日本はポーランドを日独伊防共協定に勧誘しようと試みさえしたのである。強調しておかなくてはならないのは、戦前のポ日間の外交関係と軍事関係が両国の友好的態度と、日本にいたポーランド人、ポーランドにいた日本人に対して示された親近感によって特徴づけられていたことである。日本が正式に同盟を結んでいたドイツからの圧力にもかかわらず、東京のポーランド大使館が閉鎖されたのは、太平洋戦争開戦二か月前の一九四一年一〇月になってからであった。

最終章は、第二次世界大戦中のポーランドと日本の諜報を中心とする協力関係を扱っている。リッベントロップ・モロトフ協定の調印後、日本はドイツに全幅の信頼を置かなくなり、ヨーロッパの戦況に関する情報を自力で収集しようとした。しかし、日本人がヨーロッパで諜報活動を行うのは困難だったため、ポーランド軍将校の助けを借りた。ベルリン以外でも、ポーランド軍将校と日本軍将校は、カウナスを起点として、ケーニヒスベルク、そしてストックホルムでも協力関係を持っていた。そして、このカウナスで、杉原千畝領事代理がポーランド人の力を借りつつ、ポーランドとリトアニアの数千のユダヤ人をすんでのところでナチス・ドイツによる虐殺から救ったのである。

わたしたちは多くの資料を収集した。能う限り客観的であることを心がけ、日本、ポーランド、その他の基礎的資料を利用し、そのために多くの史料館や図書館を訪れた。現代史史料館（ポーランド）、ポーランド軍中央軍事史料館、ポーランド内務省中央史料館、ポーランド軍博物館史料館、ポーランド国立図書館、ワルシャワ大学図書館、日本外務省外交史料館、防衛研究所図書館、国立国会図書館、東京大学図書館、立教大学図書館、早稲田大学図書館、ピウスツキ研究所（ニューヨーク）などである。

また、多くは未刊行の私蔵文書も、インタビューの際などに入手することができた。当時の雰囲気を伝えるため、また主観的な解釈による歪曲を避けるため、本書には原典からの抜粋や関係者の証言が引用されている。本書に使用した文献資料は、巻末の参考文献一覧に載せておいた。

最後に、すべての方のお名前を挙げることはできないが、資料の収集と執筆へのご協力を頂いた方々に心より感謝申し上げたい。稲葉千晴、タデウシュ・ロメル元大使のご遺族、新川正子、ボレスワフ・シュチェシニャク夫妻（故人）、アントニ・シルサルチクのご子息プシェミスワフ・シルサルチク、ユゼフ・タルゴフスキご息女エルジビエタ・ヴィガノフスカ（故人）、ヤツェク・トラヴィンスキご息女マグダ・イェンチミクおよびヴァンダ・トラヴィンスカ＝ヨナク、山田耕之介、吉上昭三（故人）、ヤン・ズヴァルテンディク領事ご子息ヤン・ズヴァルテンディクJr.ほか（順不同・敬称略）。時は容赦なく過ぎ、本書の登場人物もすでに多くの方々が本書の出版を待たずにこの世を去ってしまった。本書によってこれから語られる出来事に関わったすべての人々が、忘れられることなく次の世代にも記憶されていくことを願うばかりである。

一九九五年秋、ワルシャワおよびブリュッセルにて

エヴァ・パワシュ＝ルトコフスカ

アンジェイ・T・ロメル

目次

第一章　一九〇四年以前のポーランドと日本の交流

日本とポーランドの外交関係の歴史は、正式には、日本がポーランドの独立を承認した一九一九年三月に始まる。しかし、日本人とポーランド人が――ポーランドが世界地図上に存在しなかったため、非公式にではあるが――初めて接触したのは、その十年以上も前、すなわち日露戦争前夜の一九〇四年のことであった。共通の敵ロシアの存在が、そのきっかけとなった。それ以前、こうした接触は実質的には存在しなかった。それは単に両国を隔てる数千キロという距離のためではなく、歴史的に不利な状況のゆえであった。ポーランドは一七九五年の第三次ポーランド分割から第一次世界大戦の終結まで公式の国家としては存在せず、日本は一七世紀半ば以降の約二〇〇年余りにわたって孤立し、世界との接触を持っていなかった。散発的・偶発的にしか現れなかったのは情報、すなわち日本に関するポーランドの出版物、ポーランドに関する日本の出版物も同様であった。

ポーランドにおける最初の日本情報

ポーランド人が日本の名として初めて耳にしたのは、おそらく中国語の「リーベングォ」に由来する「ジピング」もしくは「ジパング」であろう。出所はマルコ・ポーロ（一二五四―一三二四）の旅行記の一五世紀のラテン語写本

『イル・ミリオーネ』で、ポーランドでは『世界の描写』として知られている。このヴェネツィア商人はローマ教皇がモンゴル皇帝クビライ・ハン（一二一五―一二九四）のもとに遣わした使節として、一二七一年に父および叔父と中国遠征に出発した。ただし、マルコ・ポーロは一度も日本を訪れたことはなく、日本に関する知識は、又聞きによる不確かな話に基づくものであった。彼の口述に事実でないことが少なからず含まれるのはそのためである。『イル・ミリオーネ』の同時代のポーランド語訳にはこうある。

ジピングは大陸から一五〇〇マイルの東の海上に浮かぶ島である。非常に大きな島だ。住民は肌が白く、美しく、体格がよい。神々を崇拝し、独立していて、自らの権力者の上にはいかなる権力も持たない。知っておくべきは、黄金を大量に有することだ。無尽蔵に埋蔵するからだ。この島から黄金を持ち出す者は誰一人いないことも覚えておくがよい。大陸の商人も、誰も、その島には到達していないからだ。そこはとても遠く、他所からの船が行きつくことはめったにない。だから、すでに話したように、持て余すほどの黄金を持っているのだ。(1)

ポーランド人の手になる、日本についての最初の記述をようやく見出すことができるのは、一五七九年に初版が出版され、その後何度も増補重版されたピョートル・スカルガ＝パヴェンスキ（一五三六―一六一二）の『聖人伝』（一五九七）である。イエズス会士でカトリック教会の宣教師だったスカルガは、極東での布教活動に大きな関心をもっていた。『聖人伝』では、一五四九年にカトリック宣教師として最初に来日したスペイン人イエズス会士フランシスコ・ザヴィエル（一五〇六―一五五二）の生涯にも触れられている。

スカルガが日本に言及した次なる重要な著作『議会談義』を発表したのは一五九七年であるが、それよりも早く、ポーランド人と日本人が初めて実際に出会っていたことが、近年明らかになった。(2) それは一五八五年三月二三日、ヴァチカンでの教皇グレゴリウス一三世（一五〇二―一五八五）への謁見の際の出来事であった。そのポーランド人とは、国王の派遣で神学研究のためローマに滞在していたベルナルト・マチェヨフスキ（一五四八―一六〇八）で、後にグニェズノ大司教、ポーランド首座大司教となった人物である。一方、このときの主賓は、伊東マンショ、千々石ミゲル、中浦ジュリアン、原マルチノという四人の日本の少年たちであった。彼らは日本史上初のキリスト教使節であり、イエズス会宣教師のアレッサンドロ・ヴァリニャーノ（一五三九―一六〇六）のイニシアティヴでキリシタン大名の大友宗麟（一五三〇―一五八七）、有馬晴信（一五六七―一六一二）、大村純忠（一五三三―一五八七）が組織したものであった。少年使節は一五八二年に長崎を出航し、マカオ、マラッカ、ゴア、モザンビークを経由してポルトガルに着き、そこからスペインを経てローマに入った。

マチェヨフスキは少年たちと会った際、旧約聖書の詩編からの二編を日本語に翻訳するよう依頼し、その日本語訳をポーランドに持ち帰った。一五九九年には、それをヤギェウォ大学図書館に寄贈している。

その後の数十年の間、ポーランドで日本のことを書き残したのは主としてイエズス会士たちであり、おおかた自らの修道士としての使命と宣教師の殉教に関するものであった。一六世紀末に幕府がキリスト教に対する態度を翻し、その結果、信徒や外国人宣教師への迫害や処刑が始まったからである。最初の殉教は一五九七年、二度目は一六二二年に起きた。政治的安定と一〇〇年以上に及ぶ血みどろの内戦を経て達成された天下泰平を案じて、徳川家の将軍は外国人を徐々に日本から追放し、一六三九年にはついに鎖国に踏み切り、キリスト教を禁じたのであった。日本にやってきた最初のポーランド人、イエズス会士ヴォイチェフ・メンチンスキ（一六一一―一六四三）が一六四三年に殉教したことは、ポーランドに大きな反響を呼び起こした。そのいきさつは、一六六一年にクラクフで出版されたメンチンスキの伝記の中に記されている。(3) 殉教者の歴史は、イタリア語やラテン語から翻訳された他の文献にも紹介されている（例えば、『日本のキリスト者の名誉の殉教の記』（一六一二）、ユゼフ・ユヴェンチウシュ『イエズス会史における日本のキリスト教信仰の迫害史』（一七六三）など）。

やや信憑性には欠けるが、日本に関するもっと一般的な情報を見出すことができるのは、イタリアのジョバンニ・ボテロ＝ベネシウスの『物語と時事』（一六〇九）と、これは一七四〇年とかなり後になるが、ポーランド王国の大公証人で後年ポーランド首座大司教を務めることになるヴワディスワフ・ウビェンスキの著書『大区分および小区分による世界――その地理的・年代学的・歴史的定義』である。

マウリツィ・アウグスト・ベニョフスキ（一七四六―一七八六）も、一七九七年にポーランドで翻訳出版された旅行記の中で日本に触れている。すべてが事実かどうか定かではないが、ベニョフスキは数々の冒険で知られた人物であり、バール連盟[*1]（一七六八）に加担した廉でロシアに囚われ、カムチャツカへ流刑となった。一七七一年、陰謀を仕掛けて成功させ、九五人の流刑囚とともに軍艦「聖ピョートル・パヴェル号」でヨーロッパに帰る途中、日本にも立ち寄ったのである。この経緯については、日本側の史料で確認することができる。ベニョフスキが日本のどこにどのくらい滞在したのかについては、いまだに研究者の間で論争になっている[(4)]が、一つ確かなのは、彼が北から南に向かって航行したことである。おそらくは伊豆（現在の静岡県）に着いて、四国北部の阿波（現在の徳島県）へ行き、土佐に立ち寄った後、九州の南に浮かぶ種子島へ向かったらしい。

マウリツィ・アウグスト・ベニョフスキ（出典：**Memoris and Travels of M. a. Count de Benyowsky. vol. 1. London.1790**）

ベニョフスキは自らの滞在を生き生きと描写し、土地の有力者に歓迎されて興味深い体験をしたことを自慢気に書いている。当時の日本が世界から隔絶され、外国人との接触は厳罰に処せられていたことを考えると、これには首肯しかねる。当時は長崎の出島という小さな半島が世界への唯一公式の窓口となっていたのであり、そこにやってきたのは、西洋人では唯一、日本への入国を許されていたオランダ人だけであった。ただ、ベニョフスキのおかげで、日本が西洋に比べ文明的に立ち遅れていることやその危険性を自覚するようになった日本人がいたことは指摘してよいであろう。外敵から攻撃を受けた場合、技術的・軍事的な脆弱さは日本を敗北に陥れ、主権を失わせかねなかったからである。例えば、工藤平助（一七三四―一八〇〇）、林子平（一七三八―一七九三）、本多利明（一七四三―一八二〇）は、日本の強大化こそが解決策であると唱え、幕府に対して警鐘を鳴らしたが、幕府は聞く耳を持たなかった。幕府は国防の脆弱さ、外敵から国を守れないといった疑義を嫌った。しかし、ベニョフスキが日本人を介して長崎のオランダ人に送ろうとした手紙の一通は、幕府の恐怖や懸念を示している。ロシアの脅威について、彼はこう書いている。

ある時から世界のどこでも愉快ならざる運命が私に降りかかり、私を二度までも日本近海へと運んできました。閣下にお目にかかりご助力を賜ることができればという望みをかけてここまでまいりました。私が自らお話する機会を持てなかったのは、誠に残念です。と申しますのも、ある重要な情報をお伝えしたかったからです。私は貴国に対する多大なる敬意から、本年、ロシアの命令により軍用船二隻と戦艦がカムチャツカを出航し日本近海を航行していたことについて、本状によってお知らせすることが不可欠であると考えておりました。観察されたことから申しますと、明年、マツマ〔松前――著者注〕と北緯四一度三八分以南に位置する島々を攻撃するという計画が立てられていました。その目的のため、カムチャツカにいちばん近い千島に要塞が築かれ、武器弾薬や大砲や倉庫が設置されました。

もし直にお話しすることができたら、手紙にしたためるよりもっと多くのことをご説明したのですが。適切とお考えになる備えをなされればよいが、私の進言を、あなたがたの素晴らしい共和国にとっての最善を願う友の進言をお聞きください。能うことならば、軍艦をご用意ください。[5]

＊1　ポーランド王国最後の国王スタニスワフ・アウグスト・ポニャトフスキ（在位一七六四―九五）の国政改革にロシアが干渉しようとしたため、これに反発したシュラフタ（ポーランド貴族）がウクライナのバールで結成した武装連盟。連盟とはシュラフタの伝統的な抵抗手段。

もっと信頼に足る極東旅行の記録とともに日本に関する情報がもたらされるのは、一九世紀になってからである。一八二三年には、ロシア人船長ヴァシリー・ゴロヴニンの『日本幽囚記』[6]のポーランド語訳が出版された。ゴロヴニンは一八一一年に千島列島と北海道海域を探検しようとしたが、外国人に対して頑に国境を閉ざし続けていた日本人に捕捉され、二年もの間、北海道で軟禁生活を送った。

一八五四年、二〇〇年を超える鎖国の後に日本は開国のプロセスを開始する。一八六八年には政権が幕府から天皇に返上され、国の近代化、すなわち西洋化に多大なエネルギーが注がれ、日本への外交使節の派遣が始まった。このあたりについては、ポーランドでも何冊かの本が出版されている。一八六二年にはヴァヴジニェツ・オリファントの『一八五七・五八・五九年のエルギン卿の訪中・訪日使節団』が出版され、一八七四年に出たヒュブネルの『オーストリアの元大使・元大臣による一八七一年の諸国漫遊』は、第二巻が日本を扱っている。

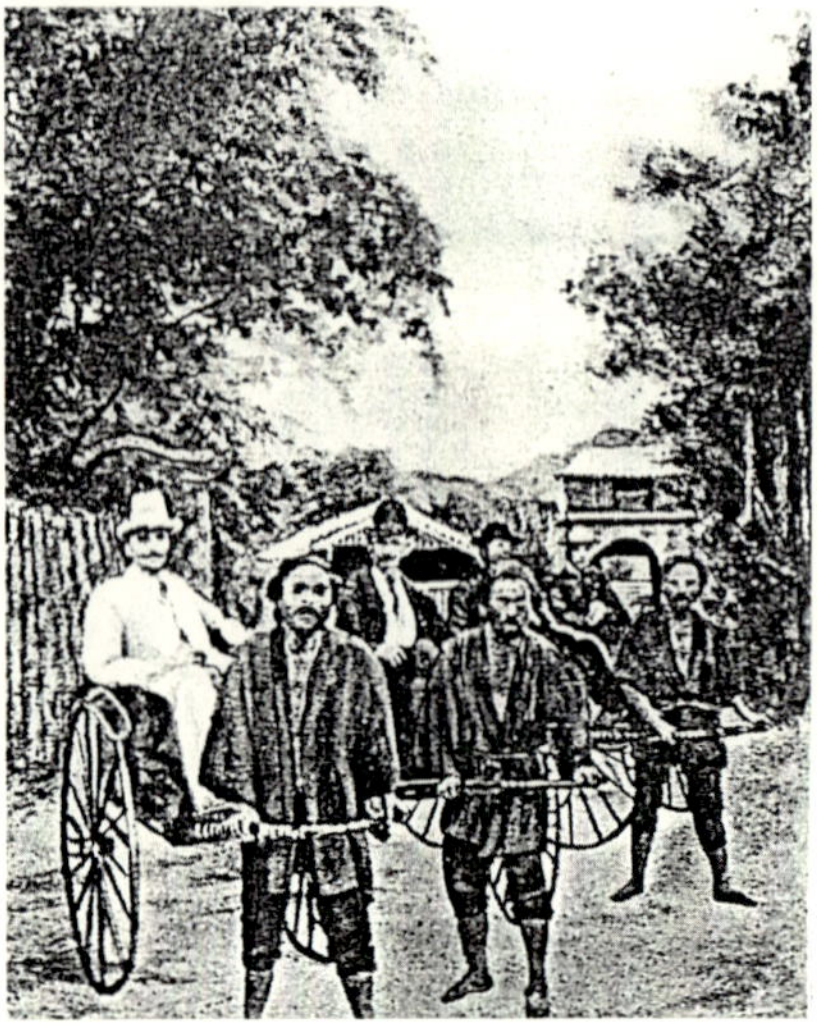

日本滞在中のパヴェウ・サピェハ（***Podróż na wschód Azyi***, **Lwów 1899**）

外交官以外では旅行家や学者も来日しているが、その中にはポーランド人も何人か含まれており、回想録や研究論文に日本のことを記している。中でも興味深いのは二人の旅行家、カロル・ランツコロンスキ（一八四八—一九三三）とパヴェウ・サピェハ公（一八六〇—一九三四）の著作である。ランツコロンスキは『一八八八—一八八九年の諸国漫遊』（一八九三）、サピェハは『東アジアへの旅』（一八九九）という本を書いているが、両者とも日本文化について当時としては良心的な情報を盛り込んでおり、出発前に十分な理論研究を行っているばかりでなく、一般的な知識、外国文化への開かれた態度、取捨選択の

ブロニスワフ・ピウスツキがアイヌの歌を録音した蝋管レコード（写真提供：アルフレト・マイェヴィチ）

ブロニスワフ・ピウスツキ（写真提供：アルフレト・マイェヴィチ）

能力、あらゆる点で大きな隔たりのあるこの国に関する既読書への批判的な態度などが窺われる。

　ポーランド人の学者は多くの場合、流刑地のシベリアから日本やその周辺地域に行っている。ルヴフ大学の動物学教授のシモン・スィルスキ（一八二九―一八八二）は、一八六八年から一八七〇年にかけて日本の農業、養蚕業、医学を研究した。一八八〇年代には、民族学者でオセアニア研究者のヤン・クバリ（一八四六―一八九六）も日本に滞在していた。

　しかし、とりわけ重要な人物は、優れた民族学者でユゼフ・ピウスツキの兄のブロニスワフ・ピウスツキ（一八六六―一九一八）であろう。[7] アイヌの言語と民間伝承の研究に多大な貢献をし、その研究成果は今日まで世界中の研究者の間で高く評価されているからである。[8] 彼はロシア皇帝アレクサンドル三世暗殺事件への関与の疑いで流刑を宣告され、一八八七年からの数年間をサハリンで送った。恩赦によって放免となり、何年かウラジオストクで過ごした後、帝国科学アカデミーの公式派遣員として再びサハリンに戻った。このとき、一九〇二年から一九〇五年にかけて千島列島と北海道でもアイヌの調査を行い、写真を撮り、歌や肉声を録音した。一八七〇年代末には、エジソン式の蝋管式蓄音機が発明され、研究者にとってはアイヌ語やピウスツキの研究成果を再現する基本的な手段となった。サハリンではチュフサンマというアイヌ女性と結婚し、二人の子どもをもうけている。ピウスツキの孫にあたる木村和保は、一九八〇年代初頭になってこの事実を知る。彼は一九九九年、祖父に関する国際会議[9]が開催された折にポー

ヴァツワフ・シェロシェフスキ
（写真提供：アンジェイ・シェロシェフスキ）

ランドを訪れ、ピウスツキ家の人々、祖父の弟ユゼフの娘ヤドヴィガ・ヤラチェフスカ、孫のヨアンナ・オヌィシュキェヴィチとの対面を果たした。その数年前、木村は当時の駐日ポーランド大使ヘンリク・リプシッツのはからいで初めてポーランドの家族の代表、ヤヌシュ・オヌィシュキェヴィチと東京で会っていたのである。

ブロニスワフ・ピウスツキは、一九〇三年の六月から九月にかけて、著名な民族学者で作家のヴァツワフ・シェロシェフスキ（一八五八—一九四五）と一緒に、北海道で合同学術調査を行っている。シェロシェフスキは流刑を回避するため、ペテルブルクの地理協会と科学アカデミーの命令に従って北海道にやって来た。彼はアイヌ研究の成果を『毛深い人々の中で』（一九二七）という文学的なルポルタージュにまとめている。帰国の途中には東京、京都、大阪にも立ち寄り、そこで集めた資料や情報を駆使してこの「日出ずる国」をテーマとする文学作品を書いたり、講演を行ったりしている。[10]

ブロニスワフ・ピウスツキが日本で関心を持ったのはアイヌだけではなかった。一九〇五年、ピウスツキは二度目にして最後の来日を果たし、このときは北海道ではなく東京で、社会主義者の片山潜（一八五九—一九三三）、下層民の権利のために闘っていた社会運動家でジャーナリストの横山源之助（一八七一—一九一五）、日本のフェミニスト運動の草分けである福田英子（一八六五—一九二七）ら、多数の左翼活動家と知り合う。しかし、ピウスツキがもっとも親交を深めたのは、ロシア文学者・翻訳家として知られ、のちにポーランド文学の翻訳にも携わった二葉亭四迷であろう。ふたりはこの時すでに——活動は文化関係に限られることになったが——「日本・ポーランド友好協会」の設立構想を温めていた。この計画は政治情勢の悪化、二葉亭の早世（一九〇九）のため、結局、実現にはいたらなかった。

一九世紀末には、重訳ではあるが日本文学の出版が始まり、一八九六年に出た為永春水『いろは文庫』がその嚆矢となった。日本美術に関する本も出版され、一九―二〇世紀の世紀転換期のポーランドの芸術家たちを大いに刺激した[11]。比較的まとまった数の、たぶんもっとも信頼に足る論考が掲載されたのは、美術評論家のゼノン・プシェスムィツキ・ミリアム（一八六一―一九四四）が編集にあたっていたワルシャワの雑誌『ヒメラ』であろう。しかし、ここで特別な役割を果たしたのは、日本美術愛好家・収集家のフェリクス・ヤシェンスキ＝マンガ（一八六一―一九二九）である[12]。ヤシェンスキは数千点の木版画を含むコレクションを、二〇世紀初めにクラクフの国立博物館に寄贈した。それに先んじて自ら編纂した『国立博物館日本部門ガイドブック』は、ポーランド人読者が日本美術にはどんな特徴があるのかを知る指針となった。ヤシェンスキのユニークなコレクションは、一九九四年末にようやく、アンジェイ・ワイダ監督のイニシアティヴで建設された「クラクフ日本美術・技術センター」（現在は日本美術・技術博物館）に常設展示の場を得ることになった。しかし、ポーランドに日本美術を届けた他の収集家たちのことも忘れてはならない。ワルシャワに日本の彫刻のかなりのコレクションを有していたヘンリク・グロフマン、ヤクプ・グレズメル、マティアス・ベルソンらである。

日露間の政治情勢が緊迫の度を強めていた二〇世紀初頭には、日本をテーマとする出版物が急増し、次章に述べる日露戦争期にとりわけ顕著となる[13]。ヨーロッパ人やアメリカ人によって書かれた様々な出版物の翻訳がそれであり、ヴィルヘルム・デッピング『日本』（一九〇四）、ラドヤード・キップリング『日本からの手紙』（一九〇四）、ジョルジュ・ヴレルス『現代日本』（一九〇四）、ラフカディオ・ハーン『心』（一九〇六）が挙げられる。また、徳冨蘆花『不如帰』（一九〇五）、岡倉天心『茶の本』（一九〇四）、同『日本の覚醒』（一九〇五）、新渡戸稲造『武士道』（一九〇四）といった日本人の著作が、ヨーロッパ諸語からポーランド語に翻訳された。竹田出雲の歌舞伎『菅原伝授手習鑑』の四段目「寺子屋の場」は三度も翻訳され、一九〇五年にヘンリク・フォグル、一九〇七年にはイエジ・ジュワフスキによって出版されている。フォグルは山田案山子の浄瑠璃『生写朝顔話』も翻訳しており、両作品を『日本の演劇』に発表している。

ポーランド人画家アントニ・カミェンスキによる貞奴のスケッチ（**Józef Jankowski *Kesa*, Warszawa 1910**）

ポーランド人の書き手が日露戦争そのものを取り上げる場合は、匿名もしくはペンネームで書いていることが多い。この種のものとしては、『今次の戦争の原因に関するいくつかの見解』（一九〇四）、『絵に見る日露戦争』（一九〇四）、パルヴス『東方問題――日露紛争』（一九〇四）、オフィツェル〔将校の意――訳者〕『日露戦争の結末はいかに？』（一九〇四）、アレクサンデル・チェホフスキ『日露戦争の歴史』（一九〇六）などが挙げられる。

日本に関する理論書や概説書も出版されている。ユリアン・アドルフ・シフィエンチツキは『中国文学と日本文学の歴史』（『文学の歴史』所収、一九〇一年）、レミギウシュ・クフィアトコフスキは『世界文学――日本文学』（一九〇八）を著した。日本の演劇については、ヤン・アウグスト・キシェレフスキが『日本の演劇について』（一九〇二）、『演劇生活』（一九〇七）という本を書いている。一九〇二年、川上音二郎（一八六四―一九一一）とその妻・貞奴（一八七一―一九四六）の一座が初めてルヴフ、クラクフ、ウッチ、ワルシャワを巡業し、ポーランドの観客は日本の演劇に魅了されてしまった。その数年後には、悲運の大女優として知られる太田ひさが、「花子」という芸名でポーランドを巡業している。(14)

日本に関する概説書としては、ズィグムント・クウォシニク『日本』（一九〇四）、A・オクシツ『日本および日本人』（一九〇四）、ユリウシュ・スタルケル『日本の景色』（一九〇四）、ヴワディスワフ・ストゥドゥニツキ『日本』（一九〇四）、スタニスワフ・ポスネル『日本――国家と法』（一九〇五）などがある。

日本については、ノーベル賞作家のボレスワフ・プルス（一八四七―一九一二）も、一八八〇―一八九〇年代に発行された様々な新聞や雑誌の一つである週刊

『クロニカ（ニュース）』や、当時もっともよく読まれていた日刊紙『クリエル・ヴァルシャフスキ（日刊ワルシャワ）』や『ゴニェッ・ヴァルシャフスキ（ワルシャワ速報）』に寄稿している。また、「日本および日本人」という連載記事を、日露開戦後の一九〇四年四月三〇日から六月一九日まで『クリエル・ツォジェンヌィ（日刊毎日）』に書いている。当時、日本は強大な民族と国家に不可欠な特徴を備えた手本となっていたのであり、それは、依然として分割支配されていたポーランドにとっては、是が非でも必要なものだった。ポーランド人に感銘を与えたのは、西欧列強との交渉経験の乏しさをものともせず、近代化が始まってたかだか数十年しか経っていないにもかかわらず、ポーランドの宿敵であるあの強大なロシアとの戦争に踏み切った日本人の勇敢さであり、また強大な国家を建設するために他の文化をモデルとして適切に利用し、自文化の枠組みにはめ込む能力であった。

日本における最初のポーランド情報

日本人が遠いポーランドの名を初めて耳にしたのは、いったいいつ頃だったのだろうか。

著者自身は確かな証拠を見出していないが、モンゴル帝国のフビライ・ハンが「日本の王」に送った書簡の中に、ポーランドが「ポロヴィヤ」の名で言及されている箇所があるという。(15) 周知のとおり、日本人とポーランド人は一五八五年にヴァチカンで最初の出会いを果たしているのだが、日本にはその痕跡は何も残っていない。

ヴィスワ川河畔の国についての最初の情報が現われたのは、おそらくは一六二二年、すでに清国で印刷されていたイエズス会士マテオ・リッチ（一五五二—一六一〇）の世界地理が、この年初めて長崎に出回ったのである。この本には、ポーランドとポーランドの都市についての記述がある。また、一六四八年に出版された世界地図では、ポーランドは黒海からバルト海にまたがる領域を占めている。

既述のとおり、長崎は鎖国の時代にあっても世界への唯一の窓口となっていたのであり、ポーランド人を含む世界四二か国の諸民族を図解した絵入り本というのも、ここで発行されている。長崎は、キリシタンや宣教師に対する幕府の迫害が始まるまで、宣教師たちの活動拠点となっていたことからその関連資料が残っており、ヴォイチェフ・メンチンスキの殉教に関する資料もその中に見出すことができる。ここで特筆すべきは、まさしくこうした宣教師たちのおかげで、日本人がニコラウス・コペルニクス（一四七三―一五四三）とその学説を知ったことである。あるポルトガル人イエズス会士が投獄された際、天文学に関するコペルニクスの著書があとに残され、それが日本語に翻訳されて、日本の学者たちの研究の基礎となった。日本人がポーランドの地理的位置や政治状況について知ったのも、こうした不遇な、もはや悲惨ともいうべき状況に置かれていた宣教師たちのおかげであった。一七一四年と一七二五年には、優れた儒学者で歴史学者の新井白石（一六五七―一七二五）が、『西洋紀聞』というヨーロッパについての著書を発表しているが、これもやはり幕府によって軟禁されていたイタリア人宣教師ジョバンニ・バッティスタ・シドッティ（一六六八―一七一四）から得た情報に基づいて書かれており、当時ヨーロッパの大国の一つだったポーランドにも言及している。日本の開国後の一九世紀後半には、ポーランド分割といったポーランド情報や、ポーランドをテーマとする文学作品も徐々に増えていく。ここに挙げたいのは、何と言っても、当時の人気作家、東海散士[*2]（一八五二―一九二二）によって書かれた『佳人之奇遇』（一八八六）である。主人公は、今は存在しないかつてのヨーロッパの大国ポーランドの歴史を偶然に知り、ポーランド民族の悲劇やポーランド分割や独立運動を知る。東海はポーランド民族の歴史を紹介しながら、長年にわたって世界から隔絶された末にようやく諸外国と関係を結んだばかりの日本に、列強とその植民地政策に対する警戒を促そうとしたのである。ポーランドについては、この時期最大の西洋文明の推奨者の福沢諭吉（一八三四―一九〇一）も、著書『西洋事情』（一八六六―一八七〇）に書いている。

ポーランドの名をもっとも広く日本社会に知らしめることになったのは、落合直文（一八六一―一九〇三）の長編詩『騎馬旅行』（一八九三）の一節「波蘭懐古」であろう。落合は、一八九二―一八九三年に福島安正中佐が行なったベルリン—ウラジオストク間の単騎横断旅行の印象から、この作品を書いている。福島安正については、このあと改めて取り上げる。ポーランドを詠った一節は後に軍歌として知られるようになるが、落合はここにポーランドの歴史とその悲劇的な運命を描き、東海散士と同様に、日本の警戒を促そうとした。

落合直文「波蘭懐古」

一、　一日二日は晴れたれど
三日四日五日は雨に風
路の悪しさに乗る駒も
踏み煩いぬ野路山路

二、　雪こそ降らぬ冴えかかる
嵐や如何に寒からん
氷こそ張れ、このあした
霜こそ置けれこの夕

三、　ドイツの国を行き過ぎて

＊2　明治～大正期の作家（一八五三—一九二二）。本名は柴 四朗。『佳人之奇遇』は、一八八五～一八九七年に発表された八編一三巻からなる長編政治小説。国会議員を長年務めるなど、政治家としても活躍した。

ロシアの境に入りにしが
寒さ、いやいや勝りきて
降らぬ日もなし雪あられ

四、
淋しき里に出でたれば
ここは何処と尋ねしに
聞くも哀れや、その昔
亡ぼされたるポーランド

五、
かしこに見ゆる城の跡
ここに残れる石の垣
照らす夕日は色寒く
飛ぶも淋しや鶻鳩の影

六、
栄枯盛衰、世の習い
そのことわりは知れれども
かくまで荒るる、ものとかは
誰かはしらん夢にだも

七、
存亡興廃、世の習い

その理を疑わん
人は一たび来ても見よ
哀れ僂きこの所

八、　咲きて栄えし古えの
色よ匂いよ今いずこ
花の都の、その春も
まこと一時の夢にして(16)

ポーランドと日本の文化交流の歴史をここに詳述することは本書の本来の目的ではないが、ポーランド文学の翻訳が、初めは英語からの重訳ではあったが、二〇世紀初頭に開始されたことは特筆に値するだろう(17)。その最初はヘンリク・シェンキェヴィチ*3であった。一九〇四年には、正宗白鳥がこの作家の『楽師ヤンコ』を、また馬場孤蝶が『灯台守』を翻訳している。既述の二葉亭四迷の訳業のおかげで、日本人はボレスワフ・プルス『椋のミハイロ』やアンジェイ・ニェモヨフスキ『我は愛す』を読むことができた。その後も、『クォ・ヴァディス』『火と剣で』『大洪水』『十字軍の騎士』など、シェンキェヴィチの他の作品や、ステファン・ジェロムスキ*4、ヴワディスワフ・レイモント*5、アダム・ミツキェヴィチ*6らポーランド作家の作品が翻訳された。

*3　一九世紀後半のポーランド実証主義文学の代表的な作家（一八四六―一九一六）。一九〇五年にノーベル文学賞を受賞。ポーランドの国民作家と称される。
*4　一九世紀末に興ったポーランドのモダニズム運動「若きポーランド」を代表する作家のひとり（一八六四―一九二五）。
*5　「若きポーランド」の代表的な作家のひとり（一八六七―一九二五）。一九二四年にノーベル文学賞を受賞。
*6　一九世紀前半のポーランド・ロマン主義を代表する詩人（一七九八―一八五五）。ポーランドの国民詩人と称される。

主要な分野におけるポーランドと日本のもっとも早い時期の交流は、このような状況であった。両国を隔てる距離に加え、歴史の展開も味方してくれなかったため、交流は散発的で、ほぼ文化の領域に限られていた。一九世紀末～二〇世紀初頭に日露関係が悪化してはじめて、日本とポーランドは相手を注意深く見るようになる。次章で取り上げるポーランドの独立運動家たちは、この状況を分割国に対する行動開始の絶好の機会ととらえ、かたや日本の指導層の一部は、ロシア本国だけでなく、旧ポーランド領と隣接諸国においても、帝政ロシアに対する反対運動をロシアの後方撹乱に利用すべきであると考えていた。一九〇一年には、この目的のために陸軍大佐・明石元二郎がヨーロッパに派遣される。明石は一九〇五年末までヨーロッパに留まって、日露戦争と連動する形で活動することになるが、これについては第二章に譲ることとする。ここでは、先に触れた福島安正中佐の足跡を辿っておきたい。

福島安正のポーランド横断騎馬旅行（一八九二）

日ポ関係史を研究する者にとって、福島安正という人物は、少なくとも三つの理由から重要である。

第一に、福島は近代日本軍のヨーロッパにおける諜報活動の先駆者と認められるからである。日本という国家の代表として初めてポーランド人と接触した人物でもあった。この関係を十数年後の日露戦争期に利用したのが、日本の諜報機関のもっとも優秀な諜報将校、明石元二郎大佐であった。

第二に、福島はポーランドの土を踏んだ最初の日本人だったことである。ヨーロッパ、ウラル、シベリア、モンゴル、満州を経由してベルリンからウラジオストクに至る、大変な勇気の要る騎馬旅行をなし遂げたことで一躍ヒーローとなり、日本国外にもその名が知れ渡った。

第三には、すでに述べたように、日本人が、福島とその報告書によってポーランドの悲劇的な運命を知ったことである。

福島安正（一八五二―一九一九）は、明治期（一八六八―一九一二）の陸軍将校としてはもっとも波瀾万丈で、もっとも興味深い人物である。一八五二年、松本藩（現在の長野県）の武士、福島安広の長男として生まれ、幼少時より軍人教育を授けられた。幕末に江戸のオランダ人専門家から直接、戦術・戦略の教えを受けた後、開成学校（一八七七年、東京大学に改組）[18]で研鑽を積んだ。

有能で、語学にも堪能（五か国語を操ったという）で、人一倍仕事熱心だった福島は、陸軍省での一年余の研修を終えると、一八七六年には実習のためアメリカ合衆国に派遣された。帰国後、陸軍中尉に昇格し、陸軍参謀本部長の伝令使となる[19]。一八七九年から一八八二年にかけては、公務で何度か清国と朝鮮を訪れている。一八八三年から二年間は、在清国公使館付き武官を務め、その後は数ヶ月をかけてインド等を視察している。一八八七年、福島は在ベルリン日本公使館付き武官の重責を命じられる。自国のみならず多くのアジア諸国の軍事情勢に通じていた福島の任務は、ヨーロッパ式の近代的な軍隊とその戦略に関する情報の収集であった。

一九世紀後半、二〇〇年間に及ぶ鎖国に終止符を打ち、急速な近代化に乗り出したばかりの日本政府にとって、西欧型の強力な近代的軍隊の創設は、主要な目標の一つであった。ひとりの指揮官が頂点に立ち、一八六八年に政権をわが手に取り戻した天皇が軍の最高指揮官となる。日本政府は、そういう軍隊こそが日本の安全と主権を保障しうると考えていた。それ以前は、武士＝家臣がもっぱら自らの主君に奉仕し、主君とその所領に忠誠を尽くすという体制だったからだ。国家の総合的な戦略計画を立てるには、他国に関する、とりわけ最大の脅威となっていた隣国ロシアの戦略に関する情報が不可欠であった。

五年間のベルリン滞在中、福島は日本軍の近代化のモデルとされたプロイセン軍に関する詳細な知識を得ただけではなかった。イギリス、デンマーク、スウェーデン、フィンランド、オランダ、ベルギー、フランス、スペイン、ポルトガル、イタリア、スイス、ヨーロッパ・ロシア、バルカン諸国と、ヨーロッパの大半の国々を実際に訪れている。

ドイツにいる間に、福島は分割支配下にあったポーランドを何度か訪れ、多数のポーランド人と接触したと思われる。彼は、いわゆるポーランド人志士（愛国者）、すなわち武力闘争によるポーランド独立を目指していた熱烈な反ロシア派のみが、ロシアに関するもっとも重要な情報を提供してくれると考えていたからである。彼はそうした情報を日本軍参謀本部に伝え、それに基づいて自らの壮大な単独旅行の計画を立てた。情報提供者たちから聞いたことを、自分の目で確かめようとしたのである。戦略的観点から福島がもっとも関心を引かれたのは、当時建設中だったシベリア横断鉄道だった。ポーランド人の中には流刑を経験し、シベリアに関する情報を提供するだけでなく、福島と今なおそこに留まっているポーランド人との接触を助けられる者もいたのである。

一八九二年二月一一日、神武天皇の即位を祝う「紀元節」の日に、福島は愛馬「凱旋号」に跨ってベルリンを出発し、単騎帰国の途についた。四八八日に及ぶ一万四〇〇〇キロの旅の始まりである。福島は旅行記録を参謀本部に送り、大阪朝日新聞がこの遠征を報じると、福島の記事は大きな関心を呼んだ。ところが、大阪朝日新聞はまもなく報道を打ち切らざるをえなくなる。国家のための重要な諜報活動を兼ねたこの旅行は、秘密扱いにすべきとの判断を政府が下したからである。同じ理由から、福島の報告書はすべて軍事機密扱いとされ、太平洋戦争の敗戦後には、その多くが破棄されてしまった。歴史家と彼の子孫にとって幸いなことは、福島自身が多くの文書を残していることである。「単騎遠征」と題された報告書[20]もその一つであり、それを手がかりに旅程をかなり詳細に再現できるし、福島自身の印象や考えも知ることができる。また、ポーランド領を横断する途中で、彼が何を見、誰と会い、何を思ったかも推測できる。

ここに、福島の遠征の「ポーランドの部」の重要部分を再現してみよう。

出発から三日目、福島はヴァルタ川とオドラ川の合流点に位置するコシュチシンに到着した。その昔、コシュチシンはポーランドの国境の町であったこと、しかしプロイセン領となった今は、戦略的重要性を失ってすっかりさびれてし

福島安正のポーランド通過ルート（1892 年）

（島貫重節『福島安正と単騎シベリア横断』より著者作図）

まったことを、彼は知っていた。次の二日間で一五〇キロを踏破しつつ、プロイセンが対ロシア戦に備えて建設した保塁や基地や道路を視察した。二月一五日、当時はロシア領との境界近くに位置していたポズナンに至る。福島が記しているように、この一帯の最大の都市であるポズナンには、ドイツ軍司令部が置かれていた。福島はここで盛大な歓迎を受けている。すでに二六〇キロを走破していたため、しっかり休息を取ることに決め、傷の治療をし、馬にも手当てを受けさせた。ここで注意しなければならないのは、福島がこの単騎横断を決行したのは真冬であり、零下一〇度前後の寒さだったという事実である。騎馬旅行にとって最大の難敵は強風だが、幸いなことに、風は吹いていなかったようだ。そのような条件下の、短期の旅行であれば、一日一〇〇キロの移動も可能かもしれない。しかし、一ヶ月を超える長丁場の場合は、せいぜい一日五〇キロが限度である。このテンポも、福島は維持しようとしたのである。

五日間の視察の結果、福島は、万一ロシア軍との衝突が起こっても、ドイツ軍の備えは万全であるとの結論に達している。その根拠として、特に国境付近の道路や鉄道の状態、一般用ならびに軍用の交通・通信設備の機能の円滑さ、情報伝達の迅速さを挙げている。ポズナンでも、すでに通過した町々でも、人々は福島の旅装を見て、温かく迎え入れた。ポズナン司令部の将校たちも、福島のそこまでの旅程や宿泊先などをつぶさに知っていた。

二月一八日、福島はポズナンをあとにし、翌日ロシア領に入った。いささか簡素すぎる国境の装備に面食らったが、彼はこれを仮の国境のゆえと説明している。この地方がかつてはポーランド領であったことを覚えていたのである。国境とロシア領の通過許可に則って、国境での手続きはあっさり済んだ。国境警備兵が二キロほど福島に伴走し、次いで若いコザックが同行する。彼はコニン駐屯のコザック騎兵第一三連隊長だという父親の指示で、福島を迎えにやってきたのだった。コニンに着くと、駅前の広場には軍楽隊を伴った五〇人ほどのコザックが待っていた。一行は福島とともに町を賑やかに練り歩き、二〇キロほど離れた駐屯地に着いた。一晩休息し、二月二〇日に福島はさらに先へ進む。連隊長が福島を英雄と認定したため、一五〇人のコザックが儀礼を尽くしてコニンまで福島を見送った。ところが、軍団が街中を行進した際、不慮の事故が起こった。福島の乗っていた馬が突然怯えて後ろ足で立ち、頭部を騎手の顔面に打ち付けたのである。福島は前歯を折り、口から血が流れた。しかし、彼はむしろ群集の面前でそのような失態を演じたことを恥じ、痛みをこらえて何事もなかったかのような顔で心尽くしのもてなしに対する礼を述べ、コウォに向けて出発した。ところが、コウォには歯科医がいないことが判明し、ようやく医者が見つかったのは、それから四日後にたどり着いたワルシャワであった。

コウォから四七キロ走り、福島は第四猟兵連隊が駐屯するクトノに着く。町外れにひとりの若い将校が彼を待っていて、駐屯地へ案内してくれた。そこで客人の世話を引き受けたのは連隊長で、福島によれば、彼より年上の、感じの良い客好きな大佐であった。福島はその日、下士官集会所で行なわれた、ひとりの下士官の結婚披露宴に招待された。階級の区別が厳格に守られていると聞かされていたこの日本人は、全員貴族の出だという士官が、下士官や兵卒と一つのテーブルにつき、嬉々として遊びに興じている様子を見て目を丸くした。

二月二二日の朝、クトノを発つ福島に、連隊長と五人の大隊長、そして披露宴の客人たちが一時間以上も馬車で伴走した。別れ際に福島は勲章を贈られ、シャンパンで前途の無事を祈る乾杯を受けた。その日のうちに四一キロ走ってウォーヴィチに着き、同地の砲兵連隊駐屯地で一夜を過ごしている。

二月二四日、ワルシャワに到着。福島によれば、それは整然とした、しかし騒々しく活気にあふれた、古の自由なポーランドの都であった。福島にとりわけ深い印象を与えたのは、かつてのポーランド王国の栄華とポーランド文化の水準の高さを物語る王宮であった。そればかりではない。分割国に対する幾度にもわたる蜂起に際してこの町が味わった数々の悲劇の痕跡をも、彼は目のあたりにしたのであった。報告書にこうある。

ベルリン～ウラジオストク単騎旅行中の福島安正（1892年）（写真提供：福島尚郎）

国亡ビテ山河アリ、城春ニシテ草木深シトハ亡国ノ跡ヲ弔ヘルモノ、余今波蘭ニシテ来リ、国亡ビタルニ山川空シク存シ、麦秀デテ漸々煙冷カニ風寒キヲ感ズ。古都ワルソウ市外ノ日暮ニシテ立チテ往年変乱ノ日ヲ想ヒ、心ヲ惨憺タル風物ニ痛メ、以テ英雄不祀ノ魂ヲ弔ヒ、長恨タル感慨頻ニシテ禁ズル能ハズ。……二百年前ノ波蘭ハ実ニシテ中央ヨーロッパニシテ一大王国ニシテ、ソノ彊城、北ハバルチック海ヨリ南ハ黒海ニシテ、連リ、其面積ハ仏蘭西、西班牙ト相比敵シタリキ……[21]。

福島の報告文のまさにこの部分が、落合直文の創作の源となったのである。

福島は、ワルシャワには予定を延長して滞在することにした。休息し、歯の治療と旅の途中で負った傷の手当てを受け、以後のための旅支度を整えなくてはならなかったからである。走行距離はすでに五五〇キロに達していたため、馬の蹄鉄を替えてやり、獣医を訪ねて、濃霧と積雪で一段と厳しさを増すであろう今後の旅に備えて助言を得る必要もあった。

ロシア中枢部の旅、特にシベリアの横断計画を立てる際、福島はポーランド人の独立運動家やシベリア流刑の経験者と会っている。この点については、実は証拠や具体的な記述は何も残っていないのだが、「波蘭人志士」というメモが存在することからして、信憑性は非常に高いと考えてよいだろう。福島は、ポーランドの独立を目指すポーランド人の秘密政治組織が存在することを把握していた。こうした組織の本部——支部も同様だが——は、ポーランド国外のほうが資金や武器や装備の調達がしやすいため、旧ポーランド領の外に、すなわちイギリス、フランス、ドイツなどの国々に置かれることが多かった。そういう組織の活動家たちは、多くの場合、当該国の諜報機関と協力関係にあり、それを利用してポーランドの独立を実現しようとしていた。国際舞台における諜報活動の経験の浅い日本軍参謀本部の情報将校が、対ロシア情報の収集にかけては経験豊富なこれら諸国の専門家に助言や助力を求めたとしても、何ら不思議ではなかったのである。ロシアに関する注意点とポーランド人との接触は、福島がロシア領内の旅行ルートを決める上でも重要であった。おそらく彼は、ポーランドの独立運動家たちから勧められた場所を選んだのではないか。そこで彼らの仲間と接触することができ、東京の上官たちが必要としていた情報も入手可能だったのではないだろうか。

二月二五日、福島はある騎兵旅団の司令部を訪問し、ワルシャワに入って初めて、司令官や駐屯中の兵士と顔を合わせた。どの兵士も、騎兵として馬のことを知り抜いていた。そこで福島は、深い積雪の中を騎馬で行軍する際の彼らの注意点や経験を取り入れようとした。兵士たちは福島に、三メートルもの積雪におおわれるジヴィンスク（現ラトヴィア領ダウガフピルス）を経由するより、その北方のコヴノ（現リトアニア領カウナス）に通じる独露国境沿いの道を行くほうが安全で積雪も少ない、と助言した。福島は、国境地帯の軍備を観察する機会にもなると考え、喜んでこの提案を受け入れた。

二月二八日、零下二〇度の寒さのなか、福島は旅団長、騎兵二個連隊の将校たち、軍楽隊に伴われてワルシャワを出発した。一行は町外れまで六キロもの距離を福島に伴走した。福島は騎兵たちの助言にしたがって、コヴノにいたる北東方向の道を進んだ。オストロウェンカにある第六軽騎兵連隊の駐屯地に一泊し、三月二日にはウォムジャに到着した。ここで、駐屯部隊の五日間にわたる野外演習の一部を見学することになっていたのである。福島は、厳寒のなかでの兵士の行動、機敏さ、忍耐強さを目のあたりにし、ロシア軍は厳しい寒さにも慣れていて、そうした状況に対応するための戦闘訓練も万全である、と書いている。

さらに北上する道すがら、福島は国境の装備、軍の兵力、訓練の状況を観察し、その周辺のロシア軍の国境警備は、この遠征の最初の頃に通過したポズナン周辺より厳重であるとの結論に達している。

シュチュチンとアウグストゥフを通過して、三月五日にはワルシャワから二六七キロの地点にあるスヴァウキに着く。ここでは、軽騎兵連隊の駐屯地に一泊し、翌日、連隊長がスヴァウキから五七キロ離れたマリアムポルまで福島を送った。

三月七日、コヴノに到着。ニェメン川（リトアニア語ではネムナス川）を渡ると、分割前のポーランド国境を越えたことになる。福島を待ち受けていたのは、この旅行の最大の難関、雪深い酷寒のロシアであった。遠征のこの部分は本書のテーマとあまり関連性がないため、最小限の言及にとどめる。付け加えることがあるとすれば、それは、福島がロシア領内でも、ポーランド人とロシア人の両方の帝政反対派と接触していることである。それを数年後、すなわち日露戦争の前夜から戦中にかけて利用したのが、明石元二郎であった。

最後に、スタニスワフ・カジミェシュ・コッサコフスキの回想録（未刊行）の一節を引用する。ここには福島の遠征に対する次のような見解が書かれている。

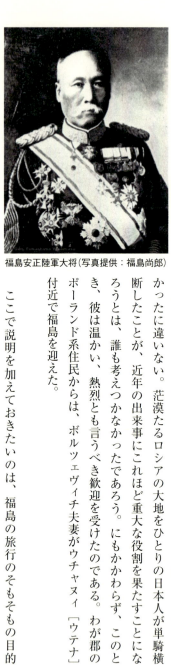

一八九二年三月前半、日本軍参謀本部の福島安正少佐がヴィウコミェシュ［ウクメルゲ］を通過していった。ベルリンを出発して、ワルシャワ、コヴノ、ジヴィンスク、ペテルブルク、モスクワ、カザン、シュクテク、ウラジオストク［……］を走破したというのである。全旅程を騎馬で通したといい、これらの町々を好感の持てる物腰と機転と知性でもって走り抜けたということだけでも十分賞賛に値するが、感嘆の的となったのは、一四ヶ月の困難な旅に耐え抜いた並外れた忍耐強さであった。福島の接待にあたったのはノルト大佐以下の将校たちであったが、そのうちのひとり、アレクサンデル・ネヴィヤントという将校は、この「日本のモルトケ」の旅について某ロシア紙に一文を物している。

［……］餌を食む愛馬の脚に包帯を巻いてやっている、いかにも聡明そうな目をした小柄な日本人が、数年後に日本軍部隊の指揮官として北京の城壁の下に立つことになろうとは、さらにその数年後にはロシア遠征の立案者のひとりとして、まさに「日本のモルトケ」*7として世界に名を知らしめることになるとは、誰も予想だにしなかったに違いない。茫漠たるロシアの大地をひとりの日本人が単騎横断したことが、近年の出来事にこれほど重大な役割を果たすことになろうとは、誰も考えつかなかったであろう。にもかかわらず、このとき、彼は温かい、熱烈とも言うべき歓迎を受けたのである。わが郡のポーランド系住民からは、ボルツェヴィチ夫妻がウチャヌィ［ウテナ］付近で福島を迎えた。

福島安正陸軍大将（写真提供：福島尚郎）

ここで説明を加えておきたいのは、福島の旅行のそもそもの目的、すなわち、ロシアとその軍備、領内各地点に配置されている部隊数、あるいはシベリア横断鉄道の敷設状況に関する情報の収集という目的を、ロシア側が十二分に承知していたことである。ロシアを脅かすような水準の活動ではないと判断し、まだ日本を手ごわい敵と見なしていなかったがゆえに、福島を手厚く遇し、全旅程にわたって援助を与えたのである。福島が敬意をもって迎えられたのは、騎手としての手綱さばきの巧みさ、大胆さ、忍耐強さのゆえであった。

福島がウラジオストクに到着したのは、一八九三年六月一二日であるから、ということは、コッサコフスキの言う一四ヶ月ではなく、一六ヶ月を費やしたことになる。ウラジオストクから海路、日本に帰国するや、彼はいちやくヒーローとなり、東京をはじめ行く先々で熱狂的な歓迎を受けた。参謀本部は、福島の情報収集能力とこの分野に関する知識を活用することを決定した。こうして帰国早々、福島は参謀本部第二部に配属され、日露戦争期を中心とする一八九九年から一九〇六年にかけて、日本の軍事情報機関の責任者という重責を託されることになる。ポーランド人ともその関連で接触することになるが、このことについては明石元二郎の活動も絡めて、第二章で述べることにする。

＊7　ヘルムート・カール・ベルンハルト・グラフ・フォン・モルトケ（一八〇〇―一八九一）。プロイセンの軍人。天才的な戦略家として、その戦争理論は後世に大きな影響を残す。普墺戦争（一八六六）、普仏戦争（一八七〇―七一）でプロイセンを勝利に導き、ドイツ統一に向けて多大な貢献をなした。

第二章　日露戦争

日露戦争前夜の日本とポーランドの状況

日本人とポーランド人が初めて——ポーランド国家が存在しなかったために——非公式の政治関係を結んだのは、日本とロシアが極東で一触即発の緊張状態に陥っていた一九〇四年のことであった。日本とポーランドを結び付けたのは、「共通の敵」ロシアであった。ポーランド人、厳密に言えば、その中のいくつかの政治勢力の代表者たちは、もし極東で戦争が起こるようなことがあれば、これをポーランド問題、とくにポーランド独立の実現に役立てようとしていた。かたや日本側では、主として軍部が、ポーランド人と協力してロシアの軍事力を弱体化させることを期待していた。

このテーマについては、ポーランド語、日本語、英語のいずれにおいても、すでにいくつかの研究があるが[1]、ポーランド側と日本側の両方の史料をふまえた仕事は、依然として少ない。したがって著者の目的は、最新のものを含めて、文献・史料を可能な限り渉猟することにある。

まず、日露戦争前夜の日本とポーランドそれぞれの状況を概観しておこう。

日本は一八六八年に王政復古の大号令を発し、富国強兵をスローガンとする根本的な改革を開始すると、二〇〇年に及んだ鎖国による遅れを急速に取り戻していく。一八九五年には早くも日清戦争で勝利を収め、極東における危険な競争相手となったことを西欧列強に知らしめた。一八九五年四月一七日の下関講和条約によって、中国は遼東半島、台湾、澎湖列島を日本に割譲し、四港の開港と朝鮮の完全独立を承認した。しかし、西欧列強、とりわけロシア、ドイツ、フランスは、清国における日本の勢力拡大を警戒し、いわゆる三国干渉を行なって日本に遼東半島を返還させた。一八九九年、ロシアが遼東半島の二五年間の租借権と南満州鉄道の敷設権を獲得すると、日本はさらに不満を募らせた。一九〇〇年の義和団事件が流血の惨事となり、外国人が殺害されるに及んで、日本は欧米列強と共同で武力干渉を行い、干渉軍全体の三分の二にあたる二万二〇〇〇人の兵を送り込んだ。義和団事件の鎮圧後、ロシアが中国に対して満州の租借権を要求すると、それがまた日本の不満の原因となる。日本はロシアを満州から駆逐して朝鮮における自らの地位を強化しようとしていたが、ロシアが黙って受け入れるはずはなかった。このような野望を抱く日本にとっての好材料は、一九〇二年に締結した日英同盟であった。イギリスとの同盟によって、日本は国際社会における威信を大いに高めることができたからである。朝鮮をめぐるロシアとの十数ヶ月に及ぶ交渉は結局、妥結に至ることはなく、一九〇四年二月一〇日、日露戦争が勃発した。

他方、ポーランドでは一九世紀末、とりわけロシア領ポーランドで独立の気運が高まり、一八七〇年代に始まった政治運動が成熟の時を迎えていた。本書において特に重要な意味を持つのは、社会主義運動と民族主義運動である。

一八九二年、もっとも活発に活動していたロシア領ポーランドの社会主義者の代表が、西欧的な社会主義の理念とポーランド民族の独立要求とを盛り込んだ「ポーランド社会党綱領」をパリで採択した。同綱領によれば、ポーランド国家の没落がポーランドの民衆の社会的発展を遅らせたのであり、国家の再興のみが社会思想の発展を促し、民衆の運命を好転させるはずであった。翌九三年、ポーランド社会党（ＰＰＳ）の指導的なメンバーの中から頭角を現したのが、ユゼフ・ピウスツキ（一八六七―一九三五）である。

ユゼフ・ピウスツキは一八六七年、ヴィルノ地方のシュラフタ[*8]の家庭に生まれた。先に紹介した著名な民族学者でアイヌ研究者、ブロニスワフ・ピウスツキは、ユゼフの兄である。民族蜂起を賛美する雰囲気の中で成長したふ

ユゼフ・ピウスツキ（"Tygodnik Ilustrowany" 1919 年 32 号より）

ロマン・ドモフスキ（"Tygodnik Ilustrowany" 1919 年 47 号より）

たりは、若くして反ロシア陰謀活動に参加した。ブロニスワフ同様、ユゼフもいわゆるアレクサンドル三世暗殺計画に関与したという疑いをかけられ、一八八七年に五年間のシベリア流刑に処せられた。シベリアから帰って一年も経たないうちに、ユゼフはポーランド社会党の中心的な活動家のひとりとなり、一八九四年以降は、ツァーリ専制反対を唱える機関紙『ロボトニク（労働者）』の発行に携わる。一九〇〇年、ユゼフは再び逮捕され、ワルシャワのツィタデラ監獄、次いでペテルブルクの病院にしばらく収監されるが、一九〇一年にポーランド社会党の仲間によって救出された。この時点でピウスツキは自他ともに認める指導者となり、党のほうも、一九〇〇年の一斉検挙の痛手から立ち直って約四〇〇〇名の党員を擁するまでになっていた。彼はロシアに対する積極的行動、すなわち武力闘争による独立の達成を呼びかけた。

ロシア領におけるポーランド社会党の創設とほぼ時を同じくして、民族主義運動が形成されていく。一八九三年にはロマン・ドモフスキを指導者とする民族連盟が設立された。

ドモフスキはワルシャワ大学生物学部を卒業後、作家のステファン・ジェロムスキとともに労働者の啓蒙運動に取り組んでいた。一八九七年、民族連盟の代表者たちがルヴフ（現ウクライナ領リヴィウ）で国民民主派を立ち上げると、ドモフスキはその指導者となる。国民民主派の機関紙となったのは、すでにドモフスキの手で創刊されていた

＊8　ポーランドの貴族階級。

『全ポーランド評論』であった。ドモフスキは一九〇二年に発表した『近代的ポーランド人の思想』に自らの見解を述べている。その主張の骨子は、全体に対する個人の責任感を育むことによって民族の性格を近代化する必要がある、というものであり、そのために必要なのは民族的一体性であって、出自による特権は廃止すべきである、と強調している。ドモフスキは、勝算のない蜂起には反対したが、精神を鼓舞する民族的主張は評価していた。ポーランドの二つの敵国については、ロシアはドイツほど危険ではないと見ていた。ドイツをより危険な敵と見なしていたのは、ドイツ人が高水準の文化、柔軟性のある行政機構、発達した経済を持つ民族であるという理由からであった。もしロシアがドイツに脅威を感じているならば、ポーランド人の協力を得ようとするはずだ、とドモフスキは考えていた。

日露戦争中のポーランド人政治指導者と日本人の接触

日露開戦のニュースは、ポーランドでは最初、半信半疑で受け止められた。強大なロシアが相手とあっては、国際社会にデビューしたばかりの小国にすぎない日本にとうてい勝ち目はない、と思われていたからである。しかし、緒戦における日本軍勝利の報が伝わると、この戦争に対するポーランド人の態度が一変する。親日感情が広がったのである。一方、政治勢力の間には、極東・ロシア情勢をいかにポーランド問題に利用すべきかについて様々な構想が浮上した。

ピウスツキとその側近のポーランド社会党員は、労働者大衆の支持をとりつけて武装蜂起を実行に移すチャンスが増大したと考え、ロシアに抑圧されている他の諸民族の参加を期待していた。

これより穏健な態度をとったのが、ドモフスキと民族連盟である。確かに、ドモフスキは日本を支持し、ロシアに抵抗することは表明したが、過剰な期待をかきたてることを警戒していた。遠い東洋で起きた戦争がポーランド情勢

日本軍の旅順攻撃（1904年）を描いた絵
（“Wędrowiec”1904年第39号より）

に直接的な影響を与えるはずはない、と考えていたからである。彼は、そもそも武力を行使することにさえ、ポーランド人にさらなる悲劇をもたらすだけだと警告した。この時期、日本人はポーランド王国・リトアニア社会民主党[*9]とも協力関係にあったが、ここでは省略する。極東情勢に対してもっとも保守的な立場をとったのが、いわゆる宥和派であり、ポーランド社会党や民族連盟と同様、日本人と接触している。ここで触れておく必要があろう。

宥和派

宥和派は一八八〇年代から台頭してきた、保守的な地主や手工業者からなる勢力であり、ポーランドに対する妥協をツァーリから引き出す契機になると期待して、ロシアへの支持を呼びかけた。言語・宗教・自治における一定の改革を要求していたが、それはあくまでロシアの保護下で行なうというものであった。こうした立場の代表的な人物はヴォイチェフ・ジェドゥシツキ伯爵（一八四八―一九〇九）である。オーストリア領ポーランド（ガリツィア）の保守派の政治家で、ウィーンの「ポーランド協会」会長を務めていたことから、ウィーン駐在日本公使の牧野伸顕伯爵（一八六一―一九四九）と接触した。牧野伸顕は明治の元勲・大久保利通の次男で、後に文部大臣および農林大臣を務め、パリ講

＊9　ローザ・ルクセンブルク（一八七一―一九一九）、レオ・ヨギヘス（一八六七―一九一九）らによって創設されたマルクス主義政党。一八九三年にポーランド王国社会民主党として発足し、一九〇〇年にリトアニアの組織と連合・改称した。

牧野伸顕（左から２人目）と弟・利武（右から２人目）、孫・伸和（後列左）（1935 年、東京）（写真提供：牧野伸和）

和会議の日本代表団の一員となった人物である。また、一九二〇年代から一九三〇年代前半にかけては、昭和天皇（一九〇一―一九八九　在位一九二六―一九八九）のもっとも近しい顧問のひとりでもあった。

牧野と接触して、ジェドゥシツキは牧野に――または、牧野を通じて他の日本人に――ポーランドの急進的な勢力への援助を断念させようとした。牧野は回顧録にこの時の会見の様子を次のように記している。

> これ〔ジェドゥシツキ――著者注〕は『倫敦タイムス』特派員のスティードの紹介で私に面会を求めて来たが、波蘭の形勢もわかるので喜んで引見し、親しく交際するようになった。伯は波蘭人の立場を説明して、波蘭は一八六三年の反乱に失敗し、その結果受けた虐待の経験から、今日では進んで反抗するよりもむしろ体制を静観して、〔以下省略〕不平分子の時折の脱線は止むを得ざるも、自分たちの党として他日政府が一般に譲歩する時は自然他人種と同様に特典に与ろうとする方針であると述べ、この意見は先に私が帰省している間に露領波蘭人のドゥモフスキイがわざわざ日本まで密かに渡航して、天皇陛下に捧呈した意見書と同様の趣旨であると言った。(2)

実際、牧野はジェドゥシツキとかなり親密な関係を結んでおり、これもやはり回顧録に書きとめているのだが、一九〇五年九月には自らイェズポルの伯爵の領地を訪れている。回顧録にはポーランド情勢についても詳述している。(3)

牧野は穏健できわめて慎重な政治家だったから、必要がない場合は、自分の見解を明示することを避けた。したがって、あくまで推測だが、ジェドゥシツキの件の背後で、牧野はポーランド社会党からの協力の提案には応じなかったと思われる。

ポーランド社会党

ポーランド社会党の代表者たちは、極東情勢をポーランド問題に利用しようとして、日本と接触することを決定した。この使命は、ピウスツキのもっとも近しい協力者であったヴィトルト・ヨトコ＝ナルキェヴィチ（一八六四―一九二四）に委ねられた。日露開戦二日前の一九〇四年二月八日、すなわち日本艦隊による旅順奇襲攻撃の日、ヨトコはすでに牧野に最初の書簡を送っていた。この書簡は社会党の提案の核心をなすものと思われるので、ここに全文を紹介する。(4)

閣下

日本とロシアの戦争は、当面は回避せられるとしましても、将来的には不可避のものと思われます。ロシアは狡猾で貪欲な大国であります。したがって、単にこれを打破するだけでは十分でなく、将来にわたる安全のためには骨抜きにしておく必要があります。この二重の目標を達成するため、日本はあらゆる手段を尽くし、状況の推移を利用すべきであります。

戦場はロシア軍の主力から遠く離れており、鈍重な鉄道で結ばれてはおりますが、沿線のいたるところにロシアの獰猛な敵である政治犯が散らばっています。そしてそこには、多数のポーランド人が含まれているのであります。

ロシア西部には、強力なる被征服民族ポーランド人がおり、祖国の独立を求めて幾度も果敢に闘い、負けはしましたが、それでもなお武器を捨てようとはしませんでした。満州のロシア軍は、主としてポーランド人から編成されています。さらに鉄道関係などにも、多くのポーランド人労働者が働いています。ポーランド人は生まれながらにしてロシアの敵であります。日本人は必ずやポーランド人の支援に出会うことでありましょう。なぜならポーランド人の利害は、いかなる局面においても、日本の利害と衝突することはないのですから。

加えて、ロシア中央部および南部では、革命勢力が政府打倒を目指し活発に活動しています。日本はいまこそ、これらすべてのロシアの敵対勢力と合意し、その力を利用すべきではないでしょうか。

もしこの手紙をご一瞥下さるなら、内々に謁見を賜りたく存じます。当方の代表がひとりお伺い致します。当方は右の件の詳細な説明と検討、計画の実行に際する条件の設定という目的をもってポーランド、ロシア、カフカスで活動している諸政党と密接な関係にあり、そのもっとも強力な政党であります。

もしそうでない場合は、本状をご返送下されたく、上記の諸件、私の氏名につきましてはくれぐれもご内密に願います。

敬具

牧野は返信を送らなかったため、ヨトコは二月二一日に再度手紙を出している。それは次のような内容であった。

事態は急展開を見せており、私に閣下との連絡を託した人々が「ポーランド人兵士および予備役に脱走の指示を出してよいかどうか各方面から問い合わせが来ているが、閣下との合意なしにこの問題は解決できない」と申しております。また、関連する他の計画も実行の準備は完了しているとのことです。

もしこれらの計画が何らお役に立たぬならば、遺憾とすべきでありますが、私は、閣下が私たちの計画に目を留めて下さったのかどうか、いま一度お尋ね致します。ご返答がない場合は、これを最終的な拒否と見なします

林董駐ロンドン全権公使（国立国会図書館デジタルコレクションより）

［……］。その際も、敵なるロシアという私たちの戦略上の位置づけにはいささかの変化もないことを重ねて申し上げておきたく存じます［……］。

(SW, 5-6)

しかし結局、ウィーン経由で日本に連絡をつけることはできず、ロンドン経由で試みるという決定がなされたのである。この時ロンドンでは、ティトゥス・フィリポヴィチ（一八七三―一九五三）、アレクサンデル・マリノフスキ（一八六九―一九二二）、スタニスワフ・ヴォイチェホフスキ（一八六九―一九五三）が活動していた。三月一五日、ヨトコは林董駐ロンドン全権公使に手紙を送り、ポーランド社会党とその活動、ならびにロシア領内の他の革命勢力に関する情報を伝えた。

林は近代日本初の外交使節である岩倉使節団（一八七一―一八七三）の一員として欧米諸国を訪問し、一八九五―一八九六年には中国公使、一八九七年―一九〇〇年にはロシア公使、スウェーデン公使、ノルウェー公使を歴任した。次の駐在先であるイギリスで、一九〇二年、白らのイニシアティヴにより日英同盟を調印に導いたのである。

ポーランド社会党の提案に関心を引かれた林は、翌三月一六日に早速ヨトコと会見し、その日のうちに会見の一部始終を小村寿太郎外相に電報で報告している。

「ポーランド」社会党事務委員ノ一人ハ本官へ左ノ申込ヲナシ来レリ

一、外国流寓ノ「ポーランド」人中ヨリ日本軍ノ為メニ「ポーランド」人ノ軍隊ヲ招募スルコト

二、満州ニ在ル「ポーランド」兵士ノ間ニ革命的書冊ヲ配布スルコト

三、右「ポーランド」兵士ヲ誘導シテ露軍ヲ去テ日本軍ニ投セシムルコト

四、東部露西亜及西比利亜ニ於ケル鉄道ノ橋梁及鉄道ヲ破壊スルコト

右委員ハ曰ク従前露国陸軍ニ於ケル「ポーランド」人ノ数ハ百分ノ十五ナリシカ今ヤ百分ノ三十ニ増加セリ而シテ彼等ハ極東ニ於ケル露軍中唯一ノ才智アル兵士ナリトス去レバ彼等ノ離反ハ大ニ露軍ノ勢力ヲ減殺スヘシ若又露国ニシテ「ポーランド」兵士ノ離反ヲ虞レ之ヲ極東ニ派遣スルコトヲ廃止センニハ是等兵士ノ「ポーランド」ニ於ケル社会派ニ取リテ一大強力トナルベシト

前期ノ申込中第四項ニ就テハ該委員ハ「ポーランド」社会党ハ露国革命派ト気脈ヲ通シ居リ従テ直ニ該項所載ノ企画ヲ実行シ得ベク又実行スベシト云ヒ［……］。

本官ハ該委員ノ為人ノ純粋ナルコト並ニ其ノ申込ノ誠実ナルヲ充分ニ認識シタルヲ以テ之ニ対シ下ノ通リ答ヘタリ即チ申込第一項ハ到底問題トナラス日本政府ハ決シテ其野戦軍隊ニ外国人ヲ使用セサルベシ又第三項ニ就テハ露国軍隊ヨリ逃亡セル「ポーランド」人ハ俘虜ト同一ノ取扱ヲ受クヘク而シテ戦争終レハ彼等ノ安全ヲ保センカ為メノ手段ヲ講セラルルコトナルヘシト而シテ第二項ニ関シテハ篤ト考慮ノ上返答ヲ与フヘシト答ヘ置キタリ此種ノ事柄ニ関シ政府カ公然援助ヲ与フルヲ得サルハ勿論ノ義ナリト雖モ若シ内密且間接ニ此レカ実行ヲ援助スルノ方法ヲ見出シ得ンニハ敵ヲ困厄セシムルコト頗ル大ナルモノアルヘシト思考ス尚右ニ要スル書冊ハ当地ニテ社会党ノ秘密出版ニヨリ印刷シ該党ヨリ人ヲ派シテ之ヲ日本ニ斎サシムヘシト云フ

前顕申込ニ就キ篤ト御考慮ノ上速ニ何分ノ御回示アランコトヲ請フ

（『日本外交文書』第三七巻第二冊、五二五―五二六ページ）

三月二〇日、小村外相は次のような回答を送った。

貴電第一〇三号（波蘭土社会党員ヨリ四ヶ条ノ申込アリタル件）ニ関シ第一項申込ニ就テハ貴官ノ説術ハ正鵠

ヲ得タルモノニシテ即チ日本政府ハ其実戦車隊ニ外国人ヲ使用セサルヘシ

第二項在満州波蘭士人ノ兵士ニ冊子ヲ配布スルノ件ハ日本ヨリ之ヲ配布スルノミナラス他ノ方面ヨリモ之ヲ為スコトヲ望ム

第三項ニ関シテハ日本軍隊ハ波蘭兵士ノ脱隊シタル者ニ対シ時ノ情状ヲ裁酌シ適当ノ待遇ヲ与フヘク如何ナル場合ニ於テモ捕虜トシテ待遇スルカ如キコトナカルヘシ

第四項若シ此ノ計画ニシテ首尾能ク遂行セラルル場合ニハ敵軍ニ取リ巨大ノ困厄ヲ来スヘキカ故ニ此点ニ関シ貴官カ充分ナル奨励ヲ与ヘラルルハ希望スルトコロナリ　［……］

（同上書、五二八ページ）

小村は在満ロシア軍の唯一の補給路となっていたシベリア鉄道の破壊工作に大きな関心を抱いていたが、国際法に抵触しうるという理由で、資金供与に正式な承諾を与えることはできなかった。そこで、日露開戦にあたり、日本は戦域を中国のロシア占領地域とそこから日本までの日本海海域に限定すると宣言した。

ところが三月一九日、小村外相が林公使に返電を打つより早く、ヨトコが林に再度書簡を送ってきたのである。これには、日本におけるポーランド軍団の創設に関する覚え書きが添えられていた（軍団創設の件は日本側が拒否したため、ここではこの覚え書きには触れないことにする）。この書簡の中で、ヨトコは三月一四日に社会党がワルシャワで組織した日本支持のデモも成功裡に終わったこと、ポーランド語を話すスコットランド人で社会党の盟友ジェームズ・ダグラスがポーランド紙の記者として訪日すること、ダグラスは捕虜となっているポーランド人兵士の通訳をしたり、社会党の立場を直接日本政府に説明したりできること、を知らせている。

三月二〇日、ヨトコと林は再び会談し、その翌日ヨトコがルヴフへ発ったあと、林は小村外相に宛てて再度打電した。

〔……〕「ポーランド」人ハ革命党ト協力シ日本ノ援助ヲ得ルト否トニ拘ラス「ダイナマイト」ヲ以テ鉄道橋梁ノ破壊ヲ実行スルノ決心ナリ、尤モ彼等ニシテ金銭上ノ助力ヲ得ルニ於テハ右計画実行ノ為メ一層多数ノ人員ヲ使用シ得ヘシト、本官ハ彼ニ語ルニ我ニ於テハ先ツ該計画ニ関シ多少ノ結果ヲ見ルニアラサレハ金銭上ノ助力ニ付キ相談ヲ為スコト克ハザル旨ヲ以テシタリ〔……〕

(同上書、五二八—五二九ページ)

敵の後方撹乱工作は日本外務省の最大の関心事であったが、ポーランド側が口先だけでなく本当に実行可能だということを行動で示すまでは、援助を与えるつもりはなかったのである。ただし、交渉と書簡のやり取りはその後も続けられた。三月二七日、林はヨトコから次のような内容の書簡を受け取った。

ポーランドでは革命の気運が高まり、人々の間には日本軍勝利の噂が飛び交っており〔……〕、誰もが「モスクワ人」を撃破せよとの合図を待ち構えているのです。政府は全郡において戦時公報をことさら大々的に(!)配布するよう命じました。私たちは戦場からの報告を逐一伝える新しい週刊紙の創刊に取り組んでいます。同紙は閣下にも送付致します。〔……〕

私は軍の動向に関する情報の収集を行ないました。〔……〕基本問題において閣下との合意が成立し次第、私たちはシベリアにいるロシア軍兵士ひとりひとりの記録を作成し、全般的かつ詳細な情報の収集にあたる組織の設置に着手するつもりです。それは一定の人員の派遣と、広範囲をカバーする定期便の設置を要します。それゆえ、閣下との合意が成立するまで、実行を控えているのです。

(SW, 15-16)

これに続く部分で、ヨトコは林に日露戦争前および開戦後にロシアの各軍管区からロシア軍に徴募された兵員数に関する情報を伝え、さらにロシア軍内のポーランド人兵士に向けた呼びかけの案文を添えている。以下がその一節である。

同胞よ
いま日本人との戦いに臨まんとする君たちよ。君たちは考えたことがあるだろうか。誰が君たちを戦場へ送り、君たちが何のために戦うのかを。

君たちを戦場に送ったのはモスクワのツァーリとその官僚なのだ。百年以上も前から我が国を抑圧し、その民を虐げてきた当のツァーリなのだ。我々から税を取りたて、我々を長年兵営へと追いやり、我らがポーランド語の代わりにモスクワ語を押しつけ、カトリック教を踏みにじった［……］ツァーリその人なのである。

「この最大の略奪者にして抑圧者が君たちをここに送り、日本軍の銃弾に倒れよと命じているのだ」

だが、何のために？

百年前からポーランドを虐げてきたように、今度は満州や朝鮮や日本を手に入れたくなったのだ。我々ポーランド人は、ツァーリの暴力と残虐行為に苦しんできたはずの我々は今度は、ツァーリによる他国の強奪とその民の抑圧に手を貸そうとしているのだ。

「君たちを死の道連れとするだろう、従順なる忠犬のごとくに」

相手が誰であれ、戦いをやめよ。日本人は勇猛果敢な民族であり、その彼らを影に日向に支えるのは、世界の大国たるイギリスとアメリカである。君たちはといえば、我々の圧政者をさらに多くの国の搾取と人々の抑圧に向かわせるために、世界最強の勢力との戦いに立ち上がらんとしているのだ。

そのようなことをしてはならぬ。日本兵と遭遇したなら、もしチャンスがあったなら、ロシア軍から脱走して日本軍に合流しよう。「君たちは日本人の中に君たちポーランド人の兄弟を見出すだろう。ポーランド語を解し、

ロンドン駐在時代の宇都宮太郎大佐と家族
（写真提供：エヴァ・パワシュ＝ルトコフスカ）

ポーランドの心を持った君たちの兄弟を。それは日本軍に合流し、その助けを借りてツァーリの軍隊を撃破しようとしている君たちの兄弟なのだ。」

モスクワ人のために戦うくらいなら、モスクワ人から逃れるほうがよい。［……］ポーランド兵がもはや自分たちのために戦うつもりがないと知ったら、モスクワ人は恐怖に襲われるであろう。［……］他の兵士たちが我々のあとに続いたなら、ロシア軍は崩壊するであろう。そして日本軍がロシア軍を撃破したら、我がポーランドの地によりよい生活が始まるであろう。［……］モスクワ人よ、消え失せよ。「モスクワ軍から立ち去れ。日本軍に合流せよ。どの戦闘でもよい、投降せよ。」なぜなら日本軍は今も昔も断じて君たちを侮蔑したりはしないのだから。

これが君たちの同胞からの助言である。(5)

ロンドンの社会党代表は、ヨトコの出発後もなお、自分たちの活動、とりわけ情報収集のための資金を得られないかと日本との交渉を続けていた。林公使に加え、公使館付き武官の宇都宮太郎大佐（一八六一―一九二二）とも接触している。しかし、何の結論にも至らず、林は四月一四日、小村外相に宛てて次のような電報を送った。

ポーランド社会党ニ関シテハ既ニ追々上甲ノ義モ有之候処其後当館付宇都宮武官ト同党領袖トノ間ニ内密ノ関係ヲ開始シ種々談合ノ事モ有之候蓋シ多少ノ資材ヲ給シテ彼等党員ノ団結ヲ助成確固ナラシムルヲ得ハ暇令露国ノ全力ヲ拘束スルニ至ルヲ得ストスルモ尚ホ一ノ牽制力トナッテ多少露国ヲシテ之カ為メニ力ヲ須タザルヲ得サルニ至ラシムルヘク従テ我国ノ為メ幾分ノ利益ト可相成ト存候

本件ニ関シテハ同便ニテ宇都宮中佐ヨリ参謀本部ヘ右資材補給ニ付建議ニ及ヒタル筈ニ有之候処勿論全体ノ軍

事費ヨリイヘハ僅カノ少額ニ過キズ何トカ支給ノ途モ可相立と存セラレ候間参謀本部ト御談合ノ上本件実行セラレ候様致希望候

（『日本外交文書』第三七巻第二冊、五四〇ページ）

いかなる形の約束も結ぼうとしなかった。何も具体的な回答が送られてこなかったため、林はポーランド人との協力、とりわけ軍事情報に関心を示しながら、

この間、ヨトコは四月一六日付けの手紙で、林にこう書き送っている。

軍団の件に関し、閣下からの初めての拒否のお返事、まことに遺憾に存じます。ポーランドにおける革命運動の高揚から生じうる利点を、日本政府は評価しておられないのではないかと危惧するものであります。しかるに、もし我々が後の面目の失墜を恐れず、ポーランド全土で軍団創設を呼びかけた場合、日本政府から軍団の出動を許可頂けないならば、ポーランドの革命的緊張を極限にまで高揚させることになるでしょう。それもありますが、該軍団が戦争の局面にもたらす実質的な利点、およびこの軍団によって促進される脱走は、我々の提案を後押しするはずであります。それに、ロシア軍内のポーランド人兵士への呼びかけ自体、ポーランド軍団なしに行なっても効果的とは思えません。［……］

数カ所に人員を配置するという提案につきましては、原則として反対の理由はなく、いつでも実行可能です。有志者にも適格者にも事欠きませんので。ただし、

一　私たち相互の関係を閣下への情報の供与ということに限定せず、日ポ双方の利益にかなうと思われる他の点についても合意を成立させたく存じます。

二　この件は直接の話し合いが必要でありますから、もし閣下がその実質的な解決に着手可能であれば、その

旨をK［カルスキ＝フィリポヴィチのこと］にお伝え下さい。ロンドン駐在の者がひとり、ただちに詳細の検討に伺います。

（SW, 25-26）

この書簡は、社会主義者が当時どのような立場をとっていたかを如実に示している。彼らは日本側にある程度の見返りを要求することを決定した。ピウスツキにいたっては、日本にはポーランド問題を国際会議の場にひきずり出す義務があるはずだ、とさえ考えていた。後年、彼は「歴史の修正」にこう書いている。

私は、日本側が武器・弾薬に関する技術的援助の供与に同意した場合にのみ、情報活動の組織を承諾しようと即座に決心した。なぜなら、戦争という大事件がロシア国家に何の痕跡も残さずに終わることはありえず、ポーランドの運命を力によって大きく好転させうる状況に我々ポーランド人を導かないとも限らない、と考えたからである。(6)

日本外務省はなおも確答を先延ばしにしていたが、軍事情報に最大の関心を注いでいた参謀本部は、このときすでに、宇都宮中佐の提案でピウスツキの東京訪問の可能性を検討しはじめていた。内々に直接会談をもつほうが、公式書簡を交わすより多くの取り決めが可能であるとの了解が成立したのである。東京に招待するという情報がロンドンのピウスツキに伝えられたのは、たぶん五月七日であろう。ピウスツキは五月二一日から五月二三日にかけてウィーンで宇都宮と会い、旅行の詳細について打ち合わせた。この会談の成り行きからピウスツキはひどく悲観的になり、五月二六日付の手紙でフィリポヴィチとマリノフスキに伝えている。

会談の結果は何とも言えない［……］。私の印象ではさして良くはない——彼地［日本］ではどうやら我々をあまり評価していないらしく、さほど期待もしていないようだ。それよりも残念なのは、行くのが私たちだけではないことだ。あちらには「別のポーランド人とフィンランド人」がいて、言うなれば「合同部隊」をつくることになるだろう、とあの男［宇都宮］はきっぱりと断言した。こうなると、話はいささか込み入ってくる。なぜなら、友人［日本人］の面前で「別のポーランド人」と口論をするか、さもなければその輩と事前に妥協をはかっておくしかないからだ。

(SW, 32-33)

ピウスツキは、この時点ではまだ、この「別のポーランド人」がこの時すでに日本にいた民族連盟の幹部とドモフスキであることを知らなかった。

六月二日、ピウスツキはロンドンへ赴き、そこで再び日本側と会談した。翌日、彼はこの会談について次のように書いている。

［この訪問からは］ひじょうによい印象を受け、今では不安が和らぎ、我々の任務はきっとうまくいくという希望が湧いてきた。彼らの応対からしてそうであったし、紹介状も価値あるもので、日本側がこれを丁重に扱わないことは想像しにくい。ともかく、来月——すなわち六月中——に、我々が約束どおり彼らの役に立てるか否かにかかっているという印象を受けた。彼らはこの点をとくに強調しており、ウィーンに来ていた人物［宇都宮］が言うには、彼は私が以前伝えた計画(7)をたいそう気に入り、あちら［東京］にいる彼の上官も基本的に同意しているという。彼はまた、そのすべての問題に有用な人間として我々を上官に紹介してくれるとのことだ。リントン［林］が同席を申し出たのはただ成功の祈念を伝えるためであって、問題の核心には踏み込もうとしなかった。彼の打ち明け話によれば、この件はすでにあちらの手に移っていて、彼の意見はもはや影響力をもたず、むしろ

彼の上司次第だろうという。この件にはぜひ真剣かつ誠実に取り組んで欲しいと要請された。(SW, 34-35)

ピウスツキは、小村外相宛て、参謀本部宛ての紹介状を一通ずつ受け取った。後者は、当時第二部長を務めていた福島安正、参謀本部次長の児玉源太郎（一八五二―一九〇六）の両名にピウスツキを紹介するという内容であった。ピウスツキはティトゥス・フィリポヴィチ（別名カルスキ）とともにカンパニア号で日本に向けて出発した。六月九日、ピウスツキがロンドンを発った後、林は小村外相に次のように打電した。

宇都宮とポーランド社会党幹部の会談の結果、同党の代表二名、ピウスツキとカルスキの東京行きが決まった。両名は七月一一日頃到着の予定である。同党は自らの事業にきわめて真剣に取り組んでおり、代表たちも［東京訪問という］自分の使命に真摯な態度で臨んでいる。同党は果たして顕著な成功を収めるのか、ロシアを麻痺させることができるのか定かではないが、同党が動きを活発化させていつ蜂起を起こすか知れないという懸念がロシアの注意を引き、ロシアの行動の自由をある程度束縛することは十分にありうる。これに鑑み、当方としては日本当局が同党代表を誠意をもって迎え、彼らと十分に問題を検討されることを希望する。この件に関する詳細な報告は宇都宮から参謀本部に送付済みである。従って、参謀本部と合意のうえ、社会党代表の滞在に便宜をお願いする。(8)

民族連盟

すでに述べたように、民族連盟は日露戦争に際し、大勢においては日本支持を表明していたものの、実際には社会党よりずっと穏健な、むしろ宥和派に近い態度をとった。ポーランドで蜂起を起こしてもポーランド人にとっては有害なだけで、独立の達成に利用すべき状況ではないと考えていたのである。旧ポーランド領における蜂起勃発の脅威は、蜂起側ではなく日本を利するだけだとドモフスキは述べている。なぜなら、ロシア軍の一部が蜂起の勃発を防ぐためポーランドに駐屯しなければならなくなり、その分、極東の守備が手薄になるからである。『ポーランド政治と国家の再建』の中に彼はこう書いている。

> 大規模な世界戦略に勇んで一歩を踏み出したもののヨーロッパの地域的な問題には通じていなかった日本政府に、ヨーロッパの誰かが、ポーランド人を使ってロシア西方で撹乱工作をせよ、と耳打ちするかもしれないという懸念があった。日本政府にポーランドの実状と我々の問題の本質を、そして政策課題に関する我々自身の考えを伝えて、そのような［撹乱工作という］方策はポーランドに大きな代償を強いるばかりでなく、日本にも何ももたらさないことを知らせる必要があった[9]。

日本側が民族連盟に最初に接触してきたのは、一九〇四年三月、日本軍事史におけるもっとも重要な情報将校の一人、明石元二郎（一八六四―一九一九）のイニシアティヴによるものであった。

明石元二郎（1918～19年頃）
（外務省外交史料館所蔵）

明石は一八八九年に陸軍大学校を卒業してすぐ、参謀本部に配属された。ドイツで短期の研修を受けた後、一八九四―一八九五年の日清戦争に従軍した。一九〇〇年にはロシアとの合意に基づき、中国の義和団事件の鎮圧に加わった。翌一九〇一年、公使館付武官としてフランスに派遣され、一九〇二年末にはペテルブルクの在ロシア公使館付武官の任務に就く。日本がロシアに宣戦を布告すると、新設された在ストックホルム公使館に派遣された。明石は参謀本部の直属となり、ロシアで活動する情報網の組織、シベリア鉄道のサボタージュ、革命勢力への支援を命じられた。広大なロシア帝国領内の反ツァーリ派の武力行動は、満州のロシア軍を効果的に弱体化させる可能性があったからである。当時、日本当局はすでにストックホルムをこの種の活動、とりわけロシア情報の収集に最適の場所と見なしていた。

諜報活動の仕事に忙殺されるようになったため、一九〇四年六月、明石は公使館付武官の任務を長尾恒吉少佐に譲った。明石がストックホルムでとくに密接な関係を結んだのは亡命フィンランド人の独立派指導者コンラッド・ヴィクトル・シリヤクス（別名コンニ・シリヤクス　一八五五―一九二四）とフィンランド立憲党の指導者のひとりジョナス・カストレーンであった。承知のように、フィンランドは一八〇九年にロシア帝国領内の自治公国となったが、一九世紀末、自治の制限と強力なロシア化が引き金となって、反ロシア運動が強まった。この反ロシア運動の指導者のひとりが、他ならぬシリヤクスであった。彼は法律家、作家であると同時に旅行家でもあり、二年あまりの滞日経験があった。彼は反ロシア諸派の合同会議の準備にも携わっており、これにはポーランド人も関わっていたが、このことについては後節で述べることにする。

明石に民族連盟との接触を勧めたのはカストレーンである。明石とドモフスキの会見が実現したのは一九〇四年三月初め、クラクフでのことであった。明石はドモフスキにポーランドとフィンランドで同時に蜂起を煽動するよう提案したが、そもそもいかなる形の武力闘争にも反対していたドモフスキは首をたてに振らなかった。ただし彼は、満州でロシア軍兵士として戦っているポーランド人を日本軍に投降させることを提案した。おそらくはこの構想が明石の関心を引くところとなって、明石はドモフスキの日本行きを支持し、児玉参謀本部次長、福島第二部長という両将軍宛ての紹介状を与えたのであろう。戦闘の最重要局面でポーランド人兵士を投降させるという提案は、確かにロシア軍全体の士気を低下させ、ロシア軍司令部を否応なく混乱に陥れることになると明石は考えたのである。

ドモフスキの訪日のおぜん立てをした人物については、もう一つの説がある。この説の出所は他ならぬドモフスキ自身であり、一九〇七年に『ポーランド新聞』に掲載された未刊の論文「二つの会見」の中で明かしているところによれば、彼が生まれて初めて日本人に出会ったのはロンドンで、一八九八〜一八九九年のことだったという。その日本人は外交官で、「ロシアのもっとも狡猾な敵」のひとりである児玉将軍の親戚筋の人物だったという可能性が高い。一九〇四年、ドモフスキは植民地問題の研究か何かでカナダに行き、そこからこの日本人に手紙を書き送ったところ、日本へ来ないかという招待を受け、喜んでこれに応じたというのである。だが、この説は信憑性が薄いように思われる。というのは、ドモフスキはクラクフから出した一九〇四年三月一四日付のミウコフスキ宛ての手紙にこう書いているからである。

日本旅行のことはさしあたり秘密にしておくつもりだ。僕が世のため人のために行くのは、合衆国とカナダだけなのだからね。(10)

ドモフスキはたぶん、上記の論文に事実をありのままに書いたのではないだろう。ドモフスキの最終目的地は初めから日本だったのであるが、そのことを知っていたのはごく近しい仲間だけであった。カナダ到着後に件の日本人に手紙を書いたというのは、おそらくその一年前と思われるが、この日本人の後押しのおかげで、児玉将軍に丁重に迎えられたということはありうるだろう。

これに対し、明石説のほうは十分な資料的根拠がある。明石は日本のもっとも重要なヨーロッパ駐在諜報員として軍関係者に大きな影響力をもっており、それだけ彼の紹介状は値打ちがあった。ドモフスキはおそらく、自分の日本行きが日本の諜報機関の形式的・金銭的援助によるものであることを表沙汰にしたくなかったのであろう。ポーランド人研究者の中には、革命で東方市場を失うことを恐れていたワルシャワの富裕な企業家セヴェリン・ユンクが資金を提供したという見方もあるが、(11) 日本人歴史研究者の稲葉千晴はこの見方には否定的であり、明石がドモフスキの旅行資金を調達したという見解をとっている。(12)

ドモフスキが日本行きを望んでいたのには、いくつかの理由があった。第一に、社会党の活動が好ましからざる結果を引き起こさないうちに、日本当局に予告しておきたかったからである。ドモフスキは、社会党も日本側と接触しているのではないかという疑いを持っていたが、社会党は徹底して秘密行動をとっていたため、確証がなかったのである。第二に、ピウスツキ同様、ドモフスキもポーランド人捕虜の扱いに対する配慮を日本当局に申し入れるつもりでいた。特に腐心したのは、戦争終結後に捕虜がロシアへ送還されることなく、例えばアメリカなど、彼ら自身が希望する国へ行けるようにすることであった。それに加えて、民族連盟の指導者として、日本当局との直接的な関係を結んでおきたかったということもあっただろう。

結局、ドモフスキは三月末に出発する運びとなり、イギリス、アメリカ、カナダを経由して、五月一五日に東京に着いた。

ドモフスキが出発した後、ドモフスキはたぶん知らなかったと思われるが、明石は民族連盟幹部のヤン・ポプワフスキおよびズィグムント・バリツキと接触し、極東ロシア軍の唯一の兵站線であったシベリア鉄道でサボタージュを組織することを提案している。シベリア鉄道が使い物にならなくなれば、ポーランド人兵士の極東への移送が困難になると考えて、ふたりはこの考えに賛成した。しかし、最初のサボタージュの試みは何の効果ももたらさなかった。そこで明石は、しかるべき訓練に耐えうる人物二名を推薦するよう要求した。民族連盟には適当な人材が見つからなかったため、ポーランド社会党、厳密にはヨトコ＝ナルキェヴィチのもとに、協力の要請が届く。ヨトコはこの件を手ずから引き受けることに同意したが、候補者は社会党に絶対的服従を誓う者という条件を付けた。こうして最終的に選ばれたのは、社会党シンパでルヴフの「再生」というグループの一員ミェチスワフ・ドンプコフスキと、社会主義者のヴァツワフ・ハラスィモヴィチであった。民族連盟幹部のバリツキはヨトコに次のような内容の葉書を送っている。

七月六日にパリに行け。マラコフ通り五七（五九？）番地のフォーチュン・ホテルで六―九時に明石氏が待っている。人違いを避けるため、同封の二つに破いた紙の半片を彼に渡すのだ。もう半片は彼が持っている。二人分の旅費は数日後に受け取ることになっている。[13]

研修は数週間を要し、明石がドイツから連れてきた田中弘太郎がこれを担当した。強い関心を持って訓練に臨んだ二派の代表の並々ならぬ意欲と情熱にもかかわらず、シベリア行きは実現しなかった。したがって、シベリア鉄道におけるサボタージュ計画は結局、不成功に終わったといわざるをえない。

しかし、このような努力がまったくの無駄になったわけではない。というのは、一九〇五年初頭、訓練を受けたドンプコフスキたちがワルシャワに秘密の実験所をつくり、そこで製造された爆弾が反ロシア闘争に使われたからである。したがって、前述の作戦は敵対することの多かった二つの政治勢力が協力関係をもっていたという数少ない証左となっていることも指摘するべきであろう。

ドモフスキとピウスツキの日本訪問

ドモフスキとピウスツキの日本訪問について述べる前に、ウクライナのポーランド人社会で生まれ育ったスコットランド人で、このふたりの政治家と直接の接触を持っていたジェームズ・ダグラスという人物に少し紙幅を割く必要があろう。先にも触れたように、ダグラスは一九〇四年六月七日に来日したのであるが、実は二重の使命を帯びていた。表向きは民族連盟系の新聞『ポーランドの言葉』の記者であったが、その裏では、社会主義者と気脈を通じた、ピウスツキの腹心のひとりとして、場合によっては日本政府と接触し、ポーランド社会党の立場を説明したり、ポーランド人捕虜の面倒を見たりすることになっていた。ダグラスの日本における活動を物語る恰好の報告書となっているのは、社会党の主要な活動家たちに宛てた手紙である。

そのうちの一通、ヨトコ宛ての手紙（六月一七日付）に、ダグラスはこう書いている。

翌日［六月八日］のお昼に山座（円次郎。外務省政務局長）氏を訪ねた。非常に丁重に私を迎え、一時間ほど話をした。［……］始めに「ポーランド人兵士への呼びかけを書き、覚え書きを渡したのは君か」と聞かれた。私は、違うと答え、あなたの名前を伝えた。彼は、数日後にまた来るようにと言った［……］。そうそう、最初の訪問時の話では、私以外にもう一人ここに来ることになっている者がいると、ヨーロッパから知らせてきたらしいが、彼はその人物の名前は覚えていなかった。

［……］一三日の月曜日、夜八時に私の部屋のドアが開き、入ってきたのは、なんと『近代的ポーランド人』の著者その人［ドモフスキのこと］であった。入ってくるなり彼は、どういう経路で山座と知り合ったのか、とたずねた。私はぎくりとして一瞬その場に立ちすくんだ。もう少し抜け目がなかったら、彼は私の舌を引っこ抜いていたことだろう。私は、ロンド［ロンドン］でどうしたら日本への紹介状を入手できるかカルスキ［フィリポヴィチ］に聞いたら、大使館へ行けと言われた［……］。大使館の秘書官に東京の山座氏を訪ねるよう勧められたのでそうしたのだ、と答えた。(14)

これに続く部分に、ダグラスは東京でのドモフスキの活動を手短に記し、日本人のために英語のできるロシア語教師を探しておくよう依頼している。ここで注目すべきは、数日後、山座が、当時、東京帝国大学法学部の学生だったひとりの人物を日本語教師としてダグラスに付けたことである。のちの外交官、首相で、太平洋戦争後に文官では唯一の戦犯として処刑された広田弘毅（一八七八―一九四八）であった。

川上俊彦（1920 年代初め）
（外務省外交史料館所蔵）

松山捕虜収容所（1905 年）
（“tygodnik Ilusutrowany” 1905 年 17 号より）

さて、一方のドモフスキであるが、彼が日本に滞在したのは一九〇四年の五月一五日から七月二二日までである。彼はまず、参謀本部の児玉、福島の両将軍に面会した。ふたりの勧めで、ドモフスキは二通の覚書を作成し、ロシアの政治勢力、三つの分割列強の政策におけるポーランド問題の意義、ポーランド人の主たる願望について述べた。この覚書は日本語に翻訳されて、政界のしかるべき人物の手に渡された。ドモフスキはさらに、ロシア軍内のポーランド人兵士に向けてロシア軍からの離脱と日本軍への投降を呼びかける日本政府の声明文の作成にも携わり、日本政府の作成した他民族向けの声明文の訂正・編集作業も行なった。それが済むと、ロシア人捕虜とポーランド人捕虜を別々に収容させるために奔走し、戦争終結後、ロシアへの帰還を望まない者は、脱走罪を問われることなくアメリカに送還されるという保証を取り付けた。

ドモフスキは四国の松山捕虜収容所も訪れている。ダグラスによれば、そこに収容されていた捕虜五三八名の中には八九名のポーランド人がいた。その数はロシアの敗戦が重なるにつれて増えていき、六月三〇日頃には、健康な捕虜約一〇〇〇人中、ポーランド人は二〇〇人近くに達していたはずであり、他に病院に収容された負傷者もいた[15]。松山の収容所は、日本全国二九か所に建設された収容所の最初の一つであり、日本の参謀本部の資料によれば、それらの収容所には、ロシア兵計七万一八〇二名が捕虜として収容され、うち四・八五八名がポーランド人であった[16]。前出の稲葉千晴は、ポーランド人捕虜に関するきわめて興味深い資料に巡り合っている。松山の雲祥寺という寺の住職が、一九〇五年から大切に保管されてきたポーランド人捕虜の名簿を渡してくれたという。これまでに発見された名簿は、これが唯一のものである。名簿には一一九名の名前が載っており、そのうちポーランド人と思しき姓が一〇一、リトアニアが一六、ドイツが二ある。(17) ただし、問題はその読み方である。これらの名前はすべて日本語のカタカナで書かれていて、原語とはすでにズレが生じているし、ロシア語に置き換えられている可能性もある。

ここで触れておきたいのは、ドモフスキの日本滞在中、そしてこの四国行きにも、川上俊彦が通訳として同行していたことである。後章でも取り上げるが、川上はポーランドの独立後に初代駐ポーランド公使となる人物で、日露戦争前は、日本の通商代表としてウラジオストクに駐在していた。

松山にある戦争捕虜の墓（2008 年）（撮影：エヴァ・パワシュ＝ルトコフスカ）

ドモフスキはポーランド社会党の幹部がまもなく日本に来ることを知り、小村外相にも面会を申し入れた。ドモフスキは小村に対し、ポーランドで革命が起こったら、利益より損害のほうが大きいこと、日本は何ら得るものがなく、ポーランドには破滅をもたらすだけだ、と説得しようとした。結局、ドモフスキがどうにか面会することができたのは、珍田捨巳外務次官（一八五六―一九二九）と上記の山座局長だけであった。ドモフスキは、小村外相が第一に社会党との会談のほうを望んでいたため、最初からロンドンの林公使を通じて社会党幹部との会談内容に関する情報を得ていたのであり、意識的に自分を避けたのだ、という結論に達している。

七月一〇日、ピウスツキとフィリポヴィチが横浜に着き、翌日には東京に入った。来日してから最初の九日間、すなわち七月一一日から一九日については、手紙の形で書かれたフィリポヴィチの日誌（SW. 50-54）にかなり詳細な記述を見出すことができる。ピウスツキらの訪日は隠密行動ということになっていたため、彼らは上野公園内にあ

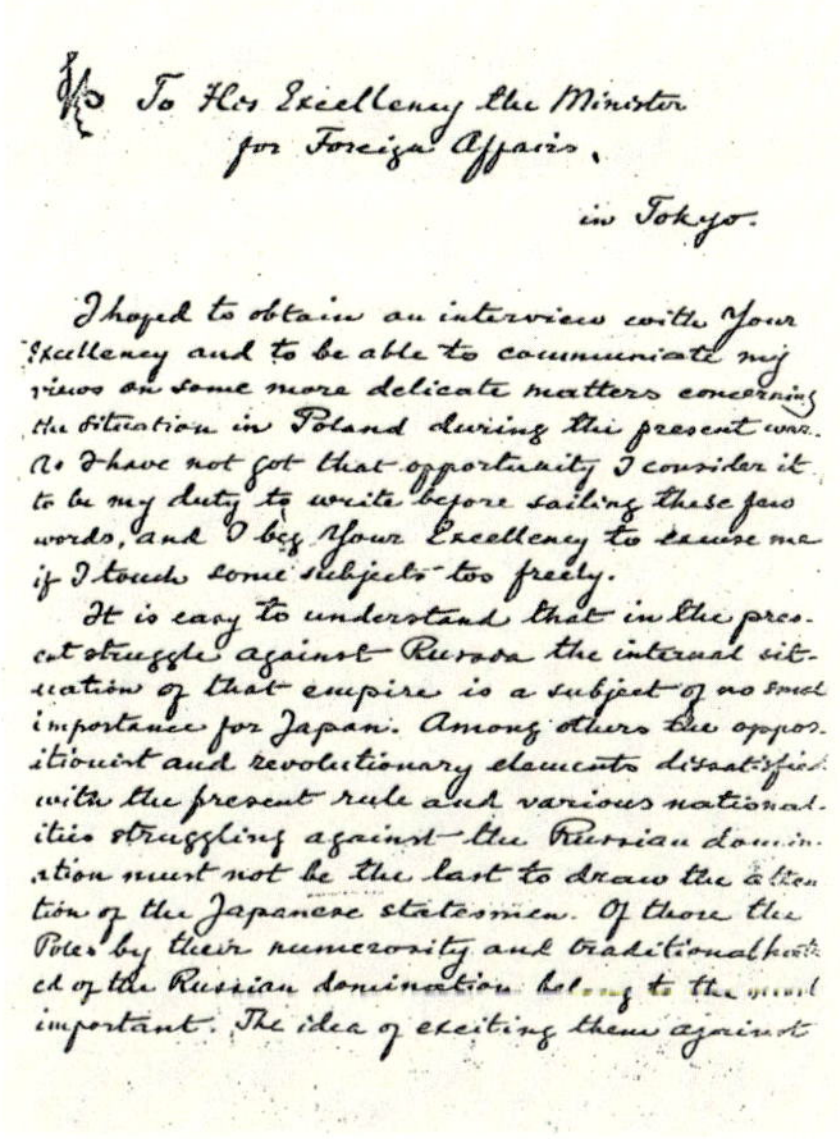
To His Excellency the Minister
for Foreign Affairs.
in Tokyo.

I hoped to obtain an interview with Your Excellency and to be able to communicate my views on some more delicate matters concerning the situation in Poland during the present war. As I have not got that opportunity I consider it to be my duty to write before sailing these few words, and I beg Your Excellency to excuse me if I touch some subjects too freely.
It is easy to understand that in the present struggle against Russia the internal situation of that empire is a subject of no small importance for Japan. Among others the oppositionist and revolutionary elements dissatisfied with the present rule and various nationalities struggling against the Russian domination must not be the last to draw the attention of the Japanese statesmen. Of those the Poles by their numerosity and traditional hatred of the Russian domination belong to the most important. The idea of exciting them against

日本国外務大臣宛のドモフスキの覚書（1904 年 7 月 20 日）（外務省外交史料館所蔵）

る、通常外国人はあまり訪れない精養軒ホテルに宿泊していた。『ジャパン・タイムズ』に掲載されたメトロポール・ホテルの宿泊客リストを見て初めて、ドモフスキも東京に来ていることを知る。ドモフスキの訪日については、ダグラスが前もって知らせようとしたのだが、その手紙はピウスツキの出発前には届かなかったのである。

このピウスツキの来日当日、すなわち七月一一日に、ピウスツキとドモフスキは予期せぬ出会いをすることになる。ここに、目撃者の証言を二つほど引用してみよう。フィリポヴィチはこう書いている。

午後、人力車でドモフスキのところへ出かけた。途中で、ドモフスキがジェームズと連れ立ってやってくるのが見えた。車夫は勢いがのっていたため、二人がこちらに気がつかないうちに通り過ぎてしまい、ド「モフスキ」の顔にどんな表情が浮かんだのかはわからなかった。ジェームズによれば、ジュク「ピウスツキのこと」の姿を見て一瞬立ちすくんだとのこと。しかし、たいそう丁重な、心からとも思える歓迎ぶりであった。ド「モフスキ」は、当地に来てからの自分の行動、今後の予定をざっくばらんに話そう、と言った。彼の活動（ジェームズおよび日本側に確認済みもしくは確認中のもの）のあらましはこうである。彼は二通の覚書を提出した。一つはロシア情勢について、（例えば、「人民の意志」[*10]党の闘争とは純ロシア的要素とドイツ出身の外来支配層との

＊10　一八七九年、ナロードニキの結社「土地と自由」の分裂で誕生したロシアの革命組織。都市でのテロ活動を中心とする政治闘争によって、帝政打倒と政権掌握、立憲議会政治の実現、社会主義への移行を目指した。

闘争である、などという彼独特の説）、もう一つはポーランド情勢について――「ポーランド社会党については、この中ではいっさい触れていないことを申し上げておかねばならない」とのこと――である。日本側への要求は特に提示していない。ただ松山の捕虜の処遇については別である。彼らのためになされた処置、すなわちポーランド人捕虜を「モスクワの奴ら」と別々に収容することは、自分の要請で実現したと信じている。（Sw. 50-51）

ジェームズ・ダグラスの説明はちょっと違う。

……七月八日［この日付は誤りである］の午前中、私はずっとドモフスキと一緒に店々を見て回ったりして過ごした。……昼食後、ふたりで散歩がてら郵便局へ手紙と新聞を受け取りに出かけた。とその時、人力車に乗ってやってくるふたりのヨーロッパ人の姿が目に入った。ジュクとカルスキだった。私はぎょっとしてあたりを見回し、ドモフスキの注意をそらそうと、ショーウィンドーに飾られている陶器のかけらを指差して、「あれも七宝焼でしょうかね」と訊いた。その間に我々の前を通り過ぎてしまう……はずだったのに、ジュクが人力車を止めて降り、こちらに向かって歩いてきた。ドモフスキはそれに気づいて、一瞬ジュクに目を留め、それから意を決したように彼に歩み寄って、手を差し出した。［ピウスツキと］わかったのである［……］。

そのあと、私たちは一緒に日本式の茶店へ行った。その場でジュクはドモフスキに、「朝九時に君の所へ話に行く」と約束した[18]。私には、二人が泊っている上野公園のホテルへ行って、私の任務の全容をカルスキに説明しておけ、と言った[19]。

その翌日、すなわち七月一二日に、ピウスツキは社会党との交渉役に指名された参謀本部の村田惇少将（一八五四―一九一七）と会うことになる。というのは、ピウスツキが持参した宇都宮からの紹介状は児玉、福島の両将軍宛てだったが、ふたりとも六月に満州へ発ってしまったからである。児玉は在満州日本軍総司令部の長官として、福島のほうもその一員として赴任したのであった。会談はどちらかといえば儀礼的な性格のものであった。村田は、松山のポーランド人捕虜は他の捕虜から隔離してあり、日本政府は彼らのためにできる限りの計らいをしている、と言った。ピウスツキはポーランドおよびロシアの概況を話し、問題の早期解決の必要性を強調した。この会談には川上も同席しており、彼は話の内容をドモフスキには漏らさないよう秘密厳守を求められた。

七月一三日の朝、川上はピウスツキから船中で作成したという覚書と協定案、および小冊子を受け取った。ピウスツキはこの覚書にまずこう書いている。ロシアは大国であるが、宗教的・文化的に多様な諸民族の寄せ集めである。ロシア化政策に苦しむそれら諸民族は強力な反対派を形成し、機をとらえて帝国を崩壊させようとしている。[20]

次に、彼はポーランドの役割を力説する。

一　ポーランド人は他の諸民族より数的にまさっている。ロシア領のポーランド人の人口は一二〇〇万に達するが、これにリトアニア人、ベラルーシ人、ユダヤ人とラトヴィア人の一部を加えれば［……］、その数はほぼ二倍となる。

二　これら諸民族のなかで、ポーランド人はもっとも政治的野心が旺盛であり、もっとも多くロシアと戦いを交えている。

三　ポーランド人には、一世紀におよぶロシアとの戦いから得られた、革命と組織活動の豊富な経験がある。

四　ポーランドにおける革命運動は、現段階ですでに、組織化された一大勢力となっている。

五　最後に、ポーランド人は［ロシア帝国内の］すべての被支配民族で最大の人口を擁し、フィンランド人と並んでもっとも文化的であり、諸民族の文化的な意味でのつなぎ役となっている。数の多寡はともかく、商人、技師、手工業者として帝国全土に散らばり、官吏や軍の将校になっている者さえいるのは、ポーランド人だけ

である。(21)

これに続けてピウスツキは、他の被支配民族を糾合しつつ軍事活動を組織する能力があるのはポーランド人、中でも社会党だけであることを、さらに力をこめて強調する。ポーランドにおける三つの政治的潮流を挙げ、自党の活動についてはより詳しく紹介している。さらに、極東における戦争がロシア国家の内部分裂に影響を与えているだけでなく、日本との戦争に際するロシア人反対派の反ツァーリ運動へのある種の嫌悪にも影響していることを書いている。これに対して、日本の勝利に異なる反応を示しているのが非ロシア人の諸民族である。無敵のロシアという神話は崩壊し、これら諸民族の反政府諸派に援助の手が差し伸べられるようになったのである。

こうした状況は当然の帰結として、ポーランドと日本を同盟へと導く。日本はポーランドに、ロシアとの戦いで鍛え抜かれた同盟者を見出すであろうし、……他方、ポーランドは日本に、自らの計画の実現に向けての支持と支援を見出すであろう。(22)

ピウスツキは日本との同盟の締結に際しての障害についても忘れてはいない。覚書の最後の部分に彼はこう書いている。

第一に、日本とポーランドは互いに相手のことをほとんど知らず、地理的に遠隔で、直接の経済関係をもっていないため、通常の関係や利害に基づいて接近したり知り合ったりするチャンスがない。第二に、両国のこの隔たりと地理的位置は、敵軍の位置という観点からするとある種の矛盾を生み出す。日本は自国近くのロシア軍ができるだけ少ないことを願うであろうし、ポーランドにとっては東部国境から離れたところにロシア軍兵力が集結してくれたほうが有利である。

もう一つは、日本とポーランドの政治的地位の違いから生じてくる矛盾である。日本はすべての国から承認された独立国であり、例えば日英同盟のような形の強力な同盟国も持っている。これに対して、ポーランドは属国であり（国家の管理下にある権利をもたず）、その活動はすべて必然的に、法が国家に対する反逆行為と定めているような性格のものとならざるをえない。

現にここからすでに利害の対立が生じている。日本は戦争の早期終結を求めるであろうが、ポーランドは戦争がなるべく長期化して、ロシアができるだけ弱体化するように、またポーランド人が戦いの準備と革命勢力の増強を行なうための時間をかせぐ必要があった。[23]

すでに述べたように、日本側には協定案も渡されていた。この協定案は前文と日本側について六カ条、ポーランド側について八カ条の二部構成の条文に解説と結論が付いている。[24] 前文では、覚書でも述べられていた双方の利害の対立について繰り返されており、日本人とポーランド人が合意に至るためには、妥協によるしかないことが強調されている。日本側がなすべきこととして、まず社会党への支援金、さらには武器の調達、ポーランド軍団の編成という形でのポーランド問題の提示、ポーランド人捕虜に対する特別待遇、日本の統制下に置かれている新聞への働きかけが挙げられている。また、日本政府は［ロシアとの］講和を締結する際、公表に先立ちその旨をポーランド側に通達すること、ヨーロッパの国際関係の現状について情報を提供すること、ポーランド人が反ロシア政策をとる諸国政府と関係を築く手助けをすることをも求めている。

他方、ポーランド側としてなすべきことは、日本軍によるロシア兵捕虜の尋問と軍団の編成に協力する人員を提供すること、投降を呼びかける声明文をいくつかの言語で作成し提供すること、ポーランドにおける動員の際は妨害活動を行なうこと、ポーランドとリトアニアそして他の被抑圧民族のなかに反対派を組織すること、などであった。また、軍事情報を提供する特殊諜報機関の創設も盛り込まれている。

この同じ日、すなわち七月一三日に、ピウスツキは小村外相宛ての紹介状を携えて外務省を訪れたが、面会はすることはできなかった。七月一四日、ピウスツキは再びドモフスキと会い、ポーランド問題をめぐって延々九時間に及ぶ長時間の議論をたたかわせた。翌日、ピウスツキは村田少将と協定案を項目ごとに詳しく検討した。協定案を村田から参謀本部の他の幹部たちに説明してもらうためである。

この会談について、フィリポヴィチはこんな風に書いている。

［……］彼らはド［モフスキ］より我々の方をはるかに高く評価している。これは疑いを容れぬ。ただし、彼らはロシアの国内政治においてポーランドが果たしうる役割を信じてはおらず、そのために我々の政治的課題を軽く片づけようとしている。こういう認識不足は、ロシアに対する不正確な知識に基づく現状把握から来ている。「ポーランド問題の機が熟するのは五、六年先である」というド［モフスキ］の進言の影響がないとはいえない。とどのつまり、日本側にはロンドンで宇都宮が約束した誠実な対応はみじんも見られない。根本的な問題については本音を語ろうとせず、枝葉末節を云々しているだけで、終始にこやかにお世辞を並べて、お茶を濁しているのだ［……］。（SW, 53）

参謀本部からの回答を待つ間に、ピウスツキはフィリポヴィチと東京周辺を見物した。富士山にも一泊二日の遠足に出かけ、ダグラスによれば「スタンプと美しいカタカナ書きによる各自の名前入りのオリジナルの入山証」を持ち帰っている。[25]

ピウスツキはドモフスキとも、七月二二日のドモフスキの帰国前にもう一度会っている。ドモフスキは帰国直前の七月二〇日、ピウスツキには内緒で、三通目にして最後の覚書を外務省に提出した。ドモフスキにこの覚書を書く気を起こさせたのは、東京でのピウスツキとの会談であった。ドモフスキは、自分たちがポーランドにおける諸事件について正反対の立場にあることに気づき、何の説明も加えずに放っておくわけにはいかない、と考えたからである。一〇ページほどの覚書に書き綴ったのは、何よりもポーランドにおける革命運動の勃発への懸念であった。ロシア当局がたちどころに容赦なく鎮圧してしまうことは目にみえていたからである。彼は、もしポーランドで全国的な反乱が起きたりしたら、日本にとって無益であるだけでなく、むしろ極東で被った敗戦の挽回の機をうかがうロシアの思うつぼになる、と強調する。続けて彼はこう書く。

　仮に今、ポーランドで反乱が起きたとしても、それを鎮圧してしまえば、ロシアはポーランドについては何の憂慮もなくなり、ちょうどクリミア戦争の時と同じように、日本との戦争の最重要局面にポーランドからほぼ全軍を引き揚げることができるわけです。［……］したがって、現状維持、ないしは蜂起の勃発の回避こそが、ポーランド人にとっては最良の方策なのであります。
　新しい運動を指導する民族連盟としては、長年にわたる活動の成果を台無しにしようとする目論見を黙って見過ごすわけにはいかないのです。従来の政策路線の維持こそが将来におけるポーランド問題の解決に通じる唯一の道なのであり、昔の過ちを繰り返してその解決を四半世紀か半世紀も遅らせるようなことは何人にも許されない、と確信しております。
　ポーランド人はロシアに対する日本の勝利に強い関心を抱いております。自らの利益を損なうことなく、それに貢献することができれば幸いであります(26)。

　ドモフスキの東京での活動は、ある程度、ピウスツキの提案を却下させる要因にもなったようだ。七月二三日、参謀本部からの回答が届き、その内容が川上書記官から遺憾の意をもってピウスツキに伝えられたのである。それは次のようなものであった。

きわめて重大かつ複雑な国際問題に発展する懸念があるため、貴方との協定は締結いたしかねる。（SW, 58）

この時点で、ピウスツキは自らの使命が終わったことを悟り、できる限り早く帰国することを決意した。この日、すなわち七月二三日のうちに、フィリポヴィチは次のような電報をロンドンに送っている。

当地の中央当局の高官たちは我々との協定の締結を拒否した。我々の要請はデリケートで不都合な問題を多く含んでいるため、手に余るとのこと。したがって、我々の任務は終了した。（SW, 59）

とはいえ、ピウスツキらは日本を去る前に、日本式に送別会を開くことにした。この宴の雰囲気を生き生きと伝えているダグラスの文章から一部を引用してみよう。

［……］ジュクが私に本格的な日本式の朝食を注文しろ、と言った。日本のご馳走がどんなに旨いか、ドモフスキからさんざん聞かされていたのだ。生の魚をとくにご所望だ。あんな魚もいい、どれも最高級の品にしろ、いくらかかっても構わない。で、ひとり四円でということになった。

客は到着すると、靴を脱がされ、スリッパを履かされて、宴席へ通される。部屋の中ほどに四枚の座布団が並べられ、東を向いて座るようにという。右から、私、続いて「主賓の」ジュクとカルスキ、端っこに我が広田が座を占める。［……］まずは、ロシアの「ウハー」に似た魚のスープが、ガリツィアの凝乳入れに形も大きさもそっくりの漆塗りの大きな椀で供される。ナイフもフォークもスプーンもない。汁は椀から直接飲み、魚のほうは二本の箸で小さくして口に運ばねばならない。［……］スープの後は蒸した米が来る。やわらかいが崩れるほどは煮すぎず、こんもり山型になっていて、塩味付きの揚げた野菜が添えてある。そして、いよいよ――本日のお目当ての――活け魚だ。驚いたのはその手早いこと、ちょっと間があいたと思ったらもう、各自に一匹ずつその魚が置かれた。漆塗りの小さな盆に、辛いのと、甘いのと、苦みと酸味のあるしょっぱいのと三種のソースが入った三つの小皿が置いてある。大きさは大ぶりのシロマスか中位のニシンほど、金色のうろこがついた裏返しの皮の上にのっている。身は薄切りにして、頭としっぽはそのまま、骨の上にきれいに並べてある。一切れ、二切れと箸でつまみ、それぞれ違うソースをつけて、どれが旨いか試してみる。だが、生臭いのはどうにも消えない。

三切れ目を飲み込もうとして、ふと見ると、私の魚が口をぱくぱく動かしている……ジュクの魚に視線を移すと、これも同じ。その向こうの二匹も。珍味が喉につかえて動かない。もう一度、自分の魚を見てみる。すると、口を開けたり閉じたり、四度も五度も。今度はしっぽを動かし始める。一度、二度、三度……隣のジュクをちらっと見る。彼の目は動いているしっぽに吸い付けられ、気味悪そうに口元をゆがめている。だが、どうにもならない。こんな改まった席では、吐き出すこともできない。宿の主人とかわいらしい女中たちの顔には、ほうと感嘆したような表情が浮かんでいる。かといって、飲み下そうにも、喉につかえて、びくともしない。ジュクが突然、口髭のあいだから小声で囁いた、ウォッカはあるか。私は壁際の戸棚に飛んで行って、コニャックの瓶をひっつかみ、コップに半分ほど注いだ。ジュクがコップ半分のコニャックを飲み干せることを、私は初めて知った。あとの三人も次々に飲み、魚を飲み下した。もちろん、魚は四匹とも広田が平らげた。

そのあとは何が出たのだったか――さっきのよりは小さかったが、試す気力はもう失せていた。［……］コニャックを一瓶空けたあと、酒を一リットル飲む。［……］それにしても、ひとり四円でこれだけの感動を味わえるとは。

帰りがけに、ジュクが言った。「今日の朝飯、ことにあの活け魚は、一生忘れないだろうな。」(27)

七月三〇日、ピウスツキとフィリポヴィチは日本を後にし、八月末、ロンドンに帰った。ダグラスは日本に残り、山座の推薦でポーランド人捕虜の手紙を検閲する仕事に就いた。彼はまた、松山収容所の捕虜を訪ねたりもしている。

ピウスツキの使命が不成功に終わった要因は、何よりも、日本とポーランドの協力関係に対する双方の目的が異なっていたことであろう。日本側は主として軍事情報とシベリア鉄道の沿線におけるサボタージュ活動を要求していたのであり、ポーランドの政治問題にはまったく関心がなかった。日本にとって、ポーランドは地政学的にも、文化的にもあまりに遠く、第一、国家として存在しなかった。日本は世界の表舞台に踏み出したばかりで、自国に関係のない国際問題に巻き込まれることを望まなかった。一九〇二年に同盟を結んだイギリスから警告を受けたとなれば、なおのことであろう。蜂起の阻止こそが日ポ双方の利益にかなうのだというドモフスキの説得も、日本当局の決定にある程度は影響したかもしれない。

しかしながら、ピウスツキの構想は、ポーランド問題を一月蜂起[*11]以後初めて国際社会に提起しようとした試みとして記憶にとどめるべきであろう。

ドモフスキとピウスツキ帰国後の日ポ協力

ポーランド人と日本人の接触は限定的なものではあったが、日露戦争の終結まで続いた。それは主として二つの問題について行なわれた。一つは、ロシア帝国領内で活動する反ロシア組織の集会であり、この集会によって共同戦線が形成されるはずであった。もう一つは、ポーランド社会党の武器購入に対する日本の援助である。

反ロシア組織による会議の招集

日露開戦と同時にヨーロッパで諜報・宣伝活動を開始した明石元二郎は、ロシア帝国に併合された諸民族の反対派による統一戦線を形成し、帝政に対する共同の革命行動を起こさせることでロシアを弱体化させようとしていた。その目的で、明石はフィンランドの反対派指導者シリヤクスとともに、すでに一九〇四年四月から諸党派の連合集会の準備を開始していた。それは簡単ではなかった。明石は先の報告書にこう書いている。

反対派諸勢力の連合問題における最大の障害は、諸党派間の不和と妬み、そねみである。共同戦線の形成という同じ目的がたいまつの如く彼らを照らし導こうとも、互いへの猜疑心を抑えられぬ。［……］原則論上、ポーランド国民党とポーランド社会党の敵対は避けられぬ。(28)

七月、明石はラッペルスヴィルでバリツキと会った。バリツキはそのような集会の効果に対しては疑問を表明したが、民族連盟の同志の同意が得られたら参加する、と約束した。八月には、明石とシリヤクスがハンブルクでヨトコ＝ナルキェヴィチに会う。ヨトコも集会への招待を受け入れた。

果たして、連合集会は実現した。この集会の組織のために、明石は参謀本部から一〇万円(29)の資金を得ていた。集会は一九〇四年一〇月一日から五日までパリのオテル・ド・オルレアンで行なわれた。招かれた一九党派のうち、実際に参加したのは八団体の代表に過ぎなかったが、この中には民族連盟のドモフスキとバリツキ、社会党のヨトコ＝

＊11　一八六三年一月二二日、ロシア領ポーランドで起こった、一九世紀ポーランド最大にして最後の武装蜂起。国民政府の樹立が宣言され、農地解放令が発表されたが、広範な農民の支持は獲得できず、蜂起はロシアの過酷な弾圧を受けて敗北に終わった。

ナルキェヴィチ、マリノフスキ、カジミェシュ・ケレス゠クラウスの顔があった。ただし、会議そのものは、明石にとっては何ら具体的な成果をもたらすものではなかった。確かに、共同宣言は発表されたものの、具体的な内容はほとんど含まれていなかった。この共同宣言では「今こそ、専制政府に対する共同行動の好機である」(30)ことが謳われたが、明石が危惧したとおり、一つとして、自らの綱領に譲歩を加える党派はなかったのである。

そのため、翌一九〇五年の四月二日から九日にかけてジュネーヴで開かれることになっていた第二回会合には、ポーランド社会党を含む急進派の代表だけが招かれることになり、民族連盟などの穏健派は招待を見送られた。この集会における決定は、すでに夏から始めていたことだが、まずペテルブルク周辺で大規模な革命行動を起こし、ポーランド社会党がポーランド王国内でこれを支援する、というものであった。

この目的のため、明石は参謀本部から四五万円を受け取ることになっていた。(31)日本軍当局は一九〇五年三月の奉天近郊での消耗戦のあと、戦争の早期終結を望むようになり、ロシア領内の革命運動への資金の提供を決定したのである。すでに見たように、それまでは外務省が参謀本部のこのような行動に歯止めをかけていたため、ピウスツキの使命は不成功に終わったのである。

ポーランド社会党の武器購入に対する日本の援助

ヨーロッパにおける反帝政運動とある程度の関連性を持っていたのは、極東派遣軍の動向に関する情報と引き換えに、ポーランド社会党へ武器・爆薬の資金を提供するという問題であった。社会党側ではヨトコ゠ナルキェヴィチが中心となってこの件に取り組んでいたが、マリノフスキ、フィリポヴィチ、ヴォイチェホフスキも加わっていた。ピウスツキは直接関与してはいなかった。他方、日本側で動いていたのは、パリの明石と、ロンドンでは宇都宮の同僚のカネガワ［金川？］武官であった。八月一九日、ヨトコはカネガワに参謀本部宛てのメモを渡した。ヨトコはこの中で、ロシアにおける革命運動がいかに重要か、とりわけ反ロシア示威行動に使用する武器の調達がいかに不可欠であるかを訴えている。

武器の密輸ルートはあります。その購入資金が必要なのです。社会党による武装デモは、ロシア政府に革命家たちの力を見せつける証となりました。政府は、国内が大混乱に陥るかもしれぬとの懸念から、外向けにはより慎重な行動をとることでありましょう。デモはまた、ロシア内の他の革命政党にも影響を与え、積極的行動へと駆り立てるでしょう。（SW, 72-73）

ヨトコはまた、被抑圧民族の革命政党による集会の招集を呼びかけている。

カネガワは、社会党がピストル七五〇丁の購入に一五〇〇ポンドの資金を必要としている、というヨトコからの説明を補って、メモの内容を参謀本部に伝えた。九月二日、ヨトコは色よい返事を得たようである。というのは、この時点から、武器購入の件が進展を見せるからである。

一九〇四年末、武器購入の担当者の間に様々な不協和音が生じたため、ピウスツキはヴォイチェホフスキにロンドンでの問題解決を一任した。ヨトコはルヴフで活動していた。この全員と連絡を取っていたのが、パリの明石であった。明石は、この協力の成功とポーランドにおける革命運動の発展を切望していた。それを物語っているのはヨトコたちへの手紙である。社会党から提示された額を工面できるかどうか案じている様子がはっきりと読み取れる。一一月四日付の手紙に、明石はこう書いている。

私の友人たちは、ドイツ人のように常に形式に則って行動するのを好みます。例の「ボンボン」［武器］の件も、「いつ？」「どのような条件で？」を問いただしながら、一歩一歩前進するという具合です。この友人たちにどう説明すべきか、いつも四苦八苦しております。（SW, 74）

ポーランド人に対する明石の特別な関わり方は、参謀本部に宛てた報告書『落花流水』からも窺われる。

兵器購入ハ波蘭土ハ金銭ヲ給與シ自由ニ購買セシメ其他ノ党派ハ兵器ノ買物ヲ見付ケ次第ニ金銭ヲ支出スルコトナレリ。

兵器ノ購買ハ困難ナル事業ナリ殊ニ党派ニ由テ其嗜好ヲ同フセス假令ハ革命党波蘭土社会党ノ如ク其党員職工ヲ主トスルモノニ於テハ小銃ヲ好マス又芬蘭土及高架索〔コーカサス――著者注〕等ハ寧ロ小銃ヲ好ムハ其党員ニ農民多ク含有セラレルハナリ。(32)

武器購入資金と反政府運動への支援と引き換えに、ポーランド側はロシアの対ポーランド政策、動員の経過、軍の動き、社会情勢などに関する情報を定期的に日本側に提供することになっていた。

ヴォイチェホフスキは回想録の中にこう書いている。

こうした関係は極秘のベールに包まれていた。知っていたのは、ピウスツキ、ヨトコ、フィリポヴィチと私だけだった。フィリポヴィチは本国から送られてくる、主としてロシアの新聞記事からの情報を英訳していた。私は資金を受け取り、ロンドンで武器の購入にあたった。たいていは、台尻が折畳み式になっているモーゼル銃とリボルバーだった。ハンブルクでの武器の受け取りとオーストリア国境経由での搬入を担当していたのはヨトコである。(SW, 72)

一九〇四年末から一九〇五年初頭にかけての一連の出来事、なかでも、一一月一三日にワルシャワのグジボフスキ広場で行なわれた社会党の武装デモは、ポーランド王国の他の都市での反帝政運動や一月から二月にかけての労働者、青年、農民によるゼネストを引き起こすきっかけとなり、武器調達問題を活性化させることになった。上記の社会党員たちの通信が証明するように、日本側は月々の「支払い」をかなり規則的に渡すようになる。

ただし、ポーランド社会党による帝政反対の示威行動のすべてが日本からの資金援助と関係があったのか、そして日本側がどのくらいの資金をポーランド側に提供したのかは、正確にはわからない。イェンジェイェヴィチは数少ないポーランド側資料（SW, 84）に基づいて、一九〇四年から一九〇五年にかけての一八ヶ月間に約二万ポンド、すなわち二〇万ルーブルがポーランド側に渡ったと推定している。イェンジェイェヴィチは、それは決して大きな金額ではない、とも言っている。なぜなら、ピウスツキは一九〇八年九月二七日のベズダヌィにおけるたかだか四五分間の作戦に際して、二〇万ルーブル[33]以上の資金を受け取っているからである。

武器購入におけるポーランド人と日本人の協力は、ほぼ日露戦争の終結まで続いた。一九〇五年九月五日に、ポーツマス講和条約が締結されるが、その三週間前、日本はすべての反ロシア勢力への資金援助を打ち切った。九月一六日、宇都宮大佐はヴォイチェホフスキに、一〇月に帰国する予定であることを告げた。宇都宮はポーランド人から餞別にチョッキと鷲のポートレートを贈られる。一一月一八日には明石がヨーロッパを後にした。明石と宇都宮はいずれも、帰国後に、日露戦争中のヨーロッパでの活動に対し勲章を授与されている。

ポーランドと日本の接触はその後、数年にわたって途絶えてしまう。一九一一年八月一一日、在ワルシャワ日本名誉領事館が開設され、銀行家で実業家のブロニスワフ・ゴルトフェデルが名誉領事に就任する（GGS, 6. 1. 5. 9-62）が、このことも特に影響は及ぼさなかった。日本側は、ワルシャワがロシア—西欧間の交通の要衝であり、商業の中心地でもあることを認めていたのである。

最後に指摘しておきたいのは、日本との協力や日本訪問が、ピウスツキとドモフスキ両人の世界観に少なからぬ影響を与えたという点である。

ドモフスキは後年の著作の中で、自ら日本についての観察を披瀝している。その代表的なものは、一九〇四年の九月から一二月にかけて『全ポーランド評論』に三回にわたって連載された「光は東方から」という論文[34]であろう。彼は日本の文化や、日本人の国民として、人間としての価値観に魅せられている。また、道徳的価値観や、個人と社会ないし個人と歴史とのつながりがいかに大切にされているかを確認した。ドモフスキはこう書いている。

日本の勝利――それは万人の認める物質的な力に対する道徳的な力の勝利である［……］。ロシアのアジア支配の強化には、巨万が投じられた。――そして今日、そのすべてが、大和魂に宿っていた力によって粉々に打ち砕かれたのである。ただひとつの願いにすべての日本人の魂を向かわせ、「大日本万歳！　万歳！」という叫びとなって表れる力によって。

日本は偉大でならねばならず、未来永劫生き長らえねばならない――それをそのすべての息子が望み、そのためならすべてを投げ打つ覚悟がある。この熱意、すべてを捧げるという心構え――それこそがまさしく日本の財産であり、強さの源であり、勝利の秘訣なのだ［……］。

二〇世紀もの長きにわたり国家として存続してきたという、その連続性の力は、この民族を統合し団結させた。その結果、日本人においては集団的本能が個人的本能を凌ぐことになった。日本人は個人である以上に社会の成員なのであり、自らの行動においては個人的利益より全体の利益を優先する［……］。

日本人にあっては、集団的本能がかくも強く、個人の自由意志はかなり狭められているが、歴史に翻弄され、さまざまな影響にさらされてきた民族においては、この集団的本能は弱く、すべてがおのれの意のままになっている。したがって、我々ポーランド人は、もっとも大きな「自由意志」を手にしている民族ということになる。我々が隷属の身であることを感じないでいる限り、この「自由意志」は、勝手気ままや放縦の姿をしているのである［……］。

日本訪問の影響から、ドモフスキの中で人間や民族のとらえかた、ナショナリズムの理解に変化が生じ、それは彼のその後の人生に重くのしかかることになる。

一方、ピウスツキは帰国後、軍事研究にさらに没頭する。彼の関心はつねにナポレオン戦争や南アフリカ戦争（ボーア戦争）[*12]といった大戦争にあった。日露戦争に関心を持ったのは、上に述べたような政治的観点からばかりではなかった。日本兵の士気の高さや将校の有能さも、彼を引き付けてやまなかったのである。彼は、日本軍司令官の戦略と戦術は先駆的であり、第一次世界大戦と一九二〇年のソ連・ポーランド戦争で用いられた戦略に影響を与えたことを認めている。この点から、ピウスツキは日本軍を高く評価しており、ヴァツワフ・イエンジェイェヴィチが一九二五年に最初の駐在武官として東京に赴任した際、ちょうど自身が軍事功労勲章委員会の総裁を務めていたこともあって、かねて考えていた通り、日本軍将校五一名の叙勲を決定した。めざましい戦功があったと認められる部隊を自ら細かく指定したのであったが、そのことでかえって日本側に少なからぬ面倒をかけることになる。そこで彼は、戦争からすでに二〇年も経過したことに気づいたのであった。一九二八年にようやく勲章が授与されることになるが、これについては次章で述べることにする。

＊12　アフリカ南部の植民地化をめぐる、イギリスとオランダ系アフリカ人アフリカーナーの間の戦争。一八九九年、アフリカーナーが建国支配していたトランスヴァール共和国、オレンジ自由国の豊かな鉱物資源の争奪をねらって、イギリスが圧力を強めたことがきっかけで勃発。アフリカーナーはゲリラ戦で激しく抵抗したが、一九〇二年、結局イギリスが勝利し、トランスヴァール共和国とオレンジ自由国を併合した。

第三章　一九二〇年代

日本によるポーランド独立の承認

　第一次世界大戦における協商国側の勝利は、ヨーロッパの政治地図を大きく塗り替え、ドイツ、オーストリア＝ハンガリー、ロシアの諸帝国が崩壊した。

　旧オーストリア＝ハンガリー領には、一九一八年の終わりに、南スラヴ人統一国家「セルビア人・クロアチア人・スロヴェニア人王国」（一九二九年、「ユーゴスラヴィア王国」に改称）、チェコスロヴァキア、オーストリア、ハンガリーが誕生した。リトアニア、ラトヴィア、フィンランドもヨーロッパの地図に帰ってきた。これに先立つ六月三日には、ヴェルサイユでの英仏伊首脳会議において、バルト海への出口をもつ独立のポーランド統一国家の創設こそが真に公正な講和条件の一つである、という宣言が発せられ、同年一一月、ポーランドが独立を回復した。

　第一次世界大戦中、日本は協商国側に立って参戦した。極東のドイツ軍を撃破し、山東をはじめとするドイツ権益を獲得したことで、中国大陸への進出の可能性が開けた。おりしも清国では一九一一年に勃発した革命が、清朝（一六四四―一九一二）を崩壊に追い込み共和制を成立させたが、孫文（一八六六―一九二五）を擁し南京を首都とする南と、親皇帝派の袁世凱（一八五九―一九一六）を擁し北京を拠点とする北に、国が分裂してしまった。日本軍が山東に進軍すると、中国は撤退を要求したが、日本政府はこれを好機として、中国政府にいわゆる「対華二一カ条の

パリ講和会議。出席者の中にイグナツィ・パデレフスキ、ロマン・ドモフスキ、西園寺公望、牧野伸顕、松井慶四郎の顔が見える（“L'Illustration”1919.No.3975）

要求」を突きつけた。これは、中国を半ば属国化しようとする企てに他ならなかった。中国は中国領内における日本の軍事行動の拡大を恐れて、結局一九一五年五月に、大半の要求を受け入れた。

戦後処理のパリ講和会議（一九一九年一月一八日―一九二〇年一月二一日）において、日本は米、英、仏、伊とともに五大国の一員となった。日本代表団の全権を務めたのは西園寺公望（一八四九―一九四〇）で、前章で触れた牧野伸顕の代理であった。日本代表団は、日本に直接関係のない問題については発言を避け、ポーランド問題についても同様であった。日本の主たる関心は極東問題にあり、何よりも中国問題にあった。中国に対する日本の影響力の増大は列強の警戒を呼び起こしたが、日本は山東のドイツ権益、マーシャル群島、マリアナ諸島、カロリン群島の九九年間の委任統治を認められた。中国は抗議の印としてヴェルサイユ条約への署名を拒否した。

講和会議の召集に先立つ一九一八年九月一九日、連合国の支援によるポーランド国家の再興を目指していた在外ポーランド人の代表機関「ポーランド国民委員会」の代表が、パリ駐在大使の松井慶四郎（一八六八―一九四六）を訪問し、日本政府は同委員会をポーランドの正式の利害代表として承認する用意があるかどうかを打診した。英、米、仏、伊の各政府は、一九一七年前半にすでに承認を与えていたのである。ポーランド側は、日本が九月一六日にパリのチェコスロヴァキア国民評議会を国際社会におけるチェコ人とスロヴァキア人の公式代表として承認したことを知っていた。一〇月一五日、内田康哉外相（一八六五―一九三六）は、時期尚早として否定的な回答を送った。その主たる根拠は、日本人研究者が指摘しているように、日本のシベリア出兵、すなわち対ソ干渉戦争に対するポーランド人の関わり方に対し、日本政府が否定的評価を下していたことであった。(1)

シベリア出兵へのポーランド人の参加(2)

一九一八年八月、日本は米、英、仏とともに、シベリアの反革命勢力を支援することを決定した。英・仏両軍はムルマンスクから、日本軍はウラジオストクから、それぞれシベリアに上陸した。日本はボリシェヴィキの掌中にあった極東地域への影響力を拡大しようとして、他国の数倍にあたる七万二〇〇〇人もの兵をシベリアへ派遣した。出兵の直接の口実は、ロシア軍の捕虜となったオーストリア・ハンガリー帝国軍のチェコ人およびスロヴァキア人将兵が一九一五年に結成したチェコスロヴァキア軍団の救出であった。軍団はチェコスロヴァキア国民評議会の傘下にあり、協商国と人民委員会議の合意に基づいてウラジオストクへ、そこからさらにヨーロッパへ移送され、協商国側の作戦行動に投入されることになっていた。ボリシェヴィキが軍団兵の武装解除を開始したとき、軍団兵はロシア軍に反旗を翻してシベリア鉄道沿線を移動し、アレクサンドル・コルチャック総督（一八七四―一九二〇）の反革命活動を援護した。戦闘にはカジミェシュ・ルムシャ大佐（一八八六―一九七〇）率いる第五射撃兵師団、通称シベリア師団のポーランド人も参加した。

同師団の編成は、一九一七年の一〇月革命後からすでに始まっており、ロシア領内にいたポーランド人、独墺軍捕

シベリア出兵―ウラジオストクを行進する日本軍（1918年）
（写真提供：エヴァ・パワシュ＝ルトコフスカ）

虜、現地の志願兵、政治犯とその子弟らが入隊した。志願兵の募集にあたったのは、一九一八年七月にオムスクで創設され、シベリアの実質的なポーランド人統治機構となっていた「ポーランド戦時委員会」であった。シベリアでの軍事行動の指揮を執ったのは、ヴァレリアン・チュマ大佐（一八九〇―一九六二）であった。師団の主要な任務の一つは、シベリア鉄道のノヴォニコラエフスク（現ノヴォシビルスク）駅からクリュクヴィエンナヤ（現在のウヤル）という小駅までの区間の守備であった。師団は、形式的には、ポーランド国民委員会の指令によりユゼフ・ハレル将軍（一八七三―一九六〇）を指揮官としてフランスで編成されたポーランド軍の一部となった。ポーランド国民委員会は、軍に対する政治的統括権を持っており、一九一八年秋には協商国が独立の同盟軍として承認した。

ところが一九一九年秋、ボリシェヴィキが大攻勢に出たことから、シベリアの反革命軍は撤退を余儀なくされる。連合国の革命干渉軍が撤退を開始すると、ポーランドのシベリア師団にその援護が委ねられたため、シベリア師団は赤衛軍との激しい戦闘を繰り広げることになる。コルチャック軍は敗北後、東への敗走を開始した。行軍は滞りがちで、それを援護するポーランド師団は絶えず交戦を強いられた。ポーランド兵の疲弊と消耗を目の当たりにして、チュマ大佐は干渉軍総司令官のピエール・ジャナン将軍（一八六二―一九四六）に、チェコ軍団の派遣を要請する。しかし、その指令は発せられず、ポーランド師団はクリュクヴィエンナヤ駅まで撤退させられ、ボリシェヴィキによって後続と寸断されてしまった。チェコスロヴァキア軍団の指揮官はポーランド軍の援護を望まず、ボリシェヴィキと提携し、コルチャックをも引き渡した。コルチャックは間もなく処刑された。そればかりか、民間人、女性や子どもを援護することも許されなかった。

すでに独立を回復していた祖国からの支援も得られず、チュマ大佐は投降を決定し、一九二〇年一月一〇日にそれは現実のものとなった。ポーランド兵の大部分は捕虜となり、将校は捕虜収容所に収容され、他は鉱山労働に送られた。その多くは劣悪な環境と過酷な扱いのために命を落とした。生き延びた者がポーランドに帰還したのは、ようやく一九二一年のことであった。しかし、全員が投降したわけではない。ルムシャ大佐を含む約一〇〇〇人の将兵が満州のハルビンにたどり着いたのである。

一九二〇年三月、その本国帰還に着手したのは、シベリア・極東方面全権大使ユゼフ・タルゴフスキを筆頭とするポーランド特使であった。タルゴフスキに随行した軍事使節団の団長、アントニ・バラノフスキ（一八五四―一九二二）が、ハルビンにいたポーランド兵の直接指揮の任務を引き受けた。特使の派遣、コルチャック政府ないし連合国外交使節団代表との関係締結をタルゴフスキに一任することは、すでに一九一九年八月二七日の段階で決まっていたが、特使が極東に着いた時はすでに手遅れの状態にあった。このことについては、このあと詳しく述べることにする。

このように列強によるシベリア干渉戦争は失敗に終わり、一九一九年六月にはイギリス軍、フランス軍、チェコスロヴァキア軍が、一九二〇年一月にはアメリカ軍が撤退した。しかし、極東における影響力拡大の可能性をなおも追求していた日本は、一九二二年一〇月までシベリアに留まった。

ここで、日本の独立ポーランド承認問題に戻ろう。前に述べたように、日本側はポーランドに支持の意を表することを急がなかった。シベリア出兵に対するポーランド人の関わり方を否定的に評価していたからである。日本政府は、日本軍とチェコスロヴァキア軍団の目的は矛盾せず、東シベリアのチェコ人とスロヴァキア人への援助は日本の利益になると考えた。これに対し、ポーランドの行動には懸念を抱いていた。日本にしてみれば、シベリア鉄道で働くポーランド人をも徴募する形での、シベリアにおけるポーランド軍団の創設は、鉄道輸送に混乱と困難をきたすものに他ならなかったからである。この理由で、日本はポーランド側からの他の案件に対しても回答を引き延ばした。一九一八年一一月一六日、ユゼフ・ピウスツキは国家元首ならびにポーランド軍最高司令官として独立ポーラン

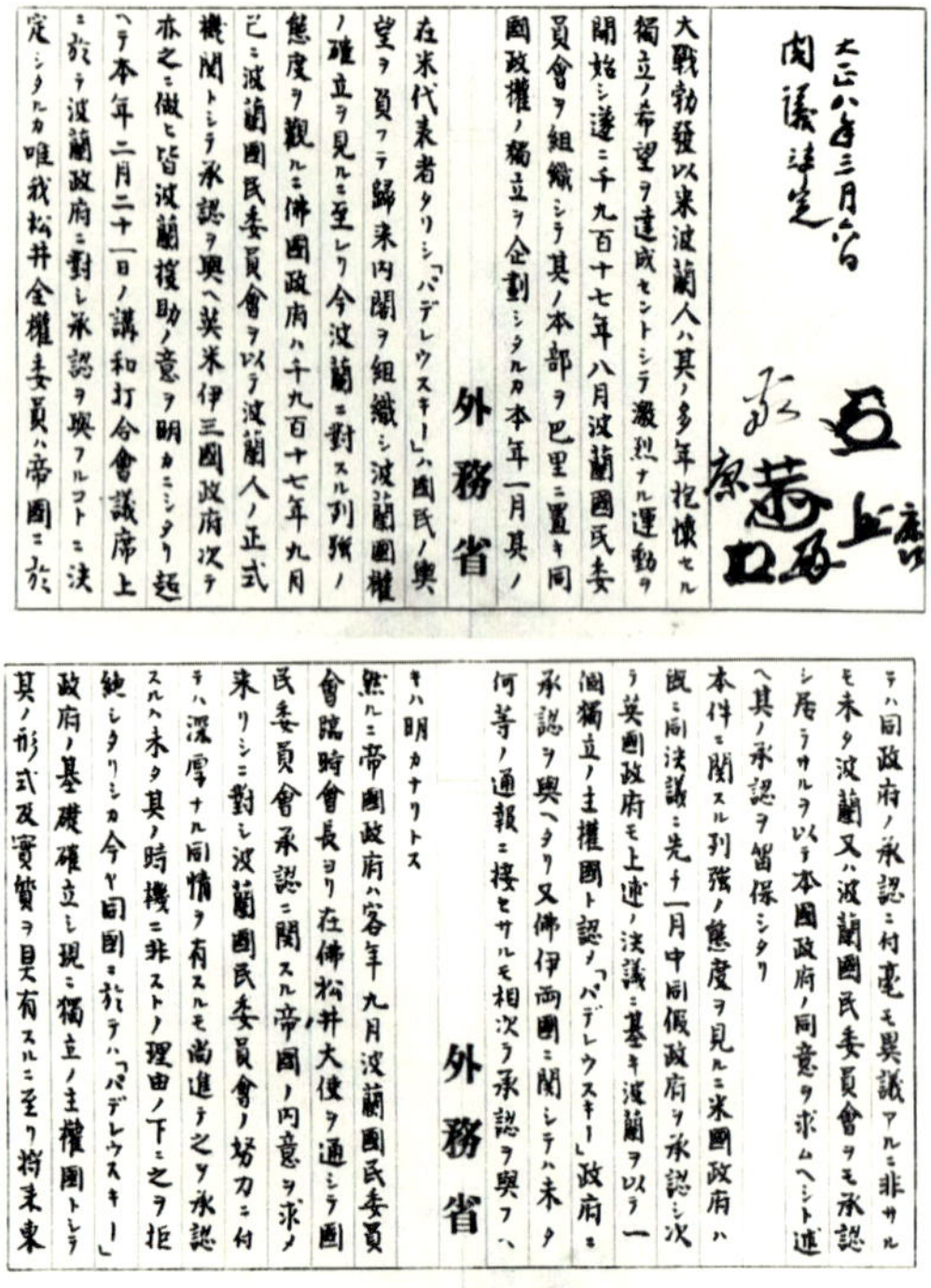
大正八年三月六日
閣議決定

大戦勃発以来波蘭人ハ其ノ多年抱懐セル
獨立ノ希望ヲ達成セントシテ激烈ナル運動ヲ
開始シ遂ニ千九百十七年八月波蘭國民委
員會ヲ組織シテ其ノ本部ヲ巴里ニ置キ同
國政權ノ獨立ヲ企劃シタルカ本年一月其ノ
外務省
在米代表者タリシ「パデレウスキー」ハ國民ノ輿
望ヲ負フテ歸来内閣ヲ組織シ波蘭國權
ノ確立ヲ見ルニ至レリ今波蘭ニ對スル列強ノ
態度ヲ觀ルニ佛國政府ハ千九百十七年九月
已ニ波蘭國民委員會ヲ以テ波蘭人ノ正式
機関トシテ承認ヲ與ヘ英米伊三國政府次テ
亦之ニ倣ヒ皆波蘭援助ノ意ヲ明カニシタリ延
ヘテ本年二月二十一日ノ講和打合會議席上
ニ於テ波蘭政府ニ對シ承認ヲ與フルコトニ決
定シタルカ唯我松井全權委員ハ帝國ニ於

テハ同政府ノ承認ニ付毫モ異議アルニ非サル
モ未タ波蘭又ハ波蘭國民委員會ヲモ承認
シ居ラサルヲ以テ本國政府ノ同意ヲ求ムヘシト述
ヘ其ノ承認ヲ留保シタリ
本件ニ關スル列強ノ態度ヲ見ルニ米國政府ハ
既ニ同決議ニ先チ一月中同假政府ヲ承認シ次
テ英國政府モ上述ノ決議ニ基キ波蘭ヲ以テ一
國獨立ノ主權國ト認メ「パデレウスキー」政府ニ
承認ヲ與ヘタリ又佛伊兩國ニ關シテハ未タ
何等ノ通報ニ接セサルモ相次テ承認ヲ與フヘ
外務省
キハ明カナリトス
然ルニ帝國政府ハ客年九月波蘭國民委員
會臨時會長ヨリ在佛松井大使ヲ通シテ國
民委員會承認ニ關スル帝國ノ内意ヲ求メ
来リシニ對シ波蘭國民委員會ノ努力ニ付
テハ深厚ナル同情ヲ有スルモ尚進テ之ヲ承認
スルハ未タ其ノ時機ニ非ストノ理由ノ下ニ之ヲ拒
絶シタリシカ今ヤ同國ニ於テハ「パデレウスキー」
政府ノ基礎確立シ現ニ獨立ノ主權國トシテ
其ノ形式及實質ヲ具有スルニ至リ將来東

日本政府の独立ポーランド国家承認に関する閣議決定（大正８年３月６日）（外務省外交史料館所蔵）

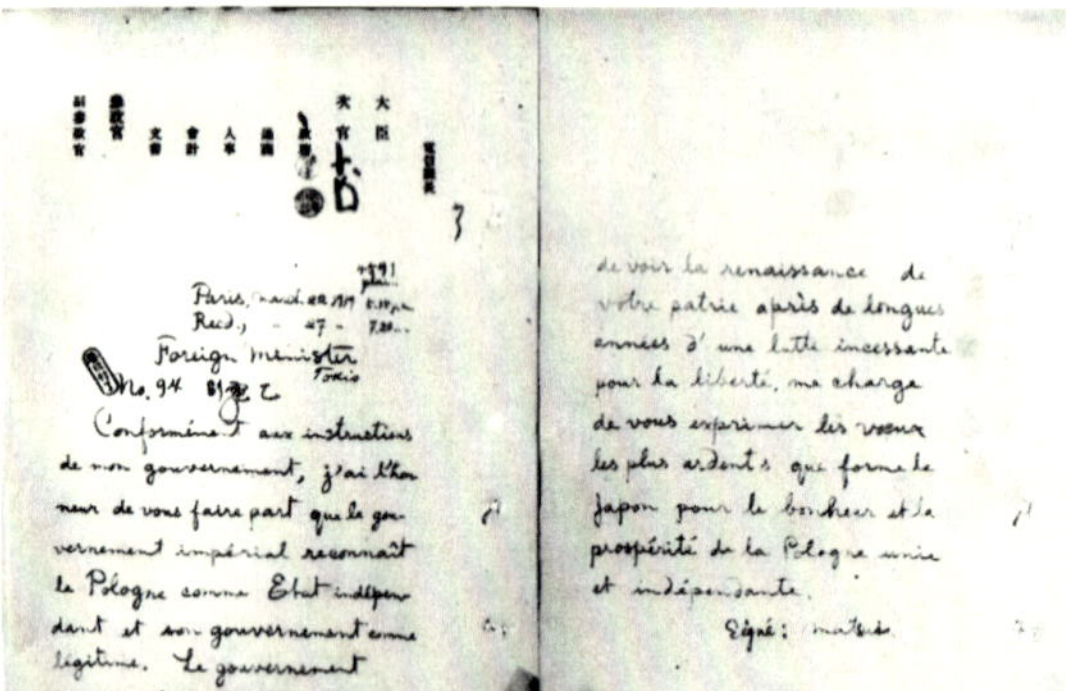
Foreign Minister
Tokio
No. 94
Conformément aux instructions
de mon gouvernement, j'ai l'hon
neur de vous faire part que le gou-
vernement impérial reconnaît
la Pologne comme Etat indépen
dant et son gouvernement comme
légitime. Le gouvernement
impérial profondément heureux
de voir la renaissance de
votre patrie après de longues
années d'une lutte incessante
pour la liberté, me charge
de vous exprimer les voeux
les plus ardents que forme le
Japon pour le bonheur et la
prospérité de la Pologne unie
et indépendante.
Signé: Matsui

松井慶四郎駐仏大使からロマン・ドモフスキに手交された日本政府の正式決定通知（1919年３月22日）（外務省外交史料館所蔵）

ド国家の創設を特電で正式に国際社会に知らしめた。その翌日、まだ形成途上の新設のポーランド共和国外務省は、イギリス、フランス、アメリカ、イタリア、日本、ポルトガルの外務大臣に、外交関係締結に関する覚書を送った。一九一九年一月末、アメリカが先鞭を切って独立ポーランド国家とイグナツィ・パデレフスキ（一八六〇―一九四一）を首班とする新内閣を承認した。二月二四日―二七日、フランス、イギリス、イタリアもこれに続いた。日本政府はその数日後、三月六日にポーランド政府を承認するという決定を下した。三月二二日、松井大使がポーランド国民委員会のロマン・ドモフスキ委員長にこの決定を伝えたことから、ポーランド側の文書ではこの日を、日本が独立ポーランドを法的に承認した日としている(3)。

公使館の相互設置（一九二〇―一九二一）

日本・ポーランド間の正式の関係樹立の次なるステップは、外交使節の交換であった。一九一九年三月、日本外務省は新興の、もしくは独立を回復した中東欧諸国への外交代表の派遣に関する文書を作成した（外務省外交史料館史料1・4・3・5―Ⅲ）。この文書は、この地域に関する生きた情報を得るために、ヘルシンキ、キエフ、オデッサに総領事館を設置する必要があることを勧告していた。さらに、五大国の一員として中東欧諸国にも外交使節を駐在させるべきであるという考えから、ポーランドとチェコスロヴァキアの名も挙げられている。しかし、しかるべき人材がいないという内田康哉外相の判断により、この案は実現しなかった。一九一九年八月にこの問題が再び顧みられることになったのは、駐仏松井大使の進言がきっかけであった。パリにいて列強の動向をつぶさに知っていた松井は、ヨーロッパのすべての国に早急に外交使節を派遣すべきであるという意見を具申した。彼は七月三〇日付の内田外相宛の電報にこう書いている。

欧州ニハ今後幾十年間国際紛争ノ絶ユルコトナカルヘキ形勢。新ニ国際連盟主脳部ノ一員トシテ他ノ大国ト伍シ今後世界各方面ニ起リ来ルヘキ国際問題ニ付相当ノ権威ヲ以テ発言セントスルニ欠クヘカラサルコトナリ。

（外務省外交史料館6・1・2・72）

この電報に応える形で、外務省は八月に、公使館ないし領事館の開設に関しさらに詳細な文書を作成している（『大戦の結果公使館領事館等新設の必要理由』、同上）。この文書には中東欧諸国の名が挙げられており、ポーランド、チェコスロヴァキア、ユーゴスラヴィア、ルーマニア、トルコ、ギリシアには公使館を、ハンガリー、ブルガリア、フィンランドには総領事館を設置すべきことが述べられている。このような判断には、二つの主たる理由が示されている。一つは、新興諸国が遠からず日本に外交使節の交換を求めてくることが予想されたため、日本としてもそれに備えておかなければならない、という認識があったことである。そしていま一つには、ヨーロッパ情勢をつぶさに知り、この地域の諸問題においてしかるべき地歩を確保するため、大国日本としては、他の列強が代表をおいている国にはもれなく外交使節を派遣する必要があった。この文書ではまた、ヨーロッパの政治状況に変動が生じた際、ポーランドが果たしうる役割の重要性も指摘されており、駐ポーランド公使館は、日本が中欧諸国の大勢と列強の政策の動向を把握し、ヨーロッパ政策を立案するための起点となりうる、と述べられている。しかし、ポーランドへの初の外交使節の派遣は、しかるべき教育を受けた人材の不足や財政上の理由からなかなか実現しなかった。ポーランド側はこうした日本の対応に苛立ち、駐ベルリン公使を通じて在ドイツ日本大使館参事官の出淵勝次（一八七八―一九四七、外務省外交史料館史料6・1・8・4―23）にその旨を伝えている。

ところで、この間の一九一九年六月からは、山脇正隆大尉が参謀本部の代表としてすでにワルシャワに常駐していた[4]。参謀本部は外務省よりずっと早くヨーロッパに人員を派遣していた。そのため、派遣員たちは軍事使節としての本来の任務に加えて、政治外交の領域にまで踏み込んで外務省に情報を送るという仕事も担っていたのである。山脇は一九二〇年代から一九三〇年代にかけての日ポ関係において重要な役割を果たした人物であり、紙幅を割く価値がある。

山脇正隆（写真提供：故人）

山脇正隆（一八八六―一九七四）は、士族出身の山脇豊正の長男として生まれた。一九〇五年に陸軍士官学校を修了、一九一四年にはエリート校の陸軍大学校を卒業している。一九一六年初頭、陸軍関係では陸軍省と参謀本部に次いで重要な部署である教育総監部に配属された。翌一七年にはロシアに派遣され、主としてペトログラードで軍事研究と語学研修に従事した。しかし、革命の勃発でロシアを離れざるを得なくなり、一九一八年に総監部の任務に復帰する。この後の経緯やポーランドと関わることになったそもそもの発端について、山脇は戦後もだいぶ経った一九七〇年四月一七日、東京の偕行社[5]で会ったアンジェイ・T・ロメルに次のように話してくれた。

山脇正隆（右）とアンジェイ・T・ロメル（中央）
（偕行社前にて、1970 年）

一九一九年に私は再びヨーロッパに派遣されました。どこかロシアの西方で、ロシア情勢の観察に適した場所に「腰をすえる」ようにとの命令を受けていたのです。[……] そこで私が選んだのがポーランドでした。これには三つの理由がありました。第一に、ポーランドは当時の日本社会で人気があったからです。第二に、自分自身の体験から、ポーランド人は「背筋のまっすぐな」、すなわち誠実な人々であるという結論に達していました。そして最後に、長年にわたって抑圧と分割国による民族性の破壊にさらされてきたにもかかわらず、ポーランド人が自らの言語と文化を守り抜くことができたとしたら、それは教育や家族関係がまともだということだ、と思ったのです。わが国と同様に、子は親を敬い従っているにちがいない、と [……]。

出発前、私はそれまでの日本とポーランドの関係については全然知りませんでしたが、最初にパリに行き、そこで出会った人物の一人が、ポーランド代表を率いてパリ講和会議に来ていたイグナツィ・パデレフスキだったのです。パリでは、ドモフスキとも知り合いになりました [……]。私はポーランド行きの招待状と許可証をもらい、この旅もスイス、オーストリア経由で挙行したというわけです。ポーランドに着いたのは一九一九年六月のことでした。

当時、ピウスツキは国家元首でした。私はほどなく彼と会う機会に恵まれ、私たちは最初の出会いから親密な打ち解けた間柄になりました。

日本の陸軍大尉としては、私は参謀本部に直接、報告書を送っていました。ただし当時は、外務省と参謀本部の間に非常に密接な協力関係がありましたから、私の情報の中に外務省の関心を引くものがあれば、参謀本部はその写しを外務省に送っていました。外国暮らしで、しかもポーランド人のメンタリティを知らなかったために、たいそう神経を使わなくてはなりませんでした。

この時期の日本は、ポーランドに対して非常に好意的でした。日本人の親ポーランド感情のきっかけの一つは、滅ぼされたポーランドの悲運をうたった軍歌でした。一九世紀末に福島少佐が行なった単独騎馬旅行の印象をもとに書かれたものです。

当時のポーランドにとって、日本の友好的な態度は相当に重要だったのではないでしょうか。何しろ日本は五大国の一つで、パリでは日本の発言が大きな影響力をもっていたからです。そういうときに日ポ間の唯一の連絡役をしていたのですから、私があっという間にワルシャワの人気者になってしまったのも不思議ではありませんでした。

日本政府からの公使館開設の準備についての連絡に対し、すでにワルシャワ滞在が一年を超え、ポーランドの状況やポーランド人のメンタリティにもかなり通じていた山脇は、一九二〇年九月一五日、外務省に宛てて次のような電報を送っている。

新聞ニ依レハ近く日本ヨリ波蘭ニ公使ヲ派遣セラルル由ニ就キ公使館員ノ参考事項トシテ小〇〇官ノ意見ヲ報告ス。

一、ポーランド人ノ用スル語ハ皆波蘭語ナルモ多クハ露西亜語又ハ独逸語ノ一ヲ語ル。従リテ露西亜語又ハ独逸語ノ一ヲ語ルノミニテハ用ヲ便スル足ラス尠クモ双方ヲ語リ得ルヲ要ス
二、官吏及ビ知識階級ノ多クハ仏語ヲ語リ露語及ヒ独語ヲ語ルヲ好マス故仏語ヲ能ク語ルハ緊要ナル資格ノ一ナリ英語ヲ語ルモノハ未タ僅少ナリ
三、波蘭人ニ対シ露感情は不良ニシテ寧ロ神経通敏ナルヲ以テ露西亜通ノミヨリナル公使館員ヲ派遣シ対露問題ニ没頭セシムル時ハ波蘭人ノ疑ヲ深クシ他ニ累ヲ及ボスノ恐アリ寧ロ対露問題ニ直接ノ関係ヲ有セサリシ人ヲ任命シ公使館員中ニ露西亜専門家ノ一人ヲ交フルヲ有利トスル如ク感セラレル
（外務省外交史料館史料1・1・4・1―14（大正九年九月一五日第八一号））

川上俊彦(左端)とロマン・ドモフスキ(1922年ボズナン近郊フルドヴォのドモフスキ宅にて)(写真提供：トマシュ・ヴィトゥフ)

日本が初の正式な外交使節をポーランドへ派遣することを最終的に決定したのは、ようやく一九二一年五月のことであった。初代駐ポーランド公使に就任したのは、一九〇四年にドモフスキとピウスツキが東京で日本当局と会談した際、通訳を務めた川上俊彦であった。ただし川上は――山脇の進言とは異なり――ロシア問題の専門家であった。

独立回復間もないポーランドの政府は、日本以上に、外交関係の早期締結と正式の外交使節の派遣を必要としていた。しかし、ここでもまた多くの困難が待ち受けていた。何と言っても、ポーランドは長年の分割支配を経てようやく主権国家としての独立外交を形成し、新たな地位についたばかりで、適切な人材を探していた。外務

省幹部は、政治的・社会的観点からも、学歴や世界観からも多様であり、その構成員は旧オーストリア領の外務官僚、ドモフスキに近しいポーランド国民委員会の活動家、ピウスツキ陣営のメンバーから成っていた。一九一九年四月にポーランド国民委員会が解散すると、国家元首ピウスツキの協力者たちは、ドモフスキ派が占める外国公館のポストの数を制限すべきである、と考えたが、これは何年も実現されなかった。(6) そのため、諸党派間の、すなわち様々な政治意識、様々な筋の人々の間のつば競り合いとなった。それが、ポーランドの駐日代表の任命問題でも起きたのである。

駐日ポーランド公使の候補者として最初に名前が挙がったのは、ポズナン大学教授の哲学博士アダム・ジュウトフスキ伯爵（一八八一—一九五八）であった。その証拠を、ジュウトフスキ夫人ヤニーナの回想記『人は世につれ、世は人につれ』（未刊行）に見出すことができる。著者はヤン・キェニェヴィチ教授のご厚意により、本書の第二版の改訂作業中にこの回想記をじっくり検討することができた。従来、この問題については東京の外務省外交史料館の保存文書に依るしかなかったのである。その中にある英文電報に Zolotowski という名前が出てくるのだが、それがローマ字で Zoltaski と転記され、日本語のカタカナで「ゾルトスキ」あるいは「ゾルトウスキ」と記されたのだろう。この「ゾロトウスキ」については、一九一九年一一月から一二月にかけて、主として駐仏松井大使が内田外相に宛てて書き送っている。松井は内田にポーランドに関する情報収集の経過を伝えるなかで、フランス外務省と駐ポーランド・フランス代表が非常に助けになると述べている。

「ゾルトウスキ」に関する情報は、駐日フランス大使も伝えている。一一月二八日、松井大使はこう書いている。

ワルソーヨリ帰来セル山脇大尉の語ル所モ大体右外務省の回答一致シ波蘭外務次官「スクシンスキ」ノ同大尉ニ対スル談話ニ依レハ波蘭政府ニ於テハ今後の同国外交ノ為倫敦・華盛頓及東京ヲ最重視シ以テ東京ニ対シ同次官ノ親友ナル「ゾルトウイスキ」伯ヲ推シンシタル由ナリ。

（外務省外交史料館史料６・１・８・４―30）

ここでヤニナ・ジュウトフスカの声を再現し、その回想に耳を傾けてみよう。

　更紗の緞帳が開いて、眩いばかりの光が不意に私のほうに押し寄せてきた。さらに思いがけない知らせをはらみながら。アダムがまもなく私にそれを告げた。パデレフスキ陣営における日本公使の候補者として引っ張り出されたのだ。アダムは一つだけ条件を付けて、原則としてこの計画に同意した。

　日本は、一九〇四年のロシアとの戦争以来、ヨーロッパの作家の間で大人気だった。私はロティの旅〔ピエール・ロティ『お菊さん』一八八七年――著者注〕を知っていたし、ラフカディオ・ハーンの鋭い、きめ細かな描写はもっと気に入っていた。〔……〕〔日露〕戦争中の一九〇四年に、ピウスツキもドモフスキもこの遠い国へ行き、そこで初めて意見を戦わせた。当時、ピウスツキはカウナスの革命派の秘密結社と協力関係にあり、ドモフスキはポーランドでの破壊工作を援助するのを阻止しようと、日本人のところに駆け込んだのだ。（JŻ, 379-380）

　アダムは〔……〕私に、自分にとってもっとも重要な問題は大学から二年間の休暇をもらえるかどうかだ、と言った。そのために、彼は休暇願を学部会議に提出した。一方、ヴワディスワフ・スクシンスキからの手紙には、「大臣、すなわちパデレフスキが君をわが国の東京駐在公使に指名している」とあり、しかも「できるだけ早いほうがいい」と付け加えられていた。この最後の一文で私は熱に浮かされたようになり、アダムにこの忠告を聞き入れさせるためには、全力で支えなければと思ったのだった。（JŻ, 383）

　〔……〕アダムの答えは、「事前のアグレマンなしには、首根っこをつかまれてもだれも行きはしないさ。大学の部局の一つが、まだ休暇の件を会議に諮っておらず、次の会議は二週間後なのだ」というものだった。スクシンスキには、そのポストを引き受けることについては原則同意する、との返事を送ったものの、二週間はあっという間に過ぎ去った［……］私はアダムに、これは千載一遇のチャンスであって、人の世のいかなる法をもってしても何の確約も得られないこと、それどころか嫉妬や危険にさらされていること、家族関係も誠実さも政治的な駆け引きには何らの影響も及ぼさないこと、を説明しようと試みた。「外務省の廊下には嫉妬と羨望が渦巻いている。君のポストを常に一〇人の候補者が争っているのだから」というフレーズはよく覚えている。常々口にしていたから。（JŻ, 384）

パデレフスキの仲裁の使命が終わりに近づいたころ、偉大な勝負師のピウスツキは立場を強めて、パデレフスキと議論を戦わせるまでになっていた。一一月にはついに対立が起き、パデレフスキはその後すぐに去ってしまった［……］。外相に就任したのは、当時パリでピウスツキの片腕として働いていたパテク〔スタニスワフ、任期一九一九年一二月一六日―一九二〇年六月九日――著者注〕で、彼はアダムの任命を国外から密かに頓挫させようとしていた。ピウスツキ自身が赴いた東京でピウスツキ派の地歩を固めて、彼の支持者を一人でも送り込むことができれば、生まれた巣のようなものとなり得るからだ。パテクは、年齢が若すぎるという理由でアダムを候補者には不適格とした。パテクはこの考えをパリにいた日本人の知り合いに伝えることはできたが、外務大臣としては自ら公然と責任を引き受けるわけにはいかなかった。アダムが訪問すると、パテクは「東京はあまりに遠く、日本を理解するには多くの困難にぶつかるから、日本への公使派遣はまったく割に合わないのだ」と言うだけだった。しかし、即そういう結論に達したわけではなく、私たちがワルシャワに着いてからも、当の本省にあってさえ、［……］アダムは辛抱強く待つべきだ、というありがたい助言以外、それが何であれ、他のことを知るのは困難だった。（JŻ, 386）

そもそも日本にアグレマンの要請を出したのかどうかさえ、私たちにはわからなかった。それを待っている様子ではあったが。外交上の慣習からすれば、東京の長い沈黙は、関係部署の責任者たちをいらだたせていたはずだ。［……］そうこうするうちに、二週間が過ぎた。アメリカ公使のギブソン［ヒュー］がアダムを後押ししようと、私たちをパテク外相と一緒に住まいの「青の宮殿」での昼食会に招待してくれた。［……］食後のコーヒーのとき、私は思い切ってパテクと同じソファに座り、駄目でもともと覚悟しながら原因を探ろうとした。外相の答えは、まるで指の間から流れ落ちる水のように、とうとうと淀みのないものだった。［……］ここに付け加えておかねばならないのは、遠くて行く意味があるかわからない東京を、パテクは自分のために隠しておき、外相を辞した後に五年もそこで過ごしたことだ［……］。

パテクは自らの存在感を消すことで文字通り姿を隠し、スクシンスキ兄弟のほうは、ヴワディスワフのみならずアレクサンデル［一九一九―一九二三年駐ブカレスト公使、一九二二―一九二三年および一九二四―一九二六年外相、一九二五―一九二六年首相］も、すでに鞍に足がかかっていたから、私たちを「狩猟クラブ」での豪勢な朝食に招いてもてなし、私たちの不成功の苦い味を和らげようとした。やはり食後のコーヒーのときに、窓辺に立っていると、ヴワディスワフ・スクシンスキが「日本への遠征はうまく運ばず残念だったが、もしアダムが望むなら、駐ユーゴスラヴィア公使のポストはすぐさま手に入るだろう」と私に言った。私は、そのような提案はありえない、と憮然として答えた［……］。一つわかっていたことがある。アダムが私にしばしば説明していたからだが、それは、アダムが日本行きを起こり得る唯一の例外と見なしていたことである。大学教授としてのキャリアにおける二年間の中断を。（JŻ, 388-389）

つまり、アダム・ジュウトフスキが東京駐在公使の候補から外れた理由は、再生途上にあったポーランドにおける様々な政治勢力の代表者、すなわち親ピウスツキ派と反ピウスツキ派が繰り広げていた権力争いとそれに伴う政権の交代であった。一九二〇年一月にはすでに、ロンドン駐在の日本大使が、駐日大使の新たな候補者が指名される可能性があることを書き送り、三月三一日には駐仏松井大使から内田外相への電報に、ユゼフ・タルゴフスキの名前が初めて現われる。松井大使は、山脇大尉が伝えているとおり、現ポーランド政府は前政権によって出されていたジュウ

ユゼフ・タルゴフスキ（写真提供：エルジビェタ・ヴィガノフスカ）

トフスキへのアグレマンの要請を撤回しようとしており、シベリアにいるポーランド特使ユゼフ・タルゴフスキを東京駐在の代理公使に任命しようとしている、と記している。（外務省外交史料館6・1・8・4―30）

ユゼフ・タルゴフスキ（一八八三―一九五六）は、サンドミェシュ県の地主ユリウシュ・タルゴフスキとイレーナ（旧姓チシェチシェフィンスカ）の息子として誕生した。ウィーンで農学を学び、妻の領地チジュフの経営にあたる。一九一〇年には中央農業協会に続いて全国地主協会の幹部に選出されている。社会活動にも積極的に参加し、ザヴィホスト工芸学校を設立したりもしている。

タルゴフスキは政界にも積極的に参加し、このことが彼をピウスツキ陣営に近づけることになる。ポーランド王国の密使としてクラクフへ行き、ガリツィアの最高国民委員会との交渉にあたった。中央同盟軍とソヴィエト・ロシアとの間にブレスト・リトフスク条約が締結される（一九一八年三月三日）と、ポーランド人サークルとの接触およびポーランドの将来に関する政策協議のためウィーンに派遣された。一九一八年には、前年一一月にワルシャワで創設された臨時国家評議会のメンバーとなった。

一九一九年八月二七日、タルゴフスキは在シベリア・ポーランド問題全権委員に任命された。どういう成り行きでそこに至ったのか、著者がタルゴフスキ令嬢のエルジビェタ・ヴィガノフスカの厚意により入手することのできた回想録によって確認してみよう。

この回想録は二つの部分からなっている。第一部は五つの部分に分かれ、一八八三年から一九二一年までの時期を含んでいる。第二部は「極東における我が使命　一九二〇―一九二一年」という題名が付された日記で、ほぼ毎日、詳細に書き綴られている。(7) ここには、シベリアからの軍の引揚げの任務や、タルゴフスキの中国・朝鮮滞在に関する多くの情報がある。日ポ関係研究者にとって特に興味深いのは、日本に割かれている部分で、外交関係を締結した直後の日ポ関係に関する貴重な情報源となっている。ただし、在シベリア特使への任命そのものについては、第一部の第五章「一九一九―一九二〇年（出発前）」に書いている。

［一九一九年］五月上旬、ザコパネから戻ってすぐ、S将軍〔ピウスツキの側近のカジミェシュ・ソスンコフスキ陸軍次官であろう――著者注〕が我が家に朝食にやってきた時のことである。［……］彼は私に「外国勤務を引き受ける気はないかね」と尋ねた。［……］それからまもなく、将軍はホテル・ブリストルでフォシュ元帥らフランス軍将校を招いて盛大な朝食会を開いた。［……］その席で将軍は「特使として極東へ行くというのはどうだ」と私に訊いた。そして「これはけた外れにおもしろい、重要な任務だと思うが」と付け加えた。［……］将軍は熱心に私を説得しようとし、［……］「君を候補として推すことは、実は国家元首もすでに了承済みなのだ」と打ち明けた。特使の任務は、半年は越えるとしてもせいぜい九ヶ月もあれば終わるはずであったし、任務が終了して帰国したら、また何か新しいこと、新しい仕事があるだろう［……］。(JT. 162)

私が将軍に前向きな返事をすると、彼は参謀本部と陸軍省の関係部署に電話をして、私の任務に関するすべてのファイルとマニュアルを準備するよう指示した。彼は私に、私の直属の軍事使節が同行すると確約した。外相のファイルを保管していたのは、当時王宮に滞在していたパデレフスキだったが、大臣の実権を握っていたのは、私の妻の遠縁にあたるヴワディスワフ・スクシンスキだった。［……］スクシンスキは非常に控えめな人間だったが、如才なく人当たりのいい政治家であり、そのおかげでベルヴェデーレ宮と王宮の間を巧みに行き来することができたのだ。(JT. 163)

赴任前の準備は途方もなく長くかかった。連合国総司令部に関する一連の問題を、パリ、ロンドンと片付ける必要があったからだ。ヤニン将軍は極東の連合軍についてこれを担当していた。そこにわが第五シベリア師団が編入されたのである［……］。一〇日ぶりにワルシャワに戻ったとき、誰か私の足元をすくおうとしている、というか、特使の話を覆そうとしている輩がいるらしいことを私は感じ取った。現実主義者とエンデツィア、すなわち諸党派連合の「旧友たち」が何か企んでいることをすぐに察知した。彼らは私の急進性を危惧し、シベリアのコルチャックを立て直そうとしている帝政派に私が反対するのではないかと恐れていたのだ。この見解の幼稚さはまったくご愛敬ものだった。［……］もちろん、私はそのような見解に屈したり、いったん承諾した話は決して自分から取り下げたりすまいと決めていたし、まして親しいS将軍のこととなれば尚更だ。旧帝政ロシアに対する私のいわゆる危険思想を恐れて、パデレフスキのもとに出向く者すらあった。パデレフスキ自身、意見が揺れ動いていたのだ。［……］ある日のこと、ついにスクシンスキから、元首の決定が動かぬものとなったという連絡があり、私には王宮の首相を訪問するよう言った。

それから数日のうちに、私は、たぶん世界一魅力的な首相であろう、かのパデレフスキによって王宮に迎えられることになった。［……］私の基本的な提案は二つあった。一つは使節団の構成メンバーについて、もう一つは使節団の拠点とすべき東京の公使館をこの機会に設置する必要についてであったが、これらは二点とも承認された。

その後はやっかいな役所回りと諸々の形式的な手続きが始まったが、カタツムリの歩みの如く遅々として進まず［……］、シベリアのわが軍の司令部からは、ポーランド政府代表の着任を求める緊急電報がますます頻繁に来るようになった。［……］軍事使節を民間人の代表に従属させることについては、軍事大臣、外務大臣、参謀本部の間で長い折衝が必要だった［……］。(JT, 165-1167)

ようやく、一一月九日のパリ行きの列車が割り当てられ、この日程が決まるやいなや、挨拶回りや送別会が始まった。出発の三日前、日本の軍事使節団長の山脇大尉が私のために開いてくれた盛大な昼食会に行く。ホテル・ブリストル内の大きな執務室のテーブルが菊の花で美しく飾り付けられ、ご馳走はすばらしく豪勢だった。

私とラゴとオストロフスキのほか、［ロマン・］クノル［部長］、［ユリウシュ・］ウカシェヴィチ［部長代理］をはじめ東洋部の全員が出席した。私は日本人と接するのは初めてでよく分からないのだが、彼らはこうした方法で極東の盟主たる権威を誇示していたのではあるまいか。

出発前夜、一一月八日夜一〇時に、私はベルヴェデーレ宮の国家元首のもとで任命・送別の謁見を賜った。私は全力でその準備をした。もう長いこと国家元首に会っていなかったし、この謁見の際にもっとも重要な指示を私に出されるものと理解していたからである。［……］ピウスツキはマホガニーの大きなテーブルの向こう側に座って、［トランプの］ペーシェンスをやっていた。［……］当時、私は三六歳で、その若さで手にした使命を最高の形で果たしてみせるという大きな野心を持っていた［……］。国家元首との特別に楽しい会話、私の仕事とは何ら関係のないおしゃべりから判断する限り、［……］「ご老人」は［……］私のための特別な命令は何も持ち合わせていない［……］という感じがした。貴重な時間を使わせてしまったという二言三言つぶやきながら立ち上がると、［……］彼は私の両手を握って、「かの遠い国への旅に神のご加護があらんことを」と言った。それだけだった。私は当惑しながら部屋を出ようとした、［……］とそのとき、背後で「だがな」と言う声が聞こえた。振り返ってみると、「もし、歩いて行けという訓電を受け取っても、驚かないように。［……］それでは」。何がなんだかわけがわからなかった。［……］（JT, 169-172）

回想録のこの部分からわかるように、タルゴフスキは出発前には、日本へ行く可能性があることを知らなかった。一九一九年の後半に入った頃、彼の使節団と同時に公使を東京に送ってはどうかと要請した。東京に公使館があれば、シベリアにおける彼の活動にとって大きな支えになったからである。タルゴフスキはパリで東洋行きの船を待つ間、パテクと何度も会っている。パテクは一九一九年一二月一九日以前に外相の職を引き受け、パリに滞在中だったが、政権が変わっても、極東の使節の顔ぶれには変更はないと、タルゴフスキに約束した（JT, 176）。ヤニナ・ジュウトフスカの回想録からわかるのは、夫がこの公館を引き受けるという提案がパデレフスキ外相の時代に非公式に浮上したが、この提案にパテクは一度も公式に言及していないことだ。ジュウトフスカが回想しているように、パテクは「年齢が若すぎるという理由で、アダムを候補者として不適格であるとした」が、アダム・ジュウトフスキはタルゴフスキより二つ年上だった。パテクは一九一九年末にはすでに、自分と政治観が近く、パリで実際に会ってよく知っているタルゴフスキの東京派遣を考えていたのではないか。回想録のこれに続く一節、一九二〇年四月一四日の部分を引用する。

上海の私を驚かせたのは、私を在シベリア上級委員としての権力を保持したまま中国および日本のポーランド代表に任命する電報であった。活動はかなりの範囲に及ぶ。だが、私が驚いたのは、私がヨーロッパを発ったときにはすでにアダム・ジュウトフスキ教授が東京駐在の候補に挙がっていたのに、なぜそれが取り消されたのかだ。電報には、アグレマンがすでに東京に返上されたとあり、私は次の連絡が来るのを待機することになった。[8]

(JT, 259)

しかし、その連絡がないまま、ポーランド共和国特別委員およびシベリア・極東方面全権大使ユゼフ・タルゴフスキ率いる政治・軍事使節団の一行は、一九一九年一二月末にマルセイユを出発したのであった。政治使節団の顔触れは以下の通りである。法律顧問アレクサンデル・ラゴ、通商顧問コンラド・イルスキ、二等書記官クリスティン・オストロフスキ、その妻でポーランド赤十字代表のヴァンダ・オストロフスカ、報道・文化関係アタッシェに画家のカロル・フリチ、総領事ミハウ・モルグレッツ、領事秘書スタニスワフ・ウカシェヴィチ、在ウラジオストク領事カロル・カルチェフスキ、在上海領事オットン・サス=フビツキ、タルゴフスキの補佐官としてロトキェヴィチ中尉およびラジヴィウ少尉という面々であった。

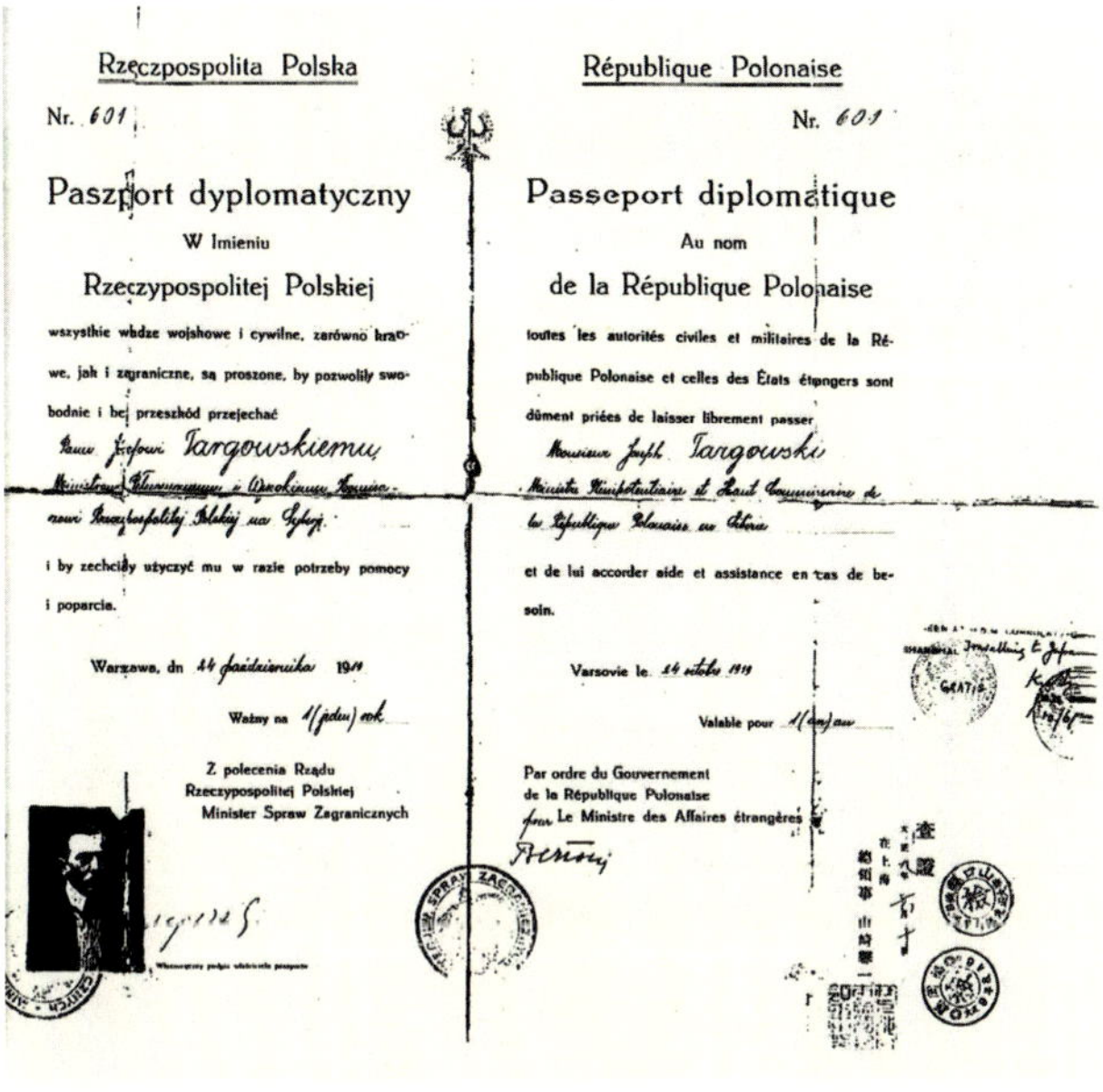

ユゼフ・タルゴフスキの旅券。日本の査証がある（エルジビェタ・ヴィガノフスカ所蔵）

一方、軍事使節団のほうは、使節団団長ならびに在シベリア・ポーランド軍団最高司令官のアントニ・バラノフスキ中将以下、マリアン・モッサコフスキ大佐、グラボフスキ大尉、ザトルスキ中尉、アッペンゼレル中尉、ブルハルト大尉という構成であった(9)。

一九二〇年二月一〇日、使節団は上海に到着したが、シベリアのコルチャーク政権との関係締結という使節団の基本的な目的はもはや実現不可能であることが判明した。コルチャーク提督はボリシェヴィキに拘束された後だったのである。そればかりでなく、クリュクヴィエンナヤ近郊の戦闘でシベリア師団が敗北した後、ポーランド人兵士はボリシェヴィキ側に引き渡されたため、彼らに公的な援護を与えることも不可能であるという通知を受けたのであった。

タルゴフスキは回想録にこう書いている。

その知らせは私をひどく動揺させた。その惨事そのものという点からだけではなく［……］私の指令を完全に無視したという点からもだ［……］。つまり、私の要望が容れられたはずの駐日公使館が開設されておらず、我々が何らの法的保護もないまま運任せで地球の反対側に放り出されたということであって、状況はおそろしく複雑かつ困難であった。協議のすえ、私は連合国の公館と関係を結ぶため北京へ行くことにした。（JT, 27-218）

〔……〕第五師団の惨状を目の当たりにして、駐日公使館を開設するか、もしくは残存する軍団と難民の保護および本国送還に従事しうる一連の組織を開設する以外に手立てはない。当然、それに伴って、きわめて重大な問題が生じる。すなわち、活動するための正式の権利を獲得するために何をすべきかという問題である。私はまず中国からポーランド国家の承認を取り付けようとした。[10]（JT, 221-222）

二月二二日、タルゴフスキは上海でルムシャ大佐、ヤロスワフ・オクーリチ少佐と会い、クリュクヴィエンナヤでの敗戦の原因を確認した。彼らはポーランドからの使節団について何の連絡も受けておらず、それはヤニンにも責任があると言った。タルゴフスキは「国内の種々の政争の影響で、使節の派遣やもったいぶって約束した東京の公使館の設置を引き延ばしてきた」ポーランド政府も非難している（JT, 239）。彼は、満州に来たシベリア師団の兵士たちの輸送や引揚げの組織にも取り組んでいた。第一陣は、軍人約一〇〇〇名とルムシャ大佐、バラノフスキ将軍が数十人の一般人とともに中国をあとにした。第二陣（約一五〇〇名）は多くが民間人で、六月にヴォロネジ号でウラジオストクを出航し、敦賀と長崎を経由してポーランドに向かった。

一九二〇年四月七日、国家元首ユゼフ・ピウスツキはタルゴフスキを駐日臨時代理公使に任命した。[11]タルゴフスキの任命は、駐日ポーランド公使館の開設要求の根拠ともなった。日本政府は一九二〇年五月一七日に候補者を正式に承認したが、二ヶ月余り経っても、この情報はタルゴフスキに届かなかった。

五月五日、ハルビン

アグレマンが届かず、不安を感じ始めている。ワルシャワが私に電報を打つのを忘れてしまったのか、それとも東京からの返事が同じくらい長くかかっているのか。〔……〕まもなくハルビンを発つつもりだ。引揚げの手筈は整い、領事業務も開始している。

六月六日、上海

日本からのアグレマンについて、ちょっと不安を覚えている。これについては、まったく情報がない。ここにいるうちに、すべての仕事を、わが国の領事館に引き継ぎ可能な程度にまでやり終えた。（JT, 278）

日本政府による承認を、タルゴフスキはようやく七月二八日に上海で、しかもまったくの偶然から知ることになる。

昨夜、［ヴワディスワフ・］イェジェルスキ〔ロシア・アジア銀行中国支店頭取――著者注〕が旅行から戻った。北京で［……］小幡〔酉吉・中国駐在日本臨時代理公使――著者注〕に会い、私について、もうとっくに東京に行ったのだろう、次はいつ北京に来るのか、と訊かれた由。イェジェルスキの驚いた顔を見て、小幡は、駐仏大使館から照会があった直後にアグレマンが出たはずだ、と言った。電報を打ったが、ワルシャワからは何も知らせてこなかった。もちろん、私はいちばん早い船で横浜へ発つことにした。

タルゴフスキが東京に着いたのは八月一〇日で、一三日にはパテク外相の署名入りの認可状を内田外相に手交した（外務省外交史料館6・1・6・4―30）。内田外相は嘉仁天皇（一八七九―一九二六。追号は大正天皇。在位一九一二―一九二六）に間違いなく手渡すことを約束した。天皇は脳溢血の予後が悪く、すでに一九一九年から公式行事を欠席していたのである。

書簡の手交式は陳腐で、しかも骨の折れるものだった。日陰でも三六度という高温多湿の中、昼日中に硬いカラーやカフスを着用して、演説などに耳を傾けたり、まして自分で何かしゃべるとなったら、それは楽しいこと

とは言えない。(JTJ, 1. 124-126)

数日後、タルゴフスキは駐日公使館の館員名簿を外務省に提出した。それによれば、顧問アレクサンデル・ラゴ、二等書記官クリスティン・オストロフスキ、館員カロル・フリチ、領事オットン・サス＝フビツキ、執務室秘書カジミェシュ・ヴィエンツコフスキ、通訳タデウシュ・ヘルトレーという顔触れになっている。ヘルトレーはブルシャールの副官だったが、タルゴフスキの希望により東京に同行することになった。第一次世界大戦時には、山東のドイツ軍で戦い、日本の捕虜となる。四年のうちに日本語の読み書きを身につけ、それが東京駐在の新たなポーランド使節にとっては大いに役立つことになる。

ポーランド・ソヴィエト戦争(一九二〇)への日本の対応

一九二〇年夏、着任早々の初代駐日ポーランド代表ユゼフ・タルゴフスキが最初に取り組まねばならなかった政治的課題は、本国から直接の公式情報も得られないなかでの、ポーランド・ソヴィエト戦争およびポーランドの東方政策への対応という仕事であった。

周知のように、ポーランドとソ連の武力紛争は一九一九年二月から一九二〇年一〇月まで続き、一九二一年三月のリガ条約の調印によって終結した。最初の年は軍事行動が大小の小競り合いにとどまったことから、一九二〇年四月二五日に始まるピウスツキのキエフ遠征が、この戦争の実質的な第一段階とみなされている。ウクライナ戦線で優位に立ったポーランド軍がキエフを占領するに及んで、ミハイル・トゥハチェフスキー(一八九三—一九三七)、セミョーン・ブジョンヌイ(一八八三—一九七三)の両将軍率いる赤軍が反撃に転じ、すべての戦線でポーランド軍を撤退に追い込み、ポーランド領内に侵攻した。

六月二一日、奉天（現在の瀋陽）にいたタルゴフスキはこう書く。

キエフ陥落の悲報を伝えるワルシャワからの電報が、上海経由で届いた［……］。だが、私の置かれている状況ではいかんともし難い。国からの指令がないまま、あらゆることに自分で対処しなくてはならず、いかなるミスも許されない。それどころか、ここでは、ただ我々を何らかの冒険的な行動に引きずり込むために、様々な要素が待ち受けているのだ。白衛軍分子は皆、今日ポーランドが東部で行っている戦争を、帝政ロシア再建のために過ぎないと見なしている。そのため、ばかげた提案ばかりが流布する。たとえば、ウラジオストクのウクライナ人と一緒に沿アムール地方に独立の緩衝国家をつくってはどうか、とか。彼らはこの話に乗り気で、日本人から支援の約束を取り付けていると言う。（JT. 289）

一ヶ月後の七月二八日、タルゴフスキは上海でこう書いている。

イェジェルスキがポーランドに関する悪い知らせを持ってきた。わが軍は全戦線において撤退している［……］。東京の公館を能う限り早く引き受けなくてはならない（JTJ. 1. 125）

ソヴィエト軍は、ワルシャワが目前に迫ったところで大規模な抵抗に遭い、八月一三―一五日には本格的な戦闘が始まった。八月一六日、赤軍の手薄な側面を突いて、ピウスツキ指揮下のポーランド軍が［ヴィスワ川の支流の］ヴィエプシュ川方面から総攻撃を開始した。ポーランド軍は戦線を東に押し戻し、ボリシェヴィキをミンスクまで撃退した。

ところが、ヴィスワの戦い[*13]におけるポーランド軍の勝利、ソ連軍の撤退というニュースが東京に届く前に、タルゴフスキは日本政府とマスコミに対し、ポーランド軍の目下の劣勢について何らかの見解を示す必要に迫られた。彼は『回想録』にこう記している。

八月一四日　東京

この二日間というもの、本国から届くのは最悪の知らせばかり、特にベルリン経由のものはそうだ。一日二回、各国公館に配信される当地の「国際」という通信社のプレス・サービスによれば、ロシア軍がルブリン地方を包囲したとのこと。埴原〔正直――著者注〕外務次官、それから〔コンスタン・〕バブスト〔駐日フランス大使〕も婉曲にではあるが、むろん好意的とはいえない口調で私を批判する。「いったい何の目的で、負けるとわかっている戦争を始めたのか」と。何のために？　私に答えられるはずがないではないか。戦争を始めた張本人ではないのだから。だが、ご批判は適当にあしらっておかねばならない。〔……〕

私はやや機械的に対応している。おまけにひどく気分が悪いから尚更だ。だが、意気消沈していることを友人にも知らせるわけにいかず、まして外国人になどは論外だ。私の周囲は非常に沈んでいる。我々はほとんど二四時間体制で勤務についている。ひっきりなしに電話がかかってくるからだ。特に多いのは、ニュースはないかという新聞社からの問い合わせである。だが、当の我々が本国から何も情報を得ていないため、通信社からの電報に頼る以外にないのである〔……〕。

八月一九日　東京

再びじりじりしながら数日間を過ごす〔……〕。ちょうど最悪のニュースが伝わったときに、原〔敬――著者注〕首相や駐日イギリス大使を訪問するはめになり、おかげでまた、非難と全くもって口惜しい質問を浴びる。ここの人々にどう説明すればいいのか。結局のところ、非難を甘んじて受け入れるか、せいぜい、見当もつかないという顔をしてやりすごすしかないのだ。（JTJ. 1. 27）

原敬首相（1918年）（『画報近代百年史』第10集、1952年より）

極東最大の英字日刊紙『ジャパン・アドヴァタイザー』の八月一五日と一九日の紙面には、タルゴフスキのインタビューの抜粋が掲載された。八月一五日付のほうには主に、ポーランドがソヴィエト・ロシアとの戦端を開いた原因について自らの見解を述べている。タルゴフスキが言うように、開戦の最大の要因は、赤軍がポーランドに隣接するウクライナとリトアニアを攻撃するだろうという予測に傾いたことである。このインタビューで、タルゴフスキは次のように述べている。

ポーランドがさらに多くの領土を分捕ろうとしているのだという非難はあたっていませんし、それはしばしば単なるプロパガンダにすぎません。要するにポーランドは、隣国が攻撃の準備を整えていることを察知し、その機先を制することにしたわけです［……］。ポーランドはすでに六年間も戦争をしています。世界には、わが国が他のヨーロッパ諸国より長期間にわたって戦いを続けていることさえ知らない人々もいますが。なぜ、ポーランドは戦っているのでしょうか。自国のためだけでしょうか。いえ、決してそうではありません。わが国はこの危機的状況にあって支援を求めていますが、これは決して一方的な要請ではないと思います。私たちはこの戦争には世界全体の重大な利害がかかっていると考えています。もし今、支援を得られないならば、ボリシェヴィズ

＊13　ポーランド・ソヴィエト戦争中の一九二〇年八月にヴィスワ河畔で行なわれた戦闘。ポーランド軍がソヴィエト軍の背後をつく奇襲攻撃によって一挙に不利な形勢を逆転したことから、「ヴィスワの奇跡」と呼ばれる。ヴィスワ川はポーランド最大の川で、ワルシャワを南北に貫いて流れる。

ムが他のヨーロッパ諸国にまで及ぶことでありましょう。

八月一九日付の『ジャパン・アドヴァタイザー』に掲載されたインタビューの続きで、タルゴフスキは、ワルシャワがボリシェヴィキの手中に落ちたらしいという、八月一六日に同紙ロンドン特派員が送ってきた情報に対応しなければならなかった。タルゴフスキは次のようにコメントしている。

首都陥落に関する正式な情報を入手するまでは、この件にはお答えできません［……］。八月一六日に『ジャパン・アドヴァタイザー』特派員が伝えてきたところでは、前線がワルシャワから五マイルの地点まで迫っているとのことです。［……］ポーランド人読者にとって、五マイルというのは、東京の平均的外国人の感覚より大きな距離です。攻撃側はこれから深くて大きな川を渡らねばなりませんし、急造とはいえ増強されたワルシャワに対面することになるでしょう。新聞の敗戦報道は誇張に過ぎると私は思います。

タルゴフスキはさらに、東京に届いた情報に反して、共産主義はポーランド人にはそぐわない制度であって、ポーランド人が共産主義の導入に同意するなどということは絶対にありえず、おそらくロシア軍に占領された地域で強制的に実施されたのであろう、と付け加えている。したがって、ロシアの野蛮人の思想が我が故国に受け入れられるといった心配は無用である、と。

同日、すなわち八月一九日に、日本の新聞――『ジャパン・アドヴァタイザー』も含めて――は初めてポーランド軍の勝利とワルシャワからの赤軍の撤退を報じた。このニュースの影響で、日本政府と東京駐在の各国代表のポーランドに対する態度は一変した。タルゴフスキはこのときの様子を『回想録』にこんな風に書いている。

時計が一二時を打ったとき、シルクハットにモーニング姿の原首相、内田外相、外務省の儀典局長が駆けつけた。揃いも揃って全員がシルクハットにフロックコートといういでたちで、わが軍の見事な勝利について、ポーランド政府に対するたいそう心のこもったお祝いの言葉を口々に述べた。昨日、最新のニュースを聞いてから、我々は少し安心したのだが、この思いがけない訪問は、勝利のもう一つの動かぬ証拠として我々を喜ばせた。私自身も大いに株を上げ、『ジャパン・アドヴァタイザー』紙上で反論して以来、東京駐在外交官の間では情報通のひとりとして通っていた。ああ、運命の何たる皮肉、戯れに満ちた現実であろうか。(JTJ. 1. 128)

ここで付け加えておかなければならないのは、世界的な大国の地位に就いてからまだ日の浅い日本が、ポーランド・ソヴィエト戦争に際しては西欧列強、特にイギリスとフランスの意見に追随したことである。これは日本の新聞報道からも窺われる。イギリスの指導者たちはポーランド情勢の推移を大きな不安をもって見つめていた。ポーランドがソ連との戦争に負けるようなことになれば、ヴェルサイユ体制が崩壊するのではないかという懸念を抱いていたのである。そのような状況はソ連とドイツが結託するきっかけを与え、ドイツからの賠償の取立てに支障をきたすという事態をも招きかねなかったのである。

これに加えて、ポーランドの軍事行動に対する否定的な評価に大きく影響したのは、ポーランドの国家元首で軍最高司令官を兼任していたピウスツキ元帥に、連合国側が不信感をもっていたことである。周知のとおり、ピウスツキは社会主義者で、地下の革命工作に携わっていた。ポーランド軍の創設者であったが、大戦初期にはオーストリア側に立ち、連合国を敵に回して戦っている。そのため、親ドイツ的な人物ではないかとか、社会主義者であればボリシェヴィキと手を結ぶのではないかという疑いをかけられていた。(12) ポーランド軍の苦戦は他ならぬピウスツキの責任だとして、連合国側の特使がポーランドに送り込まれ、連合国軍将校をポーランド軍に登用するようピウスツキを説得しようとした。こうしたピウスツキに対する好意的とは言いがたい評価にもかかわらず、ポーランド政府は結局、七月二七日にマキシム・ウェイガン将軍をポーランド軍参謀本部長タデウシュ・ロズヴァドフスキ将軍の正式顧問に任命することに同意した。当時のフランスのすべての新聞はもちろん、アメリカの大部分の新聞、イギリスと日本の一部の新聞までが、誤った情報とプロパガンダのために、ヴィスワ河畔におけるポーランド軍の勝利をウェイガンの功績として書きたてた。この戦闘の作戦責任者としてポーランド軍の立てなおしをはかり、戦闘中の指揮を取ったと述べているものすらある。

八月二五日、『ジャパン・アドヴァタイザー』は、それより前のパリ発の情報に依拠して次のように報じた。

ポーランド軍はウェイガン将軍の立案による作戦を遂行し、全戦線において勝利をおさめた。

この翌日、同紙は『ザ・ニューヨーク・ヘラルド』の記事の一部を転載している。

ポーランド軍の勝利は、非公式ではあるが現在ポーランド軍最高司令官を務めているフランス人、ウェイガン将軍の功績によるものと判明した。［……］ピウスツキ将軍がポーランド軍の指揮をとっているものと見られていたが、実際にはフランスの指揮下におかれていたことになる。

最近の研究は、ヴィスワの戦いの勝利の立役者をピウスツキとしている点で一致している。(13) ここで付言しておきたいのは、早くも一九二〇年の時点で、前述の山脇正隆大尉が同じ見方をしていたことである。山脇は一九一九年から軍事使節としてポーランドに駐在しており、「ヴィスワ河の奇跡」の目撃者となったのである。山脇は著者（ロメル）との対話のなかでこう語っている。

ソヴィエト軍の反撃とそれに対するワルシャワ防衛の準備が続くなかで、ポーランド政府はすべての外国公館をポズナンに避難させました。私も行きましたが、特に変わったことは起こらなかったので、一日だけいてワルシャワに引き返すことにしました。私は、司令部にいさせてくれるようピウスツキに懇願しました。ワルシャワ防衛戦が始まったからです。

そしてこのあとに続いたのは、映像に撮っておきたいような光景であった。山脇は、朝食に使った陶器や漆塗りの皿や椀を並べて、日本式の低い座卓の上に軍の配置や戦闘の経過を再現してみせたのである。そして、山脇はこう結んだ。

ポーランド側の勝利は、ひとえに作戦計画の賜物でした。あれはピウスツキの立てた作戦だったのですよ［……］。ピウスツキは軍事問題に関する経験や知識が豊富だったばかりでなく、外交と内政についても優れた感覚と理解力をもっていました。私の知る限り、当時のポーランドでもっとも傑出した政治家でしたね。

シベリアのポーランド人児童の引き揚げ

新生ポーランド共和国の外交代表として次にタルゴフスキが取り組まねばならなかったのは、シベリアのポーランド人児童の本国帰還問題であった。この問題については、松本照男とヴィエスワフ・タイスの著書に詳しく述べられている[14]ので、ここでは要点にしぼって記すことにする。

一九一九年から一九二二年にかけて、シベリアと満州から、一歳から一六歳までの七六五名のポーランド人児童が日本を経由してポーランドへ送還された。それは、一八六三年の一月蜂起の後に送られた人々を始めとするポーラン

日本への出発を待つシベリア孤児たち（ウラジオストク、1920年）
（写真提供：松本照男）

在ウラジオストク・ポーランド救済委員会幹部。左からユゼフ・ヤクプキェヴィチ副会長、アンナ・ビェルキェヴィチ会長とヴィエンチスワフ・ピョトロフスキ事務局長（1920年頃）（写真提供：松本輝男）

ド人政治囚や、第一次世界大戦後に旧会議王国（ロシア領ポーランド）などから来た捕虜や避難民、仕事を求めて移り住んだ移民の子孫であった。その八〇パーセントは両親または片親を失った子どもたちで、他は生活手段を奪われた家庭の子どもたちであったが、全員が戦争孤児として登録された。子どもたちを集めて送還するという任務を引き受けたのは、アンナ・ビェルキェヴィチ（一八七七―一九三六）とユゼフ・ヤクプキェヴィチ（一八九二―一九五三）が一九一九年にウラジオストクで設立した「ポーランド救済委員会」であった。本格的な活動が開始されたのは一九一九年一二月二三日である。当初はアメリカ赤十字が支援するはずであったが、一九二〇年二月、軍事干渉の失敗によるシベリア駐留アメリカ軍の撤退に伴い、赤十字の救護所も閉鎖されることが判明した。そこで、「ポーランド救済委員会」は日本に支援を求め、一九二〇年六月一八日には、ビェルキェヴィチが駐ウラジオストク日本領事（一九三〇年代初頭には在ポーランド代理公使を務めることになる）の渡辺理恵の紹介状を携えて東京の外務省を訪問した。外務省は日本赤十字にこの件の調査を依頼し、赤十字は陸軍大臣田中義一（一八六四―一九二九）と海軍大臣加藤友三郎（一八六一―一九二三）の同意を得たのち、七月五日に次のような情報を内田外相に伝えている。

ポーランド人流刑囚および避難民の子女の送還への支援に関

シベリア孤児集合写真。後方に日本赤十字社とポーランド救済委員会の代表が見える（1920年）
（写真提供：松本照男）

し、外交上ならびに人道上の両面における重要性に鑑み、これを不可欠と認めるものである。当方の決定はすでに救済委員会の会長に通報済みである。(15)

こうして、ポーランド児童は日本行きの許可を得る。日本での子どもたちの世話は、石黒忠悳社長、平山成信第二代社長をはじめとする日本赤十字社が、陣頭指揮をとって行なうことになった。皇室もすすんで関与し、節子皇后（追号は貞明）の侍従を派遣して支援にあたらせた。七月二〇日、第一陣の引き揚げ児童五六名がウラジオストクから敦賀に向けて出航し、一年以内に、すなわち一九二一年七月初旬までに、五つのグループが送り出された。合計三七五名の孤児たちが敦賀港に到着し、そこで直ちに庇護されることになる。(16) 収容先は、東京の麻布区にあった福田会という仏教系の慈善団体の養護施設で、そこから程近い日本赤十字病院も宿舎として提供されることになった。

ビェルキェヴィチが日本政府の支援を取りつけ

るための働きかけを開始したとき、ポーランド政府は、東京にはまだ正式の代表を派遣していなかった。すでに述べたように、タルゴフスキが東京に来たのは一九二一年八月一〇日であり、ポーランド人児童の引き揚げ問題の処理という任務を引き受けたのはこの時点からである。事業そのものの正当性に関して、タルゴフスキや後任者と「ポーランド救済委員会」の意見は根本的に食い違っていたが、引き揚げは続行された。タルゴフスキは書いている。

シベリア孤児と日本人看護婦（福田会にて、1920 年）（写真提供：松本照男）

私は外交儀礼的な訪問を一通り終え、あとは公館を残すのみだ。ようやく［……］日本赤十字社に行ったところ、平山社長と徳川［頼定］副社長から大変な歓迎を受けた。彼らがビェルキェヴィチ女史のポーランド児童の面倒を見てくれたのだ。しかし、私は彼女にはほとほと手を焼いている。ポーランド人だというこのシベリアの子どもたちをかき集めるのは、はっきり言って賭けのようなものだからだ。多くがロシアの名前であるし、見た目もポーランド人と違う。だが、状況はきわめて困難になっている。［……］私は今現在も厄介な立場に置かれている。広範囲を巻き込んでしまっているこの作戦を、何のスキャンダルも引き起こさずに否定することはできないからだ。それればかりか、この数ヶ月来要請しているにもかかわらず、この作戦の全貌に関する経過報告書を取り付けることもできずにいる。(17)（JTJ. 3. 147-148）

ポーランド救済委員会は一九二〇年七月に解散したが、翌年一月、ポーランド公使館管轄下の「極東児童救済ポーランド委員会」として復活する[18]（WT, 81）。数ヶ月間は形式的には存在しなかったのだが、メンバーはこの間も活動を続け、その仕事ぶりは、児童の送還活動が続いている間、東京では一貫して非常に高い評価を受けていた。その表れが、一九二一年四月六日に行なわれた、節子皇后の福田会訪問である。

対面の際、前例のない出来事が起きた［……］。皇室で行なわれている慣例に従えば、こうした場合に皇后が会話を交わすことはなく、また皇后から二〇～四〇センチ以内の距離には近づいてはならないとされていた。ところが皇后は、子どもたちがすぐそばまで近寄れるようにせよ、と命じられ、次に、いちばん年端のいかない子どもに会いたい、と言われたのである。その願いがかなえられると、皇后はその子の身の上や、出身地、年齢をお尋ねになった。[19]（WT, 79）

この皇后訪問の直後、アンナ・ビェルキェヴィチは日本赤十字社の特別会員に推挙された。シベリアのみならず満州にも、依然として多数のポーランド孤児が取り残されていたため、ビェルキェヴィチは、日本赤十字社の厚意により、救出活動を継続することを決意した。委員会と極東駐在ポーランド共和国代表の意見の対立は、この活動の領域を逸脱していた。重要なのは、一九二二年八月、シベリアの子どもたちの第二回移送作戦が、今度は大阪を受け入れ先として、ビェルキェヴィチの多大な尽力によって実施される結果となったことである。計三九〇名の子どもたちが、大阪府東成郡天王寺村（現在の大阪市阿倍野区旭町）の大阪市公民病院付属看護婦寄宿舎に収容された。大阪に迎えられた子どもたちも、東京に送られた子どもたちと同様に、日本の人々から温かな手が差しのべられ、大きな関心が寄せられた。

これは、ビェルキェヴィチが、ポーランド人に関する情報を日本社会にできる限り知らしめようと心をくだいたおかげもあった。彼女は日本の新聞にポーランドに関する連載記事を発表したり、日本語の印刷物を何冊か出版し

機関誌『極東の叫び』の表紙。写真は福田会で撮影されたシベリア孤児と日本人看護婦（1920年）

たりしており、ポーランドの歴史の簡単な紹介やシベリアのポーランド人の状況についての小冊子、ポーランド文学の小品の翻訳などがある。しかし、彼女の最大の功績が、隔週刊の『極東の叫び』の創刊であることには疑いを容れないであろう。この雑誌は一九二一年九月から一九二二年五月にかけて第一〇号まで発行され、毎号二〇〇〇～四〇〇〇部が東京、京都、大阪、神戸、横浜で販売された。本文はポーランド語、英語、日本語の三か国語で書かれているが、その目的は、ポーランドおよびその歴史と現状に関する日本人の意見を伝えるだけでなく、ポーランド人の理想を育み、極東在住のポーランド人の民族的自覚を高めるためでもあった。シベリアのポーランド人孤児の引き揚げの経過や子どもたちの日本滞在の様子、日本文化についての記事、時事問題なども掲載されており、ビェルキェヴィチはそうした形で日本当局の支援に対する感謝の意を表すとともに、更なる支援を促そうとしたと思われる。このことについて、彼女は自ら『極東の叫び』に書いている。

［……］私の『極東の叫び』がまさに熱狂的に日本人に受け入れられるのを目のあたりにして、私は全身全霊で仕事に打ち込んだ。宣伝の効果が明らかになれば、なおさらである。日本人はもはや私たちをロシアの片割れなどとは思っていない［……］。

この国［日本］を知り恒久的な友好関係を結ぶことの重要性を、私たちは充分に理解してはいなかった。しかし、私たちは独立を宣言し、れっきとした一国家となったのだから、それは非常に重要なことなのである［……］。二つの国民が相互に学び、知り合い、理解し合うための活動を始めようではないか。[20]（WT, 83）

委員会の努力と巧みな宣伝活動が功を奏し、日本人は約束を誠実に実行に移してくれた。日本の人々が、ポーランドの幼い子どもたちを救うためにいかに多くの心遣いと献身を寄せたかは、組織にあたったポーランド人参加者が口々に強調するとおりである。支援は広範囲におよび、医療援助を中心としながら、子ども向けの娯楽や保養まで含んでいた。日本舞踊や演劇の鑑賞会、映画会、日本の少年少女との交流会も開かれた。そうした折々の雰囲気、自分たちに寄せられた真心と温かな心遣いは、「シベリア引き揚げ者」の記憶に深く刻まれ、その行動や考え方に影響を与えた。滞日経験は彼らの新たな精神と社会観の源となり、彼らは帰国後もずっとそれを育みつづけたのである。彼らは、日本こそがその後の人生に決定的な影響を与えたと考え、「極東青年会」（一九二九―一九三九）の活動を通して、日本の文化や歴史に関する知見を深めていった。

子どもたちに対する日本赤十字の支援の締めくくりは、彼らを日本船で日本からアメリカやイギリスに輸送することであった。子どもたちはそこから直行便で一路グダンスクへ向かった。第一陣の子どもたちは、一九二〇年九月末から翌年七月初旬にかけて日本から出発し、第二陣は、一九二二年八月二五日と九月六日に神戸を出航した。

ポーランド政府はシベリアのポーランド人孤児の引き揚げに対する日本の支援を、数百もの尊い命を救った人道的行為と評した。その印として、ピウスツキ将軍から天皇・皇后両陛下に感謝状が贈られている。

日本に駐在したポーランドの外交代表

ユゼフ・タルゴフスキは一九二一年二月初旬まで日本で執務をとっていた。半年間の日本駐在の後、恐らくはコレタ夫人の病気のため、本人の希望により本国召還となった。[21] しかし、離日までの間は精力的に働き、公使館の組織を整え、東京に駐在していた他国の代表は言うに及ばず、日本の政治家、皇族、軍人、財界人や知識人と会った。これは後任の多くに受け継がれるが、赤坂御苑で催された節子皇后主宰の観菊会や雉狩り、嘉仁天皇の誕生パーティーに出席している。日本人の過度の「礼儀正しさ」には辟易しているものの、日本を気に入り、暇さえあれば旅行に出かけ、鎌倉、江の島、富士山とその周辺、日光、奈良、神戸、大阪を訪れている。また、日本文化に感嘆し、日本に関心を持つ外交官が多くないことに驚いている。

タルゴフスキの後、一九二〇年代に東京に駐在したポーランドの外交使節には、二人の公使と二人の臨時代理公使がいる。[22] 最初の正式な全権公使スタニスワフ・パテクが着任したのは同年九月になってからであり、それまでは、オットン・サス゠フビツキが代理公使の役割を果たした。一九二六年五月、再びパテクの代役を引き受けたのは、当時の公使館付き武官ヴァツワフ・イェンジェイェヴィチである。イェンジェイェヴィチは後任のズジスワフ・オケンツキが着任する一九二八年五月まで公使を務めた。オケンツキは一九三〇年五月に帰朝する。

オットン・サス゠フビツキがポーランド政府代表として日本外務省との交渉に臨んだ最重要課題の一つは、上シロンスク（シレジア）問題において日本の支持を取りつけることであった。周知のとおり、上シロンスクの帰属については、ヴェルサイユ条約の規定にしたがって住民投票にかけられることになっていた。しかし、上シロンスクのポーランド系住民の不満とドイツ側による迫害が激化し、ついに蜂起が起こった（一九一九年八月、一九二〇年八月）。住民投票（一九二一年三月）の後、連合国によって実施された上シロンスクの分割をポーランド側は不当と見なし、一九二一年五月初旬、より周到に準備された第三次シロンスク蜂起が勃発した。同年八月、蜂起は連合国の調停で休戦に至る。[23] 一〇月一二日には国際連盟が上シロンスクの最終的な分割に関する決定を下し、ポーランドはこれを受け入れる。

シロンスク問題はタルゴフスキの回想録にも出てくる。上海に届いた、一九二〇年六月一三日付のワルシャワからの暗号電報について、タルゴフスキは次のように書いている。

シロンスクの住民投票に関する電報は、日本政府のところへ介入に行けと命じている。だが、アグレマンの件のほうは一言もない。だから、住民投票問題の日本代表団への訓令についてどうにかしろという、私への命令を実行するのは困難なのだ。明確にアグレマンを受け取るまでは、東京へ行くことさえできないのだから。［……］午前中いっぱい、私たちはハルビンへの暗号電報を作成している。石坂［善次郎。ハルビン特務機関長、その前はウラジオストク駐留日本軍司令部所属］を通じて住民投票委員会の件を解決し、回り道ではあるが外務省の指令を実行してはどうか、というものだ。（JT, 283-284）

七月八日、上海でこう記す。

今日、ハルビンから暗号電報を受け取る。石坂将軍はシロンスクの住民投票問題を解決した。すなわち、懇切丁寧な説明と支持する旨を付して、それを東京に伝えたのだ。このことを直ちに外務省に報告する。［……］（JT, 302）

石坂将軍の仲介が日本政府の立場に何らかの影響を及ぼしたのかどうかはわからない。この後、上シロンスク問題を引き継いだのはオットン・サス＝フビツキであり、彼は政府の指示にしたがって、日本に対し国際連盟の場でポーランド側を支持してくれるよう働きかけた。そのために、彼は内田外相のみならず埴原正直（一八七六―一九三四）外務次官にも会っている。この会見に関する報告は、一九二一年六月六日付の外相宛暗号電報に含まれている。蜂起勃発の情報を本国から受け取ってすぐ、五月六日に、フビツキはそれを覚書の形で日本外務省に伝え、内田外相にはある皇族の私的な昼食会の際に口頭で伝えた。次に外相に会ったときには、上シロンスクの状況とポーランドの立場を説明した。書簡にはこうある。

［……］私は、ポーランド政府が蜂起側に同調するどころか、［……］むしろ蜂起を終息させようとしていること、［……］ヴェルサイユ条約は尊重されるべきものではあるが、蜂起の速やかな終結は、ひとえに、ヴェルサイユ条約の公正な適用に基づくシロンスクの分割の実施というポーランド政府の首尾一貫した要望が、連合国側の明確な文言による支持を取り付けることができるか否かにかかっているのだ、と力説した。［……］私は内田外相に、上シロンスクという地域とその分割問題の公正かつ早期の解決が、わが国にとり民族的観点からも経済的観点からもいかに重要な意味を持っているかを、言葉を尽くして繰り返し訴えた。内田伯爵はこれに対し、当該問題に関する決定事項はすでにパリの日本代表に伝えてある、と答えた［……］[24]。

五月二三日付のワルシャワからの次の訓電を受け取った後、フビツキは埴原次官と会っている。ポーランド政府は、ヴェルサイユ条約の決定の遵守を強く望んでいることを早急に日本政府に確約しようとしていた。ヴェルサイユ条約が本当にすべての締約国によって遵守されるのであれば、蜂起を終息させる方向でもっと強く介入することもできる、とさえ述べている。埴原は、日本もヴェルサイユの決定の遵守を求めていると言い、理解を示した。しかし、日本はシロンスク問題には関心がないため中立的態度を取っているのだと付け加えた。内田外相も五月二六日の面談の際、フビツキと同様のトーンで話をしている。

内田外相は、パリ駐在の日本大使にヴェルサイユ条約に則って行動するようにとの訓令を送った、という話を繰り返した。パリから詳しい報告が来ないため、細かい指示を出すことができないのだという［……］。［……］さらに説明を加えたところ、彼の答えは、日本はこの問題に特別な利害を有していないため、中立を保たねばならない〔……〕、送付済みの訓令に加えていかなる指示を与えるべきか測りかねている、というものであった。

内田はパリの日本代表団に、「既定の共通路線」に従って行動するという条件付きで、自由裁量の部分を残した。そして、フビツキが埴原次官から聞かされていたこと、すなわち日本はこの問題に特段の関心がないため、本件に対しては中立的態度をとるほうを選ぶことを繰り返した。

フビツキは、六月三日に再び内田外相と上シロンスク問題について話し合ったが、この会談はこの問題に対する日本側の態度に何ら影響を与えなかった。外相はすでに発せられた指示が変わる可能性はないと見ていた。ワルシャワの外相に宛てられた報告書の最後の部分を引用する価値があるだろう。ここでフビツキは、日本当局のこのような態度の原因を適切に言い当てている。

上シロンスク問題の当方にとって望ましい解決という観点から、日本が演じた、あるいは今後演じうる役割を一口に言うなら、日本政府の態度は、私の見た限り、本件に対するイギリスの政策を配慮しつつ、すでに上から一定の指示を受けていたものと言わざるを得ない。皇太子〔裕仁――著者注〕の訪英時[25]の〔……〕、ロイド・ジョージ〔英首相――著者注〕の演説には、上シロンスク問題に対する反ポ・反仏的傾向がはっきり表れていた。ひとつ明らかかと思われるのは、日本としては待望のイギリスとの同盟によって、イギリスの政策を逐一考慮に入れざるを得なくなったことである〔……〕。当方としては、日本の外交政策担当者を説得するためにあらゆる手段を尽くしたつもりである。最後には、タルゴフスキ公使が着任時に大きな効果をあげた「共通の敵」――ボリシェヴィズム――なる根拠を引き合いに出して、強いポーランドこそが日本のためになること、その強いポーランドはシロンスクなしにはありえないことを強調したが、ポーランドに好都合な解決策を講じることが必ずしも日本の特別な利益には結びつかないことを認識しておく必要があろう。ゆえに、内田伯爵には中立の維持、シロンスク問題に対するヴェルサイユ条約の適用における漠然とした態度以上のことは期待すべきではないという意見でこの報告書を締めくくらざるを得ない。（AAN, MSZ 5953）

結局、日本は中立的な立場を変えることはなく、むしろこの時期のもっとも重要な同盟国イギリスへの追随政策を維持することに利益を見出した。[26] 一九二一年一〇月一二日、国際連盟は上シロンスクの分割問題の決議を行い、一〇月二〇日に外相会議がこれを承認した。[27] 日本はポーランドの東部国境問題においても同様の態度を取った。イギリス、フランス、イタリア、ポーランドの各国代表の間で詳細な議論が行なわれたが、日本代表の松田道一が署名したのは、一九二三年三月一五日の「ポーランド国境問題における外相会議の決定」だけであった。[28]

一九二一年九月、初代駐日特命全権公使に着任したのは、既述のスタニスワフ・パテク（一八六六―一九四五）であった。ワルシャワでは評判の弁護士で、ピウスツキと親交があり、またポーランド社会党員および軍団員で、二〇世紀初頭にはもっぱらロシアの法廷で革命活動家の弁護にあたっていた。一九一九年にはパリ講和会議のポーランド代表団の一員となり、すでに述べたように、一九一九年一二月一六日から一九二〇年六月九日まで外相を務めた。国家元首ユゼフ・ピウスツキは、一九二一年三月二四日の決議に従って、パテクを駐日特命全権大使に任命し、日本政府は四月一日にこれを承認した（外務省外交史料館6・1・8・4―30）。パテクは一九二六年四月三日に離日するまで、大使を務めた。一九二一年一〇月、正式に日本外務省に提出された在日ポーランド公使館の館員名簿には、パテクの他に、領事部二等書記官オットン・サス＝フビツキ、二等書記官ヘンリク・ザニェフスキ、ミハウ・モシチツキ、通訳タデウシュ・ヘルトレーの名前が載っている。一九二三年七月二三日、フビツキがポーランドに帰国し、領事業務は一年の間、モシチツキが担当する。すでに一等書記官に昇格していたザニェフスキのあと

スタニスワフ・パテク（国立デジタル・アーカイブ所蔵）

には、一九二五年九月にユゼフ・バリツキが着任した。ヘルトレーは東京の慶應大学で政治学を学ぶため、一九二二年末に公使館を退職している。この他、外交文書には載っていないが、一九二五年に二人の契約職員が雇用されている。財政・領事問題担当の経済学博士エウゲニュシュ・バナシンスキ(29)、執務室勤務のヤン・コビランスキである。

東京におけるパテク公使の評判は上々であった。その証左としては、帰国を数日後にひかえた一九二六年三月二三日付の『ジャパン・アドヴァタイザー』紙に掲載されたパテクの肖像写真の添え書きしか残っていないが、「日本滞在中、パテク博士は各国外交団でもっとも有能な外交官の一人であった」とある。

パテクについての評判は、一九二五年五月まで公使官付武官として駐在したヴァツワフ・イェンジェイエヴィチ陸軍中佐も証言している。

彼はたいそう快活で、人となんなく親しい関係を築いてしまうという才能を持ち、両端をはね上げたポーランド風の大きな口髭をたくわえた風貌は、外交団の中でも異彩を放っていた。ポーランドのフリーメーソンのメンバーは国際政治に独自の関係を持っていたから、彼も外交官としての生活ではきっとそれが大いに役立っただろう。日本とその芸術をこよなく愛し、日本外務省や皇室との関係もいたって良好であった。

次々にジョークや小噺を繰り出しては座を魅了する社交上手でもあった。「ミェジャフカ」というロシア語の名前を付けた小さな赤い手帳を持ち歩き、上出来のジョークや小咄を決まって二つ三つ書きつけていた。［……］常に食欲がたいへんに旺盛だった。よく何かの昼食会に招かれて一緒に出かけたが、そんなときには「今日は何が出るのか、悪魔はお見通しだぞ。ちょいと腹ごしらえをしてから行こう」と私の耳元でささやいたものだ。すると、酒瓶とつまみを持ったヤネク・チャヤが現れて、我々は社交上の豪勢なディナーの前に、それをいつもの通りきれいに平らげる。(30)私がどうやって持ちこたえたのかは覚えていないが、いつもそんなふうだった。

そうかと思えば、外務大臣との重要な政治交渉には、裁判を目前にした弁護士のようにそれは周到な準備をし

て臨むのだった。（W.J, 127-128）

パテク自身は、東京での任務について次のように記している。

日本については、ピウスツキ元帥自身が非常に重きを置いていた。日本は、当時ポーランドの絶対的かつ強烈な支配者であったロシアの反対側にあり、一九〇四年には、そのロシアより強くて狡猾であることが明らかになったのだ。〔……〕ピウスツキは、一九〇四年にロシアと戦った日本軍の指揮官たちが、その後の革命の進展、それに続く新たな戦争の勃発とポーランドの独立回復に対して、間接的に一役買ってくれるのではないかと考えていた。〔……〕

私はまさに初の極東駐在大使だった。ポーランドが分割される前、日本には全権大使は送られておらず、〔第一次世界大戦の——訳注〕戦後に赴任した私の前任者たちも、特使として短期間派遣された人々であった。そのため、具体的な過去の歴史もなければ、公使館の助けとなってくれるような古い記録もなかった。したがって、過去の歴史についても、東洋の国々の歴史発展に大きな変化をもたらした現代の政治生活についても、勉強すべきことは山ほどあった。〔……〕中国には、定住ポーランド人に加えて、中国の港からの方が容易にヨーロッパ方面もしくは祖国に帰れるのではないかと考えて、極東ロシアから逃げてきたポーランド人もいた。当時、そうした人々の最大の居住地となっていたのがハルビンだった。ボリシェヴィキに占領されていなかった東シベリアの部分には、まだ旧ポーランド領事部が機能していた。〔……〕東京のポーランド公使館は新旧両方との関係を維持していた。

わが公使館には、日本だけでなく、当時はまだポーランドの締約国ではなかった中国や、依然としてボリシェヴィキに占拠されていた東シベリアをも視野に入れざるをえないという事情があったにせよ、東洋諸国はわが公使館の関心を大いにかきたてた。中国とロシア、この両国と特別な関係にあったすべての国の利害関心、太平洋における日米の摩擦を考え合わせると、研究・観察すべき実に壮大で興味深い問題の重要な接点が見えてくるのだった。[31]

パテクは日本在住のポーランド人に関心を持っていたが、南樺太在住のポーランド人をも訪問している。[32] 彼はそこが最大のポーランド人集住地と考えていた。回想録にはこう記している。

南樺太とともに、そこの居住者も日本に移管された。その中には、まだ帝政の時代にツァーリの官吏によって集落か監獄に送られたポーランド人もいた。彼らは主に穀物の種まき、じゃがいもの植え付け、家畜の飼育といった、稲作と漁業を主体とする日本人が通常あまり就かない仕事に従事していた。その結果、ポーランド人と日本人は仕事の上では競合することなく、逆に、ほどなくして比較的良好な経済関係を築いた。［……］多くが「政治犯」として樺太に送られた祖先を持つ当地のポーランド人にとって、母国語で話しかけ、同胞としてすすんで必要な支援や保護を与えようとするポーランド国家の全権大使は、何か特別なものに見えたようだ。[33]

パテクはまた、一九二三年九月一日に日本を襲った関東大震災の体験者でもあった。この地震では約一〇万人が犠牲となり、三五〇万人が被災したが、彼は甚大な被害に見舞われた横浜にいたのである。パテクはこの時のことを上記の回想録に詳しく描写している。

突然、地面が激しく揺れて、私は生身の人間でなくただの物体であるかのように、廊下の両側の壁に交互にたたきつけられた。全力で前方へ駆け出し、通りに飛び出すと、それと同時に向かい側の二件の家が倒れてきた。

落ちてきた瓦が私を地面にたたきつけ、漆喰が私を覆った。［……］。起き上がってみると、すぐそばに自動車が見え、私はその中に逃げ込もうとした。だが、そこにたどり着く前に、私は再び足を取られ、今度は少し長く横たわっていた。初めは家々の屋根瓦のかけらが宙に舞っているのが見えたが、間もなく真っ暗闇に覆われて何も見えなくなった。家々はまるでゼラチンが剥がれ落ちた巨大なレコードのようにひしゃげ、ひび割れ、粉々に壊れていた。［……］十字路まで来たとき、私たちは右折して海のほうへ行くつもりだったが、海岸に通じる細い道は、二軒の家が倒れかかって私たちの行く手を阻んだ。私たちは左折して、公園の方向に進んだ。［……］

公園では、揺れのために水道管が破裂するか詰まるかして、水が道路の低いほうへ流れ出していた。付近ではすでに火の手があがっており、風が火の粉と熱気を運んできた。私たちは、下半身びしょ濡れになりながら、坂道の上のほうに倒れていた木に頭を向けて身を横たえていた。夕刻になって、火は山の手のほうに移っていった。夕暮れの薄闇の中に、周囲の炎の明るさがくっきりと浮かび上がっていた。建物が倒壊する音、石油やテレピン油やアルコールの貯蔵施設の爆発する音が絶え間なく響き渡っていた。私たちは疲れ切ってうずくまった。喉がカラカラに乾いていた。しかし、他のどんな肉体的苦痛よりも耐えがたかったのは目の痛みだった。［……］私たちは地面に横たわり、朝までそうしていた。地面が絶え間なく音を立て、数か所にひび割れができていた。火はますます広範囲を飲みこんでいった。

夜が明けてきたとき［……］、私たちは脱出ルートを探し始めた。他の人々も動いていた。私たちは運河沿いを進んだが、焼け跡のすさまじい熱気で引き返さなくてはならなかった。［……］私たちは何度も死体に躓きながら、市電の線路伝いに歩いていった。最初に出くわした電車は、真っ黒に焼け焦げた死体でいっぱいだった。まるで炭のような黒い素材で造られた彫像のように座っていた。おそらくは電流に打たれた後、ゆっくりと焼かれたのだろう［……］。

横浜は壊滅した。消えてしまったのだ。市内全域の数千の建物のうち、数十件が残っていたが、それももはや使いものにはならなかった［……］。廃墟がさらに破壊される。絶え間ない余震が崩れかけた建物をゆがめ、破壊の度を深め、さらに小さな断片に打ち砕き、それがあたり一帯を埋め尽くした［……］。五〇万もの人口を擁する都市が、ほぼ灰燼に帰してしまったのである。東京にも廃墟と化した地区はあったけれども、街が残り、通りがあり、人々が平静に行き交っていた。

［麻布区の］公使館の建物は甚大な被害をこうむった。すべての暖炉がめちゃめちゃに壊れ、床は波打ち、ひびが入り、壁に掛けてあったものは一つ残らず床に落ち、ガラスや陶器も割れてしまった［……］。揺れの合間に、全員が館内に入っては金庫の貴重品―現金や暗号表や重要書類―を持ち出して、中庭に止めてあった自動車に積み込み、いざという時にはそのまま運び出せるようにした。［……］私たちの区域は幸いにも地震だけで、東京でも横浜でも揺れの直後に火災が起きたが、わが公使館は巻き込まれずに済んだ。物が壊れたり倒れたりはしたが、それだけだった。私が公使館に戻ると、中庭と庭園でキャンプ生活が始まった。［……］

私たちはとりあえず買えたものと外務省が届けてくれたものでしのいだ［……］。宮内省からはワインまで届けられた［……］。

震災からすでに数ヶ月が過ぎたが、私たちはいまだにあのときのショックから抜け出せぬまま暮らしている。脳裏と記憶に刻みつけられた震災の痕跡は、おそらく一生消えることはないだろう。(34)（SP. 30-35）

パテクの在任中、実質的にはすでに一九一九年末から、嘉仁天皇は健康状態の悪化から公式行事には臨席せず、一九二一年一一月二五日には、裕仁（一九〇一―一九八九　在位一九二六―一九八九　追号は昭和天皇）が摂政に任命された。裕仁は国家行事だけでなく、信任状の奉呈、新年会、天皇誕生日、春の観桜会と秋の観菊会、鴨猟など外交団のための定例行事においても、父の代理を務めた。

歴代の公使同様、パテクもこれらの行事に出席したが、一九二四年一月二六日に挙行された裕仁皇太子と久邇宮良

裕仁天皇（昭和天皇）と良子皇后
（1924 年）（宮内庁所蔵）

子皇太子妃（一九〇三年生まれ）の結婚の儀を目のあたりにするという幸運に恵まれたのはパテクだけであった。裕仁はこのときポーランドの最高勲章「白鷲勲章」を授与されている。日本との絆と皇室への敬意を表するため、パテクは大統領の了承を得てこの成婚の日をもって臨時大使級に昇格している。国家元首ユゼフ・ピウスツキから天皇に宛てられたパテクの件に関する信任状の一節は、このときのポーランドの日本に対する思い入れを物語るものとして引用する価値があろう。

私が全ポーランド国民とともに天皇陛下および日本の全国民に対して抱いております変わらぬ友情をもっとも厳粛なる方法で表わし、大日本帝国のこの度の慶事をポーランドがいかに我が事のごとく近しく感じているかをお知らせいたしたく、私は駐日特命全権公使スタニスワフ・パテクを特別にポーランド共和国特命大使に任命し、私の代理として陛下のご成婚式に参列させることにいたしました。（AAN, MSZ 593）

一九二六年三月後半、帰国を目前にしたパテクはポーランド政府代表として幣原喜重郎外相を訪問し、後任のアウグスト・ザレスキ（一八八三―一九七二）のためにアグレマンを要請した。ザレスキは政治家・外交官であり、一九一九年のパリ講和会議の際にはパデレフスキ代表の秘書官を、その後一九二一―一九二二年には外務省政治局長を務めた。ザレスキは四月一日の時点ですでに承認を受けていたにもかかわらず、結局、来日することはなかった（外務省外交史料館6・1・8・4―30）。一九二六年の五月クーデタ[*14]の後、カジミェシュ・バルテル（一八八一―一九四一）内閣の外相に就任したからである。パテクの離日後、ザレスキに代わって駐日臨時公使に任命されたのは、

ヴァツワフ・イェンジェイェヴィチ（1920年代）（写真提供：アンジェイ・J・ベック）

当時、駐日公使館付き武官を務めていたヴァツワフ・イェンジェイェヴィチ（一八九三—一九九三）であった。この人物については、参謀本部間の協力の節でも触れる。

イェンジェイェヴィチはポーランド陸軍中佐で、ポーランド独立運動の古参の一人であり、ピウスツキや軍団員とつながりをもっていた。一九二一年に参謀本部学校（同年一一月に陸軍大学校に改称）を卒業し、ロシア問題の専門家として参謀本部第二部東洋班長、次いで情報第二課長となる。一九二五年二月二日には、軍事大臣ヴワディスワフ・シコルスキ（一八八一—一九四三）から初代の駐日ポーランド公使館付武官に任命される。発令は五月二八日付である。その後すぐ、ザレスキ外相は幣原外相宛に、イェンジェイェヴィチを新任の全権大使の着任までの代理公使として承認するよう求めた。六月二二日、日本外務省は信任状の受領について報告している（外務省外交史料館6・1・8・4—30）。

ようやく天皇の許に挨拶に行った。［……］天皇の代理を務めていたのは摂政、皇太子の裕仁だった。東京の中心にある皇居に住んでおり、パーティーや昼食会はすべてそこで行なわれていた。

訪問のプロトコルはこうだ。まず（フロックコート姿—こうした際に着用を義務付けられている服装—の）パテク公使が不死鳥の間に通され、そのすぐ後に続いて私が入室する。まず大広間への入口で、次に広間の中央で、そして天皇に挨拶をするときに、一度ずつお辞儀をする。短い会話を交わした後、同様に三度のお辞儀をしなが

*14　一九二六年五月、ユゼフ・ピウスツキが起こしたクーデタ。ポーランド独立後、ピウスツキは国家元首の地位にあったが、一九二一年三月に採択された憲法で規定された大統領には、その権限の弱さゆえに立候補せず、一九二三年七月にいったん政界からの引退を宣言した。しかし、軍制改革などをめぐって政府と対立、議会政治の混乱に乗じる形で決起し、再び政治の実権を握った。

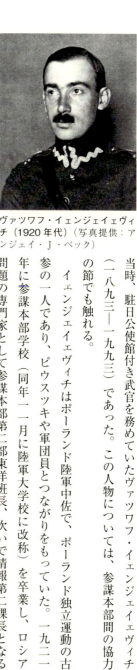

ら戻るのだが、後退りで戻ってこなければならない。行きはすべてスムーズにいった。天皇は私に手を差し出し、（フランス語の）通訳を介して二、三細かな質問をし［……］謁見の終わりにフランス語で「さようなら《オールヴォワール》」と言いながら手を差し出した。

そして、この巨大なホールからの撤退のドラマが始まった。事の発端は、私が軍服を着て、サーベルを下げ、鋲を打ってある軍靴を履いていたことだった。鋲を打った靴を履き脇にサーベルを下げて後退りをすると、由々しき問題が生じるということが判明したのである。鋲が引っかかって、この素晴らしいホールのぴかぴかの床の上にばったり倒れはしないかと気が気でなかった。ゆっくりと慎重にホールの中央まで進み、型通りのお辞儀をし、無事に戸口までたどり着くことを夢見ながらまた後退りをした。その願いがかなったときは、心底ほっとした。この間ずっと、天皇はその場に立ったまま、私の姿が見えなくなるまで待っていた。（WJ, 31）

東京勤務に関しては、イェンジェイイェヴィチ自身が概述の回想録に詳しく書いているが、そのタイプ原稿の一部は、本書執筆の数年前に著者（ロメル）に託されたものである。イェンジェイイェヴィチの軍事活動に関する記録の多くはワルシャワの現代史史料館に保管されており、一部は内務省の中央文書館にもある。私的な手紙は、ニューヨークのピウスツキ研究所に一括保管されている。

イェンジェイイェヴィチは自分が臨時に代理を務めている駐日公使の要員を一日も早く派遣してくれるよう本国外務省に再三要請したが、結局一九二八年五月まで待たされることになる。イェンジェイイェヴィチの要請に対し、本国外務省は一九二七年夏にヤン・フリリンク（一八九一―一九七七）を参事官として東京に派遣したが、フリリンクは肩書きの上では上司でも、実質的にはあくまでイェンジェイイェヴィチの補佐役であった。そのためイェンジェイイェヴィチは、フリリンクの着任後も二役をこなさなくてはならなかったのである。ひとり二役ということで苦労をしたことも少なくなかったが、時にはかえって好都合なこともあったようである。イェンジェイイェヴィチ自身が書いている。

［ひとり二役は］日本当局との交渉にはなかなか具合がよかった。午前中、政治問題の交渉で外務省へ行き、午後には参謀本部へ行って同じ問題に関する意見やコメントを聞くということができたからだ。これら二つの組織の間に越えがたい壁が厳然としてあったことも、私は証言できる。相互の連絡がまったくなく、参謀本部と外務省は相手が何をやっているのかも知らなかった。（WJ, 155）

しかし、この時期はロシア問題の専門家のイェンジェイェヴィチにとっては幸いなことに、

［……］日本の政策は主としてロシア問題と絡み合っており、私にはとってはたいへん好都合だった。満州と極東ロシア―それは日本当局にとってはとりわけ垂涎の的だった。こうした方向を主張していたのは陸軍および参謀本部であった。（WJ, 180）

イェンジェイェヴィチが日本外務省へ交渉に行くことになった最初の問題の一つが、一九二六年九月の国際連盟非常任理事国の選挙であった。この件について、イェンジェイェヴィチは次のように述べている。

ポーランドが理事国に立候補するので、ついてはこの点からの日本政府の支持を取り付けておくように、というワルシャワからの短い暗号電報を受け取った。［……］私はデグチ〔出淵の誤りであろう――著者注〕外務次官(35)を訪ね、問題の全容を伝えた。彼は大きな関心を示したが、彼の答えはこちらの要求に関する覚書を送るようにというものだった。［……］それと同時に、私は外務省に対する我々の要請を後押ししてくれるよう参謀本部に圧力をかけた。結局、デグチは私を呼び出し、わが国への外交辞令をひとしきり述べてから、日本政府は国際連盟

においてわが国を支持すると約束した。(WJ, 153-154)

一九二六年一二月二五日、長年にわたり不治の病を患っていた嘉仁天皇が死去した。ポーランド外務省はイェンジェイェヴィチをポーランド代表として大喪の儀に参列させ、哀悼の意を表した。さらには、大喪の儀に際し、イェンジェイェヴィチを特命全権公使に昇格させたのである。このときには、慣例に従って、勲四等旭日章も授与されている。大喪の礼に関する詳細は、イェンジェイェヴィチが外務省外交儀典局長に宛てた一九二七年二月二四日付けの報告書第二八六号の中で紹介している。

私はポーランドの名において弔花を献ずるようにという一月一二日付の訓電第二号をふまえ、他の国々と同じ大きさの花輪を選び、鷲の紋章をピンでとめ[フランス語で]「ポーランド共和国大統領」の名前が入った国旗と同色のリボンを結んだ。[……]

二月四日、明治天皇の崩御の際に行なわれたような特別な儀式はなかったものの、花輪は皇居内に特別にしつらえられたホールで各国の使節により手向けられた。それは宮内省に保存される。[……]

外交団はつごう三回、葬儀に参列したことになる。すなわち、

一　一二月二七日、葉山御用邸から東京まで天皇の遺体を搬送する際の半公式的な儀式に、各公館の長が参列した。

二　一月一五日、外交団が公式に、かつ(礼服を着用して)厳粛に、殯宮にあてられた宮中正殿に安置された天皇の遺体に拝礼した。

三　かくして、ようやく二月七日の大喪の儀を迎え、夜八時から一一時まで、外交団は新宿御苑にある皇室所有の庭園(葬場殿)で神道のしきたりに則って執り行なわれた追悼式に参列することとなった。式典は、実質的に

嘉仁天皇（大正天皇）の葬儀（1927年2月8日）（『大正天皇御大葬写真帖』1927年より）

は、皇居内で親族のみが出席して営まれた大喪の礼よりずっと早くから始まっていた。午後六時、天皇の遺体は馬車の形をした特別仕立ての霊柩車《ジシャ》に乗せられ、服喪の群集が沿道で見送るなかを新宿御苑に運ばれた。式には裕仁天皇をはじめとする皇族方、政府、国会、軍の代表、国家の要人、外交団が参列し、葬送の儀がおごそかに執り行なわれた。夜中の一二時に、亡骸は列車で浅川駅〔浅川仮駅——著者注〕に到着し、特別な霊廟〔多摩御陵のこと——著者注〕に葬られた。

二月一六日、葬儀の締めくくりに、裕仁天皇は大公使とその夫人たちのために朝食会を催し、茶菓の時間には各国代表の一人一人と言葉を交わした。二月七日はとても寒かったことに触れ、葬儀への参列への礼を述べられた。食事の際には、出席者全員が天皇家の菊の紋章が入った銀製の箱をもらった。（AAN, MSZ 592）

葬儀の様子については、『回想録』にも次のような記述がある。

天皇は古式に則り日の出の刻に東京近郊の特別な墓所〔廟〕に埋葬されることになっていた。そこで、天皇の遺体を乗せた御召し列車が明け方に所定の場所に到着できるように、葬儀は真夜中近い時間に執り行なわれるというのである。季節は冬、しかも葬儀は野外で行なわれるというのに、夜会服、つまり私は燕尾服、女性はイヴニングドレスを着用のことという注意書きがあった〔……〕。私は外交団の仲間たちから、非常に暖かくて軽い絹の綿で燕尾服やイヴニングドレスを作っておくべきことを教わった。［……］コートの着用はないからだ。

大喪の儀だけで延々長時間におよんだうえ、私たちにはまったく理解できなかった。天皇は軍服ではなく、神道の神職のような冠を頭にかぶり、中世の独特の衣装で登場した。私たちはすっかり凍え切り、早朝に帰宅したときは嬉しさでいっぱいだった。コニャック、熱いお茶、アスピリンのおかげでさいわい風邪を引かずに済んだが、自分の服に絹綿で裏打ちをしておくことを心に決めたのだった。大正天皇の崩御と同時に、それまで摂政を務めていた裕仁が皇位に就いたのだが、しかるべき祝典（即位の礼）が行なわれたのは、それから一～二年経ってからであった。（WJ, 171-172）

イェンジェイェヴィチの在任中、一九二七年八月には、（直接、無線で交信するための）ポ日間の無線通信に関する覚書も交換された。(36)

嬉しい出来事としては、一九二六年九月五日―一一日のボレスワフ・オルリンスキ（一八八九―一九九二）の来日がある。オルリンスキは飛行機で東京にやって来た最初のヨーロッパ人であり、一万キロを超える東京―ワルシャワ間の距離をレオナルト・クービャク機関士とともにブレゲー型複葉機で攻略した。(37)この特別な客を歓待したのもイェンジェイェヴィチであった。イェンジェイェヴィチはこんな風に回想している。

二人の飛行士の部屋は帝国ホテルに予約してあった。ホールには「歓迎　ポーランド飛行士御一行様」という大きな吊り看板が下げられていた。［……］日本側は非常に盛り沢山なプログラムを用意していて、私はそれを、ある時は軍服で、ある時は平服で――つまり、ある時は公使として、ある時は公使館付き武官として――手伝った。私たちは皇居、外務大臣と陸軍大臣、参謀総長、主な皇族方のもとを記帳して回らなくてはならなかった。［……］夜は公式の晩餐会や芸者を呼んでの私的な宴会が開かれた。私は今回の快挙に何らかの関係がある四〇名の人々を公使館に招いて、盛大な昼食会を開いた。日本の新聞は今回の飛行を大々的に取り上げ、オルリンスキにインタビューを申し込んできた。二人の飛行士には日本の勲章が授けられた。（WJ, 173）

イェンジェイェヴィチ在任中の公使館では、上述のフリリンク、バナシンスキ、コビランスキの他に、日本人の通訳、ボーイ、コックも働いていた。一九二七年、コビランスキの後任に、タイピストのヘレーナ・ピェシラクヴナが着任した。イェンジェイェヴィチは二役を兼任していたため、常に多くの仕事を抱えていたが、時間を見つけては、書物からだけではなく自分の目で見て、日本文化を知ろうとし、両文化の違いを理解しようとした。回想録にこう記している。

［……］東洋と西洋の間にはいかに様々な習慣上の違いがあるかについて、ささやかな実例をもって証明する機会があった。ある暑い日の午後、私は山脇と一緒に小さなレストランでビールを飲んでいた。日本のビールはとても評判がいいことを付け加えておこう。キリン、サッポロ、アサヒは、ヨーロッパの最高のビールに太刀打ちできる。その時間帯のレストランはガラガラで、ほとんど客がいなかった。小上がりの、透かしの入った竹すだれの向こう側で、女給と思しき女が昼寝をしていた。裸で、大きな髷に結った頭を木製の脇息にもたせかけている。［……］私たちがビールを飲み終わらないうちに、女給は目を覚まし、裸同然の姿で髪を直し始めた。私は魔法にでもかかったように彼女に目が釘付けになった。実に魅惑的だったからだ。山脇は、彼にとってはありふれた光景に目もくれなかった。何たる西洋の野蛮人だろう。（WJ, 140）

日本の内政を理解するためには、古くからの風習や傾向やこの国の歴史上の有力な一族の役割を知っておく必要があった。［……］私は当時、武士道——すなわち、日本の士族の精神——を理解していた。当時の若い世代の将校たちは、育成年代からそれに基づいて仕込まれていたのである。

私はその例を目の当たりにした。その当時のある年に、海軍の定期演習が行なわれた。最終日、その一方が夜間に勢力を集結させた。[……]一隻の駆逐艦が他の駆逐艦に衝突した。衝突されたほうは瞬く間に沈没し、一〇〇名を超える海軍の将兵が犠牲になった。[……]しかるべき部署がこの惨事の原因究明を開始した。事故の責任者である駆逐艦の館長は、自ら辞任を申し出た[……]。何週間も経ってから、調査委員会が指揮官には何の責任もないという判決を下した。ところが、それは館長を満足させなかったのである。彼は、かくも多くの戦友の死には切腹(腹切り)をもって償うしかない、という天皇宛の書簡を侍従経由でしたため、しかも、友人の介錯でそれを実行した。海軍当局はこれを正しい行為と認めたのである。[……]

私が耳にしたこうした出来事は、「義務は山より高く、命は羽毛より軽い」と教えている、この国の軍務の基本条項を遂行したということなのだ。(WJ. 157-148)

東京駐在の外交官たちを思い浮かべると、二つのグループが認められる。公館勤務の賞揚派と反対派である。後者のほうは、ここの何もかもが気に入らない。[……]私は幸いにも前者に属していた。つまり、私はすべてが気に入っていたのだ。地震もこわいとは思わなかった。二度か三度、「建物が倒壊するかもしれない、公使館から逃げ出さなければ」と思ったことはあったが。食べ物も好きだったし、言葉も日常に使える程度に習得した。日本と中国の芸術にも関心を持つようになり、踊りの深い意味や美しさを理解しようと努力した。一言で言えば、私にとってはすべてが魅力的だったのであり、私はその中で生きることができたのである。比類のないこの国の美しさはもはや言うまでもない。日本人はこうしたことを私の中に感じ取り、私に友情を授けてくれた。私は今でも感謝の念をもって思い出す。(WJ. 159)

一九二八年五月にようやく、臨時代理大使のポストにズジスワフ・オケンツキ(一八七四—一九四〇)が着任した。オケンツキはキャリアの外交官で、前職はベオグラード駐在公使であった。東京勤務は一九三〇年四月までである。

信任状捧呈式を終えたズジスワフ・オケンツキ駐日ポーランド公使（国立デジタル・アーカイブ所蔵）

オケンツキがさっそくポーランド代表として参列することになったのは、一九二八年一一月一〇日に京都で行なわれた裕仁天皇の即位の礼であった。裕仁は、父・嘉仁天皇の崩御の日からすでに天皇として執務をとっていた。日本では空位期間というものがなく、天皇が没した後ただちに行なわれる、簡素な宮中儀式による皇位の標識の引継ぎが実質的な即位を意味する。公式の即位式は、皇室典範に則り、約一年間続く服喪が明けてからようやく挙行できるのである。昭和天皇の即位の礼に際して、オケンツキはポーランド大統領により特命大使に昇任している。この即位の礼に関しては一九二八年一二月二三日付の外務省外交儀典局長宛報告書第三一九二号に詳述しているので、その抜粋を紹介しておく。

　裕仁天皇の即位［……］とそれに伴う祝賀行事は、多くの点において、他の国の同様の式典がもつ意味合いをはるかに越えている。いにしえの日本の伝統を描き出した表面的には豪華絢爛な絵巻の中で、宗教思想と国家思想がきわめて強固に分かちがたく結びついている。外国人の眼前に、今日なお日本の基層をなしている現象が立ち現れたのである。現在の価値体系の中枢たる天皇および天皇家の役割、日本全体のゆるぎない教義だという信念に由来する役割が。

　天皇の京都滞在中、引きも切らず祝賀行事が行なわれたが、その骨子は、儀式の挙行を天皇の父祖に告げることであった。[38] しかし、天皇自らが京都に赴いたという事実自体がすでに古いしきたりの継承を意味していた。今や京都はかつてのように、再び天皇の本拠地となったのであった。［……］この正式な権力の継承は、帝国の隅々に轟きわたる叫び声によって迎えられた。その瞬間、何百万という日本人の心から発せられたあの「バンザ

「即位礼」に臨む昭和天皇と皇后（1928年11月）（宮内庁所蔵）

イ」の声が［……］。

これらすべての儀式、色とりどりの衣装、この数日間だけ蘇った古の日本と、現在の日本とが幾度も交錯した。式典には、最近当選した議員が出席し、今日のこの慶事の形式が定められた当時は日本においてさえ知られていなかった遠隔の地から、旧藩主に代わる自治体代表が参集した。［……］。

外交団は京都で、各人が快適に過ごせるよう、そしてその数日間がこの上なく美しい思い出として残るような雰囲気をかもし出すための細心の気配りをもって迎えられた。事実、そこでは、日本的組織に失望させられることは一度たりともなかった。宮内省や外務省の役人、参謀本部の将校が一丸となって、外交団のいかなる要望にも応じようと先へ先へと気を配り、どんな小さな不満の種も取り除くためにたえず神経を使っていた［……］。公式行事とは別に、遠足（観光）、ショー、ガーデンパーティーなどが歓迎行事として盛り込まれていた。日本の習慣通り、どの催しも贈り物の贈呈でお開きとなった。どれも美しく趣味のよいものばかりで、高級品であることも珍しくなかった［……］。京都での祝典に参列した各国大使館および公使館の館員は全員、日本の勲章と戴冠記念メダルを授与された。（AAN, MSZ594）

オケンツキ公使は一〇月二〇日、天皇への信任状の手交の際に、大勲位瑞宝章を授与されていたが、天皇の即位の礼に参列したヤン・フリリンク参事官とヘンリク・ライヒマン＝フロヤル公使館付き武官も後日、勲三等旭日章と勲四等瑞宝章をそれぞれ与えられている。
オケンツキは一九二〇年代最後の駐日ポーランド公使となった。

ポーランド駐在の日本人外交官と皇族のポーランド訪問

一九二〇年代にポーランドに駐在した日本の正式代表は十名にのぼり、そのうちの四名が特命全権公使であった(39)。他の四名は臨時代理公使として比較的短期の駐在にとどまった。これは、ポーランドはじめ中東欧諸国の事情に通暁した人材の育成がおぼつかなかったという理由によるところが大きい。すでに触れたように、初代ポーランド公使は一九二一年五月初旬に就任した川上俊彦であった。一九二三年一月一五日に離任した後、川上の帰国後の数ヶ月間、臨時代理公使の役割を果たしたのは、領事・一等書記官を兼任していた井田守三であった。一〇月二九日には佐藤尚武が公使に就任した。さらに一九二五年三月一日から二等書記官の松宮順が臨時代理公使を務め、三月二九日には同じく二等書記官の黒沢二郎がこれを引き継いだ。一九二六年七月二九日、佐藤尚武が公使に復帰した。翌年一月一二日から短期間、井上豪外交官補が代行するが、二月六日には一等書記官の二瓶兵二が代わって臨時代理公使となり、一九二七年一〇月八日には三等書記官の千葉蓁一に交代している。一九二〇年代最後の駐ポーランド公使となったのは一九二八年一月三〇日に就任した松島肇であり、一九三〇年一月まで駐在している。

一九二〇年代にポーランドに駐在したすべての日本外交官に関する詳細な資料の所在は、残念ながら突きとめることができなかった。せいぜい、臨時公使を短期間務めた人々に関する資料が残っているにすぎない。その彼らにしても、おそらく、日本外交史においてはそれほど重要な役割を果たさなかったようだ。というのは、彼らはその後、外交官としての経歴を全うしなかったか、全うしているとしても、あまり重要な地位にはついていないからである。

佐藤尚武駐ポーランド公使（写真提供：日本外務省外交史料館所蔵）

川上俊彦（一八六一―一九三五）は東京外国語学校露語科を卒業後、一八八四年に外務省に入省、一九〇〇年にはウラジオストクの貿易事務館に派遣される。日露戦争中は外交顧問として日本軍付の通訳などに従事する。一九〇七―一九一二年、在ハルビン総領事、在モスクワ総領事を歴任し、一九一三―一九二〇年には満鉄理事を務めた。

佐藤尚武（一八八二―一九七一）は東京高等商業学校（現在の一橋大学）[40]を卒業後、外交官試験に合格、一九〇六年にロシアで外交官補としてスタートを切り、七年をロシアで過ごす。一九一四年から一九一九年まで在ハルビン領事代理、次いで総領事としてシベリア出兵の件に従事した。一九一九年には駐スイス公使館一等書記官、さらに駐仏大使館参事官に昇進した。

川上はこの時期ポーランドに駐在したなかでもっとも精力的で最大の功績をあげた外交官と見ることができる。東京の上司たちからロシア問題の専門家と目されていたことをもっとも顕著に物語っているのは、一九二五年三月、日ソ国交樹立後の公使館開設の業務にあたるため、ワルシャワからモスクワに派遣されたという事実である。川上は一九二六年半ばにワルシャワに戻ったが、翌年一月には最終的に任を解かれている。パリの国際連盟事務局の日本事務局長に任命されたためである。彼は驚き、回想記にこう書いている。

私はがんらいロシア出である。露都に八年半、次はロシア町であったハルビンに五年、またその次はロシアの辺境国であり、かつロシアの旧領土であったワルシャワに三年の月日を送り、現にワルシャワ駐在の公使でもある。こういう経歴からみて、実際私は連盟の仕事には経験もなく、また向かないものであって、むしろ野性的な方面に興味を感ずるのでもある。[41]

松宮順（一八九二―一九七〇）は東京帝国大学法科大学法律学科を卒業後、一九一六年に外交官となる。イギリス、続いてシャム（現タイ）の日本大使館に三等書記官として数年間勤務している。一九一九年のパリ講和会議では、日本代表団の随行員であった。

黒沢二郎（一八九〇―一九四六）は一九二四年、東京帝国大学法科大学政治学科修了後に外交官となっている。ポーランド勤務の前は、中国を皮切りにシャム、ロシア、ベルギー、スウェーデンでの駐在経験を持っている。

千葉蓁一（一八九六―一九四五）も同じく東京帝国大学法科大学の卒業生で、一九二〇年に外交官としてのキャリアを開始した。ポーランド勤務に先立ち、ベルギー、フランス、イタリアの公館に勤務している。

松島肇夫妻（1920年代）（写真提供：エヴァ・パワシュ＝ルトコフスカ）

松島肇（一八八三―一九六一）もまた前任者たちと同じく、東京帝国大学法科大学の出身である。一九〇七年、最初の任地のシャムに赴任したが、翌年モスクワに転勤となり、九年間駐在することになる。その後、外相秘書兼参事官、ハルビン総領事代理（一九一八）、モスクワ総領事（一九一九）、ハルビン総領事（一九二〇）を歴任した。一九二一―一九二三年にはウラジオストクに派遣され、シベリア駐留日本軍の問題に取り組んだ。また、大連と長春のソヴィエト・ロシア代表との交渉にも参加している。一九二三年には、駐仏大使館参事官に着任した。

この日本人外交官たちのポーランドにおける動静も、具体的なことはほとんどわからない。突き止めることができたのは以下の事実だけである。

一九二五年一〇月初旬、黒沢二郎の代理公使在任中に、当時フランスに留学中だった朝香宮鳩彦（一八八七―一九八一）が非公式にポーランドを訪問した。朝香宮は、陸軍将校で陸軍大学校の教官だったことからヨーロッパの軍事史に関心をもっており、ポーランドでのお目当ても主な戦跡を巡ることで

朝香宮鳩彦とステファン・プシェジェツキ外務省儀典局長（ワルシャワ、1925年10月3日）（国立デジタル・アーカイヴ）

あった。そこで、参謀本部の軍事教育出版所長で戦史部長でもあったマリアン・クーキェル将軍（一八八五―一九七三）が、訪問地の準備にあたることになった。参謀本部第二部の記録によれば、藤岡万蔵大佐、鈴木率道大尉、駐ポーランド公使館付き武官の樋口季一郎少佐が、朝香宮に随行している。現代史史料館に保存されている参謀本部第二部の一九二五年九月三〇日付文書[42]にある朝香宮の訪問日程が最終版だったとすれば、朝香宮は一〇月三日の朝、グダンスクからワルシャワに入り、同日、無名戦士の墓に献花した後、シコルスキ軍相を訪問、さらに旧市街とワルシャワ近郊のポーランド・ソヴィエト戦争（一九二〇）の戦跡を訪れている。翌日にはウッチへ移動し、やはり近郊の戦跡に行っている。翌一〇月五日はクラクフ、タルヌフ、ヴロツワフを訪問するという予定になっている。朝香宮が予定通りウッチを訪れた証拠に、当地のユンク将軍宛ての樋口少佐からの礼状があり、これもやはり現代史史料館に保存されている。

　樋口季一郎については後章に述べるが、樋口は自著『アッツキスカ軍司令官の回想録』に朝香宮の訪問について記している。[43] 朝香宮が公使館に宿泊したこと、しかし盛り沢山な訪問日程はポーランド側が組んだことを明かしている。ベルリン駐在武官はドイツでより多くの時間を過ごすべきだと主張し、プログラムについて議論になったが、訪問の目的は第一次世界大戦の戦跡の視察であり、それがもっとも多く見られるのは、ポーランド、東プロイセン、フランスだったのである。樋口によると、朝香宮はケーニヒスベルク（ポーランド語名クルレヴィエツ）も訪れており、グダンスクのホテルに一泊している。夜には歓迎会が催され、その様子を樋口はこう書いている。

殿下が席につかれた時、楽隊は「君が代」を奏したかと記憶する。一般客は静かに緊張して敬意を表した。別に拍手もしなかった。それは当時の欧州風であった。

ケルネル（給仕）がワインを杯に注いだ。その時殿下が私に注文された。「樋口！　今夜はビールが欲しいな」と。ところがその七時以後はブドウ酒時間（ヴァインツァイト）である。ビアーツァイトは午後五時か六時までである。ビール時間は一般大衆のための食事時間であって、ビールで簡単に食事の出来る時間である。七時以後のワイン時間においては料理も立派で、高価であり、酒も赤白ブドウ酒、シャンパンとなり、後でダンスも始まるという次第である。このワイン時間においてはビールを飲むことが許されない規則であった。（HK、一九三―一九四ページ）

しかし、そうした規則にもかかわらず、樋口の説得のおかげで、朝香宮はビールにありつくことができたのだった。

一九二八年七月四日、松島肇特命全権公使が王宮における授与式でユゼフ・ピウスツキに大勲位旭日桐花大綬章を手交した。授与式には時の大統領イグナツィ・モシチツキ（一八六七―一九四六　大統領在位期間：一九二六―一九三九）と日本公使館のほぼ全職員が出席した。

松島公使の在任中の一九二八年一一月二一日―二七日には、国際連盟事務次長兼政務部長の杉村陽太郎が連盟使節とともにポーランドを訪問した。訪問の目的は、連盟とポーランドの関係強化であり、とりわけ連盟職員にポーランドの状況を知らしめることであった。(44)一行はモシチツキ大統領、バルテル首相、ザレスキ外相、ピウスツキ将軍と面談した。最後の二日間はクラクフ訪問に充てており、市当局の代表者と面会している。ここで引用に値するのは、国際連盟ポーランド代表フランチシェク・ソカル（一八八一―一九三二）がザレスキ外相に送った、杉原との会談に関する一九三〇年五月二〇日付秘密書簡（第一七一一―三〇）である。

杉村氏は数日前の我が家の朝食会でグヴィアズドフスキ参事官と「ポーランドと日本は安全保障の分野で利害が一致する（日本はソヴィエト・ロシアとアメリカ、ポーランドはソヴィエト・ロシアとドイツの板挟みになっていた）」という話をしながら、自らの最近のポーランド訪問に触れ、ピウスツキ将軍との特別会見という栄誉に浴したことへの感謝の意を強調した。ピウスツキはロシアとドイツに対する自らの見解を伝えようとしたのである。杉村氏は最近（数ヶ月前）日本に一時帰国し、天皇に謁見を許された。彼は天皇に、将軍の見解からいかに深い印象を与えられたかを語り、天皇はピウスツキ将軍個人に関することに強い関心を示し、ポーランドにおける状況の推移を注意深く見守っている様子だったという。帰途、杉村氏はモスクワに滞在した。その滞在中に訪れたのは日本大使館とポーランド公使館だけであったことを強調し、パテク公使について特に言及した。パテクは東京にきわめて良い印象を残し、政治情勢に関する彼の意見は非常に貴重であるという。(45)

翌一九二九年、貴族院議員で日本・波蘭協会会長でもあった東郷安もポーランドを訪れている。

このように、一九二〇年代の日本とポーランドの政治関係は、緊密とまでは言えない状況にあった。それは何より、両国の国際的地位が異なり、日本がポーランド問題への直接的な関心をもつにはいたらなかったことに起因していた。日本の関心の焦点は、中国とソ連の問題とアメリカをはじめとする欧米列強との関係強化にあったのであり、そうした中で地理的に遠隔なポーランドに特段の注意は向けなかった。日本外務省は態度こそ友好的だったものの、ポーランドに特別な関心は示さなかった。ポーランドの問題の多くを、欧米列強、特にイギリスというプリズムを通して見ていたのである。

一九二〇年代の終盤、ポーランドは緊密化する日独関係に不安を抱くようになる。ドイツが国際連盟の少数民族部会担当の日本を味方につけて国境修正を企てるのではないかという懸念があった。日本の新聞報道には、ドイツのプロパガンダに沿って国際問題を解説した記事が多く、それ以外の動きについては取り上げられていない。

参謀本部間の協力と軍事代表の交換

日本のポーランド駐在武官たち

すでに述べたように、日ポ両国がまだ正式に公使館付武官を交換していなかった一九一九年六月から、ワルシャワには山脇正隆陸軍大尉が参謀本部の代表として駐在していた。山脇はポーランド軍当局だけではなく、民間人とも親しく交際した。それが非常に有益であることを山脇が実感したのは、一九二一年五月一六日、山脇が正式に駐ポーランド公使館付陸軍武官に就任したときであった。このとき山脇はすでに、ソ連問題の専門家を中心とする軍人の交換、日本軍将校への暗号法の伝授などを含む参謀本部間の協力関係の構築に奔走していたからである。彼はポーランド軍の代表と常に友好的な関係を保ち、参謀本部のさまざまな活動や、既述のポーランド・ソヴィエト戦争時（一九二〇）のエピソードにもあるように、作戦計画にもオブザーバーとして関わることを許されていた。

山脇は実は、ポーランドで一生のうちにも滅多にないような危険な目にも遭っている。この時の思い出を、彼は著者（ロメル）に次のように話してくれた。

　一九二一年一月一五日、グダンスク湾の上空を海軍の軍用機で飛行していたときのことです。軍事施設の視察中、突然、飛行機が故障してしまったのです。パイロットは機外に放り出され、そのおかげで助かりました。私は足で蹴破って脱出口を開けました。同乗者の一人はすでに事切れていました。乗員の一人をどうにか助け出して、自分も脱出しました。この事故のことはずっと記憶にこびりついて離れませんでした。だから、私はポーランドで第二の生を与えられたようなものです。

この事故については、一九二一年三月五日付『絵入り週刊誌』でも報じられている。

プーツクの水上飛行機事故で、ワルシャワ駐在の日本使節団長山脇正隆大尉が負傷した。山脇大尉はポーランドの海岸地帯を視察しようとして、J・ゴンソフスキ少尉とともにプーツクから水上飛行機で飛び立った。海岸から数百メートルの地点で、飛行機のフロートのひとつが破損し、キャビンは水中に没した。ゴンソフスキ少尉と水兵一名が水死、山脇大尉は自力で脱出して無事であった。

この事故で亡くなったイエジ・ゴンソフスキ少尉（一八九一―一九二二）は、一九二〇年一一月に参謀本部により日本使節団付きの連絡将校に任命された人物で、死後、日本政府から勲五等瑞宝章を贈られている。

一九二〇年代に日本軍の正式代表として山脇の活動を引き継いだのは、岡部直三郎（一九二二年六月二日〜）、樋口季一郎（一九二五年五月一日〜）、鈴木重康（一九二八年二月一三日―一九三〇年六月一二日）である[46]。

岡部直三郎（1920年代）
（防衛研究所図書館所蔵）

では、この将校たちはそれ以前には軍人としてどのような経歴をたどってきたのだろうか。彼らも山脇と同じく、全員が高級将校のエリート養成機関として有名な陸軍大学校の出身であった。

岡部直三郎（一八八七―一九四六）は、後にこの陸大の教官となっている。彼は、参謀本部に入ってから東京外国語専門学校でロシア語を専攻し、一九一七年のほぼ一年間、ハバロフスクへ実習に行っている。翌年にはそこで

樋口季一郎（右）と鈴木重康（1920年代）
（防衛研究所図書館所蔵）

諜報活動を開始し、ウラジオストク駐留日本軍司令部付となった。ポーランドに赴任する前の一九二〇—一九二二年と帰任後の一九二七—一九二九年には、陸軍大学校で教鞭をとっている（一九四二年には総長に就任）。

樋口季一郎（一八八八—一九七〇）もまた、一九一九年に諜報活動のためウラジオストク駐留日本軍司令部に派遣され、ハバロフスクを拠点に活動した。一九二二年四月から約一年八ヶ月の間、東京の参謀本部に勤務した後、ポーランド勤務に先立ち朝鮮駐屯日本軍参謀となっている。その後の樋口の経歴は諜報に関連しており、一九三〇年代の終盤には参謀本部第二部長をも務めることになる。

鈴木重康（一八八六—一九七五）も参謀本部の所属であった。一九一六年から一九一八年まで中国に駐在し、帰任後は陸大などで教鞭をとる。一九二八年八月から駐ポーランド日本公使館付き武官となり、リトアニア、ラトヴィア、エストニアも兼任することになる。

初期のポーランド駐在武官たちのもっとも重要な任務は、暗号解読の分野で協力関係を結ぶことであった。というのは、日本、とりわけ陸軍は、他の列強と比べ、またポーランドと比べても、この分野で大きな遅れをとっていたからである。諜報関係の部署の責任者たちはそのことに気がついていた。樋口季一郎は、ハバロフスク駐在時代を回想するなかで、日本軍の暗号が当時はまだ初歩的な段階にあったという、ある赤衛軍指揮官の発言を引用している。ロシア側は日本が送った電文の文字どおり一字一句をたちどころに解読していたのである（HK、一一〇—一一三ページ）。これに対して、ポーランド陸軍の暗号は驚くべき高水準にあったと樋口は強調している。後年、山脇正隆は、ポーランドとの協力関係の構築に苦心していた時のことをこう述懐している。

駐在間しばしばソ波戦争間ポーランドの暗号解読について、種々ポーランド側から具体的に見聞することができたが、作戦間、赤軍第一線高等司令部で暗号によって命令を下すと、それが連隊をへて、大隊の端末にまで伝わる時には、ポーランド側はすでにこれを解読することができた程その解読は進んでいた。〔…〕ポーランドの主任者は、ヤン・コワレフスキーで、これについては、後任の岡部直三郎大尉に申し送り、両人協議の上、これを日本に招聘するようにし、本人にも意向を聞いたうえ、内定した。帰国してから、右の趣旨を伊丹松雄第二部長に具申したところ、同少将ははじめ、「第一等国の陸軍が第三流国の軍から教をうけるというのはどうであろうか」等といって、相当渋ったのであったが、とにかく之を承諾していただいた。(47)

結論にいたるまでには、ワルシャワの参謀本部第二部でも議論が続き、そこには山脇の後任の岡部や、研修でポーランドに滞在していた笠原幸雄大尉が参加していた。彼らは、日本に極めて好意的な態度を取っていたヴァツワフ・イェンジェイェヴィチに相談している。その裏付けとなりうるのは、イェンジェイェヴィチの次のような言葉である。

〔……〕私は、ソヴィエト・ロシアの動向に特別な関心を持ってポーランドに滞在していた駐在武官たちと多くの接触を持った。彼らはしばしば参謀本部の私の執務室へ話にきた。〔……〕もちろん、彼らからはいくつかの興味深い情報を得られたし、その意見交換は私たちにとって有益なものだった。それは大抵、ソヴィエト軍の配転についてだった。この点から、私の［ロシア］報告は非常に好ましい結果をもたらしたと言わねばならない。もちろん、私たちはソヴィエト軍について多くのことを知っていた。(WJ. 113)

しかし、日本の参謀本部が暗号解読におけるポーランドとの協力関係の構築とロシア情報の交換について最終的な決定を下すにいたった直接の要因は、一九二一年秋から翌二二年四月にかけて大連で行なわれた日本とソヴィエト・ロシア間の関係締結に関する最初の交渉にまつわる出来事であった。このとき、参謀本部から特派された日本の情報将校たちは、傍受されたモスクワからの電報を解読できていないことが判明したのである。そのため、電報はワルシャワの岡部のもとに送られ、岡部は参謀本部の専門家にそれを見せた。ポーランド側は一週間も経たないうちに電報を解読し、日本の参謀本部の幹部たちにポーランドの暗号技術の水準の高さを確信させることになった。こうして、一九二三年初頭、参謀本部の正式の招聘により三ヶ月の予定で東京に来たのが、山脇の推薦したヤン・コヴァレフスキ大尉（一八九二―一九六五）であった。[48]

コヴァレフスキは数学と暗号学の専門家で、ソ連の暗号の解読にかけては屈指の存在であり、一九二〇年のポーランド・ソヴィエト戦争時にも、その手腕がポーランド当局に重用された。参謀本部での彼の講義は主としてソ連の様々な暗号に関するものであったが、当時ヨーロッパで用いられていた暗号解読の一般法則や、外交暗号と諜報用暗号の構造も含んでいた。受講者は参謀本部第二部の将官たちが主体だったが、彼らに限定されていたわけではない。コヴァレフスキの来日が非常に顕著な効果をもたらしたことから、日本政府は彼に勲五等旭日章を授与した。日本軍参謀本部はポーランド軍参謀本部との協力関係の推進を決定し、日本軍将校が研修のため定期的にポーランドへ派遣されることになった。彼らはその機会に、暗号に関する理論的知識を深めるだけでなく、ソ連の暗号を解読するための実地訓練を受けることになったのである。

一九二六年には、百武晴吉少佐が一年近くに及ぶ長期の研修に行っているし、工藤勝彦大尉も九ヶ月間滞在している。百武はコヴァレフスキの講座の受講生の一人で、ポーランド留学後の一九二七年七月から一九三一年半ばまで参謀本部暗号班長を務めた後、ハルビン特務機関長に着任した。一九二九年には、酒井直次少佐と大久保俊次郎少佐が数ヶ月間にわたる研修のためポーランドに滞在している。東京の防衛省防衛研究所図書館が所蔵する両名に関する文書は、コヴァレフスキの日本滞在に関する多くの情報を与えてくれる。ポーランドから帰国した後は、どの研修生も、参謀本部か中国の出先機関に勤務している。

ポーランドでの研修が日本人にとってどのような意義があったのかについて、ヘンリク・ライヒマン＝フローヤル少佐が東京から参謀本部に書き送っている。以下がその一節である。

［……］百武少佐は日本の参謀本部の暗号班長としてこれまでに五名の将校の教育にあたった。現在、日本軍参謀本部は暗号問題への関心をさらに深めている。最近、無線傍受の組織化が始まった。無線傍受に従事しているのは、満州の主として国境地帯の駐屯地である。［……］十分な資料を持たず言語に関する知識が乏しいために、ロシアの暗号にもっとも大きな困難をきたしている。［……］

ワルシャワでの研修には二人の将校が指名された。H少佐のもっとも優秀な同僚で、将来は彼の後継者になりうるだろう。H少佐はワルシャワにおける自らの任務について熱っぽく語り、派遣される将校が十分に働き、また故国に多くの成果を持ち帰ることを希望した。彼が言うには、我々の支援のおかげで日本軍参謀本部が暗号解読を重視するようになり、［……］将来的にはソ連問題における協力関係を築くことを望んでいる。わが国では、暗号の問題が、ヨーロッパのどこよりも上位にあるという意見を共有している。（AAN, OII SzG 616/68）

一九二〇年代には、上述の暗号分野の研修生とは別に、他の将校もポーランドに来訪している。その目的は何と言ってもソ連情報の交換であったが、ポーランド軍の組織原理を知ることもその一つであった。残念ながら、そうした将校をもれなく突き止め、その訪問目的を明らかにすることは不可能であることが判明した。閲覧可能な資料に含まれる情報は断片的で、その多くは裏付けが困難である。日本側の史料がポーランド側の史料と同じ事柄を扱っていることは少ないからだ。日本では、両大戦間と大戦中の軍事活動に関する一次資料にアクセスすることは非常に困難である。断片的なのは、この問題のポーランド側の文書も同様である。それに加えて、ポーランド側の文書にある情報が日本側の文書の情報と合致しないこともしばしばある。これは著者の見たところ、日本の名前の誤写や明らかに不注意による誤記、これもおそらくは不注意からくる日付の誤りなどから生じていることが多い。

日本外務省外交史料館とワルシャワの現代史史料館をはじめとするいくつかの史料を突き合わせてみると、上述の笠原幸雄は研修中に日本の駐在武官室を補佐していたが、一九二五年後半か一九二六年初頭には、笠原に代わって河辺虎四郎大尉が来ていることがわかる。河辺は砲兵隊の若手将校で、それ以前はロシア語をやっていたという人物である。ポーランドにおける主たる目的はポーランド語の習得となっている。日本側史料に従うなら、ポーランドに来たのは一九二六年の初めであり、ポーランド以外にリトアニア、ラトヴィア、エストニアも訪れたはずだ。

プシェミシルの第一〇軍管区司令部から参謀本部第二部に送られた報告書によると、一九二六年五月二九日に、陸軍大学校教官の塚田攻少佐（一八八六―一九四二）ら三人の日本人将校がゴルリツェからプシェミシルに入っている。世界の戦史を編纂するための資料収集が目的であった。彼らはプシェミシルのいくつかの要塞を訪れたほか、一九二〇年のワルシャワ戦役の戦跡、ウッチとゴルリツェ近郊にある第一次世界大戦の戦場跡をくまなく調べ、地図やしかるべき資料を入手している。この古戦場めぐりには上記の百武少佐と工藤大尉も同行している（AAN, OIISzG616-41）。他の多くの将校と同様に、塚田少佐もまた、ポーランドで研鑽を積んだのちに日本陸軍の要職に就くことを期待されていたことも付言すべきであろう。塚田はまもなく陸軍大学校長に就任し、一九四〇年には参謀次長の地位についた。

『ポーランドで研修を受けた外国将校一覧』の一九二九年上半期に名前が載っているのは、佐々木という少佐だけで、彼は三月二三日から六月一五日までグルジョンツの第一六槍騎兵連隊で研修を受けたという（AAN, OIISzG617-10, 617-41）。この同じ文書によると、一九三〇年にポーランドへ研修に来ているのは、フジオカ・シカ少佐（第一六歩兵連隊に六ヶ月間）、アヤベ・キツジュ大尉（第一二槍騎兵連隊に四ヶ月間）、テラダ・セイイチ大尉（第一航空連隊に四ヶ月間）の三名である。

藤岡少佐の名前はもちろんシカではなくシカオである。彼は参謀本部ロシア班の一員として一九二八年八月から一九三〇年一二月にかけて研修目的でソ連に駐在していたが、そこからポーランドに派遣され、一九三四年前半はポーランド駐在武官室の補佐を務めた。綾部橘樹（一八九四―一九八〇）は陸軍大学校の卒業生で騎兵の専門家である。一九二八年八月から一九三〇年一一月までソ連に駐在していたが、研修のためポーランドに派遣されたのである。一九三五年以降は関東軍参謀となる。寺田大尉も陸軍大学校の卒業生であり、参謀本部作戦課に配属されたパイロットである。日本側史料によると、一九二八年四月からすでにポーランドに駐在している。

ポーランド側の史料には、一九二九年後半、バラノヴィチェの第二六槍騎兵連隊を馬場正郎少佐、前田正実少佐、山本務少佐が訪問しており、一一月一二―一八日には、久村種樹大佐、安達十九中佐という二人の化学部隊将校がトランジットでポーランドに滞在した、というメモ書きがある。二人は国防省軍備局化学部で毒ガス戦における国土防衛というテーマについて意見を交換し、国立化学研究所とラドムの防ガス用具工場も訪れている（AAN, OIISzG617-80）。残念ながら、これらの情報は日本側の史料の中には確認できない。

しかし、この時期もっとも重要なのは、ポーランド軍務省と参謀本部の責任で組織された日本の参謀本部代表の来訪であろう。参謀本部文書（AAN, OII SzG 617/10）によれば、一九二九年前半、マツイ将軍が弟とともに、トミナガ少佐、セイイチ大尉に伴われてポーランドに来たという。一行は、四月二七日から五月二日にかけて、第一軽騎兵連隊と第一騎馬砲兵師団を訪問している。四月二九日、二人の将軍は軍務省を表敬訪問し、この日が裕仁天皇の誕生日という国家的祝日にあたっていたため日本公使館で催された祝賀行事に参加した。四月三〇日、参謀総長のピスコル将軍がマツイ将軍を朝食会に招き、五月一日夜にはピウスツキ将軍がディナーに招待している。この松井石根師団長（一八七八―一九四八）はこのとき、弟の松井七郎師団長（一八八〇―一九四三）とともに参謀本部の代表として欧米諸国の視察旅行の途次にあった。冨永恭次少佐（一八九二―一九六〇）は一九二八年から一九三〇年までモスクワ駐在武官をしていた。セイイチ大尉はおそらく上述の寺田斉一大尉と思われる。

ここで補足を要するのは、上記の参謀本部の文書の記述とは異なり、松井石根は参謀次長の任にあったことはなく、ポーランド訪問前の一九二五年五月から一九二八年一二月まで参謀本部第二部長を務めていたということである。したがって、この訪問の根本的な目的は情報交換におけるポーランド参謀本部第二部との協力の推進だったと思われる。その証左となりうるのは、モスクワのポーランド公使館付武官補佐グルージェン大尉の電報である。日本の軍当局は、訪問の結果、ワルシャワこそがソ連情報の収集拠点となるべきであるという結論に達した、とグルージェンは述べている。グルージェン大尉は、冨永少佐とのやりとりから、日本軍参謀本部がモスクワ駐在武官の人員を削減してワルシャワ駐在武官を増員するという構想をもっていることを知り、その旨を報告している。計画では、この年の秋に鈴木駐在武官の正式の補佐官が追加派遣されることになっており、冨永自身がそのポストに就任するはずであった。

駐在武官の任務にまつわる事実や出来事はわからないことが多い。駐在武官は多くの秘密や極秘の案件を扱い、それらについて残した情報は少ない。それゆえにこそ、先に挙げた樋口季一郎の著書『アッツキスカ軍司令官回想録』は極めて興味深い資料となっているのだ。自らのポーランド駐在時代に充てられている第四章（HK、一七三―二三八ページ）には、ポーランドの政情、隣国との関係、五月クーデタとピウスツキ将軍の役割といった駐在中のもっとも重要な出来事に加え、自らの任務、日本公使館のスタッフ、その日ポ関係における役割などについても記している。

大正一四［一九二五］年の初夏、ポーランド陸軍において独立後最初の大演習がカルパチア山麓で行なわれることとなった。その目的は、ポーランドの陸軍もかくまで成長し、もはやフランス陸軍の援助なくとも自立し得るものなることを内外に宣伝することにあった。

しからば当時ポーランドには幾何の戦力があったかといえば実に陸軍三十師団であり、今日米国が日本に要望する数字であった。

ポーランド陸軍の目標はもちろん東方ソ連にあるが、かねて西方ドイツに対してもその一部が対抗していた。

〔……〕

演習はクラカウとプシェミスルの間で行なわれた。この付近は第一次世界大戦においてドイツ、オーストリア軍対ロシア軍が血戦を反復した死闘の古戦場である。〔……〕この演習には数連隊の飛行機も参加した。それはフランス式の木製機であった。多数のタンクも姿を見せた。それはやはりフランス式ルノーの十トン以下の軽戦車であった。もっとも当時それは世界的に大型戦車とされていた。いかなる国でもそうであるごとく、この大演習において外国武官は形式的に華やかな場面だけ見せられるのであって、彼らの野営の実際とか、軍紀方面というような裏面的状態には観を閉ざされるものである。（HK、一八七―一八八ページ）

この大演習の際、樋口はクラクフ、ヴィエリチカ、ザコパネ、モルスキェ・オコを訪れ、シロンスクにも足をのばしている。樋口の回想録でとりわけ興味深いのは、ワルシャワにおける樋口一家の日常生活と任務外の関心事について記している部分である。ポーランド語を、そして社交の点からフランス語をどんな風に勉強していたか、どんな問題を抱えていたか、特に公的な場ではどうだったかを描写し、見事なポーランド語を話したという前任者の山脇について驚きをもって記している。（HK、一八二―一八三ページ）

レセプションよりも困るのは舞踏会であった。私は舞踏会に招待を受けて行かぬわけに参らぬ。行けばダンスをせねばならぬ。私は怪しげなワンステップぐらいは踏めたが、ワルツが絶対に必要である。それがうまく出来ない。〔……〕遂に私の決心は三転した。私のゾチアル・レーベンにおいてはポーランド語よりもロシア語よりもはたまたフランス語、ドイツ語よりもダンセーがもっとも重要だ。ひとつおれはダンスの名人になってやろう。そうなれば人を訪問しても、レセプションでも、昼食会でも、夕食会でも、バール（舞踏会）でもそれの話で大部分の会話は足りるであろうし、特にバールでは一語も語る必要はない。〔……〕

そこで私は私の秘書であるポーランド人ミシケウィッチに命じてダンスの先生を物色したのであった。彼はワルソーのオペラ劇場付バレー教師を私に紹介した。私は彼の指定する時間に予め稽古を正式に受けることとした。［……］

その年の暮、英国大使館でマスケンバール（仮面舞踏会）が準備され、日本公使館にもぜひ麗々しく皆で来てくれと特別の提案があった。

当時代理公使は黒沢二等書記官であった。彼は元来非常に真面目な、慎重な人物であったがこのバールに対しては大変な張り切り方で、彼は右半身を白装束で左半身を黒装束にする計画であり、頭も足の靴もそれに一致せしめた奇抜なものであった。私にも奇想天外な変装を願望した。私は私のダンスの先生の紹介で、マダム・バタフライに使用する日本人のチョンマゲのカツラを借り受け、私の顔、首は特に濃厚な黄粉で暗黄色人に作り上げた。そしてオペラの道具としての日本刀、袴、裃で立派な日本のサムライとなったのであった。（HK、一八四―一八五ページ）

ポーランドの日本駐在武官たち

ポーランド側の最初の駐日公使館付武官は、一九二〇年一一月末から翌年一〇月末まで駐在したパヴェウ・アレクサンドロヴィチ（一八七四―一九五九）大佐である。(49) 一九二一年一月にはヴィトルト・バルツェル中尉が補佐に就任している。この二人の駐在武官の東京における任務とその一部始終については、資料を入手することができず、これ以上の詳細を記すことはできない。ただし、彼らの主要な任務が前述のシベリア師団の撤退完了だったことは確かである。バルツェル武官らの帰任後は、四年間にわたって駐在武官不在の状態が続き、一九二五年になってようやく、前出のイェンジェイイェヴィチ中佐が常駐駐在武官の先鞭となったのである。イェンジェイイェヴィチが正式に辞令を受けたのは一九二五年二月二日、東京着任が五月二八日である。

出発前の準備の様子を、彼は『回想録』にこう書いている。

出発前に何をおいても必要だった仕事は、東京駐在武官としての任務に必要な知識を頭にたたきこんでおくことであった。ポーランドと日本を隔てている存在――ソヴィエト・ロシア――がまさに両国をしっかりと結びつける要素となっている、これは紛れもない事実だった。それゆえ、日ポ両国にとって絶えざる脅威となっているロシアの情勢を徹底的に研究しておくことが、ポーランド軍事代表として任務を遂行するための必要条件だったのである。

参謀本部でロシア研究をしていたおかげで、［……］私はロシア軍の組織や配置、動員体制、輸送、連絡系統、経済状態といったロシア軍の内部事情からソヴィエト・ロシアの政治状況や人事に至るまで知り尽くしていた。これらは私が東京で使える材料となった。（WJ, 120）

イェンジェイェヴィチの東京駐在中、とりわけ親身に世話を焼いてくれたのは山脇大佐であった。山脇は参謀本部と自分が所属する情報部に彼を案内した。日本にいる間、イェンジェイェヴィチが絶えずもっとも緊密な協力関係を持つことになったところである。『回想録』には、東京に着任して間もない頃の参謀本部での一コマも書きとめられている。

我々は週一回、会議を開いて問題を一つ一つ検討していくことにした。それはソ連軍主要部隊の配置についての知識を互いにつき合わせてみることから始まった。［……］食い違いは明らかだった。双方の情報源を照らし合わせなくてはならず、ある部隊の配置換えについて合致しなかったときは、私はワルシャワの我が［参謀本部］に真相究明の開始を告げなければならなかった。たぶん日本側も同様だったろう。しばらくして、新たな情報が届き、我々は再び共同で検討した。戦時および平時における主要部隊の戦闘隊形、補給、動員、連絡、［……］、装備、防空といった他の軍事問題についても同様であった。（WJ, 133）

東京における自らの主要な任務や日本の参謀本部との協力の可能性について、イェンジェイェヴィチは一九二五年一〇月一六日、ポーランド軍参謀本部第二部「東方」班宛てに詳しく書き送っている。これはこの時期に関する数少ない残存史料の一つであり、諜報活動における協力に対し、特にポーランド側が何を期待していたかを知る手がかりとなるので、少し長めに引用しておく価値があろう。

日本に赴任する際、私に課せられた任務の一つは、シベリアに諜報機関を設置することがいかに困難かを知らしめることであった。

日本軍参謀本部で指導した後、私は以下のような実態を確認した。

一　日本軍参謀本部はシベリアでは直接には諜報活動を行なっていない。そもそも、中央からは諜報員を一人も派遣していない。その役割を担っているのはハルビンの軍事使節であり、これは参謀本部の支部という性格を持っている。

二　この軍事使節は情報提供者を使って諜報活動を行なっている。〔……〕使節が収集している情報の量はさておき、情報の質はおおいに改善の余地がある。

三　しかるに、日本軍参謀本部は、出所を異にするシベリア情報、すなわち西方諸国（ベルリン、ワルシャワ、場合によってはバルト諸国）にいる駐在武官とは別のルートからの情報に多大な関心を示している。

四　〔……〕

五　日本はバイカル湖以西では諜報活動を行なっていない。私としては、ハルビンに当方独自の諜報機関を設置するのは現段階では不可能と確信するにいたった。

しかるに、将来における情報活動ということで言えば、

a　東シベリアに関する良質かつ正確な情報入手の第一歩としては、彼地の日本諜報網を利用することであろう。日本軍参謀本部の「東欧」課［参謀本部第五課（欧米課）］長の異動があったため、一二月に新任の課長と一連の話し合いを開始するつもりである。これが私の満州旅行の成果ということになるだろう。ポーランド側がロシア西部国境に関する情報を常時、日本に提供するのであれば、日本側にはその見返りとしてシベリアに関する実質的なエキスパートになってもらわねばならないことを提案してみるつもりである。目下のところ、この点ではまだまだ検討の余地ありというのが実情である。

b　この作業の第二段階は、バイカル線以西における日本の諜報活動を利用することであろう。日本人の人員をその隅々に配置することはとうてい不可能であるから、ロシア人のなかに適当な情報提供者を見つけ出さなくてはならない。これら二つの方策は直接には、あくまで当地における私の職務上の権限から発しているのであって、情報の相互交換に関する日本軍参謀本部との特別な協定に則って行なうべきものではない。参謀本部は私との夏の会合の際すでに、我々が第一級の資料をそろえ、喜んで彼らの役に立とうとしているという感触をもっているはずである。

c　これに対し、ロシア西部および中央部における日本人との協力はまったく新しい局面であろう。これは共同出資による諜報活動というかたちが考えられるが、［……］日本軍参謀本部にしてみれば、私がこちらで惜しみ惜しみ小出しにしているデータをもっと大量に入手できるというわけだ。そればかりでなく、彼らの諜報員もロシア内部に入り込みやすくなるであろうし、場合によっては日本人自身が、近い将来ロシアと通商関係を結ぶ予定の日本企業に拠点をおくこともできる。［……］日本の諜報機関はきわめて慎重で控えめである［……］。参謀本部の決定に関するこの最後の問題に関して言うなら、私はワルシャワで樋口少佐とこれを実施すべきだ［……］と考える。仮にこれに関するイニシアティヴが樋口少佐の側から発せられた場合、参謀本部のしかるべき指示があれば、私は当地の当該筋に働きかけてみるつもりである。

d　幸先よく始まった日本軍参謀本部との一般的な情報交換は今後も続くと思われる。そこで［……］、私が日本側からより多くの情報を引き出せるよう、具体的な質問をこちらに送られたい。(50)

残念ながら、著者はこの貴重な文書の裏付けとなるような日本側史料は入手できなかった。樋口少佐は、先に引用した回想録には、ポーランド諜報機関との協力関係についての具体的事実はなにも書いていない。ただし、樋口が協力関係を持っていたのが［ポーランド軍参謀本部］第二部でないことはほぼ確実である。その証拠となりうるのは一九二六年一一月、駐日公使館付き武官イェンジェイェヴィチ中佐に送られた文書である。この文書は樋口少佐の任務がどのような性格のものであったかにも触れている。以下はその抜粋である。

樋口少佐はこれまで、表向きにはまったくソ連軍に関心を示さない。我々に情報を求めることもない。我が軍に関する情報についても然りである。さしあたり、歩兵師団および騎兵隊の夏の露営地を訪問し、ワルシャワとウッチにおける戦闘の経緯に関心を示した。（AAN, OII SzG 617/41）

この同じ文書には、シベリア情報をめぐるポーランドと日本の諜報機関の協力に関する記述も見られる。

［……］日本軍参謀本部から入手した二月付のデータは、当該時期についてはほぼ正確である。しかしその間に変化が生じ、第二［部］が解明を求めたところ、その一部についてはモスクワの日本側駐在武官より当方の駐在武官に回答があった［……］。

イェンジェイェヴィチ中佐は任務の一環として、毎年恒例となっていた日本陸軍の演習にも参加した。一九二五年は秋に仙台で演習が行なわれた。摂政の裕仁が天皇に代わり大日本帝国陸軍大元帥としての義務を果たすべく前日に到着し、駅頭で歓迎を受けた。

我々は「気をつけ」の姿勢で敬礼し、オーケストラは国家の「君が代」を演奏した。真ん中の車両の、窓の下には天皇家の紋章である一六枚の花びらの大きな菊が描かれ、その窓の奥に制服姿の天皇［摂政］が立っていた。［……］

演習は三日間にわたって続き、準備も実施も申し分のないものであった。演習に参加したのは歩兵師団と騎兵旅団が数個ずつ、そして砲兵隊である。航空隊は当時まだ揺籃期にあった。各国駐在武官は実にゆきとどいた接待を受けた。我々はその日の全体状況の設定、両軍の配置、発せられる命令について事前に知らされていた。それらはすべて日本語であったが、担当の将校が通訳してくれた。一日中、馬で各部隊を回り、中隊までの活動を視察した。我々が所望した情報はすべて提供された。場所は日替わりで、宿泊地も毎晩変わった。夜は芸者の歌と踊り付きの合同の夕食会があった。最終日には我々のために天皇主催のパーティーがあり、［……］これに続き、天皇が演習に参加した全部隊の閲兵を行なった。駐在武官の一行は馬に乗り、天皇のすぐ後ろに続いた。

（WJ, 140-141）

ワルシャワの現代史史料館には、イェンジェイイェヴィチが第二部宛てに送った一九二六年と一九二七年の演習に関する詳細な報告書が保管されている。このポーランド人駐在武官の見解を含む短い一節は、引用しておいてよいと思われる。一九二六年一一月一六日から一九日にかけて佐賀市近郊で行なわれた演習の目的について、イェンジェイイェヴィチは次のように書いている。

［……］大砲や近代兵器を備えた大部隊（歩兵師団）の行動を視察。この種の演習は日本初のものである。［……］指揮官も兵士もこれまで、このような大量の新型兵器の同時使用に関しては適切な訓練を受けていなかったのである。

一九二六年の演習は日本軍将校の能力の高さを知らしめる機会となった。どの将校も日本軍が採用している戦術に非常に熟達している。日本軍の演習は一種の国民的行事であり、何千何万という人々が演習場に押し寄せる。今年もまた、東京から急行で三四時間もかかる佐賀に、首相をはじめとする政府要人、衆議院および貴族院の議員、皇族、多くの一般人が参集した。摂政殿下は［……］嘉仁天皇の健康状態のゆえに出席できず、閑院宮載仁殿下が代理を務めた。臨席の皇族方の中には、折に触れポーランド訪問を懐かしんでおられる朝香宮殿下の顔も見えた。

出席した外国人駐在武官は次の通り。フランス、イタリア、ソ連、イギリス（将校二名が同行）、アメリカ（同）、メキシコ、中国、ペルー、ポーランド。

一九二六年の演習は、日本では初めて軍の示威という目的に利用された。専門家としてこの作戦の指揮にあたったのは、元ポーランド駐在武官の山脇正隆中佐であった。この目的のため、すでに一年前から、近代戦とは何たるかを一般大衆に知らしめるための特別な戦争映画の上映準備が進められた。さまざまな演習場面の写真を組み合わせて、ごく単純なストーリー展開になっている。主役を演じたのは第一師団長の和田亀治将軍である（彼はかつて日本の軍事使節団の団長としてワルシャワに何日か滞在したことがあり、ポーランドの「第二等ポーランド復興章」を受けている）。

閑院宮載仁（20世紀初め）（『日露戦争写真帖』1904年より）

やはり宣伝のために、戦況報告を民間人に配布するといったこともなされた。佐賀県内の一五都市では、進行状況が示された巨大なパネルが吊り下げられた。
このような日本軍のやり方はひじょうに興味深く、我が軍にも応用しうる。(AAN, OII SzG 616/126)

次の演習は、翌一九二七年一一月一四—一九日、名古屋、瀬戸、犬山で行なわれた。同じ文書に、こう書かれている。

［……］今回の演習は、裕仁新天皇自らが指揮をとった初の演習であり、日本の軍事演習の歴史においては異例のものとなった。おそらくそれが原因で、事前の準備が隅々まで行き届きすぎ、各部隊の司令官がほとんどイニシアティヴを発揮することなく、作戦行動［……］という観点からすると、その意義が著しく損なわれることになった。演習の組織全体もまた、例によって特別なる注目に値する。スケジュールには寸分の隙もなく、あらゆる状況が細部の一つ一つまで考え抜かれていた。［……］これらすべてが、外国人駐在武官を驚嘆させた。駐在武官および副官の一三名と中国人将校の一行は［……］演習の間中、車か馬を自由に使用して、希望した場所にはたいてい同行することができた。

イェンジェイェヴィチはこうした大演習に加え、外国武官は通常招待されない小規模な部隊の演習にも招かれた。イェンジェイェヴィチの東京在勤中、日本軍参謀本部との関係はいたって良好であった。ソ連に対する見方が日本側もこのポーランド人も一致していたからであるが、日本の同僚や日本という国やその文化に対するイェンジェイェヴィチの態度によるところも大きかった。

私の到着から一週間か二週間経った頃、一緒に仕事をすることになる日本の将校たちが、私をある有名な日本料理店でのディナーに招待してくれた。これは私の初お目見えで、私は純日本料理を食し、芸者による三味線

（バラライカの一種）の演奏と歌のもてなしを受けた。陽気な女性たちは不格好で無作法な外国人に、箸の使い方、酒や茶の飲み方を教えてくれた。［……］この最初の日本式晩餐の結果、私にとって上々のお目見えとなった。私は日本の食べ物が気に入り、箸はフォークのような金属製のとがった道具で口に詰め込むよりよほど文化的な食べ方だと思うようになった。酒も美味しく、度数の強いウォッカに慣れている私は、連れが驚くほどの量を飲むことができた。私は芸者の踊り、彼女たちの厳格で洗練された動きや歌が気に入って、後にはすっかり覚えてしまった。

一言で言えば、私は東洋のバクテリアを飲み込んでしまい、それが今日まで残っているというわけだ。東洋との関わりにおいては無関心ではいけない。東洋を好きになれるし、耐え難いというものではないのだ。（WJ, 132）

日本軍当局はイェンジェイェヴィチの働きを高く評価し、その証として東京駐在の終わりに勲三等瑞宝章を授与している。宇垣一成陸軍大臣（一八六八―一九五六）は、日ポ両軍の関係がひじょうに緊密になり、日本軍将校のポーランド高等士官学校への派遣が決まったのもイェンジェイェヴィチのおかげである、と強調した。参謀総長からは安土桃山時代（一六世紀）の日本刀を贈られたが、これは贈られた本人が語っているように、きわめて異例のことであった。それまで、このような贈り物をもらった駐在武官はいなかったからである。（WJ, 183）

一九二八年秋、イェンジェイェヴィチに代わって東京駐在武官のポストに就いたのは、第一旅団第五連隊所属のヘンリク・ライヒマン＝フロヤル少佐（一八九三―一九五三）であった。新設のポスト――下級駐在武官――にはイェジ・クウォポトフスキ中尉が着任した。

文書があまり残っていないため、東京でのライヒマンの活動をここに再現するのは難しい。前任者イェンジェイェヴィチの方針を引き継いで、日本軍参謀本部との緊密な協力関係の維持に努めたと思われる。着任してまもなく、ライヒマンが本国の参謀本部第二部長に宛てて書き送ったものがあるので引用してみよう。ポーランドへの次の派遣候補者となっていた田中新一少佐と、当時の日本軍参謀本部の方針について述べられている。

［……］歩兵の軍紀確立に貢献した優秀な将校であり、［……］顔が広く人望の厚い有力将校である。田中少佐は、ガワディク少佐から短期間でできるだけ多くのことを教わることができるよう、優秀な歩兵連隊に数ヶ月間配属するのがもっとも適切と思われる。［……］これは訓練のためポーランド行きを命じられた最初の将校のひとりである。このことは、日本軍参謀本部がソ連に関する情報および資料の交換ばかりでなく、我々の養成経験も実戦に役立つとみなしていることを物語っている。フランスで訓練を受けた日本軍将校の体験は、十分な成果をもたらさなかった。［……］日本の軍人が学ぶべきことはまだまだたくさんある。現状は満足すべき歩兵術とは程遠いからである。この問題は、さまざまな技術的要因や歩兵の装備の欠陥もさることながら、古参将校の頑なさや保守性のゆえもあり、なかなか改善に向かわない。（AAN, OIISzG 617-41）

ライヒマン＝フロヤルは、ポーランド人駐在武官が日本語を知らないことも指摘しており、ポーランドも西欧列強に倣って、語学研修を目的とする将校の日本派遣を開始するよう進言している。言語に通じていれば、その後の駐在武官としての任務の遂行がぐっと楽になり、日本軍当局とも良好な関係を築くことができるようになるというのが彼の持論であった。ライヒマン＝フロヤルは一九三一年まで駐在武官を務めた。

日本軍将校への軍功勲章の授与

イェンジェイェヴィチが駐在武官として取り組むことになった最初の仕事の一つは、日露戦争時に軍功のあった日

日露戦争時の日本軍の司令官たち。右から川村景明、児玉源太郎、乃木希典、奥保鞏、大山巌、山県有朋、野津道貫、黒木為禎（1905 年、奉天＝現在の瀋陽にて）

本軍将校への勲章の贈呈であった。前章で触れたように、ユゼフ・ピウスツキは日本軍司令官の先駆的な戦略・戦術と全軍の士気の高さをきわめて高く評価していた。そればかりでなく、この戦争におけるロシアの敗北がポーランド社会に好影響を与えたと考えていた。イェンジェイェヴィチ着任時の駐日公使スタニスワフ・パテクは、こうも指摘する。

> あの時の日本軍司令官たちは、一九〇四年の戦争でロシア軍を破ったことで、その後の革命の展開、さらには新たな戦争の勃発とポーランドの独立達成とに間接的に寄与したのだ、とピウスツキは考えていた。（SP, 21）

ピウスツキはそれまで、日露戦争に参戦した日本の老兵たちに対し公式に敬意を表する機会がなかったため、初代駐在武官の日本着任の機をとらえて、功労者の顕彰を行なうことにしたのである。

日本外務省外交史料館の保存文書（L. 2.2.2-2-10）を検討してみると、ピウスツキは一九二二年一一月二七日に国家元首の地位を退くときにそう決定したが、イェンジェイェヴィチがすでに東京に着任していた一九二五年七月八日、パテク公使が幣原外相に書面で伝えたことがわかる。ピウスツキは軍功勲章を授与する人数を等級まで具体的に指定しており、三等を二名、四等を六名、五等を三〇名、勇敢さを讃える形で同じ五等を追加で一三名に与えている。また戦闘に参加した具体的な部隊を挙げてあり、その代表者が表彰されることになっていた。期せずしてとはいえ、ピウスツキが日本の関係者の手を大いに煩わせることになったことを認めないわけにはいかない。ピウスツキの意に添うような叙勲者リストの作成は、戦争終結から二〇年も経っていては、そう簡単にはいかなかったからである。なにより立役者の大部分はすでにこの世を去っており、対象者を改めて選び出さなくてはならなかった。リストの作成作業は、陸軍省と海軍省を巻き込んで三年近くも続いた。一九二八年二月七日、田中義一外相は日本側の提案をイェンジェイイェヴィチに伝えた（L. 2.2.2-2-10)。上述のように、イェンジェイイェヴィチは、一九二六年半ばから二度目の公使館付武官と駐日臨時代理公使を兼任していた。

　イェンジェイイェヴィチはこのことを、著者のひとり（ロメル）が入手した『回想録』と、『独立』誌に掲載された記事のなかで取り上げている。ここから詳細を知ることができるので、一節を引用しておきたい。

東郷平八郎海軍元帥（写真提供：エヴァ・パワシュ＝ルトコフスカ）

> ピウスツキ元帥は［……］、叙勲者の人数（五一名）、等級、氏名と所属を絞りこむまでには、スレユヴェク[*15]でかなりの時間、この仕事にかかりきりにならなくてはならなかった。そのなかで、日本軍当局の推薦を受けたもっとも優れた将校たちが、勲章を授与されることになっていた。
>
> 　旧陸海軍司令官のうち、一九二五年の時点で生存していたのは、対馬沖の海戦を制した東郷〔平八郎――著者注〕海軍元帥、奥〔保鞏（一八四六―一九三〇）――著者注〕元帥（第二軍司令官）、川村景明〔一八五〇―一九二六――著者注〕（鴨緑江五軍司令官）のわずか三名であった。東郷と

奥のふたりは、軍事功労章の創設以前すでに、日露戦争における功績により大ポーランド勲章を授与されていたため、同じ功績によってもう一度叙勲を行なうわけにはいかなかった。こうして残ったのが川村大将であり、ピウスツキ元帥は奉天会戦を勝利に導いた指揮官として勲二等軍事功労章を贈った。

他の功労者のうちピウスツキが名前を挙げたのは、馬場命英大佐だけであった。ピウスツキは私に、彼の消息を突き止め、もし存命だったら勲四等軍事功労勲章を贈るよう指示した。すでに死去している場合には、馬場大佐が司令官を務めていた第三〇歩兵連隊の将校一名にこれを贈るようにということであった。

これ以外については、ピウスツキが部隊名とそれらの部隊が参加した作戦名を列挙するという形にまとめていたため、将校の氏名の調査を日本政府に依頼することになった。

委員会は私に勲章授与式に関するピウスツキ元帥からの細々とした指示を伝えてきた。曰く、贈呈者自らがこの勲章を持つこと。国歌が流れるなか、儀仗兵の立会いのもとに勲章を授与すること。授賞式後、儀仗兵は受賞者を先導して行進すること［……］。私はこの式典をよく知っていた。［……］なぜなら一九二一年一一月一一日、まさにこれと同じ式次第で、他ならぬ私自身がベルヴェデル宮殿の中庭で軍事功労章を受けたからである。しかし、いざ自分が東京でそれを行なうとなると、はなはだ覚束ないのであった。[51]

ここで断っておかねばならないのは、イエンジェイエヴィチは何年も経ってからこの回想録を書いたため、記憶が必ずしも正確でない可能性があるということである。日本外務省外交史料館の保存文書（6.2.1.2-30, L.2.2.2-10）によれば、一九二五年八月七日、駐日ポーランド公使館の授与式で、イエンジェイエヴィチの立会いのもとパテク公使からポーランド勲章を授与されたのは、東郷元帥ひとりだけである。他方、奥・川村の両大将には軍事功労章が贈られ、

＊15　ワルシャワ近郊の町の名。一九二三―二六年、いったん公職を去ったピウスツキが隠遁生活を送った。

こちらは一九二六年三月九日に公使館で授与されている。奥大将は病気のため授与式に出席できず、外務省を通じて勲章が手渡された。ただし、彼はその二年後に行なわれた式には主賓として出席している。この式典については後で紹介することにしよう。

さて、ここで先ほど引用したタイプ原稿に戻ってみると、イェンジェイェヴィチは授与式について少し違った説明をしている。(WJN. 8-9)

一九二五年夏、パテク公使と私は参謀本部を通じて川村大将を訪問する日時を決め、同じく軍事功労章の受賞者である山脇大佐に伴われて川村邸へ行った。大将は副官と一緒に我々を自宅に招き入れた。通訳は山脇であった。短い会話を交わした後、私が起立すると、川村大将も含め全員が「気をつけ」の姿勢で立った。そこで私は、ポーランド語で贈呈の辞を読み上げ、大将の首に勲二等軍事功労十字勲章をかけた。川村は、自分が二〇年も前に立てた武勲をポーランドという遠く離れた国が忘れずにいるという事実に明らかに心を動かされた様子で、丁重に礼を述べた。お茶が出され、あの戦争についての打ち解けた思い出話が始まった。[52]

著者(ルトコフスカ)が日本外務省外交史料館所蔵文書(L. 2.2.2-2-10)の中から発見したリストはイェンジェイェヴィチの田中宛三月二九日付――すなわち叙勲式の翌日の日付――の書簡にも含まれているが、そこには五〇名の氏名が並んでいる。当然ながら、ここには奥大将の名前はないが、岡田啓介海軍大将は第三等と第四等の二つの勲章を授与されている。[53] 先に述べたとおり、奥大将の正式の叙勲はこの二年前であり、一九二八年三月二八日の受賞式には主賓として出席しているからである。このときすでに故人となっていた馬場大佐の名前も、リストには載っていない。馬場大佐の代わりには、同じ第一五旅団出身の将校一名が選ばれた。一九二八年三月二八日に東京の帝国ホテルの大広間で開かれた記念式典のことは、イェンジェイェヴィチが『回想録』と先ほど引用した論考の両方に書いている。

軍功勲章を岡田啓介海軍大臣に手渡すヴァツワフ・イェンジェイェヴィチ駐在武官。左は田中義一首相（帝国ホテル、1928年3月28日）（国立デジタル・アーカイヴ所蔵）

このときの雰囲気をより忠実に再現するため、この両方の資料にあたってみよう。まず、『回想録』にはこう書かれている。

> 私は、勲章を授与することになっていた陸軍大臣と参謀総長に加えて、田中首相や他の高級将校たちも招待した。そんな私を何くれとなく助けてくれたのは、山脇大佐であった〔……〕。彼がいなかったら、はたしてこのような困難な仕事を無事やり遂げられたかどうかわからない。もちろん公使館員の皆も、この式典の準備にあたってはやるべきことが山ほどあった。（WJ. 166-167）

タイプ原稿のほうのイェンジェイェヴィチの記述によれば、田中首相を招待したのは、ポーランドと日本の関係強化の政治的意義を強調するためでもあったという。

> 彼〔田中〕との関係はすこぶる良好であった。その数ヶ月前、私は彼に大ポーランド勲章を授与していたのである。〔……〕
>
> それは外国人の我々が見ても、感動的な光景であった。まして日本人にとってはいかばかりであったか。日露戦争の錚々たる戦士たちが、ホテルのホールに続々と集まってきたのである。一番乗りは奥元帥と副官だった。それもそのはず、なにしろ予定時刻の一時間も前にやって来たのだから。奥大将との会話は非常に骨が折れた。元帥はすでにかなりの高齢で、ヨーロッパの言語をまったく話さないうえに、耳が遠かったからだ。そこで、副

官が我々の質問と元帥の答えをメモして日本語で読み上げる。それを山脇がロシア語に訳すという具合であった。

他の人々も三々五々に集まってきた。古びた軍服姿もいれば、洋装あり、和装ありと、様々である。奥元帥と田中首相の姿を見ると、ふかぶかとお辞儀をし、はっと息をのみ、近寄ってきて、この思いがけない出会いに感激のあまり、二人への挨拶も上ずりがちの様子であった。

全員がそろったところで、山脇大佐が彼らをしかるべき順番に整列させた。初めに勲三等の受賞者、次に勲四等、最後に勲五等の順である。奥元帥と田中首相は列から離れて立った。私は彼らと向かい合って立ち、ピウスツキ元帥の代理として勲章授与の口上を読み上げてから、叙勲者に歩み寄って、山脇大佐が手渡してくれる十字章をひとりひとりの胸にピンでとめ、握手をした。これにはけっこう時間がかかった。なにしろ五〇人もいたのだから。(54)


もう一度『回想録』を見てみよう。


終了後、テーブルにつくと、ヨーロッパ式の昼食が供された。［……］来賓たちは楽しそうに談笑していた。たぶん、歴戦の思い出話に花が咲いていたのだろう。

あの当時、ヨーロッパの地図には存在しなかったポーランドがいったい、日露戦争とどう関わっていたのか、彼らにはおそらくピンとこなかったのではあるまいか。それを説き明かすのが、そろそろお開きという頃に行なった私のスピーチの趣旨であった。私は受賞者たちの健康を願って乾杯した。［……］それに応えて、田中首相がピウスツキ元帥の健康とポーランドの発展を祝して乾杯の音頭をとった。

性格的には異例のものとなったこの祝典は、日本の新聞に大きく取り上げられ、両軍の関係はいっそう緊密になった。（WJ. 167）

タイプ原稿のほうに、イェンジェイェヴィチはこう書き添えている。

こうして、私はピウスツキ元帥から仰せつかった任務を果たしたのであった。日露戦争のもっとも優秀な指揮官たちは、その尽力と闘いぶりに対し、新生ポーランドからの感謝の印を受け取った。それがたとえ彼らのあずかり知らぬことであったとしても、我々の自由と独立のための戦いにおいては独自の意味をもったのである。(55)

「ポーランド国・日本国間通商航海条約」の締結

本書は主として政治・軍事関係を扱っているが、ポーランド・日本通商条約についてはひとこと言及しておく必要があろう。この条約は、戦前のポーランドと日本が結んだ唯一の通商条約だからである。ポーランドがこの種の条約の締結を望んだ理由は、改めて説明するまでもないであろう。ただし、日本側の動機については若干の説明を要する。一九二一年一一月二一日、日本外務省の条約調査改定委員会は「新興国に対する条約締結方針案」を作成した（外務省外交史料館史料、2・5・1・107）。同文書によれば、第一次世界大戦後に独立を達成もしくは回復した諸国はじょじょに安定しつつあり、対外貿易の発展を望んでいる。これら諸国はヨーロッパ数か国とはすでに合意に至っているが、その他の国々とは依然交渉中である。日本がこれら新興諸国と貿易を開始するためにはまず、戦前に結ばれた他の条約で、特に大戦後の国際情勢の激変に伴ってその意義が変化したものを見直す必要があった。そこで、正規の条約を結ぶまで、暫定的な条約を締結しておくことが妥当であると見なされたのである。

通商条約締結の提案は日本側から出されたものと思われる。日本外務省外交史料館にその証左となる文書がある

(GGS. 2.5.1-113)。一九二二年六月二六日付文書によれば、公使館員がこの件でポーランドの商工次官を訪問している。八月、日本側は協定案を提示し、これについて一〇月中旬から両国間の交渉が行なわれた。この結果、一九二二年一二月七日、ワルシャワにおいて通商航海条約が調印された[56]。ポーランド側の代表として署名したのはガブリエル・ナルトヴィチ外相（一八六五—一九二二）およびヘンリク・ストラスブルゲル商工相（一八八七—一九五一）、日本側の代表は川上俊彦駐ポーランド公使であった。ポーランド側は一九二四年四月一日付の批准決議に基づき、同年五月二一日に大統領が同条約を批准した。翌二五年一月八日にはワルシャワで批准文書の交換が行なわれ、その一〇日後に条約が発効した。一九二七年四月二六日には条約の効力がダンツィヒ自由市に拡張された。

「通商航海条約」の最終ページ（1922年12月7日）（外務省外交史料館所蔵）

　条約の目的は、友好および協調関係の促進と貿易関係の発展であった。条約は両国国民に法の遵守を条件として相手国への入国と滞在の自由を保証していた。さらに、貿易その他の事業、勉学の権利、財産の取得、当該国国民と同等の保護と安全を享受する権利を認めている。ただし、課税と兵役は免除された。通商および航海は、国家の専売事業と沿岸貿易を除き、自由の原則に立つ。この条約の締結直後の時期、ポーランドの日本向け輸出品は金属・羊毛製品や薬品、日本からの主要輸入品は茶と米であった。

　この条約は論理的には、貿易や経済協力や文化交流を拡大し、二つの国家と社会を近づける条件を整備した[57]。イェンジェイイェヴィチの在任中からすでに、貿易はじょじょに増大していたし、イェンジェイイェヴィチとエウゲニュシュ・バナシンスキの尽力で、上シロンスクの「フェルム」というポーランド企業が強化パイプの入札に成功している。しかし、関係はそれ以上には発展しなかった。何よりも、両国を隔てる距離が大きく、日本側の関心が薄かったために、両国間の取引は活発とはいいがたいものであった。

ポーランドにおける日本文化の紹介と日本におけるポーランド文化の紹介

本書は両国間の政治関係と軍事関係の歴史を扱うものであるが、第一章で引き出されたひとすじの糸を結ぶために、文化の問題にも数ページを費やすべきであろう。ただし、ここでは本書の枠組み、すなわち時系列的な区分から離れることにした。外交関係樹立後、すなわち一九二〇年代に限らず一九三〇年代の文化や学術の分野の出来事についても、テーマごとにまとめていくつかの問題を選んで紹介したい。

両国間に外交関係が樹立されると、相互の文化への関心が高まり、それがじょじょに広まっていった。特にポーランドではその何年も前から日本への関心やある種の熱狂さえ存在し、相手国の文化へのより専門的な知見を得て、さらにそれを広げようという気運が高まってきた。この目標の実現に貢献したのは、学術研究、語学講座、出版、ラジオ放送、演劇、講演であった。また種々の団体、特に友好協会も活動を開始した。ここではポーランドにおける日本語教育から始めよう。そのおかげで、まもなくポーランドで最初の日本研究者、すなわち日本文化の専門家が登場するのである。

ポーランドの日本学科の始まり——言語教育と言語研究

一九一九年七月、すなわちポーランドが独立を回復してまもなく、ワルシャワ大学に日本語講座が開設された。講座を担当していたのは、ボグダン・リヒテル（一八九一—一九八〇）であった。彼はリプスク大学で東洋学を修め、

日・ポ両語で出版されたアントニ・シルサルチク著『ポーランド小史――日本魂とポーランド魂』と紹介記事

カミル・ゼイフリト（ワルシャワ，1929年）（写真提供：エヴァ・パワシュ＝ルトコフスカ）

一九二二年には博士号を取得した。この同じ年に、リヒテルはワルシャワ大学哲学部に極東文化学科を創設し、日本学と中国学の授業を開始した。一九二四年には、やはり日本語教育が行なわれていたルヴフのヤン・カジーミエシュ大学で助教授資格を得ている。翌二五年には、この資格をワルシャワ大学に振り替え、一九三二年まで勤めている。しかし、この年にポーランドを去ったあとは故国に帰ることなく、中東でジャーナリストとして後半生を送った。リヒテルは日本文学をテーマとするいくつかの著書を出版している。『日本列島』（一九二〇）、『中国文学と日本文学』（一九二九）、『日本文学史概説』（一九三〇）がそれである。また、いくつかの翻訳も残しており、上記の教材集に掲載している。しかし、彼がもっとも多くの時間を費やしたのは、講演やラジオ放送を通して日本に関する知識を普及させることであった。

リヒテルの教え子にはカミル・ゼイフリト（一九〇八―一九八二）、アントニ・シルサルチク（一八九九―一九八五）がいる。ゼイフリトは古代日本の詩歌を中心とする日本文学の翻訳に加えて、ポーランドの日本関係文献の整理にも携わり、また日本に関わりのある出来事を実に丹念に記録している[58]。シルサルチクのほうは、職業軍人として日本の兵法の歴史に特に大きな関心をもち、いくつかの研究を残している（『歴史的に見た古代日本の兵法』（一九三八）、『サムライ――日本の戦魂』（一九三九））。暇さえあれば、文筆活動やラジオ放送を通じて日本の紹介に努めた。また日本におけるポーランドの宣伝にも努め、ラジオ放送に出演しているが、もっとも重要なのは、一九三八年に東京で出版された日本語の出版物『ポーランド小史』であろう。シルサルチクはこの本に「日本魂とポーランド魂」という興味深い論考を添えている。一九三〇―一九三五年には東京のポーランド公使館に助手および公使館付武官補として勤務していた関係から、次章にも登場する。

一九三三年六月末、三井高陽男爵（一九〇〇―一九八三）が夫人とともにポーランドに来訪し、一九三三―一九三四年度には三井の援助によりワルシャワ大学東洋学研究所に中国学のセミナーが新設された。このセミナーの担当講師となったのは、リヒテルの後任のヤン・ヤヴォルスキ（一九〇三―一九四五）、その先輩助手のヴィトルト・ヤブウォンスキ（一九〇一―一九五七）であり、ヤブウォンスキは後にこのセミナーの主任となっている。三井氏からどの程度の援助を受けたのかを特定するのは、今となっては難しい。ワルシャワ大学のアーカイヴには何も記録が残っていない。著者（ルトコフスカ）は一九九〇年に東京で三井男爵の正子未亡人に会う機会を得たが、夫人もこのことについては記憶していなかった。三井家の私蔵文書のなかに残っているのは、男爵のポーランド訪問を伝える一九三三年六月二八・二九日付『クリエル・ヴァルシャフスキ（ワルシャワ日報）』と『エクスプレス・ポランヌィ（朝刊速報）』の切り抜きだけである。ポーランド来訪の正式の目的は、ポーランド・日本協会とポーランド赤十字社を訪問することであったが、このときの中国学セミナーの創設が日本学講座の先駆けとなり、それがワルシャワ大学日本学科、そしてポーランドの日本学の礎となったことは紛れもない事実である。

Baron Koyo Mitsui w Warszawie
Do Warszawy przybył z Japonji członek towarzystwa Polsko - Japońskiego baron Koyo Mitsui. Na zdjęciu p. Koyo Mitsui z małżonką przed dworcem Głównym.
三井高陽男爵のワルシャワ訪問を伝える『エクスプレス・ポランヌィ』紙の記事（1933 年 6 月 29 日）

ヤン・ヤヴォルスキとヴィトルト・ヤブウォンスキは後に教授となるが、ワルシャワ大学に奉職する前、一九二〇年代の終わりにパリで東洋学を学んでいる。一九三〇年代には来日の機会もあった。二人はワル

ヴィエスワフ・コタンスキ(1994年)
（写真提供：ハリナ・ダジュゴルク）

シャワ大学以外にも、一九二六年に創設された外務省傘下の東洋研究所付属東洋学学校[59]で講義をもち、ヤヴォルスキはルヴフのヤン・カジーミェシュ大学でも教鞭を取っていた。彼らはもともと中国学が専門だったが、日本とその歴史、地理、宗教に関しても講義をしたり、著作を発表したりしている。ヤヴォルスキの著書には『日本』（『大世界地理』第三巻所収、一九三三年）、ヤブウォンスキの手になるものとしては『日本の宗教』（『東洋の宗教』一九三八年）がある。

ヤヴォルスキは第二次世界大戦中に亡くなったが、ワルシャワ蜂起が始まる直前まで、自分の知識と蔵書とを惜しみなく生徒たちに与えた。ヤブウォンスキも地下の秘密授業に参加し、戦後は中国学者として仕事を続けた。ヤヴォルスキとヤブウォンスキの薫陶を受け、その直接の後継者となったのは、ヴィエスワフ・コタンスキ（一九一五―二〇〇五）とボレスワフ・シュチェシニャク（一九〇八―一九九六）である。

コタンスキ教授はワルシャワ大学日本学科の創設者であり、本書の著者（ルトコフスカ）を含む数世代の日本学者を育てた。優れた言語学者および宗教学者であり、日本文化の根源をたゆまず追求した研究者であった[60]。一九三八年、東洋学学校に導入された四年制の日本学コースを修了した後、ワルシャワ大学中国学科で日本研究を続け、大戦後に修士号を取得した。その後まもなく職業的なキャリアをスタートさせ、ワルシャワ大学における研究と教育を開始した。中国学の講座の助手であったが、日本学の授業も担当していた。一九五一年に博士号を取得、翌五二年に総長より日本学専攻の認可を受け、中国学科内に日本学のゼミが開設された。一九五六年、助教授（一九五四年より）として中国学科に日本セクションを付設し、一九六九年には東洋学研究所内の独立した一学科とした。

コタンスキ教授は数百の著作や翻訳を刊行し[61]、とくに『古事記』の翻訳（一九八六）、『万葉集』の翻訳（一九六一）は先駆的な業績である。

シュチェシニャク教授は戦前、日本語に堪能な民間人職員（ポーランド外務省契約職員）として東京の駐日ポー

梅田良忠（左）とスタニスワフ・ミホフスキ（1922年-1923年）（写真提供：梅田芳穂・アグニェシュカ）

ボレスワフ・シュチェシニャク（右端）（1940-41年頃）（写真提供：ヤニナ・シュチェシニャク）

ランド大使館に派遣された人物である。彼はまた、大使館の承認を得た、日本で最初の正式なポーランド語教師およびポーランド文学講師でもあり、一九三九年五月から一九四二年三月まで立教大学で教鞭を執った。ここからわかるように、日本における一般向けのポーランド語講座の開設は、ポーランドにおける日本語講座の開設よりかなり遅い。シュチェシニャクは日本滞在中、古代日本に関する研究も継続し、一九三九年から一九四二年まで早稲田大学文学部で正規の学生として学んでいる。戦後はイギリスを経てアメリカに渡り、ノートルダム大学の教授となった。主要な著書は日本あるいは極東とヨーロッパの文化関係に関するもので、ポーランドに関する日本語の論文もある。[62]

　他方、両大戦間期にポーランドで日本語を教えた最初で最後の日本人が、ポーランドをこよなく愛した梅田良忠（一八九九―一九六一）である。[63]梅田は一九二二年に曹洞宗大学林を卒業後、哲学の勉強を深めるためドイツに向けて出発した。ところが、彼は結局ドイツには行かなかった。というのは、船上で知り合ったスタニスワフ・ミホフスキという詩人で船乗りのポーランド人の勧めで、ポーランドに行き先を変更したからである。梅田は日本愛好家やワルシャワのボヘミアンたちと意気投合し、ポーランドという国やその歴史や文学に魅せられて、第二次世界大戦の開戦までポーランドにとどまることになった。最初の二年間（一九二二―一九二四）は哲学部で学び、一九二六―二八年にはワルシャワ大学で日本語の授業を担当した。ちょうど同じ頃からポーランド日本協会でも教えるようになり、その後、東洋学学校でも一九三九年まで教鞭を執った。先に紹介したヤン・ヤヴォルスキ、ヴィトルト・ヤブウォンスキ、ボレスワフ・シュチェシニャク、ヴィエスワフ・コタンスキらの教授たち、そしてカミル・ゼイフリトやアントニ・シルサルチクも、みな梅田の教え子である。梅田自身は日本語教育のかたわら、ポーランド文化を学び、それは第二次世界大戦後、『東欧史』（一九五九）などの著書、ヘンリク・シェンキェヴィチ『クォ・ヴァディス』（ポーランド語から日本語への初の直接訳）、アダム・ミツキェヴィチ『青春頌歌』、ボレスワフ・プルス『チョッキ』などいくつかのポーランド文学の翻訳として結実した。

一九二〇年代から一九三〇年代にかけて、ワルシャワでは、チェスワフ（兄）とミェチスワフ（弟）のミシュキェヴィチ兄弟や、ヤン・ミシ（第二次世界大戦後は長年ワシントン国立図書館の司書をしていた）も、日本語を教えていた。ミシュキェヴィチ兄弟が初めて日本語と出会ったのはおそらく一九〇七年、当時ポーランドに滞在していた「横井」という名の日本人貿易商と知り合ったおかげである。兄のチェスワフは一九二六年からポーランド・日本協会の日本語講座でも教鞭を執り、のちに東洋学学校でも日本語に関する知見を披歴した。二人とも長年にわたりワルシャワの日本公使館（一九三七年以降は大使館）に勤務した。

ポーランド・日本協会（ポーランド）と日波協会（日本）

日本とポーランドを対象とする組織の活動状況は、それぞれかなり異なっていた。ポーランドのそれは非常に精力的に活動していたのに対し、日本ではあまり人気がなく、比較的短期のうちに自然消滅にいたった。ポーランド側のポーランド・日本協会は一九二二年という非常に早い時期に発足した。その第一の目的は日本との文化・学術・経済関係の緊密化およびポーランドにおける日本文化の普及であった。一九二六年以降は東洋学研究所の傘下で活動していた。残念ながら、当時の資料を入手することができず、会員名簿の所在も、代々の会長の名前もわかっていない。一九三〇年代初めはヘンリク・ポトツキ伯爵、一九三〇年代後半はユゼフ・タルゴフスキがその役割を果たしていたようだ。協会のメンバーは講演会や交流会を企画し、ポーランド在住の日本人や日本愛好家、この遠隔でポーランド人にとってはエキゾティックなままの国から帰還した人々など、日本に関する知識を提供しうる人が片端から招かれた。

例えば、一九三一年には、キラ・バナシンスカ（既述のエウゲニュシュ・バナシンスキの夫人）による日本画に関する講演（二月）、作家のマリア・ユシュキェヴィチョヴァによる日本の女性（三月）と日本における児童崇拝（一〇月）に関する講演、ヤン・フリリンクによる裕仁天皇の即位（五月）と日本の高等教育（六月）に関する講演などが行なわれている[64]。

東洋研究所のイニシアティヴによって設立された団体は、東洋全般への関心を有するものであった。この種のものとしては、一九二九年に発足した東方青年会があるが、日本の諸問題は極東セクションが担当していた。この会を組織したのはワルシャワの高等教育機関の学生たちであり、その目的は綱領にこう書かれている。

> ポーランドの地に移植された東方のさまざまな伝統は、ポーランド社会の倫理の向上によき影響を与え、国民の気構えと反骨精神の教化に与るところ大である［……］。
> われらの目的は、ポーランドと中国、グルジア、日本、タタール等の青少年間の交流をとりもつことにある。これにより、仕事で東方に行くポーランド人も、彼地の人々と知り合い、友を見出すことができる。

本会は親善の中心たらんとするものである。すなわち講演に限られない、年長者や東方諸国の代表を交えた親睦会なども開かれる一種のクラブを目指している。
我々が東方において東方とともに働くなら、ポーランドの政治的意義は高まり、その経済発展に寄与することになろう。

「極東青年会」のメンバーと駐在武官室の職員たち（1937 年頃）（写真提供：エヴァ・パワシュ＝ルトコフスカ）

東方青年会もポ日協会と同様に、日本関係の交流会を組織していた。

東洋研究所からの資金援助で『東方』という機関誌を発行していた。日本を題材とする論考や記事が掲載され、例えば一九三〇年の第二号では高松宮夫妻のポーランド訪問の特集が組まれ、ヴァツワフ・イェンジェイェヴィチがポーランド・日本間の友好関係について書いている。一九三二年の第四号には、当時満州で起きていた日中間の紛争に関する梅田良忠の論考が掲載されている。いくつかの号には、日本関係の文献目録が付いている。

一九三二年にはやはり東方研究所傘下の国際親善学術連合「連合」が活動を開始し、「対日友好学術サークル」が付設されていた。このサークルは講演会や親睦会を通じて日本文化を広めようとしていた。一例を挙げると、一九三二年一一月にワルシャワで日本の学生グループの歓迎会を開催している。一九二四年にルヴフで設立された極東友好協会も日本関係の団体である。

日本波蘭協会主催のモシチツキ公使歓迎パーティー。前列右から４人目にモシチツキ公使、左隣に李垠大韓帝国皇太子夫妻、朝香宮鳩彦、モシチツキ夫人、前田利為会長、中列左から３人目にヤツェク・トラヴィンスキ、右隣にアントニ・シルサルチク（東京・華族会館、1934年）（写真提供：マグダレーナ・トラヴィンスカ＝イェンチミク）

一九二九年から一九三九年にかけて非常に活発に活動していた極東青年会は、全国規模の社会団体であり、本章の冒頭に記した元シベリア孤児が中心となって結成したものである。会の活動にとりわけ精力的に参加していたのも、シベリア孤児たちであった。彼らの目的は相互扶助と祖国への奉仕であったが、シベリアの伝統を保ち続けることも目的の一つであった。ポーランドの日本公使館（のちに大使館）と協力しながら、日本の歴史や文化の紹介も行っていた。日本人からの物心両面の援助を得て、ダンスパーティー、祝賀会、茶会などを企画していた。一九三〇年代初めには会員が六〇〇名を超え、ポーランド全国に広がっていたが、活動が盛んだったのはワルシャワであった。一九三八年三月から一九三九年四月まで『シベリア青年』という会誌が発行されていたが、同年一〇月、名称が『極東のこだま』に変更され、アンナ・ビェルキェヴィチが発行していた雑誌に合流することになった。

日本では一九二四年に日波協会が発足した。著者はこの協会に関するいくつかの資料を入手したが、協会が成立したのはおそらく純粋に形式上の理由からであろう。

ポーランドではすでにその二年前に同種の団体が発足していたからである。日本側の日波協会の目的は、ポーランド研究の促進とポーランド関連情報の収集、両国間の友好関係の緊密化であった。規約では運営委員会の構成と役職も定められている。役職には会長、名誉会長、理事長、理事長代理があり、会員は名誉会員、特別会員、一般会員の区分があった。名誉会員は特別な功労のあった人々であり、ポーランドに駐在経験のある元外交官も名誉会員とされた。会長は長年、皇族の朝香宮鳩彦が務めている。前田利為侯爵、徳川頼定侯爵、鍋島直和子爵、三井高陽男爵、東郷安男爵らの華族が他の要職を占めた。前田侯爵は数年間にわたって理事長職にあったが、その同じ期間に、駐日ポーランド大使タデウシュ・ロメルが名誉理事長を務めている。会員数は一九三九年の時点で約一〇〇名であった。

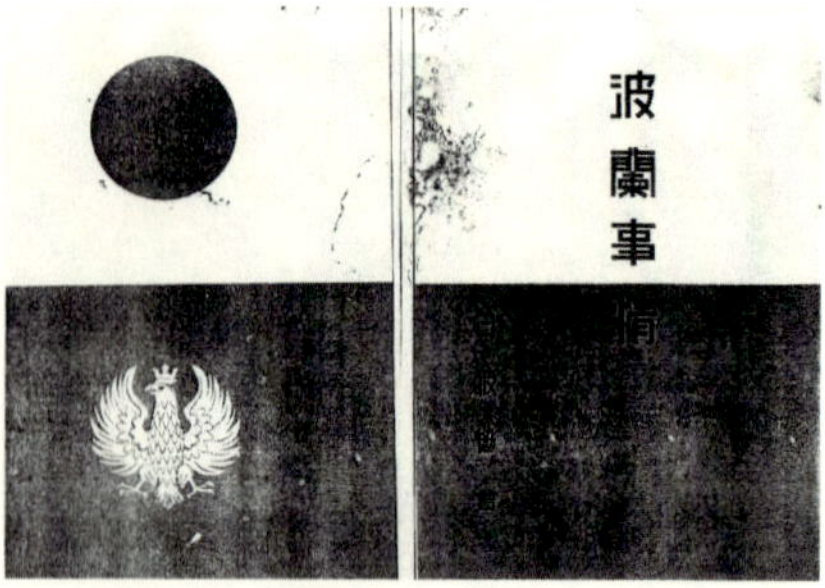

日波協会刊『波瀾事情』の表紙（1929 年）

ポーランド関連の印刷物、ポーランド人の著者の日本語訳の出版も行っていた。著者が知り得る限りでは、『波蘭事情』（一九二九）、『ポーランドの外交政策』（一九三三）、イグナツィ・パデレフスキ「いわゆる波蘭回廊問題」（一九三三）およびエウゲニユシュ・クフィアトコフスキ「ポーランドのバルチック政策」（一九三三）の二論文の日本語訳がある。先に述べたアントニ・シルサルチクの『ポーランド小史』は、この協会が一九三八年に出版したものである。

一九三三年一一月には駐日ポーランド公使館のイニシアティヴにより「親波蘭学生会」が東京で発足したが、活動は一年も続かなかった。当時の駐日公使ミハウ・モシチツキは、一九三六年一月一一日、この間の事情を本国外務省に次のように伝えている。（351b/J/1）

ポーランドを漠然としか知らず、ポーランド問題への積極的な関心もないという状況では、会の中にポーランドを恒常的に研究していこうという雰囲気は生まれにくかった。日本は大国として米英のような対等な大国にまず関心を注ぐべきであるという、日本の知識層全般に支配的だった信念も、会の活動の挫折に影響していないとはいえない。

一九三四年秋、すなわち諸大学における活動を増強していた時期に同会がまったく活気を見せなかったため、在京公使館は組織に小規模な手直しを加え、より実際的な性格のものに改変することを決定した。公使館としては、いったん着手した事業を無駄にはできず、宣伝事業に利用すべきはポーランドに真の関心を示している会員であり、それにはさしあたり組織全体を縮小して、将来的に組織を発展させてくれる幹部を育てることが先決であるという前提から出発したのである。

公使館はこの構想を立教大学の松下教授とともに検討した。同教授は会の設立当初からポーランドに大変な熱の入れようであり、新組織の先頭に立って実質的なスケジュールとその実施の手はずを整えてくれることになった。こうした経緯を経て、一九三四年一二月から、親波蘭学生会に代わってポーランド研究会という名称の新組織が発足している。

会員は現在一二名。内訳は大学教授二名（前述の松下教授と木村教授。後者は女性で日本の婦人運動の草分けである）、法学士四名、他は学生である。

会の内部には、集会出席の圧力［……］と会員が自ら選んだ分野におけるポーランドを研究すべしという義務が存在する。公使館は同研究会に毎月五〇円の助成金を支給している。

一九三五年度に予定されていた活動のプログラムは［……］、ほぼ実施された。夏休みを除いて、毎月、研究会が開かれ、会から指名された人が報告を行った。（AAN, MSZ 5970）

ちなみに一九三五年の研究会では、ポーランドの憲法、ポーランド—ヨーロッパ六番目の大国、ポーランドの地理・文学・歴史、独立回復後の外交政策、社会問題と宗教問題といったテーマが取り上げられている。日本人（立教大学の松下教授と須賀教授など）とポーランド人（ポーランド公使館のトラヴィンスキ、レミシェフスカ、シルサルチク）の両方が講師を務めた。

モシチツキ公使は報告書の終わりにこう記している。

ポーランド問題は軍事関係者を別とすれば、それ以上の広範な関心の対象ではなく、ポーランドに関する記事の掲載は、たとえ謝礼なしでも断られてしまう。こうした状況のなか、研究会はポーランド問題の宣伝のため、季刊誌の発行を望んでいる。しかし、この問題はまだあまり機が熟しておらず、資金難の壁が立ちはだかっている。

要するに、この新しい研究会に関する限り、時間の経過とともに活気を失うようなことはなく、数年後には日本における広報活動の重要な拠点となるものと思われる。

このモシチツキの予想が正しかったかどうかを確認しうる資料は、残念ながら見当たらない。わかっているのは、研究会がこのあとも存続し、一九三七年五月から十数ページのパンフレットを発行していたことだけである。著者（ルトコフスカ）の手元には最初の三冊しかなく、このパンフレットがいつ頃まで発行されていたのかは不明である。創刊号（一九三七年五月）には、「ポーランド共和国憲法の特質」と題する原田コウの英語論文が掲載されている。第二号（一九三七年六月）には「ポーランドの教育」という日本語の論文、第三号（一九三八年一〇月）には大変なポーランド贔屓だった作家の加藤朝鳥による「波蘭文学に対し」という論文が収められている。いずれの号にも、引き続き会長を務めていた松下正寿教授（一九〇一―一九八六）による巻頭言が付いている。目を引くのは、一九三七年発行の号に記されている「日波研究会」という研究会の名称である。これは、一九三五年以降に改称されたか、または名称がポーランド側に正確に伝達されなかったかのどちらかであろう。一九三八年の第三号で研究会の名称が「日波文化連盟」に変わっていることから判断すると、研究会はいったん解散し、代わって「連盟」が発足したのであろう。

一九三七年一一月一一日には盛大な設立記念パーティーが行なわれており、ここでも立教大学の松下教授ら東京の学界人が発起人となっている。名誉総裁に駐日大使タデウシュ・ロメル、総裁に山本鶴一、理事にはポーランド大使館一等書記官ヤツェク・トラヴィンスキと「日波通商協会」の渡辺利二郎会長が名を連ねている。

この「日波通商協会」は、日ポ間の友好と通商の発展を目的として一九三六年七月に横浜で設立されたものである。ポーランドの経済制度や経済状態を研究し、その研究成果を独自の月刊誌や他の出版物に発表することによって目的の実現が目指されることになり、一九三六年七月から一九三九年六月まで定期的に月刊誌『ポーランド』が発行された。内容はポーランドのさまざまな経済活動に関する論文（無記名）のほか、ポーランドの現状に関する統計資料、日ポ関係の諸団体に関する情報、協会の主要メンバーの近況報告などが掲載されている。

ポーランド文化の普及

これは非常に大きなテーマで、本書の範囲を超えており、ここでは要点を挙げるだけにとどめるが、個別に詳しく研究するだけの価値がある。部分的にはすでに前章で言及したものもあるし、極東通信社などについては後章であらためて論じたい。

一九二〇年代から一九三〇年代にかけて、ポーランドでは日本関係の出版物が急増した。日本は第一次世界大戦後に世界の強国の仲間入りをし、日露戦争後と同様にポーランドを驚かせたのである。ポーランド人にとって、日本は見倣うべきある種のお手本のような存在になっていたのであり、対ソ関係という点からも重要であった。本書の巻末の文献目録には、この時期の出版物の書名を多数見出すことができる。ここで再度触れておかねばならないのはヴァツワフ・シェロシェフスキであろう。彼はこの時期、日本旅行の印象をなおも書き続け、初期の作品の再版を出したりしていた（『波のまにまに』一九一〇、一九一二、一九二三年、『日本の火山で』一九二三年）が、この国に魅せられて、『サムライの恋』（一九二六）という文学作品も執筆している。非常に精力的に日本文化の紹介に努め、日本人の精神構造、すなわち大胆不敵なサムライ魂と「女らしく優美な女性たち」についても書いている。また日本の地理や気候、経済、住民、言語、歴史、芸術を紹介した。

アレクサンデル・ヤンタ＝ポウチンスキ『メイド・イン・ジャパン』（一九三五）、ユゼフ・ヤクプキェヴィチ『日本の騎士道』（一九三七）、ヤン・ファゴト『日本の特徴』（一九三八）も日本についての作品である。文学作品としては、イエジ・バンドロフスキ『明るい門を通って』（一九二三）、アントニ・オッセンドフスキ『観音の奇跡―日本の生活から』（一九二四）、ヴワディスワフ・レイモント『アヴェ・パトリア』（一九二八）、ヴワディスワフ・ウミンスキ『日出ずる国で』（一九一一・一九二五）がある。レミギウシュ・クフィアトコフスキは『百人一首――日本の詩歌集』（一九一三・一九二二）、東洋の箴言の翻訳を出版した。マリア・ユシュキェヴィチョヴァは『日本のおとぎ話』（一九二四）、『柳の魂――日本の伝説と童話』（一九二五）を書いている。ラフカディオ・ハーンの作品も依然として人気があった。この時期に出版された作品に、『芸者』（一九二三）、『赤い婚礼』（一九二五）、『日本』（一九二六）がある。二葉亭四迷の小説『其面影』（一九二五）も出版された。

日本文化のきわめて興味深い描写となっているのは、夫人とともに数年を日本で過ごした経験をもつステファン・ウビェンスキの『東洋と西洋の狭間で』（一九二七）である。彼は日本文化と西洋文化を比較し、模倣に値する多くの特徴を提示している。文化の相違を補い合うことが興味深い協力関係につながっていくことを証明しようとした。ウビェンスキは『ニッポンの演劇』という著書を出版し、日本の演劇についても重要な貢献をした。日本の演劇、特に古典芸能の能については、カロル・フリチ（一八七七―一九六三）も書いている。フリチはユゼフ・タルゴフスキの公使在任中に駐日ポーランド公使館の文化担当官だった人で、後年は脚本家、演劇監督として名を成し、クラクフの

在ポーランド日本大使館に招かれた宝塚歌劇団。酒匂秀一大使（中央）、ポーランド・日本協会会長ユゼフ・タルゴフスキ（左端）（1938 年）（写真提供：エルジビェタ・ヴィガノフスカ）

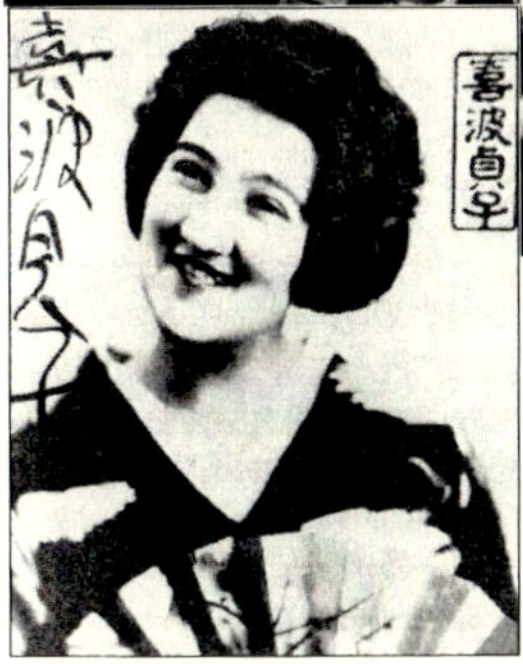

オペラ歌手・喜波貞子（写真提供：エヴァ・パワシュ＝ルトコフスカ）

スウォヴァツキ劇場の支配人となった。

しかし、当時、日本の劇団がポーランドに巡業に来ることはあまりなかった。[65] 一九二三年、日本のモダン・バレエの先駆者の石井漠（一八八六―一九六二）が公演を行ない、一九三一年には東京の歌舞伎劇団がポーランドの数都市を巡業した。一九三八年には宝塚少女歌劇団をワルシャワに迎えている。ソプラノ歌手の喜波貞子（一九〇二―一九八〇）は、ジャコモ・プッチーニのオペラ『蝶々夫人』の主役を演じて人気を博した（一九二七年、一九三六年）。一九三二年、ワルシャワっ子は初めての日本映画となる佐々木恒次郎監督の「木樵弥吉」（原題「永遠の心」）を観ることになる。この年には、桐谷洗麟（一八七六―一九三二）の展覧会もザヘンタ美術館で催された。翌三三年、ピアニストの原智恵子がやはりワルシャワで演奏会を開いている。原は一九三七年のショパン・コンクールで入賞し、ポーランドで演奏した最初の日本人女性ピアニストとなる。

日本についてのラジオ放送も時々聴くことができたようだ。カミル・ゼイフリトが自分の手帳に書き留めている。ヘレーナ・ピェシラクヴナが一九三〇

学術月桂金章授与式後の加藤朝鳥（前列左から２人目）。右隣にタデウシュ・ロメル駐日大使、左隣に早稲田大学総長・田中穂積（駐日ポーランド大使館、1937年）（『反響』1938年第72号）

年七月に「日本の夏」、九月に「日出ずる国の光と影」と題してラジオ放送を行っているし、同年一二月にはステファン・ウビェンスキも日本音楽について話している。翌三一年四月二九日、裕仁天皇の誕生日には、文学と音楽の特別番組が放送された。この年は、ヤン・フリリンクも日露戦争の英雄である乃木希典将軍の人となりを紹介し、翌三二年にはヤン・ヤヴォルスキが新設の満州国というテーマで出演している。

日本ではポーランド文学の翻訳が進んだが、ポーランド語を知る訳者がいなかったため、依然として英語からの重訳であった。ポーランド文学の紹介に特別な役割を果たしたのは加藤朝鳥（一八八六―一九三八）であり、ヴワディスワフ・レイモント『農民』（一九二五―一九二六）、ステファン・ジェロムスキの『灰』を立て続けに訳出している。加藤は自ら創刊した『反響』という雑誌を主宰し、ポーランド文学やその翻訳についての記事を掲載した。一九三六年一一月、ポーランド文学アカデミーはその「文学への傑出した貢献」に対し、加藤に学術月桂金賞を授与している。この数年前の一九二六年に、木村毅がヘンリク・シェンキェヴィチの『クォ・ヴァディス』を翻訳しているのだが[66]、これは実は初の日本語訳ではない。この小説が日本では特に人気があって、何度も訳されているからである。ちなみに、この作品を初めて訳したのは松本雪舟である。

日本側のポーランド文化関連の出来事については、多くのことはわからない。一九三五年のアルトゥル・ルビンシュタインの来日公演は挙げてよいだろう。一九三九年以降のことについては、次章で述べることにする。

第四章　一九三〇年代

一九三〇年初頭は、ポーランドも日本も他の諸国と同様、世界恐慌に端を発する経済問題への対処に追われた時代であった。この経済危機はナショナリズム運動の高揚を招いた。それは危機の原因を西洋から導入された資本主義に求め、資本主義を打倒して日本古来の価値に立ち戻ろうとするものであり、それは国体の護持と呼ばれた。天照大神の直系たる万世一系の天皇が何世紀も日本を統治してきたのであるから、国を正しく治められるのは天皇だけであり、天皇あればこそ、日本人は選ばれた民としてアジアひいては世界に調和と秩序を構築することができるとされたのである。

一方、ソ連の軍事的脅威が潜在的に強まり、ドイツがヴェルサイユ条約によって強いられていた軍備制限を破棄すると、ポーランドはその地政学的位置からして、二つの隣国と等距離の関係を保つ以外に道はないという認識をもつにいたった。こうして一九三二年七月、両国間の交戦の放棄と相手国に敵対する同盟への不参加を内容とするポーランド・ソ連不可侵協定がモスクワで調印され、一九三四年五月には、同協定の期限が一〇年間延長された。この協定にはポーランド側の要求がほぼ全面的に盛り込まれたばかりでなく、ドイツに対するポーランドの立場を強化することになり、ポーランド外交の勝利と評された。同協定の締結により、一九三三年の政権掌握から一貫して反ポーランド的な態度をとり続けていたドイツのヒトラー首相の対ポーランド政策にも一定の変化が表れ、一九三四年一月にはドイツ・ポーランド間における軍事力の不行使に関する共同宣言が調印された。独ソに対する等距離外交の原則に立ち、ポーランド政府は一九三四年にフランスが提案したいわゆる東方ロカルノ条約を拒否した。これについては後述する。このような原則は一九三〇年代のポ日関係にも貫かれていたが、国際政治にいくつかの重要問題がたち現れてきたことと関連して、この時期のポーランドと日本はある程度、接近していくことになる。

日本駐在のポーランド外交官

この時期には、五人の公使または大使が日本に駐在した。(1) すなわちヤン・フリリンク臨時代理公使(一九三〇年四―一〇月)、アントニ・ヤジジェフスキ代理公使(―一九三三年一〇月)、ミハウ・モシチツキ特命全権公使(一九三六年一〇月)、タデウシュ・ロメル(一九三七年二月―一九四一年一〇月)である。ロメルは形式的には、一九三七年二月(業務開始は四月二一日)から一〇月一日までは公使、その後一九四一年一〇月までは特命全権大使として駐在した。一九三六年一〇月からロメルが着任するまでの数ヶ月、代理公使を務めたのは、ヤツェク・トラヴィンスキ一等書記官である。

第三章で述べたように、ヤン・フリリンク(一八九一―一九七七)はすでに一九二七年半ばから参事官として来日しており、アントニ・ヤジジェフスキ(一八八七―一九六七)はキャリアの外交官であったが、日本勤務の前は、本国外務省の様々な部署で働いた経験を持っていた。

ミハウ・モシチツキ(一八九四―一九六一)はイグナツィ・モシチツキ大統領の息子で、一九一八―一九一九年には、ピウスツキの副官としてパリ講和会議のポーランド代表団に随行している。一九二一年には早くも公使館書記官として来日し、三年間を過ごす。その後一九二六―一九二八年には駐仏ポーランド大使館に勤務したが、一九三三年に特命全権公使として再び東京に派遣されたのである。

ヤツェク・トラヴィンスキ(一九〇〇―一九七一)はワルシャワの高等商業学校を卒業後、イギリスでの研修を経て、一九三一年に外務次官ユゼフ・ベック（一八九四―一九四四）の秘書官となった。一九三三年に駐日公使館の広報文化担当官に着任し、一等書記官として帰国したのが一九三九年だから、公使館員の中でもっとも長期の東京勤務を経験したことになる。

　タデウシュ・ロメル（一八九四―一九七八）はローザンヌ大学で法学と政治学を学び、一九一七年に社会学と政治学の修士号を取得した。一九一五年から一九一七年までポーランド戦災者救済委員会の秘書を務める。一九一七年、パリのポーランド国民委員会の代表ロマン・ドモフスキの個人秘書となり、一九一七年から一九一九年までは同委員会の事務局長をしていた。したがってパリ講和会議にも、ドモフスキとともに参加している。一九一九年七月には、駐仏ポーランド公使館一等書記官となる。一九二一―一九二七年には本省勤務となり、外相室長補佐（一九二三）、同室長、西欧部長（一九二五―一九二六）などを歴任した。一九二八―一九三五年に、駐ローマ公使館（一九二九年以降は大使館）参事官を務めた後、二年間を駐ポルトガル公使として過ごす。そのロメルが駐日特命全権公使に任命されたのは、一九三七年二月一日付のイグナツィ・モシチツキ大統領の訓令によってである。モシチツキ大統領が裕仁天皇に宛てて書いた信任状は次のようなものであった。

ロメル大使とゾフィア夫人、三人の娘たち（右から長女テレサ、次女エルジビェタ、三女ガブリエラ）（写真提供：テレサ・ロメル）

親愛なる陛下

　幸いにして日波両国を結んでおりますところの友好親善関係が末永く続くことを祈念しつつ、私は貴国にタデウシュ・ロメルを特命全権公使として派遣することにいたしました。彼の能力と長所は私が自信を持って保証するところであり、陛下の全面的な信頼を得られるようこれをいかんなく発揮して自らに与えられた使命を全うし、必ずや私の信頼に応えてくれることでありましょう。陛下には、ぜひロメルを受け入れて下さいますよう、私の名において願い出ましたことはすべてお聞き届け下さいますようお願い申し上げます。私の衷心からの願いとして、心からの友情と敬意をもって陛下の御幸運をお祈り申し上げていることをお伝えするはずであります。

この時期の日ポ間の協力に関わる諸問題を論ずる前に指摘しておかねばならないのは、一九三〇年代後半のポーランド外交の行方が、日本のような直接隣接していない国に対し中立を維持できるかどうかに懸かっていたことである。ヨーロッパ情勢が緊迫するなかで、ポーランドにとって最大の懸案は、ドイツおよびソ連との関係であった。ポーランドは対ソ・対独政策というプリズムを通して日本を見、ポーランドに対して伝統的に友好的なこの国を位置づけたのである。

その証左となるのは、ロメルが日本に出発する直前、モンテカルロ近郊のキャプ・マーティンという町で静養中だったベック外相から受けた指示である。以下の談話は、ロメルが一九七〇年にカナダで会った著者（ロメル）に語ったものである。

私はベックと何時間も話し合い、一つのことを確信した。つまり、彼が言わんとしているのは、こういうことだと。わが国の外交団と軍部がそれぞれ固い絆、すでに深い友情によって日本側と結ばれているにもかかわらず、日本における我々の政治的課題においては、両国を公式に接近させようとするような企ては許されないのだ、と。このときベックは私に向かって断言した。いまでもよく覚えているが、［……］日本と正式に手を結ぶという話には決して首を突っ込まぬよう私に警告したのだ。というのは、当時、一方ではドイツを、もう一方ではソ連を相手に行なわれていた、不可侵協定に関するきわめてデリケートな駆け引きに支障が生ずる可能性があったからだ。したがって、あれは巨大な圧力によって私の肩にのしかかってきた新たな任務だったというわけだ。［……］このことから察しがつくと思うが、ポーランドがもっとも腐心していたのはあくまで独立性を維持することであって、政治的にも経済的にも非常に微妙な関係にある隣国の目につくところで他と手を結んだりせず、日本は非公式の形で我々の近くにつなぎとめておこうということになった。そこで言っておきたいのだが、「隣人の隣人は生来のよい友である、なぜなら共通の利害をたくさん持ち得るからだ」というポーランドの古い諺が、私にはとてもよくわかるのだ。そして事実、ポーランドと日本は、地理的にも遠いし、文明や文化もまったく異なっているが、共通の関心事をもっていた。それが参謀本部の活動、諸事件のとらえ方、戦争準備といったことに現れていたわけだ。

ベックの訓令に従い、ロメルはポーランドの正式代表として、日本で好意的中立なる政策の実行にあたるはずであった。ちなみに、ロメルは一九三七年四月二六日の着任時は公使だったが、まもなく大使に昇格することは了承済みであった。着任したのが相次ぐ大事件に騒然としていた時期だったために、彼の活動は後に述べるようなさまざまな重要問題に関わりを持つことになる。

ここでは、ロメルの東京時代のエピソードを一つ紹介しておこう。一九三八年一二月二三日に五歳の誕生日を迎えた明仁親王（一九三三年生まれ、天皇在位一九八九―二〇一九）に贈られたポーランド大統領からの誕生祝の話である。ポーランド側で準備にあたっていたのは、初代駐日公使で当時ポーランド・日本協会の会長を務めていたユゼフ・タルゴフスキであった。明仁親王に贈られることになったのは、二つの模型（ガラスの箱）であった。一つは、ウィーン郊外の戦いの際の軽騎兵を従えたヤン・ソビエスキ王の図、もう一つは、クラクフのブウォニェでピウスツキ将軍の前をパレード行進する騎兵隊の図が施されていた。ポーランド軍事博物館のスタニスワフ・ゲプネルという専門家が、美術アカデミーの学生たちの協力を得て、綿密な時代考証のすえに人物の下絵を書き、色付けをしたものである。さて、いよいよロメル大使がプレゼントを贈呈する段になって、この若い皇位継承者が外国の元首から受け取った初めての贈り物であることが判明したのである。一九三九年七月六日にようやく実現した天皇謁見の際のことであった。

ポーランド駐在の日本人外交官と皇族のポーランド訪問

一九三〇年代に日本側からポーランドに派遣された外交官は八名、すなわち公使二名と一九三七年一〇月の大使館昇格後の大使一名と代理公使五名である。[2] まず、一九三〇年一月から一九三一年六月まで臨時代理公使を務めたのは、渡辺理恵一等書記官であった。同年六月二五日には河合博之特命全権公使が就任したが、彼は在任中の一九三三年八月一五日に亡くなった。おそらくは河合公使が病に倒れたことが、一九三〇年代だけでこれだけの数の代理公使がポーランド在勤となっている理由であろう。『日本外交辞典』等では交代の日付が一九三三年八月一二日からとなっているが、すでに一九三二年一一月から、木下武雄三等書記官が病床の河合公使の代役を務めていたようである。一九三三年八月二五日には、木下に代わって平田稔一等通訳官が就任する。さらに一二月九日には、嘉納久一二等書記官が代理公使となるが、在任期間はわずか二週間という短期間であった。一二月二二日、伊藤述史がようやく正式の公使に任命された。伊藤のあと、一九三七年七月二一日から一〇月一日まではふたたび代理公使が置かれ、一等書記官だった木村惇がこれを務める。同年一〇月一日の公使館から大使館への昇格を受けて、一〇月一一日には酒匂秀一が新設のポストである大使に就任し、公式には日本政府が大使館を閉鎖した一九四一年一〇月四日まで在職したことになっている。ただし、酒匂が（ポーランド政府や他の諸外国の外交官とともに）ワルシャワから脱出したのは一九三九年九月であり、一九四〇年一月初旬には東京に戻っている。

一時的に代理公使を務めただけの外交官については、一九二〇年代の駐在外交官たちの場合と同じく、これ以上詳しい経歴を紹介することはできない。おそらく彼らの果たした役割が日本外交史上とくに重要なものではなかったため、日本の人名事典にも記述がないのかもしれない。

河合博之（一八八三―一九三三）は一九二〇年代にポーランドに駐在した前任者の多くと同様、東京帝国大学法科大学の出身であった。外交官としてのキャリアは一九〇八年に始まり、一九二一年までフランスに駐在し、リヨン領事、在パリ日本大使館のアタッシェおよび一等書記官などを務める。次いでスイス、ソ連に駐在。帰朝後、条約局第三課長となる。一九二三年から在ベルギー大使館参事官、一九二六年から三一年まで再びパリ勤務となる。同年七月ワルシャワに赴任、八月一日に信任状をポーランド大統領に手交している。河合のポーランド駐在は、日本が満州事変の勃発などのため国際社会で困難な立場に陥っていた時期にあたる。そのため、河合は何度もジュネーヴに足を運び、国際連盟の会議に出席することになる。

信任状捧呈式を終えた河合博之公使（前列左から２人目）（ワルシャワ王宮、1931年７月４日）（国立デジタル・アーカイヴ所蔵）

一九三二年の晩秋、河合は国際連盟会議からの帰途インフルエンザを発症し、それをこじらせてしまう。一九三三年四月からオトフォックのサナトリウムで療養していたが、同年八月一五日未明に息を引き取った。八月一七日に行なわれた葬儀は、当時ピェラッキ通り一〇番地にあった日本公使館からの葬送行進で始まった。軍楽隊を伴ったポーランド軍が葬列を先導し、大統領、首相、外務省からの花輪を携えた代表団がこれに続いた。そのあとを、死後に贈られた大ポーランド勲章を飾った公使の棺が運ばれ

河合公使の葬儀のためワルシャワの聖十字架教会に向かう葬送行進（1933年８月17日）（国立デジタル・アーカイヴ所蔵）

ていく。棺に続いて未亡人と子女、木下代理公使はじめ日本公使館の職員たち、さらにポーランド政府および民間人、軍の代表、ローマ教皇大使をはじめとする各国外交団、ポーランド・日本協会、東洋研究所、日本愛好学会の代表が行進した。ヤヌシュ・イェンジェイェヴィチ首相（一八八五—一九五一、首相在任一九三三—一九三四）も参列した礼拝式は、聖十字架教会にてガル大司教により厳かにとり行なわれた。遺体はポヴォンスキ墓地に葬られ、河合は現在もそこに眠っている。

八月末、河合未亡人は亡き夫の思い出として、ワルシャワの恵まれない子どもたち、ワルシャワの陸軍病院で入院生活を送る兵士たち、ワルシャワの殉職警察官の未亡人と孤児たちに、それぞれ三〇〇ズウォティずつを寄付している。

伊藤述史（一八八五—一九六〇）は佐藤尚武公使と同じく東京高等商業学校の出身である。一九〇九年から一九二七年まで本省に勤務したのち、国際連盟事務次長となり、日本が連盟を脱退した一九三三年まで在勤した。伊藤がとくに重要な役割を課せられることになったのは一九三一—一九三三年、満州における日本の行動を日本代表として弁明せざるを得なかったときである。松岡洋右の右腕として働いているが、これについては後で述べることにする。

木村惇（一八九一—一九六九）は京都帝国大学法科政治学科を卒業後、最初は東京府理事官として商業と農業を担当し、カナダとアメリカを訪問した。外交官としての経歴は一九二〇年から始まり、フィリピンのマニラ総領事などを経験している。

酒匂秀一（ワルシャワ、1937年）

酒匂秀一（一八八七―一九四九）は一九一一年に東京高商専攻部を卒業してすぐ、外務省に入省、満州領事館に配属される。一九二〇―一九二五年には、外務省通商局第一課長などを務める。一九三〇年から数年間、在モスクワ大使館に勤務した後、カルカッタ総領事を経て、一九三三年から一九三六年までふたたび駐ソ大使館参事官を務める。一九三六年一一月、駐フィンランド公使に就任するが、翌三七年一〇月には公使館から昇格したワルシャワの日本大使館に初代大使として赴任した。酒匂が駐ポーランド大使に選ばれたのはおそらく、外務省内でソ連通として通っていたためであろう。

一九三〇年代、日本外務省はポーランド問題の専門家の養成に重きを置かなくなった。一九二〇年代にはわずかに鈴木寅之助、織田寅之助の二名の留学生がポーランドに派遣されたに過ぎず、三年間の研修の後、そのまま実習生としてワルシャワの日本公使館に残ることになった。一九三一年一月、渡辺理恵は幣原外相宛の電報に、ポーランドとの関係の深化と貿易の発展のためにはポーランド語研修生のさらなる派遣が不可欠である、と書いている（GGS.M.2.4.2-1-16）。渡辺の回想によると、前任者の松島が一九二九年二月に願いを出したにもかかわらず回答を得られなかった。それにもかかわらず、丸尾至が三年間の予定でポーランドに留学したのは、一九三五年になってからであった。丸尾はワルシャワ、クラクフ、ルヴフで学んだあと、先の織田や鈴木と同じく実習生として公使館に任用された。一九三九年には、丸尾に続く、そして戦前最後の留学生となる重光晶が派遣された。重光はポーランドのみならず、リトアニアにも行っている。

外務省から直接派遣されたこれら二人の留学生とは別に、一九三七年一一月、留学生交換に関する日ポ間の合意に基づいて、守屋長がポーランドに行っている(3)。閲覧可能な数少ない史料から日ポ間の留学生交換の提案は、すでに一九三〇年の時点で国際親善学術同盟「連盟」から出されていた（GGS.1.1.1.0.1）。日本側でも同様の組織「国際学友

ユゼフ・ピウスツキ元帥（左から６人目）を訪問した際の高松宮宣仁（右から３人目）と喜久子妃（同５人目）（1930 年）（国立デジタル・アーカイヴ所蔵）

イグナツィ・モシチツキ大統領（右端）と会見した際の賀陽宮恒憲（右から３人目）と敏子妃（左から３人目）。大統領の後方に伊藤述史公使（ワルシャワ王宮、1934 年）（国立デジタル・アーカイヴ所蔵）

会」がようやく一九三五年一一月に誕生し、おそらくは一九三六年に合意に至ったものと思われる（AAN, MSZ 5961）。

一九三〇年代の外交上の一大イベントといえば、やはり皇族が相次いでポーランドを訪問したことであろう。一九三〇年一〇月七―一三日には、裕仁天皇の弟の高松宮宣仁親王（一九〇五―一九八七）と徳川家出身の喜久子妃が来訪した。高松宮夫妻は六月末からヨーロッパ歴訪中で、イギリス、フランス、ベルギー、スウェーデン、デンマーク、オーストリア、ハンガリーなどを訪れている。ポーランドでは、モシチツキ大統領やピウスツキ元帥ら要人の出迎えを受けた。ワルシャワでは無名戦士の墓への献花を行い、グディーニャ、グダンスクの海岸地方にも足をのばしている。ポーランド政府からは、白鷲勲章を贈られた。

一九三四年七月八―一一日にも、欧米に外遊中だった皇族がポーランドを表敬訪問している。賀陽宮恒憲王（一九〇〇―一九七八）が九条家出身の敏子妃とともにワルシャワに滞在し、モシチツキ大統領と会見した。

満州事変および満州国建国に対するポーランドの対応

一九三〇年代のポーランドの対日外交と日本の対ポーランド外交に大きな影響を及ぼしたのは満州事変であった。始まりは一九三一年九月一八日、満州に駐屯していた関東軍[4]の兵士たちが、奉天付近の南満州鉄道の線路上で起きた爆発を中国人の仕業として、中国軍の兵営を攻撃したのである。日本政府は、満州における行動は防衛の必要によるものであると説明し、関東軍の行動がエスカレートしていたにもかかわらず、領土獲得は意図していないことを証言し、この地域に落ち着きが戻ったら部隊を引き上げることを約束した。

日本はすでに一九世紀から満州に関心を持っていた。この地域に影響力を拡大すれば、日本製品の販売市場と工業原料の供給地を確保し、開拓移民というかたちで過剰人口を解消することで経済状態を好転させられるばかりでなく、ソ連の共産主義に対する緩衝地帯を形成することになり、日本の安全保障にもつながるからである。

九月二一日、日中間の衝突は国際連盟の取り上げるところとなった。日本軍は軍事行動を中止しなかったため、リットンを団長とする国際調査団の招集を決定した。調査団が日本に到着した翌日、一九三二年三月一日、満州においては満州国の成立が宣言された(5)。九月一五日、日本は満州国を正式に承認し、それが自立した独立国家であることを世界に対して証明しようとした。実際には、この地域は完全に日本に従属した地域であった。

当時、国際連盟理事会のメンバーだったポーランドは、満州における日本の軍事行動に対し、大方の西欧諸国と同じく慎重に対応した。すなわち一方では、侵略行為に対して批判的な立場を守ろうとした。一九二九年にようやく調印された中国との友好通商航海条約がまさにこの一九三一年に批准にこぎつけ、外交関係の締結を間近に控えていたとあっては当然であった。しかし他方では、日本に対ドイツ紛争の仲裁役を期待していたため、日本と真っ向から対立することは望んでいなかった。満州在住のポーランド人六〇〇〇名の安全も考慮に入れる必要があった。満州にはポーランド領事館(6)もあり、日本の占領下に入った後も機能していたのであり、パスポート、ヴィザ、法律、通商などの業務を行なっていた。

一九三一年一〇月一七日、ザレスキ外相は国際連盟ポーランド代表のフランチシェク・ソカルに、日本に対する弾劾決議に際しては、総会の大勢が弾劾支持であれば賛成票を投じ、票が割れるようであれば反対票を投じるよう指示した。このような曖昧な態度は、ザレスキ外相自身も一九三一年九月の連盟総会で演説した際に示している。ザレスキは演説の中で、領土保全と政治的独立の権利の尊重が必須の課題であるという点をひたすら強調しているが、それと同時に、基本的な国際的義務を侵害する意図はないという日本代表の声明はごく一般的なものだったにもかかわらず、これを満足の意をもって歓迎すると述べている。

ソカル代表がザレスキ外相に送った一九三一年一〇月三〇日付の報告書(7)にはポーランド側の動機が端的に示されている。ソカルは報告書に、満州におけるポーランドの利害、不可侵協定の締結交渉が大詰めを迎えていたソ連との関係、連盟総会が独ポ両国を紛争当事者として審議を行うことになった場合の類似性という多様な角度から、事変への関心について記している。ポーランドにとって領土的一体性の保持という原則の遵守は死活問題であったが、対独関係という要因が存在したがゆえに、日本との友好関係の維持のほうがより重要と映ったのである。その背景には、ドイツが日本との外交関係を緊密にし、それをポーランドに対する領土回復要求という野望に利用しようとしていたという事実があった。ドイツは日本代表団に、連盟総会におけるポーランドの立場と少数民族問題部会における日本の立場を結びつけるよう示唆すらしたのである。そのためポーランド側は、このことがポ日関係に悪影響を及ぼして、万一ドイツと紛争になった場合、自らの立場にはね返ってくる可能性があると判断して、協定遵守の原則を支持する発言を控えたのである。

一〇月一八日から二一日にかけて、ポーランド、イギリス、フランス、ドイツ、イタリア、スペイン、ノルウェー、アイルランド、アメリカは駐日公館を通じて、ユーゴスラヴィア、エジプトは直接に、日本に異口同音の覚書を提出した。すなわち、日本の満州侵攻に関して、国際紛争の解決手段としての戦争を放棄することを規定したブリアン・ケロッグ協定[8]に対し、日本の立場の説明を求めたのである。この覚書を日本政府に直接手交したのは、アントニン・ヤジジェフスキ代理公使であった。ヤジジェフスキ公使は日本外務省での手交に際し、ポーランド政府は日本に対しては常に友好的であり、現在の状況においてもそれを変えるつもりはないが、他の諸国と足並みを揃えてこの覚書を提出せざるを得ない旨、日本政府に理解を求めた[9]。この覚書に対する回答書には、日本はブリアン・ケロッグ協定の締結国として背負う責任を理解している、と述べられている。さらに、満州における行動は、日本の所有する南満州鉄道と満州在住の日本国民を中国軍の攻撃から防衛するためであって、中国との見解の相違を鮮明にするために戦争の手段に訴えるものではない、という説明が付されている。

幣原喜重郎外相（一八七二—一九五一）は国際連盟日本事務局長の沢田節蔵（一八八四—一九七六）に対し、次の会議が始まる前に各国代表と会っておくようにという指示を送った。同様の指示は各在外公館にも送られており、ワルシャワの河合公使もこれを受け取っている。一一月五日、ザレスキ外相は訪ねてきた河合公使に、確かにポーランドは満州事変に直接的利害を有してはいないが、世界平和と対日友好関係の維持を望んでいる、と語った。ザレスキ外相はさらに、次の連盟総会で諸大国に反対することはしないが、日本に不利な発言もしないこと、日中問題が速やかに平和的解決の方向へ向かうよう全力を尽くすことを約束した。この件に関しては、日本政府の承認なしにいかなる発言もしない、と付け加えた[10]。

一一月一八日、ポーランド外務省の二人の代表、エドヴァルト・ラチンスキ（一八九一―一九九三）とタデウシュ・グヴィアズドフスキ（一八八九―一九五〇）がザレスキ外相の指示で杉村国際連盟事務次長とパリで面会し、国際連盟憲章に則り、かつ日本の損失にならない日中紛争の解決策についての外相の考えを提示している（AAN, Del. RP, 227）。

ところが、日本は満州における行動を中止しなかったため、おそらくはドイツがヨーロッパで同様の行動に出ることを危惧して、ポーランドは一一月二四日の連盟総会においてノルウェー、スペイン、ユーゴスラヴィアとともに英仏とは異なる対応に出、日本軍の中国からの撤退を支持した。これに対し、日本軍は満州における占領地域をさらに拡大した。

一九三二年末、連盟総会でリットン調査団の報告書の検討が始まる直前に、日本はジュネーヴにおいて再度ポーランドの支持を取りつけようとした。松岡洋右外相（一八八〇―一九四六）は日本代表としてジュネーヴの連盟総会に向かう途中ワルシャワに立ち寄り[11]、一九三二年一一月九日、ベック外相、エドヴァルト・ラチンスキ、タデウシュ・スハツェル外務省東洋課長（一八九一―一九七一）と非公式の会談を持って

ジュネーヴへの途次、ワルシャワ駅でポーランド外務省代表の歓迎を受ける松岡洋右（中央で杖をつく眼鏡の人物）一行（1932年11月8日）（国立デジタル・アーカイヴ所蔵）

いる。木下公使の電報、一九三二年一一月一一日付第三四号から、松岡はこのとき日ポ間の友好的で普通の関係に満足していると語ったことがわかる。[12] また、満州問題は日本国民にとっては当然の問題であるとも説明している。連盟総会の満州問題においてポーランドは日本を支持するか、そうなれば日本国民は感謝するであろう、との質問への答えの中で、松岡は、ベックがいまだ最終的態度を明らかにしていないとはいえ、このような厄介な事態に首を突っ込むことはないことを確信した。これを裏付けているのは、松岡とポーランド外務省のラチンスキとの談話に関する次のようなメモ（nr P.I.4791a/106/32）である。

国際連盟総会で満州国建国の正当性を主張する松岡洋右（ジュネーヴ、1932年）（国立デジタル・アーカイヴ所蔵）

> 本日、松岡大使が来訪した。ジュネーヴにおける満州事変［の審議］のため日本代表団長に任命された人物である。彼は、日ポ両国間の長年の友好関係に鑑みポーランド政府と接触できたことを喜ばしく思う、と語った。そして願わくは、日本に対するこのような好意をジュネーヴにおいて示されたいとの希望を述べた。私は、当方も日本に対しこのうえない友愛の情を抱いている、と答えた［……］。（AAN, Del. RP. 240）

一〇月二日、リットン調査団は報告書を公表した。満州は中国の不可欠の一部であり、独立国家と見なすことはできないとし、自発的な独立運動の結果として成立したものではなく日本に従属しているため主権原則に反しているからである、と結論づけていた。

結局、一九三三年二月二四日、ポーランドは加盟四一か国とともに、連盟の決議に加わった[13]。満州を中国の主権下に置くべきことが認められ、これに伴い、日本は満州からの軍の撤退を命じられた。翌日、日本は抗議の意を表してジュネーヴを去った。三月二五日、日本政府は声明を発表し、満州における行動はあくまで自衛の必要から生じたものであって、満州国は同地域の住民の独立運動の結果成立したことを再度繰り返した。中国の共産主義の拡大から極東地域を守る防波堤というこの国家の意義を強調した。三月二七日には天皇が詔勅を発布、日本政府は国際連盟からの脱退を公式に宣言した。

「東方パクト」とソ連の国際連盟加盟

国際連盟からの脱退後、日本とソ連の関係が悪化した。ソ連は日本の行動が北に拡大してシベリア鉄道が危険にさらされることを恐れ、ソ満国境の兵力を増強した。ヨーロッパにおけるソ連の地位が徐々に変化した。帝国主義諸国による支配の強化に寄与するだけの組織として国際連盟を強く批判していたソ連が、一九二〇年代末には自ら連盟の活動に参加するようになった。国際連盟に対するソ連の態度が決定的に変化したのは、一九三三年に政権を掌握したヒトラーが反共産主義的な行動をとり始めてからである。こうしてソ連の連盟加盟が日程に上ってくる。それを強く働きかけたのは、ドイツ情勢の変化に伴ってソ連との友好関係が死活問題となったフランスであった。さらに一九三〇年代初頭、ソ連はヨーロッパ数か国と不可侵協定を締結し、一九三三年にはフランスと「東方パクト」または「東方ロカルノ」と呼ばれる多国間条約の交渉を開始した。同条約はソ連とフランスの他、ポーランド、チェコスロヴァキア、バルト三国も含んでおり、ヨーロッパ諸国間の相互援助と集団的安全保障を謳っていた。一九三四年二月、フランスは同条約へのドイツの加入を提案した。こうした方法で不可侵を保障すれば、中東欧に新しい政治状況が形成されるであろうと期待したのである。この「東方パクト」とソ連の国際連盟加盟という情報は、日本政府内に不安を呼び起こした。とくに懸念されたのは、国際社会におけるソ連の地位の強化とソ連の西部国境の安全保障がその東方政策を活発化させ、日本の権益を脅かすことになるのではないかということであった。これに対抗してヨーロッパに同盟国を求めようということになったのであるが、ソ連が日本の仮想敵国とされたときの常として、ポーランドが再び対ソ同盟の相手と見なされたのである。

この件に絡んで、広田弘毅外相（一八七八―一九四八）は、一九三四年五月二八日と六月初旬の少なくとも二回、東京でミハウ・モシチツキ駐日ポーランド公使と会見し、ソ連の国際連盟加盟に対するポーランドの立場について質問している。広田は、この件においてはポーランド政府が態度を決定していないこと、ソ連にそうした決定を促すような行動に加わるつもりはないことを知る。モシチツキは広田に、独ソに対する等距離外交の原則に則り、この件においてはポーランドがあくまで中立的立場を保つことも約束した。このような決定は日本側を部分的にしか満足させなかった。広田は、モスクワとの提携やソ連の国際連盟加盟に伴う危険を西欧諸国は少しも理解していないと言って、遺憾の意を表明した。そして、ポーランドと日本こそが、歴史的教訓を生かしてこの問題に最善の解決策を講ずるべきだ、と強調した。

広田弘毅（1936～37年頃）(Anton Zischka, *Japonia*, Warszawa 1938?)

この会談についてベック外相に報告している六月一七日付秘密電報第52-J-6に、モシチツキは日本の新聞の論評にも触れている。

今月一四日付の『ジャパン・タイムズ』で、芦田［均］主筆は［外務人民委員のマクシム・］リトヴィノフの五月一七日のジュネーヴ訪問とバルトゥー外相との会談へのコメントの中で、ポーランドがソヴィエトの連盟加入に対し強い反対の立場をとった、と書いている［……］。

今月一五日付の『報知新聞』には「ソ連と国際連盟」と題する一面記事が掲載された。同紙は、ソ連の連盟加入に対するもっとも強い反対がポーランドから出ていることを強調している。記事は「フランスの対ソ協調とポーランドの否定的立場は極東の政治情勢に重大な影響を及ぼすであろう。この新たな状況に対し、日本は適切な手段を講じなければならない」と締めくくっている。［……］

ソヴィエトの国際連盟加入問題に関する東京発のニュースはどれも、ポーランドの否定的立場を強調している。この事実は、日本の政界にきわめて大きな満足感を与えている。（AAN, Del. RP, 42）

「東方パクト」とソ連の連盟加盟問題でポーランドに否定的立場を取らせるための工作は、ワルシャワにおいても行なわれた。伊藤公使は、リトアニアとの外交関係が正常化されないかぎり、ポーランドが「東方パクト」に加入する見込みはないことを知る。ポーランド外交が「東方パクト」に否定的な態度を取ったのは、何よりも、ソ連がポーランドの安全を保障することを望まなかったからであるが、シロンスク・チェシンをめぐる係争問題[16]からチェコスロヴァキアに疑念を抱いていたからでもあった。伊藤公使は数度にわたってベック外相と会見している。八月一日の会談で、ベックはポーランドの「東方パクト」参加については詳細な検討を要する問題と述べている。ソ連の連盟加盟に関しては、ソ連自身が加盟すべきか否かの最終的な決定を下していないことを主たる根拠として、さしあたり重要性は低い問題と見なした。ベック外相の発言からは、ポーランドがこの件において中立的立場を取ろうとしていることが明白であった。ベック外相はジュネーヴ行きを目前にした九月五日の会談で、英仏伊——すなわち、ソ連の加盟に関する結論を出している国々——の代表とジュネーヴで話し合う前にソ連の加盟問題に関するポーランドの立場を伝えることはできない、と語った。さらに、ポーランドはソ連の加盟に関する連盟総会の決定に何ら影響力をもっていないと付け加えている。（GGS, B. 1.0.-X10）

結局、ソ連と不可侵条約を結んでいたポーランドは、ヨーロッパにおける均衡政策を継続すべく、ソ連の加盟を可決した一九三四年九月一八日の総会決議を他の三八か国とともに支持したのであった。この一方で九月二七日には、「東方パクト」の調印を正式に拒否し、結局のところ、「東方パクト」は成立にはいたらなかった。しかし、それは日本を安心させるまでにはいたらなかった。ヨーロッパにおけるソ連の地位の強化は、日本をめぐる国際情勢の悪化と相まって、日本のドイツへの接近を促し、この新たな同盟相手を注視する中でポーランドへの関心の度を深めることになる。その証拠に、両国の公使館を大使館に昇格させようという動きが出てくるのである。

両国公使館の大使館昇格

ポーランドとの関係の意義を強調すべく、日本政府は一九三六年半ば頃から両国公使館の大使館への昇格に向けて動き始めた。モシチツキ公使は六月二日付の本国外務省宛の秘密書簡（GMS, 1555, nr10）に、こう書いている。

日本外務省は駐ワルシャワ大使館設置の決定に基づき次年度予算の増額を速やかに実施する予定であると、［日本の］外務次官から私宛に連絡があった。外務次官は私に、その場合、わが政府も東京で同様の措置を講ずる用意があるかと質問した。私は、その点に関する正式の情報は入手していないが、駐ポーランド日本大使館の設置に際しては、ポーランド政府も駐日公使館の大使館昇格に着手するはずであると回答した。

＊16　第一次世界大戦後の国境画定に際し、ポーランドとチェコスロヴァキアの間に生じた、チェシンおよびその周辺のシロンスク地方の帰属問題。一九二〇年七月、連合国が同地方の大部分をチェコスロヴァキア領とする分割裁定を下し、多くのポーランド系住民が国外に取り残されたため、ポーランド側に大きな不満が残った。

入手した情報によれば、当地の軍部が日本外務省に対し、駐ワルシャワ大使館の設置の必要性について強く働きかけたもようである。(AAN, MSZ 603)

日本陸軍の首脳は、ポーランドからであれば、東西両方向への諜報活動を展開できることを知っており、ワルシャワの日本公館の強化は願ってもないことだったのである。ポーランド側にとっても、国家の威信——日本はポーランドが大使館を設置していない唯一の大国であった——という点からも、また政治的観点——ドイツとの交渉に際して、あるいはソ連との間に対立が生じた場合に、日本の援助に頼らざるを得なくなる可能性があった——からも、大使館への昇格が必要だったことは間違いない。最初に提案したのは、おそらくポーランド側と思われる。著者が閲覧した多くの文書の一つ、一九三二年九月一三日付の文書によれば、内田外相はワルシャワの川上公使に、外務省は予算が不十分で公使館を大使館に転換するだけの余裕がないが、将来的にはこの件に再度着手する、と約束した(GGS, M.1.5.2.3-30)。しかしながら、この時点では日本は大使館昇格には関心がなかったのである。

続く一九三六年七月二〇日付の書簡に、モシチツキはこう書いている(同上)。

[……]我々が原則的に合意していることを通知したところ、以下のような連絡があった。

一　外務省予算案は一一月初旬に閣議で承認される見通しである。

二　[……]大使館は四月一日から業務開始の予定であるが、関連予算の執行を遅らせたほうが大蔵大臣にとって好都合である場合、数ヶ月遅れる可能性がある。

三　一一月初旬になれば、日本外務省も最終的な期日を通知してくるであろう。(AAN, MSZ 603)

次にこの件に関するやり取りが行なわれているのが一九三七年であることから判断すると、日独防共協定の件でドイツとの交渉が妥結した後、ようやくこの問題に立ち戻ったものと考えられる。ただし、この時点ではまだ具体的な期日は示されていない。最終決定に向かって弾みがついたのは、一九三七年七月に始まった日中戦争の審議が予想される国際連盟において、日本が何としても支持を取り付ける必要があったからではないか。それは一九三七年七月七日、北京郊外における日本軍の軍事行動によって開始された血みどろの全面戦争で、当時の日本では日華事変と呼ばれた。日本はポーランドを対ソ政策――ソ連は中国を支持していた――における同盟者と見なし、ポーランドならば、連盟の場において、日本の利害を擁護してくれると判断したのであろう。八月末からワルシャワと東京の両方で、ポーランドにジュネーヴで日本を擁護させるための説得努力が開始された。日中紛争の原因はコミンテルンの陰謀であると説明された。なぜなら、中ソ協定は軍事協力に関する秘密協定を含んでいたからである。一九三〇年代後半の世界的な政治情勢の変化、ポーランドの対ソ・対独政策の変化が、国際連盟の審議の場においてポーランドに日本寄りの立場を取らせることになった。一九三四年から三九年までポーランドの連盟代表を務めたティトゥス・コマルニツキ（一八九六―一九六三）は、外相からの指示通り、決議に際しては一貫して棄権を通し、日本に関する総会決議に反対すら表明したのである。例えば、紛争関係国の会議を招集すべきであるという提案に対しては、大国を利するだけであるとして異議を唱えた。日本の行動を非難する一九三八年の英仏ソ共同決議にも反対した。また、ポーランド政府の同意のない中国への医療援助は、ポーランドを極東における紛争に巻き込む手段になりかねないとして、ポーランド人顧問の招集を認めなかった。

こうしたなかで、公使館の大使館昇格は、日ポ両国の関係が良好であることを示すのに非常に好都合だったのである。このことについて貴重な情報を与えてくれるのは、タデウシュ・ロメル文書（TRDA）である。[14]遺族によってオタワの公文書館に寄贈されたこの文書に含まれる、一九三七年一〇月五日付ベック外相宛て書簡に、ロメルは次のように書いている。

九月九日、広田外相を訪問し、もし日本政府がジュネーヴで自らの利害に対する閣下の特別な配慮を当てにせざるを得ないのであれば、大使館設置に対する日本政府の承認を得るには、政治的には今こそが絶好の時機であることを強調しておきました。［……］閣下のご指示に従って、公使館の相互昇格問題における日本政府の意向を知りたいのだ、と申しました。［……］本年秋における同事業の実施の意図に関して両国世論が先入観を持っていることからすると、更なる遅延はあたかも両国関係が冷却化しているかのような印象を引き起こしかねない、と付言しておきました。［……］［広田は］一〇月一日には外務省予算に駐ポーランド大使館のための支出が組まれるはずであり、この期限内に事がすべて解決することを願っていると言いました。駄目押しに、ワルシャワと東京で共同声明を出してはどうかと提案したところ、広田はこれを快諾しました［……］。しかし、［……］このように短期間で両国大使の信任状奉呈を云々するのは不可能でありますが、ポーランド駐在の日本代表のポストは人員の交代が予想され、少なくとも日本側の外交団はそれに伴い本年一〇月一日より大使館に改編されるであろうことを断言しました。（TRDAJ, t. I）

以下は、同じくロメル文書に保存されている共同声明の全文である。九月二〇日のロメルと広田の合意後、同月二九日に英語版が発表された。

ポーランドと日本の間に外交関係が樹立されて以来、両国の友好関係は絶えず緊密の度を深めてきた。両国は大使の交換が待ち望まれるという結論に達し、今春、両国公使館を大使館に昇格させる運びとなった。両国政府は、本年一〇月一日を期して両国公使館の大使館への同時昇格が行なわれることを、衷心からの満足をもって発表するものである。

両国の大使による信任状の奉呈が行なわれる前の一〇月一九日、ロメルは外務省に宛ててこう書いている。

最近の諸事件の影響で、わが国と日本の間は、予想を超えて雪解けが進んだ。反響は思いがけないほど深く広範囲に及んだが、これは、日本が政治的・経済的孤立に瀕しているという感情が——根拠のないことではなかったが——当地に広がっていることで説明がつくだろう。困っているときの友情はよけいに身にしみるからだ。［……］広田との関係は親密になり、友人同然である。とりわけ極東問題についての連盟周辺における駆け引き——ジュネーヴでは実に首尾よく運んだと思う——に際しては。私はほとんど毎日のように広田と個人的に接触した。彼はこのことを必ずや恩に着るはずである。（TRDAJ, t. I）

ヤン・シェンベク副外相（一八八一—一九四五）に手交された酒匂大使の礼状も、日本に対するポーランドの態度がいかなるものであったかを物語っている。

［……］［一九三八年一〇月］四日、ロメル大使によって外務次官宛ての声明が発表されました。ポーランドは対日制裁問題における国際連盟の勧告に従うつもりはないというものであります。日本政府は、この問題においてポーランドが日本に対して示された友好的かつ誠実な態度に謝意を表するものであります。[15]

タデウシュ・ロメルは初代の、そして戦前最後の駐日ポーランド大使となる。ロメルは一〇月一日に行なわれた記念式典について、本国外務省宛ての書簡にこう書いている。

午後三時、広田外相を公式訪問し、ポ日間の友好関係を認める両国政府の決定にともに参画してくれたことに、

信任状奉呈式のため皇居に向かう礼服のタデウシュ・ロメル大使(1937年11月2日)(写真提供:テレサ・ロメル)

ロメル大使夫人ゾフィア
(写真提供:テレサ・ロメル)

[……]公私両面から礼を述べた。広田外相からは、大使館昇格に対する祝辞があった。それに続いて私は、本省の要望に従って、駐日ポーランド大使館が発足したことを正式に日本政府に伝達すべく、この私の一歩を文書にしたためた。

[……]午後八時、広田外相臨席のもと、大使館にて祝賀のディナーを供する。パーティー参加者二六名は、以下の通り。外交団首席、ポーランドの友好国の代表としてベルギー大使夫妻、フランス大使夫妻、ルーマニア公使夫妻、「ガイムショウ」高官、日本・波蘭協会代表、大使館員[……]。駐日ポーランド大使館の設置は、日本の世論に好意的に受け入れられている。

[……]日本外務省との最終折衝や共同記者会見において、ポ日両国公使館の大使館への再編は現在の政治情勢とは一切関係なく、他の誰かに対して敵対的な性格を持つ友好関係をもたらすものでもない、と念を押したおかげか、当地の新聞評はいたって穏当なものである[……]。(AAN, MSZ 604)

一一月二日、ロメルはポーランド共和国大統領からの信任状を天皇に奉呈した。ロメル大使夫人ゾフィアが、このときの様子を未刊行のごく私的な文書に生き生きと描写しているので、その一部を紹介しよう。

皇居に入るには、いくつもの通用門をくぐり、土手や城壁や水をたたえたお堀を通る[……]。近衛連隊が中庭でささげ銃をして私たちを迎えてくれた。車寄せの、宮殿に上る広い階段には、侍従たちが二列に整列している。〔……〕宮殿の玄関で、別の侍従たちや高級将校たち〔……〕が私たちを迎えてくれる。ようやく大広間に着くと、そこに外相、侍従長、幾人かの高官が待っていた。彼らとはほんの一言二言交わしただけだった。程なくして、天皇陛下がポーランド大使をお待ちかねである、と告げられたからだ。参内したのは、当然ながら殿方だけだった。

タジック〔タデウシュの愛称——訳注〕が戻ると、今度は二人ずつ並んで御所へ移動した。私たちが謁見を賜るはずの部屋の入り口に来ると、案内の侍従は全員そこで立ち止まり、タジックと二人だけで部屋に入った。さほど広くない和室の中央、肘掛け椅子の前に天皇が立っていた。〔……〕天皇のほうに歩み寄りながら、私たちはしきたりどおり三度お辞儀をした。私たちと握手をしてから、天皇はタジックにとても小さな声で何か日本語で囁かれた。私たちのそばに控えていた女官が、すかさずそれをフランス語に訳してくれた。タジックが皇后に大使館員を紹介してもいいかどうか尋ねる。皇后はどうぞと合図してくださった〔……〕。〔その後〕お礼を言って、お暇の挨拶をし、こうして謁見は終わった。侍従たちに送られて馬車と車に戻り、もと来た道をたどって家路についた。（著者アンジェイ・T．ロメル所蔵文書）

初代駐ポーランド大使に就任したのは、キャリアの外交官でロシア問題の専門家の酒匂秀一であった。一一月一〇日、酒匂はワルシャワ王宮でポーランド共和国大統領宛ての信任状を手交した。このセレモニーの重要性を明らかにするには、その模様を描写した次の一節が引用に値するだろう。

大使閣下は儀典長のカロル・ロメル全権大臣とともに、白馬に乗ったラッパ手たちに先導され軽騎兵部隊を伴って、ポーランド共和国大統領閣下の車で王宮に到着した。〔……〕後続の車には、日本大使館の木村参事官、広島大使館アタッシェ、澤田大使館付き武官、林武官補が乗っており、大統領補佐官のロシュコフスキ大尉

信任状奉呈の日の酒匂秀一大使（前列右から３人目）。左隣にモシチツキ大統領、続いて沢田武官、右奥にベック外相とスクワトコフスキ首相が見える（ワルシャワ王宮、1937年11月10日）（国立デジタル・アーカイブ所蔵）

が同行した。［……］王宮の中庭では、首都大隊が旗を掲げ音楽を演奏し［……］閲兵式を行なった。大使が中庭に姿を見せると、軍楽隊が日本の国歌を演奏した［……］。玉座の間では、ベック外相が大使を出迎えた。大統領閣下は、スクワトコフスキ首相や閣僚たちとともに、騎士の間でお待ちかねであった［……］。

日本大使閣下はベック外相によって騎士の間に通され、儀典長の紹介を受けた後、［……］挨拶の言葉を述べた。

大統領閣下がこれを受けて次のように述べた。

大使閣下、

天皇陛下が特命全権大使として貴下に与えられた信任状をいただき、いま貴下より賜ったご挨拶とポーランドおよびポーランド国民への心のこもったお言葉にお礼を申し上げます。

天皇陛下の仰せられる通り、ポーランドと日本の友好親善関係のさらなる発展を目指して、私たちは東京およびワルシャワの両国公使館の大使館昇格を決定いたしました。

偉大なる忠君愛国の精神、これを日本国民が一丸となって鼓舞していることは、ポーランド国民のつとに知るところでありますし、また高く評価するところであります。まさにこの感情、ポーランド人ひとりひとりの心にとってかくも尊いこの感情こそが、両国国民の相互理解を助け友情を深める［……］一助となるのであります。（AAN,

MSZ 604）

二人の初代大使は、日独伊三国同盟へのポーランドの加入、ポーランドによる満州国の承認、ポ独関係という諸問題の解決に取り組まなければならなかった。

日独伊三国同盟へのポーランド加入の試み

この時期、日本の対外政策の基本方針は、一九三六年八月七日に日本政府によって採択された『帝国外交方針』という文書であり、これが対ポーランド政策にも適用されることになる。この文書には、対ソ政策の調整が不可欠である関係上、まずドイツとの関係を強化し、伝統的な反ソ政策や独ソ両大国の狭間に位置するポーランドとも友好関係を築くべきであると指摘されている。日本とドイツは徐々に接近するにつれて、国際社会における孤立の度を深めていった。防共協定が最初に議題に上ったのは、日本とドイツを「軍国主義国家」として非難した、一九三五年八月の第七回コミンテルン世界大会の直後であった。東京とベルリンで、相互条約の外に出ること、共産主義への抵抗という共通の目的を強調するほうが得策であろうと認められた。西欧諸国の懸念を払拭し、協定が開かれたものになるからである。一九三六年一一月二五日、いわゆる反コミンテルン協定がベルリンで調印され、一九三七年一一月六日にはイタリアがこれに加入した。公開部分にはコミンテルンの活動に関して相互に情報を提供し、共同防衛について協議することが定められていたが、協定がソ連に向けられたものであることは明白であった。一九三六年八月には早くも、日本当局がポーランドを反共ブロックに引き入れるための努力を開始した。このことに最初に言及しているのは、モシチツキ駐日公使がベック外相に送った一九三六年八月七日付の電報（GMS, 2292）である。すなわち、「帝国外交方針」が発表されてすぐ、ドイツとの協定調印の前に送られたものである。モシチツキは次のように書いている。

今日、〔有田八郎――著者注〕外相と会談した。外相はわが国の国境政策と国内状況に大きな関心を示し、わが国とソ独仏の関係の現状について聞きたいと言った。〔……〕次に、ポーランド政府に反コミンテルン戦線に参加する意向があるかどうか打診してきた。（AAN, MSZ 5954）

ベックは返信の中に書いている。

独ソに関しては、我々は正常な善隣関係を望んでおり、それこそが平和維持の根本条件と考えている。対仏関係はあくまで二国間ベースの同盟と見なしており、ヨーロッパが二つの陣営に分裂することに反対を続けているのである。共産主義運動は、国内問題としては政府により徹底的に押さえ込まれている。ソ連政府との外交関係が影響してコミンテルンの運動の許容範囲が変わったことはなく、またポーランドとしても国際関係においてソ連の政策の道具となることはできない。

ベックから「反コミンテルン戦線」という言葉の含意を質問されたモシチツキは、有田外相が念頭においているのは「共産主義のプロパガンダとの闘いにおける共同行動であり、情報交換とコミンテルン運動を麻痺させるためにとるべき方策に関する相互理解に基づくもの」であると説明している。

日本政府がポーランドとの同盟強化を必要としていたことについては、東京のヤツェク・トラヴィンスキ臨時代理公使が本国外務省宛に送った秘密電報も証明している。

［……］外務次官は私と特別に会見し、本日一一月二五日、すなわち調印の二時間前に、日独協定の条文を私に手渡した。それはコミンテルンの活動に対する協力に関する協定で、日本政府はポーランドを日本に結びつけている特別な関係に鑑み、条文を前もって伝えるのだと強調した。（AAN, MSZ 5964）

日中戦争の勃発後、ソ連と中国が不可侵条約を締結し、さらにはイタリアが日独防共協定に加入するに及んで、ポーランド政府に対する日本側からの圧力はますます強まった。ポーランド側との交渉の仲介役として特別な役割を果たしたのは、酒匂秀一駐ポーランド大使、沢田茂、そして駐ドイツ大使の大島浩（一八八六―一九七五）であった。ドイツもポーランドの防共協定加入を要請してきたため、一九三七年一一月九日、ベック外相はポーランドのすべての在外公館に訓令を発し、ポーランドはいかなるブロックにも反対であって協定に加入するつもりはないことを伝えた。このため、ポーランドは日本側からの働きかけを悉く退けることになったのである。ロメル大使もベックの訓令に従って行動することとなったのであり、本国外務省に送った一九三七年一一月二六日付の秘密書簡に次のように書いている。

［……］いかなるイデオロギー陣営であれ、ポーランドが参加するということには、私は断固として反対を表明した。［……］国際関係の客体か外国の影響の受け皿のような役割をわが国に割り当てるという傾向に反対すべく、ポーランド政府はこの件をどう評価しどう動くかに関して完全なる自由を保持していることを強調した。［……］これらの陰謀〔第三インターナショナル――著者注〕を、ポーランドは決定的かつ効果的な方法で独自に批判している。にもかかわらず、その対外的地位ゆえに、この問題についてポーランド政府は控えめな態度を余儀なくされているのであり、何よりこのことによって、いかなるブロックへの参加も控えるというポーランド政府の断固たる決意が説明される。広田外相は回答の中で、この件におけるポーランドの方針の動機を日本政府は十

分に理解し評価している、と保証した。（TRDAJ, t.I）

ベック外相もこれと同様のトーンで、ポーランドの協定参加に関する酒匂大使との交渉を進めた。ただし、ベックは、ポーランド国民が長年にわたり日本国民に深い共感を抱いてきたことから、文化協定であれば締結の可能性があることに同意した。ここで付言しておかねばならないのは、一九三八年一一月初旬、ウィーンとブダペストを兼任していた谷正之公使（一八八九―一九六二）が、ポーランドを含む中東欧諸国は大規模な反ソ陣営には加盟しないと見て、同様の発想の協定を進言していることである。文化に関する協定であれば政治的性質の反対は生じさせず、ソ連に対するブロックを形成することができ、情報収集にも役立つ。ベックとの会見後まもなく、日本側は草案作りに着手したが、情報交換については盛り込まれていなかった。しかし、結局のところ、ヨーロッパ情勢がいよいよ緊迫してきたという理由で、協定の締結には至らなかった。

ポーランド・ドイツ間の関係改善における仲介工作

酒匂大使はベック外相、シェンベク副外相、外務省政治経済局長タデウシュ・コビランスキ（一八九五―一九七〇）らとの会談の際、ポーランド・ドイツ間の良好な関係をいかに重視しているかをたびたび強調し、自らポーランドとドイツを仲介するという役割を引き受けた。ポーランドの安全保障を約束するドイツとの正規の協定の締結は、ベックにしても願ってもないことであり、進んで酒匂に協力した。酒匂は東京の上官を煩わせることなく、ほぼ自らの責任でこれを行なうことになる。数度にわたってベルリンに赴き、大島大使の助力を得た。こうして、酒匂はベックとヨアヒム・リッベントロップ外相（一八九三―一九四六）の会談のお膳立てにこぎつける。シェンベク副外相は次のように回想している。

酒匂大使がベルリンから戻った。大島大使とともに、かねて計画していた会談を実行したのである。酒匂は、交渉の結果を伝えたいと言う。自分の発意で行動しているのであって、東京からの指示でも、ベック外相からの要請でもない、と断言していた。彼がそのような行動を取る理由はただ一つ、独ポの良好な関係こそ日本にとって有益であると確信していたからであり、その組織的な冷却化を恐れていたためであった。(16)

結局、ベックとリッベントロップの会談が行なわれたのは、一九三九年一月六日のことであった。その前日、ベックは思いがけずヒトラーとも会談をもつことになった。しかし、これらの会談も、それ以降の会談も、楽観的な結果はもたらさず、ポーランドとドイツの関係はさらに悪化した。それでもなお、酒匂大使はポーランド外務省にしばしば足を運んでいた。五月初旬、ベック外相は酒匂に、近々ドイツに対するポーランドの立場を公の場で明らかにするつもりであると予告し、ソ連との関係については従来の不可侵条約から脱退するつもりはないことを確約した。そのうえで、ベックは日本を不安に陥れている英仏の動き、すなわちドイツがチェコスロヴァキアを占領した後、ソ連とポーランドを四か国条約に引き入れようとしたことに言及した。ポーランドはソ連への配慮からこの条約への参加を望まず、日本に対する好意を表しはしたものの、日本を安心させることはできなかった。というのは、三か国――イギリス、フランス、ソ連――の代表による話し合いが依然として続いていたからである。このような同盟は極東において日本に脅威を与えるものであった。日本をさらに不安にしたのは、ドイツに対するソ連の態度の変化であった。このためもあり、ポーランド外務省は、ヨーロッパ情勢の展開のいかんにかかわらず、ポーランドは日本との友好関係を維持することを保証した。

状況の推移に不安を感じた酒匂は、再びベルリンに向かった。ここで酒匂と大島が出した結論は、頑なドイツを相手にこれ以上仲介を続けても無意味である、というものであった。ワルシャワに戻った酒匂は、五月一三日にミハウ・ウビェンスキ外相室長に会いに行く。ウビェンスキはこのときの様子を覚書に記している。

酒匂大使は、「ベルリンの同僚と協力して、最近生じた困難の解決を日本政府が仲介する旨を独ポ両政府に提案せよという指令を東京から受けたのだ」と答えた。〔……〕さらに酒匂は、日本政府はポーランドとドイツの交渉にいささかも根本的影響を及ぼそうとするものではなく、ましてヒトラーの提案を受け入れるようポーランド政府に示唆するなどは論外である、と強調した。日本の仲介のねらいは、ベルリン - ワルシャワ間の断ち切られた糸を結び合わせること、つまり「二人のパートナーを一つのテーブルに着かせる」ことだけにあったのである。(TRDAJ, t. I)

酒匂の仲介工作はなおも続くが、この時点で実質的な意義を失ってしまった。これには、駐ポーランド・ドイツ大使ハンス・モルトケ(一八八四―一九四三、ポーランド駐在一九三一―一九三九)の介入も影響していた。モルトケはリッベントロップ外相に、ポーランド側が対独関係の修復の見込みがないと悟っているばかりか、ワルシャワ駐在の日本大使が過度にポーランド寄りの立場を取っていることを告げて、拒絶反応を引き起こした。今やポーランドにはイギリスとのより密接な同盟関係が必要になっていたが、日本との関係が悪化したわけではなかった。ポーランドは日本に対する変わらぬ好感情を約束し、それは日本も同様であった。六月七日のロメル大使との会談の際、有田外相は次のように発言している。

〔……〕ポーランドに対する日本の友好的な態度も、少しも変わってはいない。〔……〕日本政府は、ポーランドに対しても、ドイツに対しても、等しく友好的であり、二つの国を分かつような問題にはいかなる立場も取り得ず、適切な方法で両国間の相違を解消できる範囲に協力関係を限定せざるを得ないのだと［有田は］語った。［……］有田外相はソ連に関するポーランドの役割を評価しており、その役割は今後も変わらないことを信じている、と言った。（TRDAJ, t. I）

ポーランド・ドイツ関係の修復における日本の仲介は、一九三九年八月二三日、独ソ不可侵条約が締結された時点で終焉を迎えたと見てよい。この条約を、日本はドイツ側からの背信行為と受け取ったからである。一方、ポーランド政府はすぐさま、同条約はポーランドの立場に何ら影響を与えるものではないことを日本大使に伝えた。結局、酒匂大使の仲介工作は失敗に終わったが、一九三〇年代末に日本がポーランドに接近しようとしたことの証左となっている。

ポーランドによる満州国の承認(17)

国際連盟は一九三三年の時点ですでに、満州国が自立しておらずいかなる国家とも認められないことを明言していたにもかかわらず、日本は、アジアのこの地域との交易から流れ込んでくる利潤が影響を与えて、いずれ態度を変える国も出てくるのではないかという希望を持っていた。ポーランドに対しても、そうした働きかけがなされた。ポーランド人居住者がいることから満州に関心を持っていたからである。満州のポーランド人は主として流刑囚の子孫であったが、自発的な入植者、技師、技術者、東清鉄道（一八九七—一九〇三年に行なわれた北満州へのシベリア鉄道の延長工事）と北満鉄道の建設に職を求めてやってきた労働者などもいた。一九三〇年代初めには三〇〇〇〜五〇〇〇人ほどのポーランド系住民がいたが、満州事変の勃発後、ポーランド人の置かれた状況が悪化したことから、その数が急激に減少した。一九三五年にもポーランドへの帰国の波が起きた。この年、ソ連が日本の仲介で東清鉄道の利権を満州国に売却し、事実上、満州国を正式の国家として承認したのである。以後、満州に残ったポーランド人は、ハルビンを中心に一二〇〇―一五〇〇人ほどになった。

日本側は在満ポーランド人の運命に関するポーランド政府の懸念を認識しており、また在満ポーランド人を好意的に見ていたこともあって、ポーランドに満州国を承認させようと試みていた。

満州国承認問題が新聞紙上に取り上げられる最初の機会となったのは、モシチツキ駐日ポーランド公使のハルビン訪問であった。モシチツキ公使の出発を数日後に控えた一九三四年二月二七日、『大阪毎日新聞』には次のような記事が掲載された。

［……］ポーランド外務省は本日、駐日ポーランド公使から満州の現状についての詳細な情報を得た後、満州国を承認するか否かを決定する旨をわが国の代表に通達した。したがって、ポーランド代表のこの旅も日本の外交当局から深い関心をもって注視されている。

モシチツキ公使はマスコミに対し、ハルビン行きの目的を現地のポーランド社会の生活状態の把握、ポーランド人学校と社会団体の訪問と伝えたにもかかわらず、日本のメディアにはまったく異なる情報が出た。三月五日付『ジャパン・アドヴァタイザー』紙には、「ポーランドの満州国承認の見通し。モシチツキ公使、ポーランドにその一歩を進言すると発表」という見出しの新京通信が掲載された。聯合通信は夜のラジオ報道で、新京の某特派員が行なったという、まったく出鱈目のインタビューの談話を発表した。このとき、モシチツキが発表することになっていたのは、以下のような内容である。

私が満州に来たのは、まもなく満州国を承認することになっていた我が政府の勧めによるものである。ドイツはすでに満州国承認の意向を明らかにしており、準備のためクノール商務官を現地に派遣した。この新国家の承認については、ポーランド政府も同様の見解を持っており、状況が許せば、ドイツに先立って行う。数日ハルビンに滞在し、この件に関して領事と相談することになっている。帰国後、国際連盟との関係いかんにかかわらず、満州国を早急に承認するよう、我が政府に進言するつもりである。満州国の誕生を心から祝し、時間の都合で皇帝の謁見を賜ることができないのは誠に残念である。（AAN, MSZ 7038）

駐日ポーランド公使館の介入で、日本外務省と通信社とがポーランド側に公式に謝罪し、新聞には訂正記事が掲載された。しかし、翌年以降、記者たちは同様の記事の執筆を抑制されることはなかった。ポーランド外務省は在満ポーランド人の運命を案じ、一九三六年末から正式な問題解決を模索し始めたからである。日本との交渉が不可欠であることはわかっていた。ポーランドは、満州国を完全に支配している日本との友好関係の維持を望んでいたからである。一二月一一日、ポーランド外務省のタデウシュ・コビランスキはクフィアトコフスキ在ハルビン領事に書き送っている（nr P. III.49/Mn/2/36）。

これまでの一連の指示を引用しつつ、領事殿においては満州国政府との関係を組織的に発展せられることを望むものである。同時に、本省は領域内の日本人有力者と能う限り友好的な関係を築くことを特に重視するよう命ずる。ここではいかなるものであれ、当方からの不敬への疑いは排除するための行動を無条件に厳守すべきである。大臣はこれまでの報告業務を継続し、その際は満州における日本の状況の推移、そして領内におけるソ連の活動が日本にとって困難を作り出している場合はそれにも、特に重点を置くことを望んでいる。（AAN, MSZ 6237）

満州国の問題がもっと詳しく取り上げられることになるのは、一九三七年四月、ちょうどヨーロッパを訪問中だった大橋忠一（一八九三―一九七五）がワルシャワを訪れた後である。大橋は日本外務省の代表として八月まで満州国外交部次長を務めた人物で、後に日本の外務次官となる。コビランスキ局長との会談には、ワルシャワ駐在の伊藤述史公使も出席し、大橋は、八月に日本が治外法権を撤廃したことにより、満州国はすべての国々との関係に相互原則を適用し、満州国領事館の開設を認めた国にのみ領事館の存続を許可することになった、と述べた。また、財政上の理由から、満州国側が開設できるのは名誉領事館だけであることも強調した（AAN. MSZ 6238）。このことについては、満州国駐在日本大使の植田謙吉陸軍大将（一八七五―一九六二）も広田外相に書き送っている（GGS. M.1.5.0.1.-17）。

東京のロメル大使はベック外相の命令を受けて、満州国代表は領事の法的地位の正常化の問題を持ち出さないだろう、と。満州国に好意的に関わってくれるポーランドとともに前例を作ることを期待していたのである。満州国とポーランドの公的な関係を考慮すると、問題はきわめてデリケートであり、在満ポーランド人の問題もあったため、ロメルは慎重に、最初は日本外務省との秘密会談によって、この問題の解決に取り組んだ。彼はドイツ、イタリア、スペインがまもなく満州国を承認することを知り、日本政府は日本に友好的な他の国々も迷わず承認するだろうと期待していた。問題は困難だった。

一二月初旬、ロメルは、日本政府が満州国政府によるハルビン駐在ポーランド領事の承認に同意を与えるのは、在ポーランド満州国名誉領事の権限を承認するという条件による、という確信を得る。これは東京駐在のポーランド大使と満州国大使による覚書の交換という形で行なわれることになった。覚書は一九三六年、在奉天イタリア領事館の設置の際に、東京においてイタリアと満州国の駐日大使の間で取り交わされた秘密の覚書を手本として作成されることになった。

ロメル大使は、後日モントリオールで著者（ロメル）と話した際に、当時のことを以下のように回想した。

ロメル大使と院振鐸満州国大使（1938年）（外務省外交史料館所蔵）

［……］ポーランド・満州国間の領事協定の話になった。わが国が日本と親密な関係にあるというのが、第一の根拠だった。第二の根拠は、わが国が満州国のハルビンに領事館をもっていることだった。ハルビンには、満州国で手広く商売を営んでいるやり手のポーランド人実業家や資産家がいたし、ポーランド人コロニーがあった。［……］ポーランド人教区やポーランド人学校や［……］、一言で言うなら、ポーランド人のあらゆる集団が存在していたのだが、その法的地位や国際的地位は何の協定に基づくものでもなく、相手の好意に頼っているという有様で、状況次第でどうにでもなるという脅威に常にさらされていた。要は、わが国の政策に従って、満州国を正式承認することなく、両国すなわち満州国とポーランドがある種の事実上の関係と領事関係を維持しうる、何らかの形の領事間の合意を実現できるようにするということだった。しかるに、私はワルシャワから全権を託されて、［……］領事間の交渉にあたった［……］。この結果、片側承認でも相互承認でもないことを明示しつつ、領事関係に関する一定の取り決めを含む協定を結んだわけだ。

覚書の最終版をめぐる交渉は、東京で半年間続き、ロメルはその状況を逐一ワルシャワの上司に報告し、その都度指示を仰いでいた。最終的な合意にいたったのは、一九三八年一〇月一四日であった。一〇月一九日、東京の満州国大使館においてロメル大使と院振鐸大使の間で覚書の交換が行なわれた。双方が三つの覚書を手交し、秘密議定書も調印された（AAN, MSZ 6238）。

　第一の覚書には、ポーランドと満州国の領事館の相互設置、ハルビンのポーランド領事と――将来的に満州国領事館が開設された際の――満州国領事への

満州国皇帝溥儀（右）と裕仁天皇（東京、1940年6月）（A.Zischka, *Japonia,* Warszawa 1938?）

領事認可状の付与に関わる双方の合意が盛り込まれていた。第二の覚書は、新領事イェジ・リテフスキの正式の任命に関するものであった。リテフスキは、一九三八年四月一日から実質的に業務を開始していた。さらに第三の覚書は、領事館員および在留市民に対する最恵国待遇と経済協力に関する条項を含んでいた。覚書の交換は、ようやく一二月七日にワルシャワと新京で同時に公表される運びとなり、それは満州国の形式的かつ最終的承認を意味する完全な関係正常化への第一歩をなすものとされた。ポーランド政府は満州国と他国の関係正常化において力を貸す用意があることも、ロメルは付言している。

ポーランドと満州国の接近は中国側を刺激したため、ポーランド政府は満州国の法的承認はないと証言し、中国側の不安を鎮めようとした。ただし、在満ポーランド人の安全という見地から領事の交換が不可欠であることを強調した。

満州国関連の最後の行動として、一九四〇年六月二七日、ロメルはちょうど東京に滞在していた満州国皇帝溥儀（一九〇六―一九六八）を訪問した。ロメルはこの訪問とそれに関連する問題を、宛先不詳の書簡に詳しく記している。

［……］ハルビンのリテフスキ領事への手紙の中で、私は、この招待を受ける決心をしたことについて述べた。わが同盟国の中でこうした点で目立つという発想はそもそも気に食わないが、あちらでの我々の仕事がやりやすくなるかもしれないと考えてのことだ。［……］イギリス人の友人を訪ねて、［……］招待のことを話した。

［……］この件については政府の指示を仰いでいられないから、満州国のポーランド人のために独断でこの招待を利用するつもりだ、と付け加えた。［……］私たちは、満州国皇帝の謁見が私一人だけなのか、それとも他の人々と一緒なのか、日本の外務省に説明を求めるということで意見が一致した。ドイツ人と一緒ではこの謁見の機会を利用するわけにはいかないからだ［……］。謁見は外交官リストの上位の者から順に行なわれることになっている。従って、最初にポーランド大使、サン・サルヴァドル総領事、次にドイツ大使、スペイン公使、ハンガリー公使、イタリア代理公使、続いてローマ教皇庁代表、サン・サルヴァドル総領事［……］の順になる。

六月二七日木曜日の午後三時、私はフロックコートに身を包み、満州国からの賓客が滞在する赤坂離宮に出向いた。正面玄関の階段を上がって二階へ行くと日本人の侍従たちに迎えられ、待合室のサロンに通された。そこにはすでにローマ教皇庁代表や［……］サン・サルヴァドル総領事［……］が来ていた。他の外交官は、ドイツ人やイタリア人と一緒に少し離れた別のサロンで待っていた。［……］

私は最初に招き入れられた［……］。謁見の間の入口には日本の儀典局長が立っていた。入口の左手の壁際に東京駐在の満州国大使と随員がいた［……］。皇帝は［……］制服姿の軍や宮廷の高官をずらりと従えて、サロンの中央に立っていた。リボンなしの勲章を付けた二つ星の軍服姿だった。背丈は中位だが、体つきはしっかりしていて、スポーツで鍛えられたような印象を与えていた［……］。

私が近寄ると、儀礼的なお辞儀の後、侍従の一人によるよく通る声のアナウンスがあり、皇帝は白い手袋を脱いで私の手を握り、大きな声で二言三言、中国語で述べた。通訳が［……］その言葉を英語に訳してくれ、皇帝の歓迎の挨拶であると私にもかろうじて理解できた。［……］私はゆっくり、はっきりと英語で答えた。皇帝がこの言語をわかってくれることに期待しながら。［……］皇帝は注意深く私の言葉に耳を傾け［…］、私に礼を言い、わが国と私個人に対して丁重な言葉を述べられた。私がお辞儀をすると、皇帝は別れの挨拶に手を差し出した。私は後ろ向きに進み、しきたりに従って三度、お辞儀をした。［……］私は私の後ろの影に入ってくるドイツ大使のE・オット［オイゲン・オット、駐日大使在任期間：一九三八―一九四三］のシルエットに気がついた。他の外交官たちの謁見は私ほど長くなかった。（TRDAJ, t. 2）

グディーニャ、ルヴフ、ダンツィヒの日本領事館

ポーランド政府は、世界への窓となる海への出口と港湾をもつことがポーランドにとっていかに重要かを、常に認識していた。ダンツィヒ（ポーランド語名グダンスク）自由市とされたことの埋め合わせにグディーニャを建設したのもそのためであった。グディーニャにもいくつかの外国領事館が開設され、ポーランドの国際的地位が認められた証となった。このことは、一九三〇年代前半に強まっていた反ポーランド運動とダンツィヒ在住ポーランド人の権利制限に対する上で特に重要であった。

日本がグディーニャに領事館を開設することも、ポーランドにとっては重要であった。日本は領事館開設の可能性を検討していたが、二つの港に同程度の関心を持っていた。一九三三年七月、この件に関する日本外務省との正式の交渉を開始したのは、当時の東京駐在ポーランド代表アントニ・ヤジジェフスキである。彼は、両国間の貿易の拡大にとってグディーニャ港のもつ意義が特に大きいことを強調した。ところが、日本側はなかなか回答してこなかった。そこで一九三四年五月、ヤジジェフスキの後任のモシチツキ公使が再び折衝を行なうことになる（AAN, MSZ5970, nr472b/J/2）。モシチツキは広田外相との会談で、日ポ間の通商関係の発展にとって領事館の開設がいかに重要かを強調している。一九三三年にグディーニャ‐神戸‐横浜間に定期船が就航していたこともあったが、それを別としても、グディーニャには日本船がますます頻繁に姿を見せるようになっていたのである。[18] モシチツキは、上記との関連でポーランド側も横浜に名誉領事館を置きたい意向であることも付け加えた。実際、一九三四年に在横浜ポーランド

名誉領事館が設置され、「日本研磨砥石株式会社」の渡辺利二郎社長が名誉領事に就任している。渡辺は一九三六年七月に設立された「日波通商協会」の会長となり、領事在任中はつねに駐日ポーランド公使館、とりわけヤツェク・トラヴィンスキと密接な協力関係にあった[19]。ちなみに、ポーランド側の名誉領事館は、一九二六年一二月から横浜にあり、松岡順吉が名誉領事を務めていた（GGS, M. 1.5.0.3-30）。広田外相は、財政上の理由から常設の領事館を開設することはできないが、グディーニャに名誉領事館を設置するためあらゆる努力をする、と約束した。

渡辺利二郎名誉領事（後列左から３人目）自宅庭にて。ロメル大使（後列左端）、トラヴィンスキ秘書官（後列右端）（写真提供：マグダ・トラヴィンスカ＝イェンチミク）

引き続き日本外務省で領事館に関する交渉にあたったのは、ヤツェク・トラヴィンスキ一等書記官であった。トラヴィンスキは法的に不完全な名誉領事館を開設する可能性が検討され始めていることを知り、不安を感じていた。というのは、ポーランド人領事では言語上の困難があって日本の法律の適切な理解に支障があるのではないかと思っていたからである。領事館をグディーニャ、ダンツィヒのどちらに設置するのかはまだ決まっていなかったが、場合によってはポーランド側から提示された二人を領事候補としてもよいと考え始めていた。その二人の候補というのは、「ポーランド海運株式会社」および「ポーランド・イギリス船舶協会株式会社」社長のフェリクス・コルラト（一八九五—一九七五）、グディーニャ商工会議所副会頭のユゼフ・クラフチンスキであった（AAN, MSZ 5970）。一二月六日、日本政府はグディーニャに領事館を開設するという決定を下し、その三日後、広田外相はコルラトの任命に同意する旨をワルシャワに伝えた（GGS, M. 1.3.1-1-12）。一九三六年四月一七日、イグナツィ・モシチツキ大統領は次のような領事認可状を与えている。

ポーランド共和国大統領は、大日本帝国裕仁天皇陛下がフェリクス・コルラト氏を在グディーニャ日本国名誉領事に任ぜられた、一九三六年一月二四日東京において発行された任命状を接受したことを周知するものである。フェリクス・コルラト氏をポーランド共和国の名において在グディーニャ日本国名誉領事として承認し、任命状に領事認可状を与えると同時に、ポーランド当局に対し業務の遂行に必要なあらゆる援助を提供することを命じる。（AAN, MSZ 602）

しかし、日本側は主として対ドイツの観点からダンツィヒの領事館を必要としており、一九三七年一月にこの件を再び取り上げる。ポーランド外務省における交渉に出席したのは、木村惇代理公使であった。木村によれば、日本側は、ダンツィヒの名誉領事をポーランド側の推薦する人物でかまわないとしていたが、コルラト以外の人物を望んでいた。「ダンツィヒ自由市をその境界線の外にある名誉領事館の権限に含めるのは、好ましくないと思われる」という理由からであった（AAN, MSZ 605）。ポーランド側は、ダンツィヒのポーランド人がますます困難な状況に陥っていたことから、名誉領事のポストにダンツィヒのポーランド系市民を任命しようとしていた。ところが、ダンツィヒ自由市当局は、諸外国の名誉領事がポーランド人に偏り過ぎているとして、この人選に難色を示した。

ヨーロッパ情勢が急激に変化しソ連の地位がますます強まるなかで、一九三八年初頭、日本は常設の領事館をルヴフに設置することを決定した。それは対ソ情報の収集のより大きな可能性を開いてくれるはずであった。酒匂大使はワルシャワで交渉にあたり、広田外相に報告している。

ポーランド側は、ルヴフにわが国の代表者を置くことに関して条件は特にない、と回答してきた。ソ連の反応に特別な注意を払う必要はないとも言う。ソ連に対するポーランドの態度はすっかり冷え込んでいるからだ。ただし、一つだけ要望が出ている。つまり、我々が派遣すべきなのは領事館員であって、大使館員ではないということだ。そうした前例はないからである。

酒匂大使はシェンベク副外相とも会っており、シェンベクは後にこう書いている。

マウォポルスカ東部は特に微妙な地域であるため、ルヴフ領事館は当地の国家機関と密接に連絡をとりつつ協力路線を歩む必要が出てくるであろうことに、私は大使の注意を喚起しようとした。ついに私は大使に、新しい領事館が建つのはいつ頃になりそうか、と質問した。大使は、そう遠くない時期だと思う、と答えた。日本は現在ソ連領内の二つの領事館を閉鎖しているため、尚のこと、ポーランドに領事館を新設する際も、何ら人的・財政的困難はないであろうというのだ。[20]

こうして、日本側は、対ソ情報の収集という「特別な任務」を課せられた領事館の新設に伴う形式的な手続きを開始した。ところが、一九三八年後半はなぜか、この件に関するやり取りは、ぱたりと途絶えてしまうのである。それが再開されるのは、一九三九年七月になってからである。日本政府は八月一一日に後藤安嗣を在ルヴフ副領事に任命し（GGS, M. 2.1.0-10-91）、八月一七日にはポーランド外務省がこれを承認している（AAN, MSZ 605）。この領事館の管轄区域に含められることになったのは、ルヴフ県、スタニスワヴフ県、タルノポル県、ヴォウィン県、クラクフ県である。在ルヴフ領事館はポーランド領内で唯一の常設領事館ということで、日本大使館は同領事館の権限をポーランド全域とダンツィヒ自由市に拡張するという提案を出したが、これは不都合があるとして却下された。領事館所在地が地方都市で「権力の中枢ならびに工業の中心から遠く離れている」という理由からであった。

参謀本部間の協力と軍事代表の交換

日本のポーランド駐在武官たち

一九二〇年代に山脇正隆大尉が先鞭をつけた日ポ間の軍事協力関係は、一九三〇年代の特に後半になって発展する。それは当時、ワルシャワが絶好の戦略拠点になると見なされ、東部が主たる対象ではあるが西部も含めたヨーロッパ諜報網の日本独自の拠点を作るべきだと考えられていたからである。そこで一時的に、駐在武官補佐または軍事顧問という名目で武官事務所の人員を増やしたのである。実習生もそれ以前の一〇年間より頻繁に送り込まれ、知見を広めたり言語の勉強をしたりするだけでなく、武官事務所の仕事を手伝うようになる。情報の収集も任務の一つであった。

ワルシャワ駅に前任者の鈴木重康（前列右から３人目）を見送る秦彦三郎（同５人目）とポーランド軍参謀本部代表（1930 年7月）（国立デジタル・アーカイヴ所蔵）

日本側のポーランド駐在武官は、秦彦三郎少佐（一九三〇年六月—一九三二年一二月）、柳田元三少佐（一九三四年三月まで）と続き、次いで山脇正隆（一九三五年一二月まで）が二度目の——ただし、今度は大佐として——駐在をし、沢田茂（一九三八年三月まで）を経て、上田昌雄中佐が第二次世界大戦前最後の駐在武官となり、一九四〇年三月に正式に召還された[21]。これらの武官たちはいずれも、一九二〇年代の駐在武官たちと同様に、高級将校育成のエリート校である陸軍大学校を修了している。

秦彦三郎（一八九〇—一九五九）は、参謀本部第二部ロシア班に勤務し、関東軍司付の満州里機関長やモスクワ駐在武官補佐（一九二六―二七）を務める中で対ソ諜報活動に関与していた。ポーランド勤務の前の半年間は東京の参謀本部にいた。ポーランド公使館付武官を務めた一年間は、ラトヴィア、リトアニア、エストニアの駐在武官も兼任していた。

柳田元三（一八九三―一九五二）は、歩兵連隊での実習の後、数年間にわたり陸軍省軍務局に勤務した。一九二七年から二九年にかけては、奨学金を得てポーランドおよびソ連で過ごした。一九三二年一二月七日、柳田はポーランドとルーマニアを兼任する駐在武官に任命された。(22)

無名戦士の墓前に立つ山脇正隆（前列中央）（ワルシャワ、1934 年 5 月 14 日）（国立デジタル・アーカイヴ 所蔵）

山脇正隆は、一九二二年にポーランドから帰国した後、歩兵第二二連隊に配属され、一九三一年には一大隊長から連隊長に昇格している。また、参謀本部で諜報の仕事にも関わっていた。一九三二年八月からポーランド着任までは教育総監部長を務めていた。

沢田茂（一八八七―一九八〇）は学業を終えた後、参謀本部、ウラジオストク派遣軍司令付きのオムスクおよびウラジオストク諜報機関に勤務した。また、ポーランド勤務の前には、陸軍大学校でも長年教鞭をとっており、ギリシャ駐在武官（一九二二―一九二四）、陸軍司令官や在ハルビン特務機関長も務めた。沢田の女婿にあたる飯村繁も第二次大戦後、ワルシャワの日本大使館員として勤務している。

戦前最後の駐在武官は上田昌雄（一八九七―一九九三）で、ポーランド勤務の前は、前任者たちと同様に主として参謀本部で軍人としてのキャリアを積み、関東軍参謀部にも勤務した。一九三〇年三月から一年余りの間、満州里の特務機関長の地位にあったが、そこから研修の名目でイランに派遣され

離任に際し、無名戦士の墓へ献花に訪れた沢田茂（ワルシャワ、1938年5月7日）（写真提供：沢田真）

た。一九四〇年三月、陸軍省兵務局付、いわゆる陸軍中野学校幹事となる。上田の子息の博章氏は、著者（ルトコフスカ）が二〇一三年春に日本でお会いした際、多くの興味深い情報と写真を提供してくださった。

一九三〇年代にはしばしば駐在武官を補佐する武官補が雇用されたが、それが一〇年間ずっと行なわれていたのかはわからない。著者が知りえたのは、松村知勝（一八九九―一九七九）が、一九三五年五月から一九三六年三月までその任務についていたということである。松村は一九三三年から軍事大学校に来ていた人物である。松村の後任は荒尾興功大尉（一九〇二―一九七四）で、一九三七年五月まで勤務した。翌三八年三月からの一年間は、武田功少佐（一九〇二―一九四七）が、一九三九年三月からの約九ヶ月間は於田秋光少佐が駐在した。

この時期、ポーランド駐在武官室には他の職員も雇われていた。例えば一九三八年三月から一年余りにわたって佐藤裕雄少佐（一九〇一―一九七二）技術本部ポーランド駐在官が、一九三九年には新美清一少佐と野村三郎少佐が嘱託として勤務していた。

これらとは別に、おそらく一〇〇名を超える士官・下士官が同じ期間にポーランドに来訪したと考えられる。[23] 奨学金による正式な派遣であるが、短期の研修、あるいはある具体的な部隊や場所の訪問が目的であって、そうしたケースでは完全な名簿を復元する手立てがない。日本側にはほとんど文書が残っていないし、ポーランド側の資料は断片的で、相互に食い違っている情報も多いからである。おそらくは一九二〇年代に定められた方針に従って、対ソ暗号技術の研究を目的として参謀本部からポーランドに派遣されたのが、深井英一大尉と櫻井信太大尉であろう。二人は一九三五年八月二二日から一九三六年六月一日まで参謀本部第二部暗号班で研修を受けている。

一九三六年七月、ポーランド軍参謀本部が［ロシアの］リャザンでのソ連軍戦車部隊の演習に参加してから来る「スミ」という少佐に七月二〇日から九月一五日まで機甲部隊での研修許可を与えていることも、ここに付け加えてよいだろう。同年七月一三―一五日、モスクワからワルシャワに来ていた「ニシムラ」という少佐が、レンベルトゥフ歩兵監部を訪問している。当時、ワルシャワ駐在武官をしていた沢田中将と荒尾大尉も同伴している。史料にはニシムラという苗字しか書かれていないが、一九三五年五月から一九三七年一月までソ連に駐在していた西村敏雄と判断してよいだろう。これは重要な情報である。というのは、この人物こそ、一九三八年から一九四〇年までストックホルム駐在武官をしていた西村敏雄だからである。その詳細については最終章で述べることにするが、一九四〇年八月にポーランド軍参謀本部第二部のミハウ・リビコフスキ少佐を日本大使館の駐在武官室に雇い入れたのは、他ならぬこの西村である。もう一つ、一九三七年九月には、在リガ日本大使館付武官の小野寺信少佐がヴィリニュスを訪れていることも書き添えておこう。この小野寺少佐が西村の後を引き継ぎ、スウェーデンでリビコフスキとの協力関係をさらに精力的に進展させたのである。

ポーランドの諜報機関と接触を持った日本軍将校に、水野桂三少佐がいる。この水野少佐は第五章にも登場するが、ここでも、もう少し触れておく必要があろう。すでに一九三五年三月、山脇がポーランド軍参謀本部第二部長のユゼフ・エングリフト大佐に、オストルフ・マゾヴィエツカの歩兵士官学校での水野の研修への許可を申し入れている。山脇への回答は、研修はできないが学校訪問であれば許可する、というものだった。これに対し山脇は、例えば東部辺境のもっと大きな町の歩兵連隊での研修を許可してもらえないだろうか、と問い合わせている。参謀本部の記録が物語っているように、参謀本部が許可を与えているにもかかわらず、水野はこの時期には実習を行なっていない。この件が再度浮上するのは一九三六年五月のことであり、山脇の後任の沢田駐在武官からの願出に対し、ポーランド軍参謀本部長が、将校研鑽システムおよび士官候補生・予備役の教育法の習得を目的とする水野桂三少佐のレンベルトゥフ歩兵監部訪問での研修を許可している。水野は七月二日から八月二九日までヴィエルコポルスカ歩兵第五八連隊でも実習を行なっている。水野の第五八連隊訪問に関する一九三六年九月一日付の詳細な報告書に、連隊長のペック中佐が参謀本部第二部長に宛てて以下のように書いている。

一　水野少佐は〔……〕歩兵中隊長をしていたが、次に士官学校の教官となり、直近にはモスクワ駐在武官とともに働いていた。ロシア語を流暢に話し、ポーランド語もそれに劣らず、話すほうはまだ修得にはいたらないが、完璧に理解する。背が低く、貧弱な体格で、肉体的な負荷、行軍、特に夜間の行軍にはたいへん弱い。歩兵、とりわけその戦術によく通じ、落ち着きがあって忍耐強く、控えめで、口数が少なく、冷静な表情を崩さない。

二　わが軍のあらゆる戦闘訓練に参加し、近距離を騎馬、遠距離をオートバイで走行した。同行した将校たちのいかなる指示や命令にもきちんと従ったが、特別な関心を示しはしなかった。関心をのぞかせたのは、予備役将校の戦争準備についてであった。何か訊かれると、快く丁寧に答えていた。

三〔……〕帰国前には、自ら送別会を開いて将校団との別れを惜しんだ。この折に、私は水野少佐に連隊の徽章を、将校たちは銀のシガレットケースを贈った。我々と水野少佐との意思疎通はロシア語で行なわれ、この日本人の専属の世話役にはロシア語の流暢な二名の将校がついた。連隊は水野少佐に多大なる好意を表し、水野少佐もまた多大なる好意をもって応えた。（AAN, SzG 617-13）

日ポ両国の参謀本部間の協力関係とその主たる目的が対ソ情報の収集にあったことを示す出来事としては、一九三七年一二月一〇日から一三日にかけてワルシャワで開かれた両参謀本部の代表者会議も含めるべきであろう。この会議の目的は、平時におけるソ連軍の配備に関する知識の点検、戦時におけるその動員体制と鉄道輸送能力の分

沢田茂（前列中央）邸でのパーティーにて。右端にユゼフ・タルゴフスキ初代駐日ポーランド公使（1937年）（写真提供：沢田真）

析にあった。日本側の出席者は、ソ連の軍事問題に詳しい沢田駐在武官、この時たまたまワルシャワの駐在武官室に滞在していた動員問題専門家の二見秋三郎中佐、鉄道問題専門家でソ連領内における諜報活動の指揮にあたっていたモスクワ駐在武官室秘書の広瀬四郎少佐、ソ連軍の研究に従事していた参謀本部の武田功少佐、ワルシャワ駐在武官室の林三郎大尉であった。一方、ポーランド側の出席者は、参謀本部第二部長で会議主催者のタデウシュ・ペウチンスキ大佐、第二部第四課長のイグナツィ・バナチ少佐、ロシア班班長のヴィンツェンティ・ボンキェヴィチ少佐、第二部のヴウォジミエシュ・ミズギェル＝ホイナツキ少佐、ロマン・ゴンドレフスキ少佐であった。

報告書には次のように書かれている。

> [会談に] 入る前、[……] 双方とも [……] それぞれの参謀本部の見解を代表していることを宣言した [……]。ポーランド側は、参謀本部長の指針に従い、日本側によって提示された問題の討議にのみ応じ [……] 日本側は多数の文書を駆使し [……] 几帳面にノートをとりながら、当方の説明をたいそう注意深く聴いていた。[……] 会議が非常に収穫の多いものであったことを双方が認めている。ソ連軍に関する双方の見解は非常に近い [……]。（AAN, SzG 616-249）

この時期、ポーランドに駐在していた日本軍代表のもっとも重要な任務は、やはり対ソ情報の入手と暗号技術の向上であった。その責任を負っていたのが駐在武官であり、中でも精力的に活動したのが山脇正隆と沢田茂であった。彼らのおかげで日ポ間の軍事協力関係は非常に良好であったため、二人は自らの地位を利用して日本外務省の対ポーランド政策を後押ししようとした。例えば、沢田はこの時期、ポーランドに駐在していた日本の外交官と同様に、日中戦争をめぐる国際連盟総会の場で日本支持を訴え、ポーランドの防共協定加入の約束を取り付けようと尽力した(AAN, MSZ 1778)。

無名戦士の墓へ献花に訪れた山脇正隆(前列左から２人目)(1934 年)
(国立デジタル・アーカイヴ所蔵)

日ポ関係においてとりわけ重要な役割を果たしたのが、一九二〇年代にもポーランドで活動したことのある山脇正隆であった。山脇のおかげで日本陸軍には多くのポーランド贔屓がいて、日本に駐在するポーランド軍事代表は必ずといっていいほど特別な厚遇を受けた。ポーランド問題の専門家と目されていた山脇は、しばしば黒子として、日ポ協力に関する公式・非公式の会合や会談に参加した[24]。それゆえ、いわゆる日ポ間の軍事協定に関する噂が流れた際も、山脇はそれを打ち消すよう頼まれ、公式には一九三五年一月三一日に「日本電報連合」を通じてプレスに伝えた。

日ポ間の接触における山脇の役割については、モシチツキ公使が東京から本国の外相に極秘書簡の形で詳しく書き送っており、一九三六年六月十九日に行なわれた山脇大将との会見について報告している。(nr 52/J/18)

> 山脇大将は当地の軍関係者の間ではヨーロッパ事情、特にソ連事情を専門とする、ずば抜けて優秀な将校とし

エドヴァルト・リツ＝シミグウィ将軍から献呈されたサーベルを手にする山脇正隆（駐日ポーランド公使館、1937年5月3日）（写真提供：テレサ・ロメル）

> て通っている。山脇がポーランドとルーマニアを兼任する二度目の駐在武官に任命されたとき、時の陸軍大臣、林大将はもっとも貴重な人材の一人をワルシャワに派遣するのだ、と私に言った。〔……〕山脇はその年にポーランドから帰国し、陸軍省整備局の幹部職に就いた。帰朝後、皇居に参内し、一時間半にわたる謁見では、ポーランド情勢とわが国の諸問題について詳しく報告した。次に、広田首相および有田外相とはさらに長時間の会見を行った。これらの会見において山脇は、在ポーランド大使館を設置し、ポーランドにおける外交活動を強化して、独ソ間におけるポーランドの役割にもっと関心を払うべきである、と進言している。〔……〕
>
> 山脇はポーランド問題に触れつつ、ポーランド通の日本の有力者たちがわが国の外交政策を、現ヨーロッパの国際関係においてとりうる最善であると評していることを喜々として強調した。
>
> 別れ際に山脇大将は、日ポ関係のために喜んで働くつもりである、と約束した。〔……〕山脇大将と率直に意見を交換した結果、私は、当地ではポーランド帰りの一団の将校がポーランドへの関心を呼び起こす宣伝役となっており（山脇大将はその最右翼である）、日本の対ポーランド政策に関する限り、指導部の中にだんだん耳を傾ける者が現れているという結論に達した。（AAN, MSZ 5945）

もう一つ付記すべきことは、一九三九年、当時すでに陸軍省次官となっていた山脇が緊張の極に達していた独ポ関係の仲介役を引き受けようとしたことである。一九三九年六月三〇日、東京のポーランド大使館で開かれた昼食会には、山脇のポーランドへの貢献に対する賞賛の印としてモシチツキ大統領から託された剣を携えたワルシャワからの特使、ヤン・フリリンク参事官が同席していたが、山脇はこの席で次のように述べている。

私はポーランドの友人であります。このことはポーランドではつとによく知られております。私のポーランドの友人たちとしかるべき方々に、この状況についての私の考えをお伝え願いたい。ドイツ人と話すとき、私は常々、ポーランドの歴史を勉強するようにと言っております。〔……〕ドイツをロシアから隔てているポーランドを敵に回すのは、ドイツのためにならないのだ、と。

一方、ドイツに赴任する日本軍将校には、陸軍省次官としてこう言っておきます。百数十年もの隷属の末に独立を勝ち取ったポーランドは、自らの威信に注意を払い、権威を守らねばならないのだ、と。〔……〕

独ポ関係においては、両者が神経をとがらせ始めている。それが状況をいっそう困難にしています。これらの問題の収拾には、何よりも冷静さが必要です。日本のことわざに「大事の前の小事」というのがあります。ポーランドはこのことを念頭に置き、時には譲歩もできるようでなくてはならない。〔……〕ドイツに譲歩することがあなたがたにとっていかに困難なことか、私にはわかる。〔……〕ここに、あなたがたが信頼してくれている日本の出番があると思うのです。日本はドイツ・ポーランド関係の仲介役もしくは保証人になれるのではないでしょうか。(TRDAJ, t. 1)

フリリンクも山脇との会見について著者(ロメル)に話してくれたが、山脇自身は後年、次のように語っている。

私たちはポーランド・ドイツ紛争の脅威について話していました。私の提案は私の考えをそのまま表現したのであって、自分のほうから切り出したのです。わが政府の政策が反映されたものではありません。もし私に何か手伝えることがあれば、喜んでやらせてもらうつもりだという気持ちを率直に表明したのです。

山脇大将は酒匂大使と同様、戦争を回避するには、ポーランドはドイツと何らかの妥協をはかるべきであり、日本がその仲介役を果たせるのではないかと考えていた。ポーランド側の説得に際しては防共協定の意義を説いたりもしている。山脇によれば、それは三つの同盟国の考え方が同じであることを示しているに過ぎず、日独伊の軍事協力は必ずしも必要ではないというのであった。もう一つ、付け加えておく必要があるのは、この問題に決着をつける発言をしたのはロメル大使だったことである。

日本軍の優秀な、たとえわが国に対してもっとも友好的な代表者であれ、わが国自身の利害に関わることに口出しを許すわけにはいかなかった。日本に、あたかもこの問題において優位に立つかのごとき仲介役を任せるわけには［……］。私の回答が［……］山脇大将に大きな影響を与えたのは明白だった。私の言い分は理解できるし、その通りだと思う、と彼は言った。［……］そして、日独関係が冷え込んでいなければ、［……］ベルリンでもっと容易に効果的な助言を与えることができるのだが、と付け加えた。この件については今後も密に連絡を取らせて欲しいと言い、私は承諾した。（TRDAJ, t. 1）

ポーランドの日本駐在武官たち

一方、東京に駐在したポーランド側の武官は以下の通りである。前章に登場したヘンリク・ライヒマン＝フロヤル少佐に代わって、アントニ・シルサルチク大尉が一九三一年に着任し、次いで一九三五年一月にはアントニ・プシビルスキ少佐に、そしてたぶん一九三八年からイエジ・レヴィトゥ中佐に引き継がれた。[25]

アントニ・シルサルチク大尉（一八九九―一九八五）が初めて入隊したのは一九一七年、分割統治時代のオーストリア軍であったが、一九一八年には晴れてポーランド軍に移行したのであった。一九二〇年にはリトアニア・ベラルーシ戦線の歩兵第六師団の参謀将校に任ぜられ、次いでヴォウィンに転属となった。一九二五年、二年制のワルシャワ軍事大学を卒業すると、参謀本部付将校として参謀本部第三部に配属された。翌二六年にはフランス語、英語、イタリア語の通訳としてポーランド軍学術出版所に転属となり、さらに三〇年からは参謀本部第二部に所属することになる。この間に、日本語も学んでいる。東京に駐在したのは一九三〇年三月から一九三五年五月までで、最初の二年間は駐在武官の助手、残りの期間は駐在代理を務めた。日本に関する数冊の本と研究書を書いている。武士道や日本軍人の精神教育にも関心を持っており、その証拠に、東京から参謀本部に送った報告書にはしばしばそれらに関する資料が添付されている。例えば、軍人勅諭などを含む『歩兵操典』、『軍歌集』、戦争短編小説、兵士たちが詠んだ詩歌などである。後年、シルサルチクはこれらの史料に基づいていくつかの論文を書いており、その一部は『ポルスカ・ズブロイナ（戦うポーランド）』紙に発表された。

アントニ・プシビルスキ少佐（一八八九―?）については、ヴィエルコポルスカ蜂起、一九二〇年のポーランド・ソ連戦争に参加したこと以外、あまり多くは知られていない。

イエジ・レヴィトゥ大佐（一八九七―一九四四）は、キエフ工業学校（一九一六）、ヴェルサイユ工業学校（一九一九）、パリ高等軍事学校（一九二七）を卒業した後、参謀本部第三部勤務となる。一九二九―一九三一年、軍事大学で教鞭を執る。一九三五年、装甲訓練センターの指揮官に就任している。

アントニ・シルサルチク
（東京・1935年）

シルサルチク大尉は東京での日々を活動的に過ごした。通常一一月に行なわれていた特別軍事演習にも、一九三〇年以降、五度にわたって参加している。一九三四年一一月一一〜一四日に栃木、熊谷、前橋で行なわれた演習に関する参謀本部第二部長宛の報告書に、彼は次のように書いている。

　外国人将校は例年より多かった。約二〇名の満州軍将校以外に、アメリカ軍将校が四名、ソ連軍将校が四名もいたからである。［……］今回、

日本陸軍の演習を参観する各国武官。前列左から２人目がヘンリク・ライヒマン＝フロヤル。その後ろに立つのがアントニ・シルサルチク（熊本、1930 年）（写真提供：プシェミスワフ・シルサルチク）

外国人オブザーバーは兵士も装備も撮影の許可は下りなかった。

全体的な印象―五度の特別演習への参加を通じて、［……］装備、技術の水準にはたえざる向上が認められる［……］（AAN, SzG 616-273）

日本軍の特別演習には、後任の駐在武官たちも参加した。すなわち、プシビルスキ少佐が一九三五年一一月九―一三日に九州の鹿児島で行なわれた演習と、一九三六年一〇月一―六日に北海道の札幌、岩見沢、苫小牧で行なわれた実習を視察している。

プシビルスキ少佐は一九三五年一月二〇日にワルシャワを発ち、モスクワ、ハルビン、新京（長春）、釜山を経由して、二月初旬、東京に着いた。この旅と来日直後の時期について参謀本部第二部長に宛ててこう書いている。

［モスクワでは］二度、日本の陸海軍駐在武官およびその補佐官たちと会った。二度ともたいへん心地よいものだった。秦〔彦三郎――著者注〕大佐との話から察するに、彼は山脇大将から情報を得て私への接し方を心得ていたようだ。ここから先の旅における様々な便宜を得られたのは、秦大佐から在満州および在ハルビン日本軍軍事使

節団長に送られた電報のおかげである。〔……〕

二月一一日には、〔東京の〕参謀本部を訪問した。参謀総長である閑院宮の歓迎は特筆に価する。当地の慣習および皇族に適用される儀礼がそうであるように、二言三言言葉を交わすだけの数分間の訪問も特別な関心と好意の証と見なされるはずである。とりわけ、参謀長は日本軍将校に対するポーランドでの手厚いもてなしに満足の意を表し、参謀本部第二部との協力に関する私からの申し出に答えて、できるだけよい条件を約束しようと言った。〔……〕

二月一三日には、海軍省および軍令部を訪問した。私は加藤寛治中将および軍令部長の伏見宮に迎えられた。これはそもそも格式ばった訪問であった。いくらか色めきたったといえば、ソ連軍第三部（陸軍第二部に相当する）の部長および将校たちと鉢合わせたときであった。陸軍次官の橋本虎之助中将を訪ねてこの訪問は終了となった。〔……〕橋本大将は私に、情報分野でわが参謀本部と密接な協力関係を結ぶための好条件がそろっている、と太鼓判を押した。〔……〕

幹部クラスの人々との全般的な予備会談から得た印象と、参謀本部の職員たちとのより部分的・具体的な意見交換とから得た印象を総括するなら、結論は、日本軍参謀本部がソ連軍研究におけるポーランド軍参謀本部との協力の拡充に非常に乗り気だということである。ワルシャワにおけるこれまでの接触の賜物であり、そのさらなる発展は私との関係いかんにかかっていることをはっきりと自覚できたことが、大佐殿に命じられた方向でよい結果を出すための諸条件を私に確信させる最上の安全保障になるものと思われる。（AAN, SzG 616-273）

プシビルスキは自分の意見を次の報告書（一九三五年四月二五日付）に書いている。

前の書簡で報告したように、私と当地の参謀本部の好ましい協力関係が形成され、それはすでに実践の中に現れている。［……］新部長［岡村寧次］就任時の第二部への訪問、シルサルチク離任の際の儀礼的な集まりは、当地のわが公使館がいかに例外的な権利をもって遇されているかをあらためて強調する格好の機会となった。（AAN, OII SzG 616-273）

プシビルスキは一九三五年八月二日から一六日にかけて、さらに北海道と樺太にまで視察の足をのばし、仙台、青森、函館、札幌、旭川、稚内、豊原などを訪れ、帰路には室蘭、弘前、秋田にも立ち寄っている。この旅の目的は、日本軍部隊への表敬訪問とこれらの地方の実情を知ることであった。このとき訪問したのは、仙台の野砲兵第二連隊、旭川の歩兵第二七連隊、野砲兵第八連隊である。八月二二日、参謀本部第二部長宛の報告書に、プシビルスキは次のように書いている。（L. dz. 100/Jap.tj.）

行く先々で非常に丁重な歓迎を受けたが、肝心の公開演習ということになると、過度の自己規制が感じられ、ある部隊の存在条件をごく大雑把に知らせるという枠から出ようとしない。周知のように、日本陸軍は再編の最中であり、第一の目標は射撃能力の増強と装備の充実である。現に、たとえ間接的でもそれに直接関わる質問は、大げさとも思われるほどかたく拒否された。（AAN, SzG 616-273）

同様の対応は、久留米の戦車隊、九州の太刀洗航空隊を訪問した際（一九三六年五月八―一二日）にも遭遇する。彼は参謀本部にこう書き送っている。

［……］私はどちらの連隊においても、丁重で親密なもてなしに迎えられた。だが、デモンストレーションの実際面については批判せずにはいられない。日本軍の公開演習の特徴は、訪問者に対する完全なる消極性である。

何らの創意もない［……］。訪問日に指定されたのは休日であった。［……］私は連隊の編成について教えてほしいという要望から始めてみた。ホスト側は延々と相談していたが、返ってきたのは沈黙であり、［……］ごくありきたりの説明が二、三なされただけだった。（AAN, SzG 616-249）

プシビルスキ少佐はピウスツキ元帥の死去に関連するいくつかの式典にも立ち会っている。一九三五年五月一四日には、陸軍大臣、海軍大臣、および参謀総長、軍令部総長の代表が弔問に訪れた。五月十八日には葬送ミサが営まれ、陸軍大臣の林銑十郎大将、海軍次官の長谷川清大将、他国の駐在武官や補佐官らが参列した（AAN, OII SzG616/273, L.dz.47/35）。さらには東京のポーランド公使館でも、ピウスツキ元帥の死を悼むささやかな追悼式典が行なわれた。これには、公使館職員のほか、日波協会の代表として副会長の徳川頼定侯爵らが参列している。日本の新聞にピウスツキの活動を取り上げたいくつかの記事が掲載されたことも追記すべきであろう。一九〇四年の来日やポーランドにおける盛大な葬儀の模様も記されたものである。五月一四日にはポーランド大統領宛の天皇からの悔やみ状が届いた。一九三五年九月四日には、クラクフのピウスツキ稜にまく土の採取式が行なわれた。この採取式について、プシビルスキは参謀本部宛の報告書に次のように記している。（L.dz.103/35）

土は陸海軍の戦没者を含む国民的英雄が祀られている靖国神社の境内から採取されたものである。土の採取およびその土の奉呈は、しかるべき宗教的儀礼に則って執り行なわれた。
献金者、すなわち日本軍将校、軍事功労賞の受賞者、ポーランド滞在によりポーランドに縁の深い人々を代表したのは、参謀総長で元ワルシャワ駐在武官の鈴木荘六大将をはじめとする数名の将校たちであった。［……］
儀式は本年一〇月、献金者全員が記帳した名簿の贈呈で全日程が終了する［……］。（AAN, SzG 616-273）

プシビルスキ少佐は、東京勤務のほぼ全期間を通して、日本軍参謀本部と良好な関係にあったが、イェンジェイェヴィチほどではなかった。それは二人の性格の違いや仕事への取り組み方にもよっていたが、政治情勢が影響したのも確かであった。一九三七年に日中戦争が勃発すると、参謀本部の幹部は外国人駐在武官と接触するのをやめてしまい、プシビルスキ少佐との関係も一時的とはいえ断絶同然となった。だが、ポーランドが日本の軍事行動に関し国際連盟総会で調停役を果たす可能性からポーランドに対する態度が変化したことで、プシビルスキ少佐との接触が再開された。一九三七年一〇月、プシビルスキは上海など中国戦線の視察に参加した。彼がソ連の専門家だったことから、中ソ軍事協力の状況を探る上で参謀本部に多大な貢献をなしうると目されていたのである。

アジア・太平洋戦争開戦前の最後の東京駐在武官イエジ・レヴィトゥ中佐の活動に関しては資料が少なく、日本側との協力の顛末を明らかにすることはできない。レヴィトゥは前任の駐在武官たちと同様、三ヶ月ごとの報告書を参謀本部第二部長に書き送っているが、日本軍に関する問題に触れているのは一度だけである。東京ではポーランド国民の登録・管理の業務に携わっていたが、その主たる対象はシベリアに送られた軍人であった。また、大使館の人員削減にともなって、彼が民間人の問題の処理を手伝っていたこともわかっている。一九四〇年秋以降は、続々と東京に来るリトアニアからのポーランド難民に関わる業務に加わっていた。このことについては、最終章で述べる。

ヨーロッパにおける大戦勃発後、とりわけ一九四〇年に日本が枢軸側に加わってから、ポーランドの東京駐在武官に対する日本軍当局の関わり方はやや慎重なものになった。ロメル大使が一九四〇年一〇月一〇日に書いている。

［……］目に見える変化はない［…］。日本の対ソ諜報機関に雇われたポーランド軍将校に対する当地の軍当局の態度から見て取れるのは、ここ数日間の明らかな努力の形跡である。将校たちの活動は依然として価値があり、日独同盟は彼らに対する日本政府の好意的な立場をいささかも変化させるものではないと彼らに確信させるためだ。（TRDAJ, t.2)

第二次世界大戦の勃発と日本・ポーランド間の外交関係

一九三九年九月一日、ドイツ軍のポーランド侵攻により、第二次世界大戦が勃発した。このときのことを駐ワルシャワ酒匂大使の夫人、酒匂糸子が記している。

刈入れが済んだら戦争がある。とは夏以来噂されていたことであったが実際に独波の間にどうしても戦争が避けられないものとなり、［……］戦争の危機の迫っていることが感ぜられだして来たのは八月二一日独ソ不可侵条約が締結されてからであった。毎年夏は子どものためワルソー郊外のコンスタンチンという別荘地のヴィラを借り、其処で暮らすのを例としていたが、その頃運動のためゴルフをやりにゆく近くのゴルフ場で、二十三、四日頃から毎日夕暮れになると徴発されてルブリンの方向に向かってゆく馬群を見た。［……］

二二日のこと。ベルリンの大使館から電話で、靖国丸で館員の家族は引揚げないかという話があったけれど誰も引揚げないと返事した。というのは私達は若い書記生の奥さん方に至るまで最後まで踏止って夫と行動を共にする覚悟であった。また仮に引揚げるにしてもポーランドからならばロシヤを通過した方が簡便でいいと思ったからである。

ベルリンの大使館から引揚勧告は二三、四日と電話の序がある度に続き、ドイツでは二五日に邦人の引揚を敢行した。その後スエーデンの栗山公使からも同様のお話があったけれどもこれもお断りした。でともかくも、万一のため籠城の用意が必要であった。日頃から私の持論で、食料などはどっちかといえば多過ぎる位備えてあるのであったが、なおその上に米五〇〇キロ、塩二〇〇キロを買込んだ。砂糖はかねてから六〇〇キロの用意がある。

日本大使館のパーティーでの酒匂大使（右から２人目）と糸子夫人（同３人目）（1937 年）（写真提供：沢田真）

お茶もロシヤから取寄せたのが相当あって、まずこれで七〇人の人間が三、四ヶ月は充分に籠城出来る丈の用意は出来た。ドイツではもう早くから統制があったようであるけれども、ポーランドではまだその時もそれはなかった。［……］

九月一日チェッコ国境で初めてドイツの飛行機が爆弾を投下した。その朝九時半、私達のコンスタンチンのヴィラでも屋根の上を五台の飛行機が通過した。［……］飛行機はワルソーの方向へ飛んで行った。やがて爆弾の音がきこえ、高射砲が鳴り出した。これを最初にこの日はその後幾度も、ドイツ機は四〇台位の編隊で来襲し、その度に三〇分乃至四〇分の空爆を続けた。［……］

三日朝九時すぎと思う。やはりコンスタンチンのヴィラで、サイレンと同時に物凄い地響きがして私達のヴィラが地震のように揺れ、近くに爆弾の落ちた様子である。きけばアメリカ大使のヴィラの眼前の森に落ち、大使のヴィラでは二階の窓硝子がみんな壊れたということであったが死傷者はなかった。

［……］愈々九月四日の晩引揚の決心をした。［……］大使よりの命令によって館員の家族（女と子ども）は全部引揚げることに決まった。順路は国境駅からモスコーまで。モスコーからは既に査証が来ておる。五日間のモスコー滞在が許可されていた。引揚を決心したこの四日はそれまでのどの日よりも最も空襲の激しかった日で、その日の午後それまで一度も命中しなかったドイツ機の爆撃が、初めてウィスツラ［ヴィスワ］川の川向こうにある火薬庫に命中した。[26]

九月五日、ポーランド政府、国家機関、在ポーランド外国公館の緊急避難が始まった。まさにこの日、ワルシャワの日本大使館および駐在武官室の関係者の女性と子どもたちが、ソ連との国境近くのストウプツェに移動したのであり、そこからシベリア鉄道で帰国する手はずになっていた。酒匂夫人は書いている。

朝外務省から大使及び書記官に対して三時間内に予ねての指定地（ルブリン）へ発ってくれと言ってきた。期せずして私達家族は夫と同じ日に、方向は北と南に別れ別れに発つことになった。

途中の用意にと野菜の缶詰、ハム、魚、など買い集め、米を炊いて握りめしをつくり、鍋のままの御飯をも持ってゆくことにして兎も角二日分のお弁当を用意した。［……］

出発は予定よりずっと遅れて結局午後の六時半になった。［……］総勢は一五人、うち子どもは八人で、八人のうちの二人は乳呑児である。一同三台の自動車（二台は大使館のもの、一台は武官室のもの）に分乗し、一台のトラックには途中のベンジンと荷物を積込んだ。運転手は長年大使館（公使館の時代より）に勤めるマリアンという中年のポーランド人と日本名を小林という日露の混血児ヴォロージャ、それに武官の方の運転手（これもポーランド人）であった。［……］

さて兎も角大使一行に一足先んじて私達は車に乗り大使館を出た。ワルソーの街を出過ぎた頃日はとっぷりと暮れ、灯火管制のこととて真暗闇、僅かに自動車のヘッドライトにかぶせた紫色の灯を頼りに車はソ波国境ストルプツェへと急ぐ。この街道をワルソー以後四〇キロ余りの処までは私達の車と同じ方向に向かって進む軍隊があった。［……］子どもたちも午後から食べていないのでこれはそれまでの途中走りながら握りめしなど食べさせ早くに寝かせてしまっていた。運転手も空腹であろうと食事をすすめたが、出る時大使より一〇〇キロを出るまでは車を止めるなと言付かっているからとて直に食べず、その一〇〇キロを越した時はもう夜の一一時であっ

た。漸く此処で自動車を道端に停めて食事をし、約四〇分休んだ。その夜の気候は日本でいえば一一月の肌寒い夜のよう。[……]

目指す国境までは五〇〇キロ余、普通ならば一二時間で行ける行程であるけれど、三時間毎に授乳させる乳呑児の乳を温めねばならなかったり、例のぼろトラックがまたしても故障で立往生するのでなかなか捗らない。[……]

着のみ着のままぐっすり寝て明くれば九月七日。一同元気に[……]国境ストルプツェ駅に着いたのは一二時半。三〇分おくれてモスコーの大使館から迎えの人が二人来てくれた。毎日一回は国際列車が往来し停車するストルプツェ駅の食堂は前夜のブリストル・ホテルとは事変り小ざっぱりとしている。そこで食事を取り五時にモスコーへ発った。数時間前モスコーから迎えの人が来てくれた時は嬉しかったけれども、愈々モスコーへの汽車が出る時、此処まで無事に私達を送り届けてくれた人達に別れる時は誰もみな泣き出した。[……]

それ[ストウプツェ出発]から一七日目の九月二四日、満国[満州国]を通って日本へ急ぐ私達の列車が丁度安東と新義州の間を走っていたとき、予ねてその安否を気遣っていた橋爪[三郎]書記生が他の人達と一緒にケーニヒスベルグへ到着したという大使自身からの電報を受け取った。してみればあの時運転手達もあの道を無事にワルソーへ帰ったのであろう。漸く肩の荷を下し、実にうれしく明るい気持で日本への第一歩を踏み入れたのであった。

九月三〇日ワルソーも遂に陥落したらしいけれども、それまで市民は相当勇敢に戦い続けたようである。(27)

九月六日、すなわち酒匂夫人の回想記に記されている日付より一日遅く、酒匂大使が蜂谷輝雄参事官（一八九五―一九七九）、井上益太郎二等書記官、上田武官、野村三郎武官補、三人の日本人ジャーナリストとともにワルシャワを離れ、ポーランド政府や諸外国の代表と合流した。このときのジャーナリストの一人が、一九三八年からワルシャワに駐在していた「同盟通信社」の記者、森元治郎（一九〇七―一九九九）である。著者（ルトコフスカ）は一九九〇年に東京で森本人の口から話を聴く機会に恵まれた。森の記憶では、一行は三台の車に分乗してまずナウェンチュフ[*17]まで行き、そこからクシェミェニェツ（現ウクライナ領クレメネツ）へ向かったという。

森によると、酒匂大使とベックが次に――そして最後に――顔を合わせる機会となったのは、九月一一日である。この日、ベックはクシェミェニェツへ行き、そこに大挙避難していた各国外交団の不安を鎮めようとしたからである。このときにベックは、ポーランドと日本は依然として友好的な関係にあるから、「同盟通信社」通信員にはそのような心持でポーランドの状況を伝えてほしいという希望を述べたという。

九月一三日、ベック外相は各国外交団に対し、状況悪化のため安全を保障できずとの理由により「ポーランド領内への残留もしくは退去を決定されたし」との通達を出した。翌一四日、ベックはルーマニア国境のコスフに程近いクティに移動し、各国代表にザレシュチキへの移動を勧めた。森の話によると、日本人は、敗北したポーランド軍にはもはや形勢を立て直す力はなく、ポーランド政府も外交団に安全を保障しないだろうと見て、ポーランドからの即時退去を決定した。酒匂大使ら日本人の一行はザレシュチキに一日いただけで、九月一五日にはルーマニア領チェルナウツィ（現ウクライナ領チェルニフツィ）に向かい、そこからさらにブカレストに移動した。その二日後、ソ連軍が東からポーランドを攻撃したため、ポーランド政府も九月一八日未明、国境を越えてルーマニア領内に入ったのであった。

酒匂大使への召喚命令は、一九四〇年一月に出ている。日本側史料（GGS, M. 2.1.0-13-15）には、酒匂が一九四〇年一月初めに帰国したという記録が残っている。これについては、タデウシュ・ロメルも、東京で酒匂大使と会った後の二月六日に作成した覚書の中で触れている。

本日、午後二時、酒匂さんが予告なしに私を訪ねてきて、一ヶ月も前から東京にいるのに、今頃になって最初の訪問をすることになったいきさつを語った。［……］私はそれまで酒匂とは面識がなかった。［……］親ポーランド的な人物のように思われたが、わが国の将来については確信を持っていないようにも感じられた［……］。彼はチェルナウツィで最後にベックと会ったときの話をした。その後しばらくルーマニアにいて、賜暇を取得する前に本国政府からの命令で中欧・バルカン諸国を視察して回った。その後パリへ行ったが、困難が生じてロンドンまでは行けなかった。パリではひとりのポーランド政府関係者にも会っていない。日本政府から指示がなかったからだ（一〇月の終わり頃である）。［……］次にベルリンへ行き、懸命な努力の末、ワルシャワ行きの許可を得た。ボーイに先導されて軍用列車で行った。［……］一一月初旬に一五時間かけてだ。［……］宿泊した日本大使館は被害が軽微で、割れた窓ガラスもすでに入れ直してあり、セントラルヒーティングもついていた。水道、電気、ガスも使えた。ワルシャワの知人には会えなかった。［……］。酒匂は長期休暇で日本にいる。彼個人を政府が今後どうしようとしているのかは、まだわからないという。（TRDAJ, t.1）

ワルシャワの日本大使館が業務を停止したのも、この一九四〇年一月と思われるが、断定し得る資料がない。周知のように、日本大使館員の大部分は開戦直後の九月六日に、酒匂大使とともにワルシャワを離れた。しかし、ワルシャワにとどまった者もいたのである。一九四一年一〇月六日付『朝日新聞』は、九月二一日に残りの大使館員が全員退去した、と報じている。しかし、森元治郎の報告によると、退去が行なわれたのは一九四〇年の初めだという。一九三九年一二月中旬、森はドイツ当局の許可を得て、冬物の調達のためにワルシャワに戻っている。このとき、森はルーマニアに滞在していたポーランド人から託された多数の手紙を携えていったのだが、まだワルシャワに残っていた日本人にも会ったというのである。彼はこのことも自著に書きとめている。

＊17　ワルシャワの東南一六〇キロの地点にある小都市。現在はルブリン県に属する。

〔……〕一五日夜九時、ワルシャワに着いた。〔……〕ピエラッキエゴ一〇番地にある大使館は無事、籠城組の後藤副領事以下全員、現地人職員も一人も欠けず出勤していた。

私が残していったフィアットはガレージにあった。それにアパートに残したままだった洋服、身廻り品、書籍なども一切梱包されて倉庫にしまってあった。これらの荷物は女中アンナが仲間の力をかりてここまで運んで来てくれたとおしえてくれた。あのワルシャワ包囲戦で二万五〇〇〇の死傷者が出ているのに、いつどうしてやってくれたのか。私は涙がとまらなかった。彼女の行方はついにわからなかった。無事でいてくれと祈るばかりであった。(28)

在ポーランド日本大使館が正式に閉鎖されたのは、一九四一年一〇月六日である。日本政府によって駐日ポーランド外交使節に対する認可も取り消されるが、これについては後述する。ワルシャワの日本大使館が主を失ってしまったため、実質的にはすでに一九三九年九月末から、東京のポーランド大使が一人で両国政府のやりとりを仲介していたことになる。

日本政府は九月四日のヨーロッパにおける開戦への対応として、翌五日に外務省を通じ東京駐在の各国外交団の責任者に覚書を手交した。覚書には、日本はこの戦争に参戦するつもりはないこと、中国問題の解決に全力を注ぐ所存であることが記されていた。自らの立場上、窮地に陥るような事態を回避するため、欧州の交戦国には、日本の占領下にあった中国領土から部隊を引き揚げるようにとの勧告を出した。九月二八日には、新外相に就任した野村吉三郎（一八七七―一九六四）がロメル大使に対し、日本政府の欧州大戦不介入の原則には関わりなく、ポーランドに対する日本国民の心からの親愛の情にはいささかの変化もないことを保証している。一〇月六日、ポーランド政府のフランスへの移動と大統領の交代*18――ヴワディスワフ・ラチキェヴィチ（一八八五―一九四七）が新大統領に就任した――

について連絡した際、ロメル大使は対応した谷正之外務次官（一八八九―一九六二）から次のような話を聞いている。

［……］日本政府には、現下の情勢においてポーランド政府との従来の関係を変更する何らの根拠も存在せず、私を大使として承認するという立場に依然変わりはない。［……］もし日本政府の信念を揺るがすような新しい事態が発生することがあれば、日本政府の立場は再考にふされるかもしれない。［……］

谷氏は「そのような口約束で十分か」と聞き、私はそれに「ポーランド政府は文書での回答は期待していない」と答えた。［……］当方からは、［……］ポーランド政府は外交関係を維持している国々からのポーランド新大統領に対する信任状の手交は期待しておらず、従来の外交代表による政府間の連絡を維持していければ満足である、と伝えた。（TRDAJ. t. 1）

ロメルは自分の上司にも、日本は従来のポーランドとの関係の維持を殊更に喧伝することは望んでいないと伝えている。このような態度は東京のポーランド大使館が閉鎖されるまで続いた。ポーランドに対する対応について公式声明を作成する理由がないと判断されたのである。宣言の作成より、ポーランドに対する日本政府の態度が友好的であることのほうが重要である、という説明であった。独ソ不可侵条約の締結後の独ソ接近でドイツとの関係が一時的に冷え込んだとはいえ、日本は依然として両国と同盟関係にあったからである。ロメルはドイツの対日政策の変化にすぐさま反応した。東京の泉岳寺を訪れて、殺された君主の後を追って自害した忠実な家臣たちの墓に花輪を手向け

＊18　一九三九年九月、ドイツとソ連のポーランド侵攻、両国による分割占領に伴い、モシチツキ大統領と政府は隣国ルーマニアに逃れた。ところが、モシチツキはドイツの圧力を受けたルーマニア政府によって収容所に監禁されたため、パリに亡命していたラチキェヴィチ上院議長を後継者に任命し、九月三〇日、軍人シコルスキを首相とする亡命政府がパリで成立した。同政府はポーランド国民を代表する正統な政府として英、仏、米の承認を得たが、フランスの降伏により、四〇年六月以降はロンドンを拠点とした。

東京・泉岳寺の四十七士の墓前に立つロメル大使（1939年8月）（写真提供：テレサ・ロメル）

た。[29]『ジャパン・タイムズ』の記者に、ロメルはこう説明している（一九三九年八月二六日付）。

最近の国際的な事件を云々するのは、時機的にふさわしくない。だが、心の命じるままに、忠誠と信頼のもっとも純粋な象徴を讃える証として四十七人のロウニンの墓にこの花輪を捧げることにより、わが国民から日本国民への気持ちを表したいと思う。

当時を回想して、ロメル大使は著者（ロメル）にこんな話をしてくれた。

［……］独ソの接近は［……］ドイツの方針変更と受け取られ、ドイツは日本から手を引いたか、もしくは裏切ったと見なされていた。私はこの時とばかり、［……］公衆に訴えかけることにした。すなわち、［……］モーニングにシルクハットの礼装で、かの「ロウニン」の墓に詣でたわけだ。「ロウニン」とは単に自分の主君とその家産を守るだけではなく、武士階級の一員として主君に対する人一倍の忠誠心を持っていた人たちだ。［……］彼らは何年ものあいだ身を隠しつつ［……］、日本的忠誠心の特徴の一つである敵討ちに備えた。そして、裏切り者には死をもって臨むという形で決着をつけた。その際は、彼ら自身も死を宣告され、「ハラキリ」を遂げることになった。一言で言うなら、彼らは忠君愛国の象徴であり、自らの約束、誓い、［……］名誉ある務めを果たす誠実さの象徴と見なされているのだ。大勢の記者が詰めかけていたその墓に私は大使として出かけていき、

墓前に花輪を手向けた。「あなたがた『ロウニン』が示した忠誠心を称えて。ポーランドを代表して」と書き添えて。もちろん、そこには、他の同盟国は最近この忠誠心を守っていないではないか、という針を忍ばせてあったわけだ。

ロメルが言うには、ドイツの圧力で大使館が接収される可能性があるという噂が東京に流れたため、大使館員たちは治外法権を盾に抵抗しようとしていたという。幸いにも、その必要はなかった。このことについては、大使の娘のテレサ・ロメルも、二〇〇七年春の著者（ルトコフスカ）のインタビューの中で触れている。

一九三九年以降、オイゲン・オット駐日ドイツ大使からの圧力で、日本のガイムショウが父に、ポーランド大使館およびその文書類をドイツ側に渡すよう要求しました。しかし、父はこれを拒否しました。父はすべての館員を集めて、必要とあらば武器を手に取って大使館を守る用意はあるか、と質問しました。全員が「はい」と答えたのです。

ドイツ側からの圧力にもかかわらず、在日ポーランド大使館は閉鎖されなかった。ロメルは、日本がポーランドに同情的な態度を取ったのは、ポーランドが「ドイツという」自分より強い敵との戦いに一歩も引かずに激しい抵抗を繰り広げていたことも重要な要因だった、とも考えていた。しかしながら、もっとも重要な要因はやはり対ソ関係に共通点があったことであり、対ソ情報の獲得が可能だったことである。日本はノモンハン事件で手痛い敗北を喫し、九月一六日に休戦協定を結んだばかりだったことを思い出さねばならない。

ロメル大使はこのことをザレスキ外相への電報で何度も強調している。一一月一四日にはこう書いている。

ポーランドと日本の友好関係は、ソ連の脅威という共通認識から生まれている。この前提が生きていること、他の分野で対立要因がないことが、この友好関係を非常に強固なものにしている［……］。［……］我々は日本人の目には［……］非常に信用度の高い対ソ情報源のままである。［……］日本政府に対し我々のソ連情報の価値を証明するために努力する所存である。（TRDAJ, t. 1）

有田八郎、松岡洋右の両外相は、ポーランドに対する日本政府の友好的な態度をロメルに約束した。一九四〇年七月二六日、松岡はロメルに次のように語った。

［……］すべての日本国民とともに、現下のポーランドの悲運に心よりご同情申し上げ、それが一日も早く去り、正義が回復されることを願っております、と。また、［……］ジュネーヴの国際連盟総会に向かう途中、幼時にシベリアで日本赤十字に救助されたという青年の一団たちからワルシャワ駅で受けた心温まる歓迎を決して忘れることはない、と語った。［……］

外相は、［……］ドイツがヨーロッパで実現しようとしている「新秩序」においては、自由な独立ポーランドのための場所がなければならない、と付言した。（TRDA, t. 1）

松岡はおそらく日本政府内でもっとも過激な、ベルリンとの接近の主唱者であった。二ヶ月後、ベルリンでは来栖三郎大使（一八八六―一九五四）が、ドイツのリッベントロップ外相、イタリアのガレアッツォ・チャーノ外相（一九〇三―一九四四）とともに、いわゆる三国間条約に署名した。この条約において、日本はヨーロッパの新秩序の形成における独伊の主導権を、独伊はアジアにおける「大東亜共栄圏」の形成における日本の主導権を、相互に認め合うという取り決めがなされた。

この同盟条約が締結された後も、ポーランドに対する日本の態度は変わらなかった。一〇月一〇日、ロメルはザレスキ外相に伝えている。

我々に対する日本政府の態度には、もちろん相互の接触は活発ではないにしろ、これまでのところ目に見える変化はない。［……］外務省と内務省は、当地に押し寄せる難民、特にポーランドの東部辺境からの多数のユダヤ難民の到着という、困難かつ微妙な問題についてたびたび便宜を図ってくれている。日本の新聞論調にも、今のところ、我々の不利益になるような変化は見られない。(TRDAJ, t. 2)[30]

この同じ電報でロメルは、日本側には今後も確かな対ソ情報を提供すべきであり、これに関連して極東のソ連軍についての詳細な覚書を渡した、とも書いている。

一九四一年四月の日ソ中立条約の締結後も、同年七月のソ連・ポーランド両政府間の対独共闘に関する協定の締結後も、日ポ間の関係に本質的な変化は生じなかった。ロメルは書いている。

日本の政界、ロシアに対してははっきり敵対的な態度の人も、政府内の人も、ロシアとの協定に際してはポーランド政府を向かわせた意図を非常によく理解している―と思われる―し、我々にとって悪いこととは思っていない。［……］我々が二つの敵国と戦うことなどはできず、独ソの戦争はわが国にとって利用すべき唯一無二の状況を作り出したことに、日本側は同意している。わが国とロシアの合意は一時的なものであり、ドイツがポーランドの主敵であるなら、それ相応の理由があるのだろうと見られている。(TRDAJ, t. 2)

ソ連の奥地のポーランド人抑留者たち

ロメル大使は、カザフスタンやシベリアなどのソ連の辺境地帯にいたポーランド人抑留者の救援活動においても、きわめて重要な役割を果たした。それは一九三九年の九月戦役の敗北後に占領されたポーランドから強制移送された人々であった。一九四〇年の半ば頃から東京のポーランド大使館には、ポーランド人が自らの悲惨な状況をつづったソ連からの救援要請の手紙や葉書が舞い込むようになった。東京の大使館は、おそらく抑留者にとって地理的にもっとも近くかつ正常に機能している唯一のポーランド公館であり、こうした手紙が確実に届くという大きな期待がかけられたのである。抑留者の救出には、迅速な対応が必要であった。しかし、戦時中という状況下で、それは簡単なことではなかった。ロメルは日本赤十字社、イギリス大使館、アメリカ大使館に自ら出向いた。救援のための使節団派遣の可能性が検討された。ロメルは一度に大勢を救出するのは無理だろうと思っていたが[31]、アメリカによる救出作戦の組織を外務省に提案した。大使館員には、受け取った手紙を基に抑留者リストを作成するよう求めた。前出のテレサ・ロメルは、二〇〇七年の著者とのインタビューでこう語っている。

大使館での心ゆすぶられた出来事といえば、何と言ってもロシアの辺境に送られたポーランド人からの葉書です。あれはたぶん、ロシア国外に持ち出された最初の葉書だったのではないかしら。父はその量にびっくりしていました。たしか一九四〇年の、ある祝日のこと。両親と私、イタ、マヤ（家庭教師のフビシュ）さん、そして大使館の職員がほぼ総出で、大きな子ども部屋の折り畳み式のテーブルに置かれた葉書から一覧表を作りました。後で、父はそれを印刷しました。その抑留者リストの作成は重要だっただけではなく、急を要する問題だったことを覚えています。パパはそれに全員の名前を載せました。東京に届いた小さな葉書のことは、どうなったかって？　あの後、パパは何らかの方法で情報をさらにロンドンのポーランド政府と赤十字に伝えたのです。

一九四一年九月、ポーランド大使館は東京で『ソ連邦のポーランド人抑留者』という小冊子を発行している[32]。そこには一九四一年八月三一日までに東京のポーランド大使館で登録した八七〇〇名分の名前のリストが載っている。ロメルは序文にこの作戦の全貌を紹介している。

> 五世代、六世代のポーランド人が［……］東へ向かう道すがら、いったいどれだけの流血と艱難辛苦に見舞われたことか。［……］劣悪な状態で行なわれた大量移送は、もっとも耐久力のない多くの人々を捨て去った。あらゆる身分や信教の病人や老人や女性や子どもが、気候も衣食住もしばしばシベリアより過酷な状況下に、文字通り丸裸でとり残された。東京で受け取った何百通もの手紙は、抑留者たちの不屈の精神の証明であり、感動と驚きで涙なしには読めなかった［……］。
>
> ポーランド人住民のソ連の奥地への移送がもっとも激しさを増したのは、一九四〇年六月のことであった。すなわち、フランスの降伏と同じ年である。［……］日本は西ヨーロッパからは遠く、地理的にはよりシベリアに近かった。前年の夏、初めはポーランドから、それから抑留地から、救援を訴える最初の手紙が舞い込み始めた。このときから、在東京ポーランド共和国大使館によるこの件への取り組みが始まった。
>
> それはまず申し出のあった抑留者に証明書を送ること、そして、個人として、もしくは集団として助けに行くための努力を絶えず繰り返すことであった。こうした努力は、残念ながらほとんど効果がないことがわかり、冬期の支援をポーランド大使館の承認と

駐日ポーランド大使館発行の小冊子『ソ連のポーランド人抑留者』(1941年)（ポーランド外務省所蔵）

支援のもとに国際的規模で大々的に行うという計画は挫折してしまった。一九四〇年のクリスマスにようやく、大使館は抑留者たちと直接手紙で連絡をとることに成功した。［……］一九四一年一月、抑留者たちに極東から小包とお金を送る最初の可能性が開け、［……］大使館はポーランド政府の名と支援のもとにこの可能性を利用することにした。この目的のため、東京のポーランド大使館と上海のポーランド公使館に「社会保障局」という特別の部署を設置し、もっとも緊急な支援を必要としている抑留者（正確には七四五名）に対し、この五ヶ月間で一万二三〇〇米ドル相当の食糧、衣類、医薬品を送った。その費用はほぼポーランド政府の予算と家族が抑留されている軍人たちからだけで賄われた。なぜなら、この作戦を公然と行うのは、当時の様々な事情から不可能だったからだ。［……］

本報告書が依拠するもっとも重要で信頼のおける情報は、抑留者本人、その家族たちと直接交わした手紙類である。特に後者には、逃避行の途中、日本に滞在していたポーランド難民［第五章を参照］がもたらした多くの貴重な資料があった。加えて、ドイツにいたポーランド人戦争捕虜たちや、スイス、ハンガリー、ルーマニアで拘禁されていたポーランド市民からの声明もまた貴重なものである。(33)

この救援活動をロメルは駐ソ大使に就任してからも続けたが、周知のように、多数のポーランド人がシベリアに残留することになったのである。

駐日ポーランド大使館の廃止

ところが、それからまもなく、ポーランドに対する日本側の態度に変化が見え始めた。東京のポーランド大使館を閉鎖せよというドイツの圧力が強まったことは、その表れであった。一九四一年六月に始まったソ連との戦闘で、ドイツ軍は連戦連勝を重ねた。ポーランドは全面的にドイツの占領下に置かれ、その十数年越しの計画にしたがって存在停止を余儀なくされることになった。ドイツは日独伊三国同盟において「大東亜共栄圏という新秩序の形成における日本の主導権」を認める代わりに、日本に対し自らの「ヨーロッパの新秩序形成における」主導権への支持を要求した。日本にしてみれば、それはポーランド国家の承認を取り下げることに他ならなかった。

ロメルはザレスキ外相の指示に従って、日本政府にポーランドの件の決定を引き延ばすよう働きかけ、元首相で現外相の広田弘毅に面会した。

［……］私は思い切って松岡［洋右］の政策の誤りに関する私の見解を披歴した。日本にとっては独ソ戦によるロシアの敗戦と解体の可能性が開けているというこの歴史的瞬間に、両手を縛られている日本を対峙させるようなものだからだ。私はポーランド再建の現実的な見通しを示した。ポーランドの最悪の敵である両国の間に戦争が起き、共倒れになるだろう、と。わが国の政策路線、つまり依然として妥協せず、日本に対しては首尾一貫して誠実であり、ソ連管轄地域のきわめて貴重な情報源と影響力を行使し得ることを説明した。かくの如く脚色された政治的背景にあっては、日本政府によるポーランドとの関係断絶の企ては、実に愚かしいことと映っている。第二のプランへと意識的に向けられているとしても、とりわけ現時点にあっては、日本の伝統のみならずもっとも現実的な利益に反するからだ。［……］広田は自らの影響力を行使して、日本にポーランドを犠牲にしたそのような愚行には走らせない、と約束した。（TRDAJ, t. 2）

同様の意見を、ロメルは外務省欧亜局長にも伝えている。彼は「独ソ戦は、東京のポーランド大使館を廃止するという企ての動機を再検討する根拠となる」こと、公館の廃止は「ドイツの努力の結果であり、目下のところポーランド以外、ドイツに占領されている国々の代表機関は含まれていない」ことを告げた。

しかし、ロメル大使の努力は何らの効果をもたらすことなく、一九四一年一〇月、日本政府は駐ポーランド日本大使館の廃止と駐日ポーランド大使館の業務への認可の取り消しを決定した。日本は、「大東亜共栄圏の新秩序形成」と南方における対米英戦争の遂行に対するドイツの支持を確保するため、ドイツのヨーロッパ政策を支持するしかなかったのである。

一〇月四日、天羽英二外務次官（一八八七―一九六八）は、外務省内でロメル大使に会い、次のような内容の口上書を手渡した。

日本外務省は、現下の情勢に鑑み在ポーランド日本大使館を廃止し、駐日ポーランド大使および大使館員、在大阪および在横浜名誉領事の使命は終了したものとして認可を取り下げることを謹んで在東京ポーランド公使館に通達するものである。（GGS., M.1.5.0.3-30, TRDAJ, t. 2）

天羽外務次官は追加声明において、「日本政府は日ポ間の友好関係に鑑み、大使館閉鎖に要する時間を考慮し、一〇月中は公的行事および宮中儀礼の関連を除く従来の外交特権を保証する」と述べた。外務次官はさらに、大きな痛みをもって日本政府の決定を伝達すること、今般の戦争がかくも不快なる状況をもたらしたと申し添えている。また、日本政府ならびに国民はポーランド国民に対し大いなる同情を寄せており、おそらくは赤十字社を通じてということになると思われるが、支援を送る方向である、と約束し、将来、国際情勢が変化することがあれば、日本政府は必ずや立場の見直しを行うであろう、と述べた。また、日露戦争時の協力関係に言及して、ポ日間の伝統的な友好関係を幾度となく強調し、両国民相互の親愛の情、パテク公使、モシチツキ公使、ロメル一家らポーランド人との私的交流のよき思い出について語った。

ロメルはこの会談についてザレスキ外相に次のように書き送っている。

［……］かくも衝撃的な上記の決定は、日本が双方からの圧力を受けているという印象を全世界に与え、それがもっとも理解されにくい瞬間であるとはいえ、古くからの友情に対する裏切り行為として将来のポ日関係に重くのしかかるであろう。そのような展開に至った原因について訊いたところ、次官は従前の形式的な決定で覆い隠すことしかできなかった。会談の最後に、私は当地および満州国のポーランド市民のためにポ日間の非公式の接触を継続したい旨を取り上げた。次官は、政府に報告する、と約束した［……］。

翌日、日本の新聞はこの声明を伝え、一九一九年に始まった日ポ間の外交関係の経緯を、いくつかのデータを挙げて簡潔に紹介した。それらの最小限のコメントはいたって中立的なものであり、中にはポ日友好関係が取り上げられているものもあれば、我々に同情を寄せつつ、日本政府はポーランド国家の復活はありえないと断言するドイツに対し、こうした態度を取る以外になかったのである、とするものもあった。［……］どの新聞も、ポーランド駐在の最後の日々について――わが国に対して好意的に――語った酒匂元駐ポーランド大使の談話を掲載している。

ポ日間外交関係断絶の件では、わが国の立場を――日本人と話す際は――次のように決めた。「わが国はポ日間の伝統的な友好関係に反する日本の措置に驚きを禁じえず」、日本がドイツからかくも強い圧力をかけられているに相違なく、そこから何らの利益もないことを遺憾に思う、と［……］。（TRDAJ, t.2）

著者（ロメル）との対話の中で、タデウシュ・ロメルはこう付け加えた。

［……］私は、「わが国と日本国民を結ぶ古くからの友好関係という観点から日本臨戦態勢を大きな懸念をもっ

て見つめるものであり、〔……〕、日本とポーランドが袂を分かち、ポーランド人が心から賞賛するその素晴らしい発展を悲劇的な手段で終わらせないよう衷心より願うものである」という声明を出して応じました。〔……〕私やポーランド大使館との関係が上辺だけのものではなかった証拠に、両国間にはすでに国交が存在しなかったにもかかわらず、天皇皇后両陛下のご名代からお餞別をいただいたばかりか、外交関係者や他の日本人たちとともに駅頭で私たちを見送ってくれたのです。

上海への出発前日（1941年10月28日）のポーランド大使館員たち（長崎のポーランド・フランシスコ修道院の近くで修道士たちと一緒に）。2列目中央がロメル大使夫妻、3列目右端がゼノ修道士（写真提供：テレサ・ロメル）

ポーランド大使館員の大部分は、ロメル大使やその家族と一緒に、一九四一年一〇月二六日に東京を発ち、長崎を経由して上海に向かった。ロメルは極東特使として着任した。「タデウシュ・ロメル文書」に残されている出国者名簿には、一七名の名前がある。そのうちの五名はロメル一家であるが、他にイエジ・レヴィトゥ大佐、カロル・スタニシェフスキ秘書官、その妻と二人の息子、領事部職員のフリデリク・タバチンスキ、その妻と息子、大使館員のステファン・ロマネク、大使秘書クリスティナ・ヤウォヴィエツカとユリア・コッサコフスカ、実習生のステファン・ロマネク、大使の子どもたちの家庭教師マリア・ルビシュが含まれていた。アレクサンデル・ピスコル通信班長とヴワディスワフ・ルンツェヴィチ社会部長は、第二陣として日本を発つ予定となっている。一方、東京残留組はボレスワフ・シュチェシニャク、その妻と娘、通訳として働いていた学生のカロル・アントニェヴィチ、記録係のスタニスワフ・カスプシク(34)とその妻、ミェチスワフ・ザパシニク、その妻と母親であった。

日本に残されたポーランド人の運命を誰よりも気にかけていたロメル大使は、一一月二八日、すでにロンドン亡命政府特使の任務についていた上海から、ロンドンの外相に宛てて次のように書き送っている。

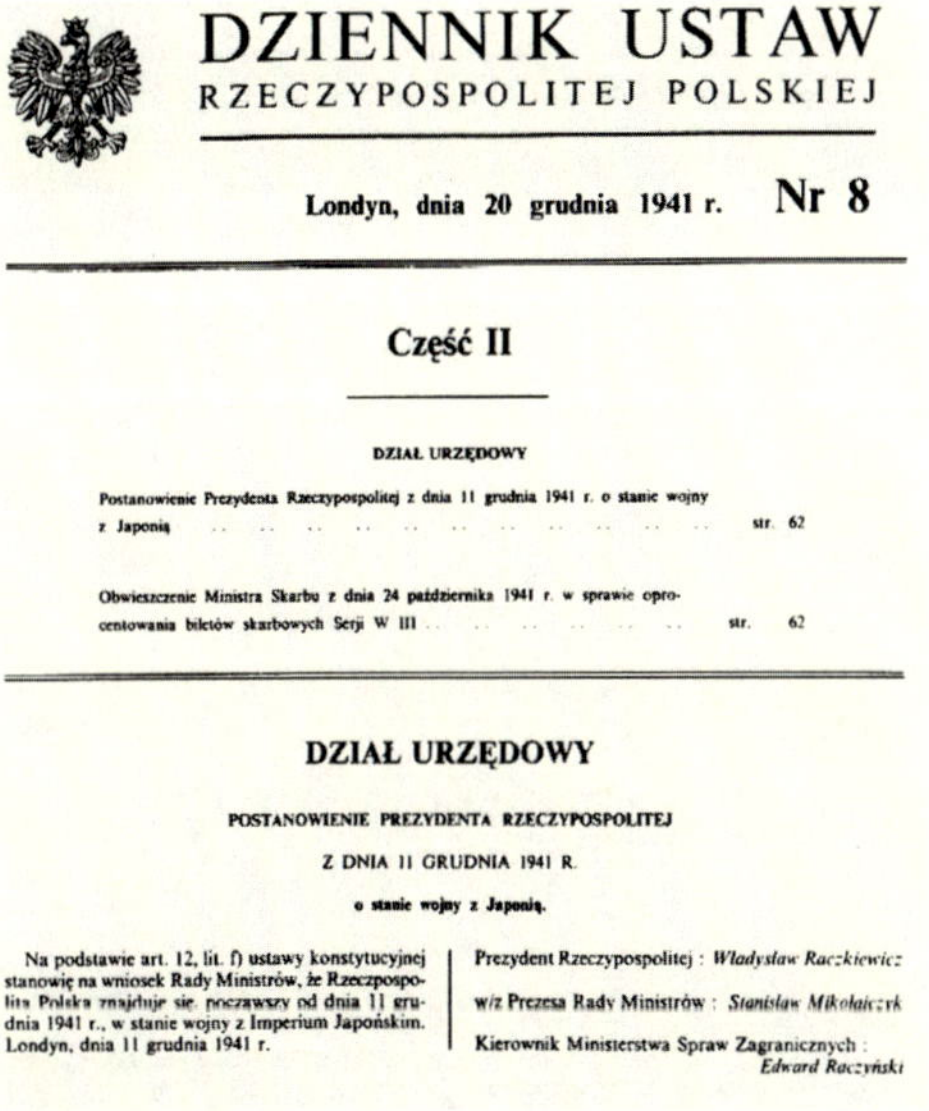

DZIENNIK USTAW
RZECZYPOSPOLITEJ POLSKIEJ

Londyn, dnia 20 grudnia 1941 r.　Nr 8

Część II

DZIAŁ URZĘDOWY

Postanowienie Prezydenta Rzeczypospolitej z dnia 11 grudnia 1941 r. o stanie wojny z Japonią .. .. .. str. 62

Obwieszczenie Ministra Skarbu z dnia 24 października 1941 r. w sprawie oprocentowania biletów skarbowych Serji W III .. .. .. str. 62

DZIAŁ URZĘDOWY

POSTANOWIENIE PREZYDENTA RZECZYPOSPOLITEJ

Z DNIA 11 GRUDNIA 1941 R.

o stanie wojny z Japonią.

Na podstawie art. 12, lit. f) ustawy konstytucyjnej stanowię na wniosek Rady Ministrów, że Rzeczpospolita Polska znajduje się, poczawszy od dnia 11 grudnia 1941 r., w stanie wojny z Imperium Japońskim.
Londyn, dnia 11 grudnia 1941 r.

Prezydent Rzeczypospolitej: *Władysław Raczkiewicz*
w/z Prezesa Rady Ministrów: *Stanisław Mikołajczyk*
Kierownik Ministerstwa Spraw Zagranicznych: *Edward Raczyński*

ポーランド共和国大統領による対日宣戦布告（1941年12月11日）(Dziennik Ustaw, 1941, No. 8)

〔……〕大使館閉鎖に伴う当方からの種々雑多な要請に対する外務省の態度から判断する限り、在日ポーランド人問題への日本政府の対応はすこぶる順調で、出発間際の私は安堵した。〔……〕私は本年一〇月二五日、ボレスワフ・シュチェシニャク氏と密約を交わした(35)。〔……〕東京のシュチェシニャク氏からの最初の報告で、私は日本に残っているわが市民の状況が今までと変わらず良好であることを確信できた。シュチェシニャク氏自身、立教大学のポーランド講座で従来通り講義を続けており、聴講生の数も以前とまったく変わらず、日本にいる他のポーランド人も誰一人、警察当局から嫌がらせを受けた者はいない。ポーランドのパスポートは依然として日本の行政当局から承認停止には至っていない。［……］結論として、シュチェシニャク氏はポーランド系住民に関する限り、日本当局からの特別な困難を予期する必要はなく、おそらく太平洋戦争の勃発が現状に根本的な変化をもたらすであろうと予想している。（TRDAJ, t. 2）

一九四一年一二月八日、アジア・太平洋における軍事行動の開始によって、日本はポーランドと敵対する形で正式に第二次世界大戦に参戦することになる。その日本に対し、ポーランドは一二月一一日、先に参戦していた米英に続き宣戦を布告した。しかし、それは日ポ間の協力の終わりを意味したわけではなかった。軍部の諜報員によって非公式に続けられることになるからである。

極東ポーランド通信班（一九三九―一九四一）

極東ポーランド通信班は、一九三九年九月二日にロメル大使のイニシアチブで誕生し、駐日ポーランド大使館が閉鎖されるまで、すなわち一九四一年一〇月二三日まで活動を続けた。創設の目的は、第二次世界大戦の開戦によるポーランドへの関心の高まりに鑑み、出版・宣伝活動を推進することにあったが、ドイツによる強力な反ポーランド宣伝の展開も理由の一つであった。また、極東における日本の優位から、東京をプロパガンダの発信拠点として、ポーランド人居住地域の満州国や中国にも情報を送ろうということになったのである。こうして一九四〇年一月に創刊されたのが、極東地域のポーランド公館およびポーランド人居住地を対象とするポーランド語週刊誌『広報』であり、一九四〇年一一月からは月刊の英語版と日本語版も発行された。

極東ポーランド通信班の正式名称は「大使館通信班」で、通信班長に任命されたアレクサンデル・ピスコル

（一九一〇―一九七二）は、日本では「ポーランド電信電話局」の特派員として活動していた人物であり、ポーランド・ペンクラブの会員でもあった。ポーランド大使館の仕事もしていたポーランド語・英語の通訳一名、日本語・英語の通訳二名と、タイピスト二名を使っていた。通信班の主な仕事は、日本の新聞に適切な情報を提供したり、広範な宣伝を行なうことであったが、ポーランドの国益に直接関わる問題が日本各紙でどう報じられているかを調査・記録したりもしていた。そのため、ピスコル班長は毎日、日本人記者との会見を行ない、可能な限り情報やコメントを提供し、通信局では、ハルビンや上海にも送られていた日本の新聞向けの英語、日本語の資料を作成していた。ピスコルはまた、具体的な依頼に応じて、ポーランドに関する記事も書いていた。通信班の活動の第一期（一九三九年九月―一九四〇年六月）には、日本の出版物に五七〇もの記事が掲載され、約四〇〇の資料が提供された。第二期（一九四〇年六月―一九四一年一〇月）には、この数がそれぞれ一〇八、七三に減っている。その他、通信社の努力により、十数冊のポーランドの書籍が日本語に翻訳され、ポーランドに関する小冊子がいくつかの言語で出版されている。

右からロメル大使、ロマン・ミハウォフスキ公使、カロル・スタニシェフスキ書記官、アレクサンデル・ピスコル極東ポーランド通信班長（在日ポーランド大使館にて、1939年9月）（写真提供：テレサ・ロメル）

通信班のすべての業務を自ら仕切っていたロメル大使は、毎月、外務省――最初の数ヶ月はまだワルシャワにあったが、ポーランドが占領されたため国外に亡命政府が形成されると、ロンドンに移された――に送るための詳細な活動報告書を作成していた。この今日に至るまで発表されていない報告書（TRDAJ, t. 1-2）が、本書の著者にとっては通信班の活動を知る基本的な情報源となった。本書の執筆の原則でもあるが、この報告書も部分をそのまま引用する。ただし、ロメルの報告書の内容を比較検討するための資料は入手できず、ここでも注釈なしにそのままの形で引用せざるをえない。著者（ルトコフスカ）は、ロメル大使が挙げている部分と一致する十数編の日本の新聞記事を突き止めることができた。

一九三九年一一月七日付の最初の報告書で、ロメルは以下のように伝えている。

通信班の九月の活動は効果絶大であった。それは以下のことによる。

一　開戦によるポーランドへの関心の増大。

二　ポーランドに対する日本人の同情。これはピスコル氏が特に強調している。

三　通信局の活動とピスコル氏の以前からの人脈。(36)

ポーランドは日本との間に（英仏と同様）これまで一度も係争問題を抱えたことはなく、日本の行動に対しては常に支持を表明してきた。さらに、ヒトラーが最近の行動によって当地の不評を買っているのに対して、親ポーランド感情は広がりを見せている［……］。

当地での活動において、通信班は今のところドイツのプロパガンダによる公然たる妨害に遭ってはいない。しかし、ドイツ側の声明の信憑性を揺るがすことが、通信局の任務の一つなのである。［……］

他の広報活動では、大使館所有の資料を使用した。［……］ただし、ポーランドの新しい短編映像がないのは遺憾であった。ドイツ映画は非常に豊富だったからである。九月に日本の映画館が上映したのは、グディーニャの海洋祭の映像だけである。これが開戦前に届いた最後の短編映画となった。

ロメルは報告書のこの後の部分に、通信班が提供した記事やインタビューが掲載された九〜一〇月分の日本の新聞・雑誌の一覧を載せている。ポーランド関係の情報が掲載されたもっとも重要な新聞としてロメルが挙げているのは、『朝日新聞』『東京日々新聞』『読売新聞』、英字新聞の『ジャパン・タイムズ』『ジャパン・アドヴァタイザー』で、雑誌は『改造』『中央公論』『日本評論』などである。

報告書に書かれているとおり、『改造』一九三九年第一〇号には「独立二〇年　危機波蘭の現状」（三六九―三七七ページ）という記事が掲載されており、ユゼフ・ピウスツキ元帥、モシチツキ大統領など当時の政界の重要人物やポーランド各地の写真が多数添えられている。この他、開戦後のポーランド情勢に関するロメル大使の短い談話も載っている。

ロメルは最初の報告書を総括して、通信班の業務を非常に実り多いものと評価している。結論部にはこうある。

九月分の日本の新聞を概観した限りで言えば、反ポーランド的な記事は皆無であった。ポーランドの対応の妥当性を疑問視するものはなく、どの雑誌もわが軍兵士の勇敢さを強調している。［……］

ポーランドにおける戦闘が終息したことで、ポーランド問題は主要な関心事ではなくなっている。［……］日本の新聞の関心は目に見えて低下すると予測すべきであろう［……］したがって、通信班の今後の業務は、日本領内および極東全域における組織的な宣伝活動という路線をとることになるかもしれない。

これに続く、現存の報告書は一九四〇年一月一〇日付のもので、一九三九年一一～一二月の通信班の活動を扱っている。冒頭、ロメル大使は、日本政府が自国の今後の政策を現段階では明確には規定できないことを自覚し、ヨーロッパ情勢に対しては中立を貫いていることを指摘している。ソ連・フィンランド戦争の勃発でヨーロッパに対する日本の関心が再び強まり、そうしたなかで、独ソの立場に及ぼす影響という観点から、ポーランドへの関心も高まった。ロメルは次のように記している。

ポーランド問題に対する日本の新聞の友好的な態度が強化され、いくつかの好意的な論調となって現れている。ポーランド国家の今後については言及していないが、ポーランド国民の悲運に対する同情が溢れている。極東ポーランド通信班は、あらゆる出版社に適切な資料を提供すべく懸命に努力している。その結果、ワルシャワの現状にとどまらず、占領軍のテロルにも揺るがないポーランド国民のパルチザン闘争継続への決意やポーランド共和国政府の活動も、きわめて好意的かつ広範な反響を呼び起こしている。

ポーランドに対するこの好意的な態度は、特筆すべきものであろう。というのも、この時期、日本におけるプロパガンダを強化したドイツが、日本の絶大な信頼を獲得していたからである。このことが影響して、ポーランドの同盟国の英仏は、日本における宣伝活動を限定されることになった。英仏とも、日本政府から大使館以外の広報機関を東京に設置するための許可を得ることができなかったのである。上記の報告書に、ロメルは書いている。

［……］交戦国のプロパガンダに関する日本の種々の出版物に掲載されたルポルタージュの中で、著者の日本人は、ポーランド問題に好意的な日本の世論に対しては不要であるとして、ポーランドが日本領内ではいっさいプロパガンダを行なっていないことを強調している。

しかし、こうした態度はドイツ側の意向にそぐわなかった。ドイツは、日本の世論がポーランド問題を解決済みと見なし、プロパガンダに従ってドイツの利益に資するような扱いをすべきだと考えていたからである。日本がポーランドに対する態度を変えなかったため、ドイツからは再三にわたり正式の抗議がなされた。一例として、ワルシャワに対する非情な破壊行為に関する詳細が報道されるや、ドイツ大使館の代表が日本外務省への介入に乗り出したことが挙げられよう。実は、これらの情報がポーランド側ではなく、日本外務省の報道局から発せられたもので、その情報源は酒匂秀一大使の報告書であったことが判明している。酒匂は占領軍の許可を得て、日本大使館の本拠地とそこに留まっている補助要員の様子を見にワルシャワを訪れたのである。

一九三九年一一月と一二月の通信班の活動成果を報告するなかで、ロメル大使はポーランド関係の出版物、展覧会、情報、評論、講演、映画について述べている。もっとも重要な出版物として挙げているのは、四〇ページほどの日本語の小冊子で、『日本評論』に掲載された「欧州悲劇の発端」（四〇九―四二二ページ）と題するピスコルの記事の転載と、先に上海で出版された「独ポ紛争の原因」という英語の記事の翻訳が含まれている。[37]

このほか、『クリスチャン・サイエンス・モニター』誌のために書かれ、『ジャパン・タイムズ』に転載されたイグナツィ・パデレフスキの「ポーランド人とはいかなる人々か」という記事も引用している。

日本の日刊紙や雑誌のポーランド関係の情報は、このときすでにフランスに移っていたポーランド政府および軍の活動に関するもので占められ、特に一一月一一日のポーランド独立記念日には多くの記事が出ている。[38] ロメルは日本の新聞のポーランドに対する友好的な態度を強調しながらも、ポーランドに好意的ではない記者が存在すること、ドイツ特派員がその中心であることも見逃さなかった。

ロメルが書いているように、「戦前のポーランド」という写真展の企画は大成功を収めた。日本最大の購読者数を誇る『読売新聞』が後援し、自ら企画に携わり、宣伝も引き受けてくれた。二部構成になっていた展示物のどちらか一方を、一九四〇年二月末までの三ヶ月間に全国の県庁所在地を中心とする五七都市で公開するというものだったが、東京、京都、大阪の大都市では、両方を展示することになった。写真展は大好評を博したため、開催期間が七ヶ月間延長され、全国八〇都市を巡回し、二〇〇万を超える人々が来場した。例えば、一二月だけでも、横浜など一七都市で開催されている。読売新聞社が費用を出して作成した日本語のプログラムには、写真の説明に加え、ロメル大使の挨拶とポーランドの短い素描が掲載されている。写真展は大きなデパートで開催され、それも多くの人が足を運ぶきっかけになったことは確かであろう。また一二月一二日には、やはり広報活動の一環として、大使館員ボレスワフ・シュチェシニャクの日本語による講演会が早稲田大学で開かれた。シュチェシニャクはポーランドと日本の友好関係という視点からマウリツィ・ベニョフスキの話をしている。

通信班の一月の活動を伝える二月の報告書では、西部戦線の戦況が落ち着く一方で、日米関係の緊張がいよいよ強まり、極東での諸事件が相次いだことから、日本の新聞がヨーロッパへの関心を失いつつあったにもかかわらず、ポーランド問題への関心は減少していないことに、ロメルは目を留めている。日本の新聞のポーランドに対する好意的な態度にも変化はなかった。とりわけ各紙の注目を集めたのは、ピスコルの中国訪問であった(39)。ロメルは報告書に次のように書いている。

新聞報道が特に強調していたのは、ポーランドの作家〔ピスコルのこと——著者注〕が極東問題を調査していることである。現在置かれている状況にもかかわらず、ポーランド国民はその意義を理解しているからだというのである。〔……〕ピスコル氏は、極東問題をポーランド人の視点からとらえている。すなわち、日本とポーランドはソヴィエト・ロシアという共通の敵を持ち、ポーランド国民は今後も一貫して共産主義に断固反対する、という視点からである。日本最大の月刊誌『日本評論』は、これを機に、ピスコル氏に協力関係の締結を申し出た。〔……〕

日本の新聞には依然として、ポーランド関係の記事が掲載されていた。それらの記事の一部は、帰国した酒匂大使がポーランドに関するいくつかのインタビューに応じたことでもたらされたものであった。また、作家で歌人の佐々木信綱は親交のあったヴァツワフ・シェロシェフスキの思い出を書いているし、一九二一—一九二三年にポーランドに駐在した川上俊彦初代駐ポーランド公使の未亡人の回想記も出版されている。また、前進座がキュリー夫人の生涯を描いた演目を上演したことから、このポーランド人科学者に関するいくつかの記事も出ている。

ロメルもピスコルも日本の政界人に新たな知己を得ていた。なかでも特筆に価するのは、ピスコルと御年八八歳の政治家、金子堅太郎(一八五三—一九四二)や、国粋主義者の頭山満(一八五五—一九四四)との対談であろう。彼らはポーランド情勢に大きな関心を持っていたのである。

上述したように、ポーランドの写真を集めた写真展も、依然として開催中であった。これが大好評を博したことから、読売新聞社は開催期間の二ヶ月延長と、中部および南日本の数都市での追加開催を決定した。これはポーランドに対する日本の並々ならぬ共感を示す証拠と見てよい事実ではなかろうか。

ロメル大使がポーランド外務省に送った次のような報告書から判断する限り、日本にはポーランドへの関心が依然として存在し、数こそ徐々に減ってはいたが、ポーランドに関する好意的な記事が掲載され、ポーランド通信班がそれらに資料を提供していたのである。

一九四〇年三月四日、二月分の報告書にロメルは次のように記している。


我々がもっとも腐心しているのは、ポジティヴな記事を書かせることである。［……］それが功を奏して、たとえばポーランド軍、その編成、訓練、愛国心、ポーランド海軍と空軍、フランスにおけるポーランド人の活躍、避難民の期待、連合国との協力関係などに関する詳細な情報が新聞に掲載されるようになった。［……］二月に出版された月刊誌には［……］ヨーロッパの諸問題についてはほとんど言及がないも同然であるが、ポーランドに関しては、ソヴィエト・ロシアの政情に関するいくつかの記事の中で若干大きく取り上げられている。

ロメルはこの報告書の中で、立教、早稲田、明治などの諸大学における広報活動の意義も強調している。(40) この種の活動を率先して行なっていたのは、前述のボレスワフ・シュチェシニャクであった。彼はポーランドの歴史や文化に関する講演を行なう一方、立教大学ではポーランド語を教えたりもしていた。ロメルによれば、シュチェシニャクが提供した資料をもとに、青山学院大学ではパデレフスキ大統領についての講演が行なわれたという。

これに続く現存の報告書は一九四〇年五月の広報活動に関するものである。ナチス・ドイツのベルギー、オランダへの侵攻に伴って西ヨーロッパへの関心が非常に高まっていたが、それでもポーランド関係の記事が掲載されなくなったわけではなかった。

〔……〕ノルウェーのポーランド人部隊や我が空軍に関する電報、果てはわが国の外交官の言動を取り上げた電文までが、日刊紙上を賑わせている。五月三日の祝日に際しては、非常に好意的かつ感傷的なトーンの記事や引用が多数、新聞に掲載された。〔……〕ポーランド国歌が日本語に訳され、ポーランド人の勇敢な精神の表れとして多くの新聞に取り上げられた。〔……〕次に、他の問題の余白で、ポーランドについて言及されていた。最近、連合国が劣勢に回ったため、ポーランド軍と一九三九年九月のポーランドの抵抗に対する評価はどんどんよい方に変わってきている。もっとも親ドイツ的な新聞でさえ、〔……〕ポーランドへの共感を示している。

月刊『実話読物』はブロニスワフ・ピウスツキ、『エスペラント』誌はミツキェヴィチに関する記事を掲載している（一九四〇年第六号、九―一八ページ）。これらは二つともボレスワフ・シュチェシニャクが書いたものである。また、ポーランド人と結婚していた日本女性ユリア・ホイェツカは、ドイツ軍に包囲されたワルシャワについての回想記を出版している。出版物としてはこの他に、日本ペンクラブ会員の阿部友次郎（一九〇三―一九七三）が書いた案内書『ポーランド』、一月蜂起を題材とする小説『蜂起者たち』があり、イグナツィ・パデレフスキの回想録の日本語訳も刊行予定であった。

また、上海在住のピアニスト、ヴィンツェンティナ・トマシェフスカが何度か演奏会を開き、その模様を撮影した映像が『同盟』のニュースと同時上映された。トマシェフスカはこの土地のエリートが集う「パンパシフィック・クラブ」の会合で、ポーランド音楽の現状について英語で講演している。この講演は全文が月刊『音楽世界』に掲載されている。

ところが、ヨーロッパではドイツが破竹の快進撃を続けていたことから、日本では親ドイツ感情が高まり、通信班はこの新たな状況に対応すると同時に、弾圧を回避するために慎重に活動しなければならなくなった。それにもかかわらず、ロメルが六月分の報告書に記しているように、通信班は「ポーランド問題に関する手持ちのニュースを配信し、それによりポーランド政府、軍の脱出に関する情報が紙面に行き渡った」のであった。

上述の写真展は、全国を巡回して東京に戻ってきた。早稲田大学の大講堂ではポーランド音楽のコンサートが開かれ、同大学に留学していたポーランド人学生カロル・アントニェヴィチが前座で講演をしているし、日仏会館でも駐日ポーランド大使館のカロル・スタニシェフスキ書記官がショパンの話をしている。

一九四〇年七月になると、親ドイツ的プロパガンダが強まる一方となり、米英に対する世論が徐々に変化してきたため、通信班は活動をそれまでよりやや慎重に進めるようになる。ポーランド関係の新聞記事は依然として掲載されてはいたが、その大部分は、独ソに占領されている国々の一つという扱いであった。他のテーマの記事も皆無だったわけではなく、たとえば「パデレフスキ、ポーランドのために闘う」といった記事が見られる。東京では前述の写真展がなおも開催中で、六日間で約二万人が来場した。ロメルは、「東京における写真展の開催はプロパガンダとして大きな意義があり、当地のイギリス関係者からはここ一ヶ月における連合国側のプロパガンダの最大の成果という評価を受けた」と述べている。

八月の広報活動も同様の状況であった。ロメルは次のように書いている。

> 日本の国粋主義陣営の有力者たちからの多大な支持を得て、ドイツのプロパガンダないし「第五列」が依然として優位を保っている。日本の対米英宥和派はみな、ドイツの諜報機関によって巧みに扇動された全くばかげた罵詈雑言にさらされるのを恐れて、「息をひそめて」いなくてはならなかった。［……］ドイツのプロパガンダが

相手にしているのはイギリスであり、ポーランド問題を引き合いに出すことはほとんどなく、速やかに忘れ去られることを願っている。

ロメルも触れているように、ポーランドはこのときはまだ「日本の政界および世論からの多大なる好意」に浴していたのであるが、「この好意を実際に役立てるのはますます難しくなっている。［……］万一、我々が何か騒ぎを起こしたりしたら、我々に対してもっとも友好的な日本人たちですら、我々を擁護することはできないであろう」という状態になっていた。

ただし、新聞にはポーランド関係の記事が掲載されており、八月は第二次世界大戦の開戦一周年が間近だったこともあって、七月より多かったほどである。ロメルは書いている。

この点から見て特筆すべきことは、『朝日新聞』のヨーロッパ駐在員による合同会議であろう。その模様は八月一七日付の同紙に掲載されている。記事には、ドイツがポーランドにおいてもっとも過酷な政策をとっていることが述べられており、フランスにおけるわが軍の勇敢な戦いぶりとフランスの降伏によってもたらされた悲劇的状況が温かい言葉でつづられている。同様の記事は他紙にも出ており、ポ英協定、我が国の商船の救助に関する情報が電報で送られていたとある。［……］ポーランド軍の名誉は完全に回復された。日本陸軍航空隊のワルシャワ駐在武官で、数ヶ月前にポーランドから帰国した於田中佐が最近、ポーランドにおける戦闘について講演し、その概要が『交詢月報』に掲載された（一九四〇年八月、第一六号、五一―二九ページ）。記事は基本的に公平中立であり、一九三九年九月の我が政府上層部の行動を批判しているが、同時に国民の積極的かつ愛国的な態度を強調している。

第二次世界大戦の開戦一周年に際し、極東ポーランド通信班のピスコル局長は、「同盟通信」のインタビューに答えて、ポーランドの現状、政府、軍について話しており、その内容は日本の各新聞に配信された。ピスコルが日本のジャーナリストや作家と親交があり、日本ペンクラブの好意的な計らいのおかげで、八月には、ポーランド愛好家である文学者の加藤朝鳥の弟子、山梨芳隆が訳したシェンキェヴィチ、ジェロムスキ、シェロシェフスキの小説などポーランド文学の翻訳もいくつか出版されている。

ピスコルはポーランドに大きな関心を示していた政界の実力者の一人、金子堅太郎伯爵を再び訪問している。「この人脈は我々にとってはとりわけ有用である。この老政治家はポーランドに好意的であり、ドイツに対しては嫌悪を抱いているからである」とロメルは書いている。

日本政府はますますドイツ寄りの立場を取るようになり、それにつれて新聞やプロパガンダに対する統制も厳しさを増していったが、ポーランド通信班はこの後の数ヶ月もそれまでと同様の活動を続けた。日本の内閣情報部は一九三七年に創設され、局長は元駐ポーランド公使の伊藤述史であった(41)。一九四〇年にはかなり大規模な情報局に再編され、政府のみならず行政機関の情報政策を立案、調整、統制することになる。

この年の九月、日本政府は日独伊防共協定を結んだが、それでも日本の新聞には九月戦役に関する多数の記事が出ている。さらには、かつて在ポーランド日本大使館一等書記官および代理公使を務めた木村惇の好著『ポーランド―その過去・現在・未来』や、ポーランド軍の勇敢さについて書かれたユリア・ホイェツカの記事も出ている。また、パデレフスキ大統領の回想録の新訳も出版された。

ピスコル班長は極東におけるプロパガンダの責任者として、戦争被災者救援委員会の構成メンバーにも加わった。これは、ポーランドやリトアニアから続々と押し寄せてくる難民のために、ロメル大使が九月末に組織したものである。

日本の新聞には連合国寄りの記事がめっきり少なくなっていた(42)が、一〇月も通信局の業務に本質的な変化はなかった。掲載されたのは、ルーマニアでポーランド旧政権のメンバーらが逮捕されたというニュースや、パデレフスキの消息、チャーチルによるスコットランド駐留ポーランド軍人の訪問に関する記事であった。週刊の映画雑誌には、シコルスキ将軍によるイギリス駐留ポーランド軍部隊の閲兵の短いシーンが載っている。

一一月にも日本の態度は概してドイツ寄りであったが、ロメルが本国外務省宛の報告書で指摘しているように、「ポーランドに対する日本の世論の伝統的に友好的な態度は変わっていない。ポーランド問題に関する外電が時々掲載されるが、そう頻繁にではない。［……］パデレフスキ大統領のニューヨーク到着およびその演説、［……］ポトツキ大使の辞任［……］スコットランドの一部地域を担当するポーランド軍について報道された」。

ポーランド通信班は極東の日本語および外国語の新聞だけでなく、アメリカのポーランド語新聞のために様々な資料を作成し提供し続けた。ポーランド語の『公報』を発行していたし、一一月以降は日本語版と英語版の『今日のポーランド』の刊行も始まった。日本語版と英語版は日本国内、満州、中国の日本占領地域の日本人エリート層に配布され、英語版はフィリピン、オランダ領インドネシア、香港、シンガポール、オーストラリア、ニュージーランドに送られていた。ロメルが「『広報』は日本人にも外国人にも多大な関心をもって受け入れられており、通信班は諸外国大使館、編集部、諸機関から、発送部数の追加申し込みを受け取っている」と証言している。

イギリスと協力して、日本側の検閲で上映禁止になった映画《Ｓｉｅｇｅ（包囲）》の上映にこぎつけたりもしており、日本のエリートはイギリス大使館での私的な上映会で鑑賞したのであった。また、ドイツ占領下のポーランドの大学の状況に関する小冊子を刊行しているが、これは極東地域の高等教育機関の教員に送られたはずである。

一九四〇年一二月と一九四一年一月は、『広報』の発行作業が中心で、『広報』は多大な関心を呼んだ。日本の新聞にはいくつかのポーランド関係の外電や記事が掲載された。イグナツィ・パデレフスキの訪米、リツ＝シミグウィ将軍の脱出、在英ポーランド空軍兵士のことなどである。

一九四一年二月、ポーランドは——ドイツのプロパガンダのかくも強い影響にさらされている国にあって——なおも広報活動を容認されている。ピスコルはイギリスの広報担当者との協力を続けており、そのおかげもあって、占領下のヨーロッパの状況に関する冊子ができた。しかし、ロメルが次の報告書に書いているように、日本の新聞は「ポーランド問題をたまにしか取り上げなくなった。掲載された記事は、たとえば、在英ポーランド軍パイロットおよび兵士、ルーマニア在住ポーランド人の悲劇とそれに対するイギリスの抗議、ブルガリアの我が国公館の撤収などに関するものである。［……］入手された情報は中立的か、もしくはポーランド寄りのものである。」

月刊『知性』の二月号には、阿部友次郎訳のヴワディスワフ・レイモント『アヴェ・パトリア』が発表され、ピスコルが前書きを書いている。

四月に入ってからも、通信班の活動は同様に行なわれていた。すなわち、広報の発行、一時的に日本に滞在していたポーランド難民によるピアノ演奏会のラジオ放送、ロシアから到着したアメリカ人特派員ウォルター・デュラントの歓迎昼食会などである。ロメルが報告しているように、この昼食会には、『東京日日新聞』のロシア担当の馬場編集員、『朝日新聞』主筆の丸山編集員という、日本人のロシア専門家も出席している。

ポーランドに関する報道の大部分は外電で伝えられたもので、シコルスキ元帥のカナダおよびアメリカ訪問、スコットランドにおけるポーランド空軍および陸軍の活動、在ギリシャ公館の撤収などであった。ただし、ロメルが証言しているように、「こうも多くの出来事が洪水のように次々と起きるなかでは、ポーランド問題を日本の新聞紙上で数ヶ月前まで行なわれていた以上に詳しく伝えてもらうだけの資料は持ち合わせていなかった」[43]。

『文界』四月号には、フランス語から訳されたワルシャワ防衛に関するソヴィンスキの著書の日本語訳が掲載された。訳者は前述のユリア・ホイェツカであった。

五月、通信班はポーランド外務省から追加資金を得て、広報の発行部数をかなり増やすことができ、ポーランド語版が一〇〇〜二〇〇部から四〇〇部に、英語版と日本語版がそれぞれ六〇〇部から一〇〇〇部に増えた。それとは別に、欧米のポーランド語新聞のために極東のポーランド問題をまとめた短い広報紙を出している。予算が増えたことで、通信班が他の様々な資料を日本で編集したり出版したりする可能性がふくらんだが、ポーランド関係の主要な出来事に関する現地からの電報や資料の不足に悩まされていた。

日本で報道されていたのは、前月までと同じく、主としてポーランド関係の外電が多く、シコルスキ元帥のロンドンへの帰還、ルーズベルト米大統領との会談に対するドイツの新聞からの攻撃、中東方面におけるポーランド軍の戦闘、ポーランドからの難民といったことであった。五月三日の祝日にちなんで、ロメル大使は日本に居住するポーランド人に向けて声明を出しているが、通信班はそれを報道関係者に伝えている。この五月三日の祝日については、『ジャパン・タイムズ・アンド・アドヴァタイザー』紙に詳しい記事が掲載された。

五月の報告書の中でロメルがかなりのスペースを割いているのは、元駐ポーランド公使で、このときは事実上のプロパガンダ責任者といえる情報局長をしていた伊藤述史がポーランドやリトアニアからの難民に提供した昼食のことであった。難民については第五章で詳しく論じるが、この昼食会の企画をとりもったピスコル通信班長の立場からすると、ここで報告書の該当箇所を引用すべきであろう。ロメルは次のように書いている。

伊藤博士はアレクサンデル・ピスコル氏に向かって〔……〕「日本政府をドイツ側の非難にさらすことになるやもしれぬから、この件はくれぐれも内密に」と言った。昼食会の出席者は、ポーランド語新聞の記者六名（ポーランド人一名、ユダヤ人五名）、ユダヤ語新聞の記者五名とピスコル氏、日本側からは伊藤博士とその同僚であった。挨拶に立った伊藤博士は、ワルシャワ在任中にポーランド人から受けた手厚いもてなしや、ポーランド難民に大量の日本の通過ヴィザが発行されたという最近の出来事が物語るようなポーランドに対する日本人の友情、日本の状況について語り、これらを十分理解の上、アメリカのポーランド語新聞やユダヤ語新聞に書くよう求めた。ピスコル氏の立てた式次第に従って、ポーランド人とユダヤ人の記者が一人ずつ、日本側の歓待に対する礼を述べ、ポーランド人とユダヤ人がアメリカの世論に大きな影響力をもつことを指摘し、今後も日本とポーランドの良好な関係が続くことを願うとの希望を述べた。この昼食会は結果的に、日本のプロパガンダと密接な関係を結ぶ可能性をもたらした。

ここで指摘しておかねばないのは、日本政府がユダヤ世論を非常に重視していることであり、ユダヤ人の滞在者が増加しているこの機を利用して、彼らを自らの側に取り込もうと努力していることである。上記の昼食会以外にも、日本外務省および内務省の役人たちが、ポーランドからやってきた何人かの有名なラビのためにこぞって豪華な昼食会を開いており、〔……〕その折には、「日本人とユダヤ人の古くからの友情」という言葉が飛び交い、ポーランドへの親近感が語られ、すべての人種思想が唾棄される。〔……〕大使館はこの動きを監視し、わが通信班と領事部とで、ポーランド系ユダヤ人と日本人の接触をコントロールし、当地における我々の問題に利用したいと考えている。

独ソ戦が始まると、日本でもポーランド問題が現実味を帯び、六月には――ドイツ側を苛立たせないように――間接的にポーランドを扱う外電がそれまでより多く現れるようになる。ロメルの報告によれば、独ソ戦に対するポーランドの立場というシコルスキ元帥の声明、ソ連領内のポーランド人捕虜の解放問題およびその対独戦争への利用に関する英ソ交渉の経過、ドイツ戦艦「ビスマルク」の撃沈作戦へのポーランド軍艦「雷電」の参加、ポーランドとフィンランドの外交関係の断絶といったニュースが紙面を飾ったのである。日本の報道関係者はピスコル通信班長と頻繁に接触するようになり、ピスコルは大使館スポークスマンとしてロメル大使の指示に従いつつ情報を提供した。ロメルは「ドイツとイタリアが汪兆銘（一八八四―一九四四）の政権〔日本の傀儡政権。日本に承認されていた――著者注〕を承認してから、当地における我々の立場は非常に微妙なものになり、政治活動のみならず広報活動においても熟慮と慎重さを要するようになった。ドイツは日本政府にポーランドとの外交関係を断絶させるため、当方の慎重さに欠ける行動や攻撃的に過ぎる態度を待ち構えているのである」と記している。

しかし、それにもかかわらず、通信班はそれまでと同様にすべての広報紙の発行を続けていた。駐日イギリス大使は、新聞報道によると、ポーランドの戦争被災者の救援のためのピアノ演奏会を企画し、ポーランドの演奏家たちが演奏した。ボレスワフ・シュチェシニャクの尽力で、日本の諸大学との交流も続いていた。

八月に入ると、日米間の海上輸送が途絶えたために新しい資料が入ってこなくなったが、通信班は他の情報源を利用して従来通りの業務を続けた。日本の新聞もポーランドに対しては依然として好意的な態度を示し、ロンドン亡命政府がソ連と協定を結んだことからポーランド問題への関心はむしろ高まっていた。協定の締結、ポーランド使節団のモスクワ到着、ソ連領内におけるポーランド軍団の創設に関する軍事協定の調印、ヴワディスワフ・アンデルス将軍（一八九二―一九七〇）の軍団指揮官任命などの記事が掲載された。ただし、協定の意義についてのコメントはあえて付されなかった。ロメルは次のように書いている。

> 日本の政界は［……］対ソ協定の締結に際して、いかなる意図がポーランド政府を突き動かしたのかを十二分に理解していた。数ヶ月前には自らが対ソ接近を模索していたのだから［……］。日本は、我々が独ソ両国を敵に回すことはできないこと、独ソ戦が我々にとって利用すべき例外的状況を生み出したことを承知している。我が国とソ連との合意は一時的なものであり、計算ずくの行動と見られがちである。［……］ソ連領内におけるポーランド軍団の編成問題に対しては大きな関心が見られる。日本人と話をすると、きまって多くの人が、それは日本にとって友好的な勢力となるはずだと言い、もちろん、その確約を我々から取り付けようとする。ロシアがポーランドとの関係締結を不可欠と見なしたという事実は、間違いなくポーランドの国際的意義を当地の人々に確信させたのである。

新聞にはこの他、ドイツに対するポーランド国民の不屈の態度や、在英ポーランド軍パイロットおよび政府、上海から脱出したポーランド系難民に関する小さな記事も掲載された。『音楽評論』八月号では、その少し前に死去したイグナツィ・パデレフスキの特集が組まれ、日本人の優れた音楽家や音楽評論家が寄稿している。

ロメル大使が外務省宛に送った最後の報告書は一〇月一四日付のもので、九月および一〇月前半の活動について書かれている。この期間も、通信班は通常の業務を行ない、広報誌も定期的に発行していた。第二次世界大戦の開戦二周年にちなんで、日本の新聞にはポーランドに好意的な記事が出ている。目につくのは、何といっても、ソ連領内のポーランド軍団およびポーランド人の状況に関する外電である。だが、先にも述べたように、在京ポーランド大使館の閉鎖に関する報道には何のコメントも付けられていない。

在京ポーランド大使館の閉鎖に伴って、極東ポーランド通信班の活動も停止に追い込まれた。一九四一年一〇月一九日発行の極東在住のポーランド人向けの『広報』最終号に、ピスコル班長は次のように記している。

一〇月四日土曜日の午後六時一五分、天羽英二外務次官が駐日ポーランド共和国大使タデウシュ・ロメルを訪問し、覚書を手交しました。日本政府は在ワルシャワ日本大使の任を解き、これに鑑み、在京ポーランド大使の任務も終了したと認める旨を宣言する、というものでありました。次官はまた、ポーランド国民と日本国民の間に存するこれまでの友好的な関係を顧慮し、日本政府はポーランド大使に対し一〇月末日まで外交特権を付与する、ともおっしゃいました。［……］すべてのポーランド市民は日本に残留可能であり、日本政府の庇護を享受できるとのことであります。［……］

極東ポーランド通信班長および『広報』編集長アレクサンデル・ピスコルは、日本、極東地域、隣接諸国のすべての読者とすべての友人に心からのお別れの挨拶を送ります。

ピスコルは他の大使館員たちの後から日本を去るつもりでいた。一〇月中は日本ペンクラブの会員と会ったり、日本の政治家やジャーナリストを招いて送別会を開いたりした。一九四一年一二月には反日・反独宣伝のかどで逮捕されるという目にも遭っている。日本を後にしたのは、結局、一九四二年七月三〇日のことであった。

在日ポーランド人互助会

ポーランド大使館がまだ閉鎖されていなかった一九四一年一〇月一〇日、日本に残留していた約一〇〇名のポーランド市民を支援する「在日ポーランド人互助会」が東京で発足した。設立総会は次のような会則を定めた。

三　本会の目的は、日本領内に在住するポーランド人を物質面および文化・教育面において支援することである。
四　本会の活動資金は、会員からの月々の会費および寄付である。［……］
六　本会の意思決定機関は、本会の全会員から構成される総会である。総会の権限には、執行部および監査委員会の選出、本会の活動の拡大および会則の改正である。［……］
八　執行部は総会によって本会会員の中から選出された三名から構成され、任期は三年とする。［……］
九　執行部の業務は、
　a　会員の入会手続き
　b　総会による決定事項の施行および本会の活動領域に関わるすべての事業の実施
　c　本会の資産の管理および渉外活動
　d　会員の脱会手続き（TRDAJ, t. 2）

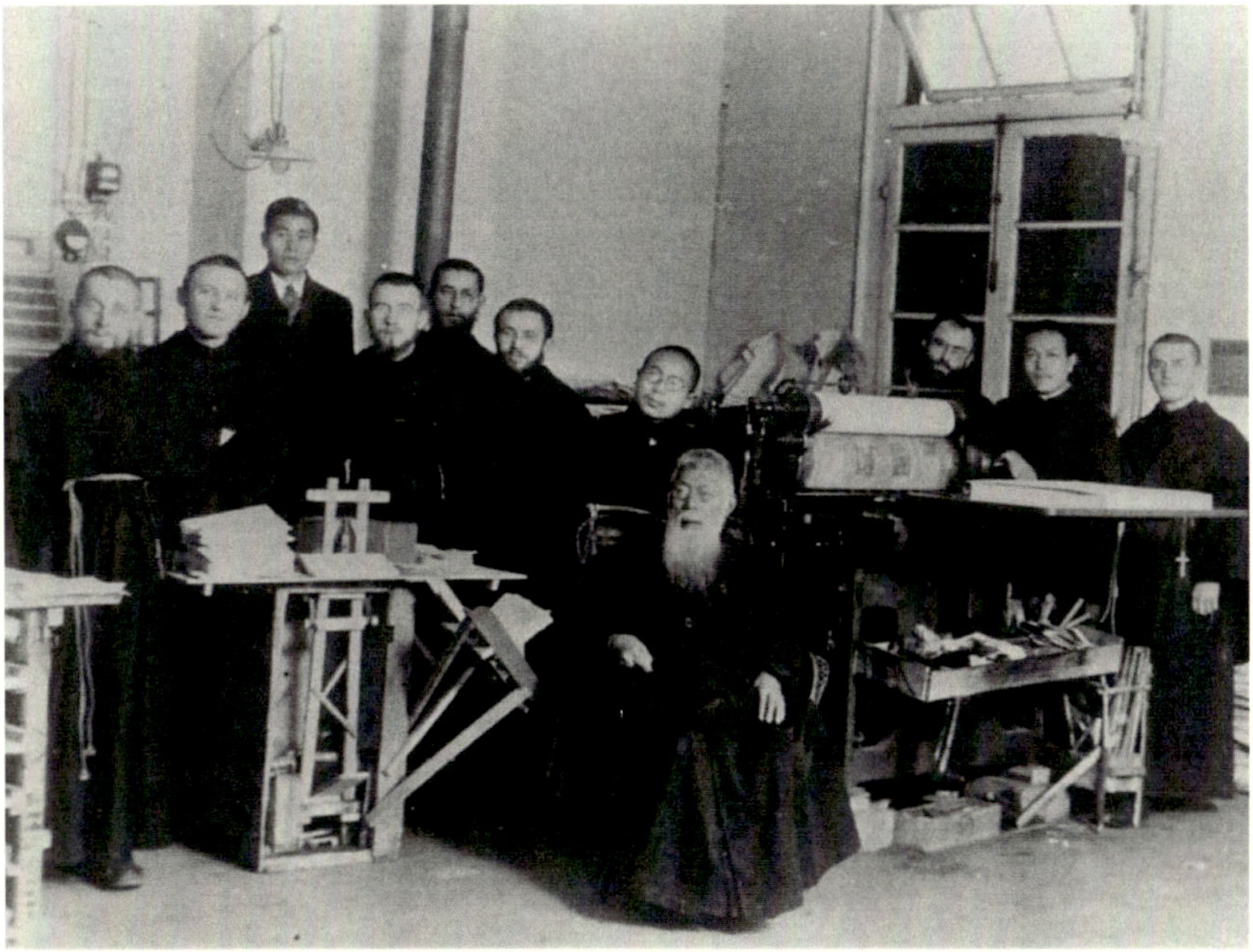

印刷所でのコルベ神父（右から３人目）とゼノ神父（左端）（長崎大浦、1930年）（Archiwum Klasztoru Franciszkanów, Niepokalanów 所蔵）

執行部は、議長タデウシュ・ヘルトレー、事務局長ボレスワフ・シュチェシニャク、会計カロル・アントニェヴィチという顔ぶれであった。

会の活動については残念ながら不明であり、ここにその評価を記すことはできない。シュチェシニャクは学界における文化宣伝活動をかねて、立教大学でポーランド語やポーランド文化をテーマに講義を続けていた。彼が日本を離れたのは、アジア・太平洋戦争の開戦から半年以上経過した一九四二年七月三〇日のことであった。

最後に書き添えておきたいのは、戦争中もずっと日本にとどまって活動を続けていた、聖フランチェスコ会のニェポカラヌフ（無原罪の聖母の騎士）修道院のポーランド人修道士たちのことである。彼らは自力で孤児院や慈善施設を設立・運営し、戦災孤児を献身的に支援した。日本での活動を開始したのは一九三〇年であり、マクシミリアン・コルベ（一八九四―一九四一）と四人の修道士たちが長崎に来訪し、[44] 翌年には修道院を建設した。活発に教育・出版活動を行い、来日直後から『無原罪の聖母

フランチェスコ会修道士、ゼノ神父ことゼノン・ジェブロフスキ（右）とサムエル・ローゼンバイゲル神父（東京、1970年）（写真提供：アンジェイ・T・ロメル）

の騎士』という小冊子の日本語版を発行していた。コルベは一九三六年にポーランドに帰ったが、大戦中の一九四一年にアウシュヴィッツ強制収容所で死亡した。特に日本で活発に——文字通り生涯の終わりまで——活動したのは、「ゼノ神父」として知られるゼノン・ジェブロフスキ（一八九一？—一九八二）[45]である。一九四五年八月九日の長崎への原爆投下直後、彼は他の修道士たちとともに長崎の住民、特に子どもたちの救護に奔走した。戦後も孤児や浮浪児、家を失った人々など、戦争被災者の支援に熱心に取り組んだことから、日本ではよく知られた人物である。

第五章　第二次世界大戦中の諜報活動における協力

第二次世界大戦中のポーランドと日本の協力関係は、両国諜報機関の代表者間の活動にほぼ限定された[1]。日本人がヨーロッパで諜報活動を行うことは容易ではなく、また軍の動きなどに関する独ソの計画の詳細を必要としていたため、その情報と引き換えにポーランド情報機関の連絡将校をドイツ、バルト諸国、スカンディナヴィア諸国の日本公館に置い、日本の外交クーリエで報告書を送れるように、その都度、偽の文書を発行していた。その活動拠点は最初、すなわちバルト諸国が独立を失う一九四〇年八月まではカウナスとリガにあったが、それ以後は中立国スウェーデンのストックホルムに移された。ポーランドと日本の諜報員は、ベルリン、プラハ、ケーニヒスベルク（現カリーニングラード）、ブカレスト、ソフィア、イスタンブル、バチカン、ローマ、満州でも活動していた。本書の初版の出版後、多数の補完的な未刊行史料を入手したこともあり、この増補版には、あまり知られていないカウナス、ストックホルム、ケーニヒスベルクにおけるポーランド人と日本人の協力関係を詳述することにした。ただし、ベルリンでの活動についてはすでに細部まで明らかにされているため、必要な部分への言及にとどめる[2]。

ここでまず指摘しておかなくてはならないのは、諜報活動の歴史に分け入ろうとする研究者は必ず、大きな困難に突き当たることである。諜報員というものは通常、メモは一切とらず、すべてを記憶する。何年も経ってから記憶を復元しようとすると、意識的か否かにかかわらず思い違いをしていたり、ある事実は誇張され、他はまったく覚えていなかったりということがあるものだ。本書の著者も、さまざまな会談の記録、回想録、書簡、日記を入手したものの、それらは互いに矛盾するものも多く、自ら取捨選択し、いくつかの証拠をつき合わせてみてもっとも蓋然性があると考えられる解釈をつけるか、内容的には必ずしも一致しないいくつかの文献から断片的に引用するかの、どちらかの方法を取らなければならなかった。多くの場合、当時の出来事を目撃した人々の証言を引用することこそ、彼らがそれにどう関わったのか、当時の雰囲気はどうだったのかを伝え、そうした活動がいかに危険で困難であったかを示す最良の方法である、と私たちは考えた。ただし、情報将校というものは往々にして、戦後何年経っても秘密を厳守し、仲間や協力者の本名は出さないこともあることを念頭に置かなくてはならない。この種の研究における次なる難題は、こうした事柄を公文書館の史料と照らし合わせることが実質的に不可能だということである。国家の重要文書は多くの場合、五〇年を経て公開されるが、軍事史料、特に諜報活動に関する史料は、この原則が適用されないことも多い。一般の研究者は永久に閲覧できずに終わるものも出てくる。日本の公文書館の場合、状況はさらに悪いように思われる。日本人自らが認めるように、文書の大半が一九四五年の無条件降伏の際に焼却され、残ったものも占領期に押収されてアメリカに渡った。本章のテーマに関する史料は日本の公文書館には残っていないか、ほとんど利用できないというのが実情である。

情報将校の鉄則の一つに、他国の諜報機関との協力に関しては文書による契約を交わしてはならないということがある。これを著者との対談の中で証言してくれたのが、一九二五―二八年の駐日ポーランド公使館付武官で、一時は駐日代理公使を兼任したヴァツワフ・イェンジェイェヴィチ、一九三七年から一九四一年まで駐日公使もしくは大使をしていたタデウシュ・ロメルの両名である。ただしこの二人は、すでに一九二〇年代から――すなわち、山脇正隆少佐（当時）が初代の駐在武官としてポーランドに滞在していた頃から――日ポ間には対ソ情報を中心とする協力関係が存在し、それよりだいぶ後になるが、対独情報に関する協力関係が作られていたことも知っていた。

ここで、第二次世界大戦の開戦前夜の出来事を思い出してみよう。一九三七年にいわゆる日華事変、すなわち日中戦争が勃発し、翌三八年には近衛文麿首相が「東亜新秩序」の導入を宣言した。また日本の政治経済を戦時のそれに転換するため、国家総動員法を発令した。ヨーロッパにおいては一九三八年初頭に「アンシュルス」、すなわちオーストリアのドイツ第三帝国への編入が行なわれた。同年三月、ポーランドがリトアニアと外交関係を締結、九月には西欧諸大国がミュンヘン協定に調印し、ズデーテン地方のドイツへの割譲に同意する。一九三九年春になると、ポーランドとドイツの関係は目に見えて悪化し、チェコとモラヴィアは保護領としてドイツに併合され、スロヴァキアにはドイツの傀儡政権が成立した。一九三九年八月二三日の独ソ不可侵条約の調印は、一触即発の状態であるという最後の警告であった。日本はこれをドイツの背信行為および一九三六年の日独伊防共協定の破棄と受け取った。こうした状況のなかで、日本政府は同盟国とその情報をもはや全面的には信用せず、ソ連のみならずドイツも十分に観察できる新しい在外公館の設置を決定する。こうして選ばれたのがカウナスであった。続いて九月一日、ドイツのポーランド侵攻が始まる。九月一七日にはソ連軍がポーランドの東部国境を越え、ヴィルノ（一九二三—一九三九年はポーランド領。以後はリトアニア領ヴィルニュス）を含む東部地域を占領する。そこに駐屯していたポーランド軍部隊はリトアニア国境を越え、収容所（コウォトヴォ、ビルシュタヌイ、ポウォンガなど）に抑留される。それからまもなく、脱走者が出始めると、全国的な救援網が作られていく。

この作戦に参加した主要人物のひとりがルドヴィク・フリンツェヴィチ（一九〇四—一九九三、偽名ルシ）である。彼は一九二〇年代に在リトアニア・ポーランド軍事組織（ＰＯＷ）司令官の連絡将校となり、その後ヴィルノ第十三騎兵部隊の歩兵としてボリシェビキ軍と戦った。グダンスク、ウィーンで教育を受け、ワルシャワの高等商業学校でも学んでいる。訓練の後、一九三一年にリトアニアに戻って諜報活動に従事、参謀本部第二部の命令でポーランド諜報組織「ヴィエジュバ（柳）」を結成し、その指揮官となる。一九三八年春以降は、リトアニアとの関係樹立後の初代カウナス駐在武官レオン・ミトキェヴィチ大佐（一八九六—一九七二、偽名ジュウテク）を通じて中央との連絡を保っていた。(3) フリンツェヴィチの活動、とりわけカウナスにおける活動に関するきわめて興味深い情報源は、彼自身が著者（ロメル）の勧めでまとめた未公刊の回想記『第二次世界大戦中のカウナス地域における暗号名「ヴィエジュバ」グループ』である。[4] フリンツェヴィチと協力関係にあったのは、アンジェイ・ヤヌシェフスキ、ヤン・モントヴィウ、コンスタンティ・ブトレルらであった。フリンツェヴィチはミトキェヴィチから、もし戦争が始まったら既存のネットワークを拡大せよ、という指令を受けていた。その主たる任務の一つは、収容所からの元軍人の救出と支援、ヴィルノ、グロドノ各支部の将校の応援であった。彼らが最優先事項としていたのは、西欧諸国のビザを取得して、西欧、主として中立国のスウェーデンに脱出させることであった。その際の経由地が多くの場合リガであり、タリン、ヘルシンキだったのである。

この時期から一九三九年秋までラトヴィア駐在武官をしていたのが、フェリクス・ブジェスクフィンスキ（一八九六―一九六〇）であり、日本のラトヴィア駐在武官たち（リトアニアとエストニアも兼任していた）と協力関係を結んでいた。その最初は一九三五―一九三八年に接触を持った小野寺信少佐（一八九七―一九八七）であるが、小野寺はこの時期にポーランドも訪れている（第四章参照）。次の小野打寛中佐（一八九九―一九八四）は、一九四〇年八月に公使館が閉鎖されるまでの一年余りのリガ勤務を経て、正式の駐在武官としてストックホルムに派遣される。小野打は臨時駐在武官の西村敏雄（一八九八―一九五六）の後任となる。西村は一九三八年一二月からフィンランド駐在武官を兼任していたが、ソ連の侵攻時にフィンランドから脱出していたのである。[5] 一九四〇年一月、西村の助力で、ストックホルムにおける第二部諜報機関「北方」の活動が始まった。その責任者となったのは騎兵隊長ヴァツワフ・ギレヴィチである。これらすべての人物は後章にも登場する。しかし、リガにおける小野打の前任者である高月保（一八九九―一九四〇）とポーランド人の協力関係については何もわかっていない。ヘルシンキにおけるポーランドと日本の将校の接触については、ノルベルト・ジャバ（一九〇七―一九九四）が談話のなかで触れている。ジャバは大戦前、ヘルシンキで報道官を務めていたが、日本将校と直接接触していたわけではなく、自宅を提供していたにすぎない。

この間、一〇月初旬にポーランドにおける戦闘は終焉を迎え、ポーランドの国土はドイツ軍とソ連軍の占領下に

レシェク・ダシュキェヴィチ中尉（1941年）（写真提供：杉原幸子）

入った。迫害、逮捕、ロシアの僻地への強制移送、そして死の脅威にすらさらされるなかで、何千という民間人避難民と軍人の新たな波が中立国リトアニアへの国境を越えた。四万もの避難民の流入はこの小国にさまざまな問題を引き起こしたが、それにもかかわらず、受け入れ状況は非常に良好だった。しかし、情勢は急速に変化する。一〇月一五日、ソ連政府が一〇月一〇日のリトアニア・ソ連条約に則ってヴィルニュスを含むポーランド領の一部をリトアニアに割譲したことに抗議して、フランチシェク・ハルヴァト公使（一八八一—一九四三）、公使館付武官ミトキェヴィチ大佐をはじめとするカウナス駐在のポーランド公使館員がリトアニアから退去した。この時点からリトアニアのポーランド人避難民の問題は、イギリス臨時代理公使プトーマス・プレストンとフランス公使館付き武官ピション中尉が引き継ぎ、ポーランド諜報機関がこれを支援することになり、そこにフリンツェヴィチも加わった。彼らの手で、「ヴィエジュバ」の報告書がストックホルムのブジェスクフィンスキへ送られることになる。

一九三九年一〇月末、コウォトヴォ収容所からグロドノ管区第三部隊司令部付情報将校レシェク・ダシュキェヴィチ中尉が脱出する。日本人との協力に従事し、大戦中のポーランドの諜報活動で特に重要な役割を演じる人物の一人である。彼は自らの活動について、リビコフスキの求めに応じて一九四八年にイギリスで執筆した未公刊の報告書『諜報機関「G」——報告書と文書（LD）』に記している。(6)

一二月末、ダシュキェヴィチはすでにカウナスにいた「クバ」、すなわち参謀本部第二部グロドノ支部のアルフォンス・ヤクビャニェツ大尉と接触した。ヤクビャニェツのおかげで、ダシュキェヴィチはいわゆるポーランド領事部、すなわち亡命ポーランド政府の代表機関となっていたイギリス公使館ポーランド課に助手として雇用される。ダシュキェヴィチの任務は、情報収集、容疑者のリストアップと追跡、独ソ占領

水野桂三とアルフォンス・ヤクビャニェツ（1930年代）（写真提供：エヴァ・パワシュ＝ルトコフスカ）

地や抑留所から脱出してきた人々への文書の発行、証明書類や身分証の発行であった（LD. 9-11）が、ヤクビャニェツの指示で特殊軍事諜報活動（独ソ両軍の動向、ソ連の対独支援など）も含まれていた。ヴィリニュス、カジミェシュ・クハルスキ（一八九一―一九五六）[7]と接触して、避難民が必要としている洗礼証明書や身分証を届けていた。

アルフォンス・ヤクビャニェツ（一九〇五―一九四五、暗号名クバ、イエジ（ジョージ）・クンツェヴィチ）はオストロヴィア・マゾヴィエツカの士官学校を卒業後、一九二九年からヴィルニュス第一師団第五歩兵連隊に勤務した。そして、おそらくはここで（ミハウ・リビコフスキ、スタニスワフ・ストルンフ＝ヴォイトキェヴィチが[8]証言しているように）、研修に来ていた水野桂三少佐と知り合ったと思われる。第四章で明らかにしたように、一九三六年夏、水野は確かにヴィエルコポルスカ第五八歩兵連隊に派遣されているからである。その後ヤクビャニェツは、国境防衛軍の任務に就く。参謀本部第二部グロドノ支部の配属将校となったのは一九三五年からである。

フリンツェヴィチは次のように回想している。

> その間――正確な時期は特定できないが――たしか一九四〇年四月に、ミトキェヴィチ大佐の指示で、グロドノ支部の職員、「クンツェヴィチ」ことアルフォンス・ヤクビャニェツが私を訪ねてきた。おそらくはリビコフスキ少佐の指示で、諜報活動のためしばらくリトアニアに留まるという話だった。彼は「ヴィエジュバ」というグループに「つなぎ止められて」いたのだが、単独で行動しようとしていた。現地の状況にあまり通じておらず、

東プロイセンのネットワークともつながりを持っていなかったが、協力関係は幸先よく、たぶんこの件には好都合な形で始まった。（中略）「クバ」が人並外れて勇敢で、進取の気性とアイディアに富んでいたことは認めねばならないが、一つ欠点があった。地下活動の原則を守るということができなかったのだ。あるいは、初めから守る気がなかったのかもしれない。結局、この件におけるこの無頓着さが彼を破滅に追い込んだように思う。（LH, 16）

ここで、日本の諜報機関との協力において主役を演じたもう一人の人物、ミハウ・リビコフスキ（一九〇〇ー一九九一、偽名イアン・ヤコブソン、ペーター・イワノフ、アダム・ミハウォフスキ、アンジェイ・パシュコフスキ）が登場する。リトアニアのロカヌィで生まれ、一八歳でポーランド軍に入隊、ポーランド・ソ連戦争時にラジミンの戦闘に参加し、その働きに対し軍功十字勲章を授与される。一九三三年、陸軍大学校を卒業、オストロヴィア・マゾヴィエツカの士官学校の教官となるが、本職はポーランド軍参謀本部第二部ドイツ研究局の仕事であり、一九三六年には同局長、一九三九年には対独諜報部長となる。開戦後、ルーマニア経由でパリに移動し、ポーランド東部、ヴィルニュス地区、バルト諸国で諜報網の組織を命じられる。付記しておくと、一九三九年の年末には、ブカレストの日本武官室にブロニスワフ・エリアシェヴィチ大尉が無線電信技士とともに勤務していた[9]。この武官室はポーランド行きのクーリエ便という機能を支えるはずであった。しかし、この無線局はポーランド側の落ち度でドイツ軍当局に摘発され、日本人との協力関係は打ち切らざるをえなかったのである。

ミハウ・リビコフスキ（1938年）
（写真提供：ゾフィア・リビコフスカ）

リビコフスキはパリからオランダに移り、そこから何度かパスポートと名前を変えながらデンマーク、スウェーデン、フィンランドを経由してカウナスに入り、ヴィルニュスと連絡をとる。バルト諸国に諜報網を作ろうとしていたのである。彼がいつリトアニアにいたのかを特定するのは難しい。自身が未公刊の短い回想録（ワルシャワのポーランド軍事博物館に現存する）で挙げている日付はまちまちである。ヤクビャニェツ没後二〇年にあたる一九六五年に書かれた「陸軍少佐アルフォンス・ヤクビャニェツ」[10]（MRJ）という文章では、一九三九年一〇月末頃となっている。ところが、無題の覚書[11]（MR）には翌四〇年三月と書いてあり、むしろこちらのほうが信憑性が高いようにも思える。リビコフスキの妻ゾフィアも、著者（ルトコフスカ）への手紙にこちらの日付を書いている。

リビコフスキは、士官学校の教え子だった頃から知っているヤクビャニェツと連絡を取る。協力の基本原則を前もって決めたのである。

私たちが久々に偶然顔を合わせたのは、戦争前に行なわれた極秘の講習の場であった。それはドイツ軍が我国に対する軍事行動に際する、我が国もしくはドイツ領内における地下活動のリーダーのためのものだった。私たちは旧知の間柄だったから、このときさっそく、開戦と同時に地下の諜報活動とサボタージュを開始するために連絡を取り合うことにした。（中略）

十月末、私はカウナスにいた。（中略）クバとは会ってすぐ今後の行動方針を定めることができた。（中略）私たちが知り合いであることは、もちろん、二人とも否定していた。（中略）一九三九年の冬、私は［パリの──著者注］参謀本部に呼び出された。クバが残って私たちの計画を一人で実行に移すことを、このときクバと取り決めたのである。[12]（MRJ, 1-5）

リビコフスキは、自らの短い、かなり混乱の多い無題の回想記には別の日付を記しており、再びパリに赴くことになった時期についても記述がまちまちである。しかし、そこに書かれている出来事を他の事実と突き合わせてみると、やはりこの文書の日付がより信憑性が高いと考えるべきであろう。リビコフスキの記述によると、それは彼がリトアニアにやってきた二ヶ月後、一九四〇年五月前後である。[13] 戦時下には非常に危険で困難な旅であり、とりわけリトアニアへの帰路はそうであった。そこでリビコフスキはストックホルムへ行くことにし、西村駐在武官の仲介で小野打と会い、彼の助けを借りてリガにたどり着く。リビコフスキはしばらくの間リガに留まるが、おそらくはこのときにベルリンにも行ったのであろう。これも資料によって一様ではないのだが、彼はラトヴィア人商人イアン・ヤコブソンとしてベルリンに行き、満州生まれの白系ロシア人ペーター・イワノフとしてリガに戻っている。満州国公使館で満州国のパスポートを取得できたのは、杉原と小野打のはからいであった。しかし、ヴィルニュス行きが可能であることがわかったのである。

〔……〕フランスの降伏、ソ連軍によるリトアニア、ラトヴィア、エストニアの占領で、私はそれ以上の活動ができなくなった。ロシアの何たるかを私たちは知っていた。このときすでに、多数の人々の一斉逮捕、シベリアへの移送が始まっていたのである。（中略）私にとって明白になったのは、ポーランド国内での活動の継続は不可能だということであった。私はストックホルムに戻って、そこから対独行動を続けることにした。[14]（MR, 4）

カウナスに話を戻すと、すでに一九三九年末からポーランド人が日本人との協力関係を結んでいた。日本人はカウナスに公館を新たに開設し、この協力関係において特別な役割を果たすことになる。

カウナス——杉原千畝とポーランド諜報機関

杉原千畝（一九〇〇—一九八六）は、一九一九年に外務省留学生試験に合格した後、外務省ロシア語留学生として

杉原千畝（1943年）
（写真提供：杉原幸子）

満州のハルビンに渡った。一九二〇年、ハルビンに新設されたばかりの日露協会学校でロシア語の勉強を始める。この年には、日本が一九一〇年に併合した朝鮮に駐屯中の京城府竜山（現ソウル市内）歩兵七九連隊九中隊に志願兵として入営している。翌二一年、少尉の肩書きを得てハルビンに戻り、一九二三年以降は、東清鉄道の始発駅があったソ満国境の満州里でロシア語の勉強を続けていた。杉原は語学の才能に優れロシア語も瞬く間に上達したため、ハルビンの日本総領事館に任用されることになった。一九二九年からは日露協会学校でロシア語の教鞭もとっている。この学校は、一九三二年の満州国の建国後に改組・改称され、ハルビン学院となる(15)。

杉原はすぐにソ連通と目されるようになり、ソ連との一連の政府間交渉に加わった。一九三二年には満州国外交部の立ち上げの仕事に従事し、後には政務局ロシア課長などの任務に就いている。一九三五年、東京の外務省に召還されるが、数年の本省勤務を経て、三七年には通訳官として在ヘルシンキ日本公使館に赴任した。当時の駐ヘルシンキ公使は酒匂秀一であったが、周知のように、酒匂はこの年の一〇月、駐ポーランド大使に就任している。杉原はカウナス着任までヘルシンキに滞在する。

杉原がカウナスに到着したのは一九三九年八月末であり、日本外務省外交史料館所蔵史料（以下、GGSと略記）によれば、領事代理として正式に日本公館を開設したのは一一月のことであった（GGS, M. 2.1.0.10-92）。リトアニアには日本人居留民がおらず、領事業務の必要がなかったため、それまでは在ラトヴィア公使館がリトアニアを兼轄していた。日本政府がヨーロッパのこの地域、中でも東京では常に情報が不足していたソ連を観察できるという観点だけでこの場所を選んだのは明々白々だった。カウナスに領事館を開設した理由を、杉原は自らロシア語で書いた報告書というユニークな文書の中で説明している。これはモスクワに赴任していた一九六九年に、おそらくはリビコフスキの求めに応じて書いたものであろう。一〇ページほどのタイプ原稿の写しを著者（ロメル）がルドヴィク・フリンツェヴィチから譲り受け、それを著者（ルトコフスカ）が翻訳し解説を付したものを一九九七年に公表した。[16]フリンツェヴィチの記述内容から判断して、まさにこの杉原レポートこそが、上記の回想録を書くことをフリンツェヴィチに決意させたのである。

［……］ロシア語で書かれた在カウナス日本領事杉原千畝氏の「回想録」を、まったくの偶然から入手した。（中略）杉原氏があの当時の自らの体験を秘密にせずに書くのなら、それについては私も、二言三言は書くことができる。というのは、杉原氏が書いている出来事には、私も相当に深く関わっていたからである。これまで私は、日本に関わる事柄については日本側の同意なしに書いていいものかどうか、ためらいや疑問をもっていた。杉原氏はその迷いを払拭してくれたのである。杉原氏が書いているのは主として、彼がポーランド難民―その大部分はユダヤ系ポーランド市民である―に対して行った支援についてだが、ポーランドの諜報グループへの支援についても書いている。回想の中では仮名や偽名を使い、実名を出すことは慎重かつ意識的に避けている。人々を傷つけるかもしれないという懸念からそうしたのだと思う。第二の可能性としてありうること―それは記憶違いであり、回想の中でさえもそれを露呈しているが、他方では素晴らしい記憶力を示し、あの当時の出来事を時系列に並べているのだ。（中略）秘密活動の原則からいえば、ノートに細々とメモを取ったり回想を残したりすることは許されない。そこで私は、出来事を厳密に時系列的に再現するときには特に、記憶というものの不確かさや難しさを意識しながら記憶の隅々に分け入ることにしている。

杉原は、カウナスにおける自らの任務についてこう記している。

大島浩中将［駐独大使在任期間：一九三八年一〇月―一九三九年一〇月および一九四一年二月―一九四五年二

月」は、日独伊三国同盟の調印責任者としてヒトラーの保証を信じたいと思ってはいたものの、全面的に信用することはできず、ドイツ軍が本当にソ連に侵攻するつもりなのかどうか確証をつかみたがっていた。要するに、日本陸軍参謀本部は関東軍、すなわち満州に駐留していた日本軍の最精鋭部隊をできるだけ速やかにソ満国境から南太平洋諸島へ転進させたいと考えており、ドイツ軍による西方からの対ソ早期攻撃に尋常ならざる関心をもっていたというわけである。ドイツ軍出撃の時期を迅速かつ正確に特定することが、〔大島〕中将大使の主たる任務なのであった。それで私は、なぜ参謀本部が外務省に対してカウナス領事館の開設をあれほど執拗に要請したのか合点がいったのだった。一人も日本人の住民がいないカウナスの領事となって、私がすぐさま理解したのは、リトアニア・ドイツ国境付近（目下ドイツ軍の占領下にある国境地帯）のドイツ軍の集結状況やソ連侵攻への準備状況から知りうることに基づき、参謀本部と外務省に詳細な情報を送ることこそがわが使命である、ということだった。リトアニアに新たな観測地点を持ちたいが、ドイツ側国境ではなくドイツ軍の戦争準備に関する情報を得られるところ、というのはここから出たことである。これは後日ケーニヒスベルクへ行ってから知ったのだが、ヒトラーは大島大使に戦争計画の詳細を伝えようとせず、大島の要求にもかかわらず、部下の将官やベルリンの大使館の駐在武官に東プロイセンを自由に旅行する許可を与えなかったという。（SCh, 131-132）

杉原がこの報告書を書いたのは戦後何年も経ってからであり、当時の出来事の順番を忘れてしまったか、あるいは思い出したくなかったからか、カウナスに領事館が開設されることに決まった理由について一部真実ではないことを挙げている。外務省外交史料館史料からは、この件に関するリトアニアとの話し合いが開始されたのは一九三九年八月初旬、すなわちリッベントロップ・モロトフ協定の締結以前だったことがわかる。ドイツはこのときにはまだソ連と戦争をするつもりはなかったのである。この時点では、日本も太平洋における軍事行動は考えていなかった。日独伊三国協定が調印されたのは一九四〇年九月、つまりカウナス領事館が閉鎖された後である。したがって留意すべき

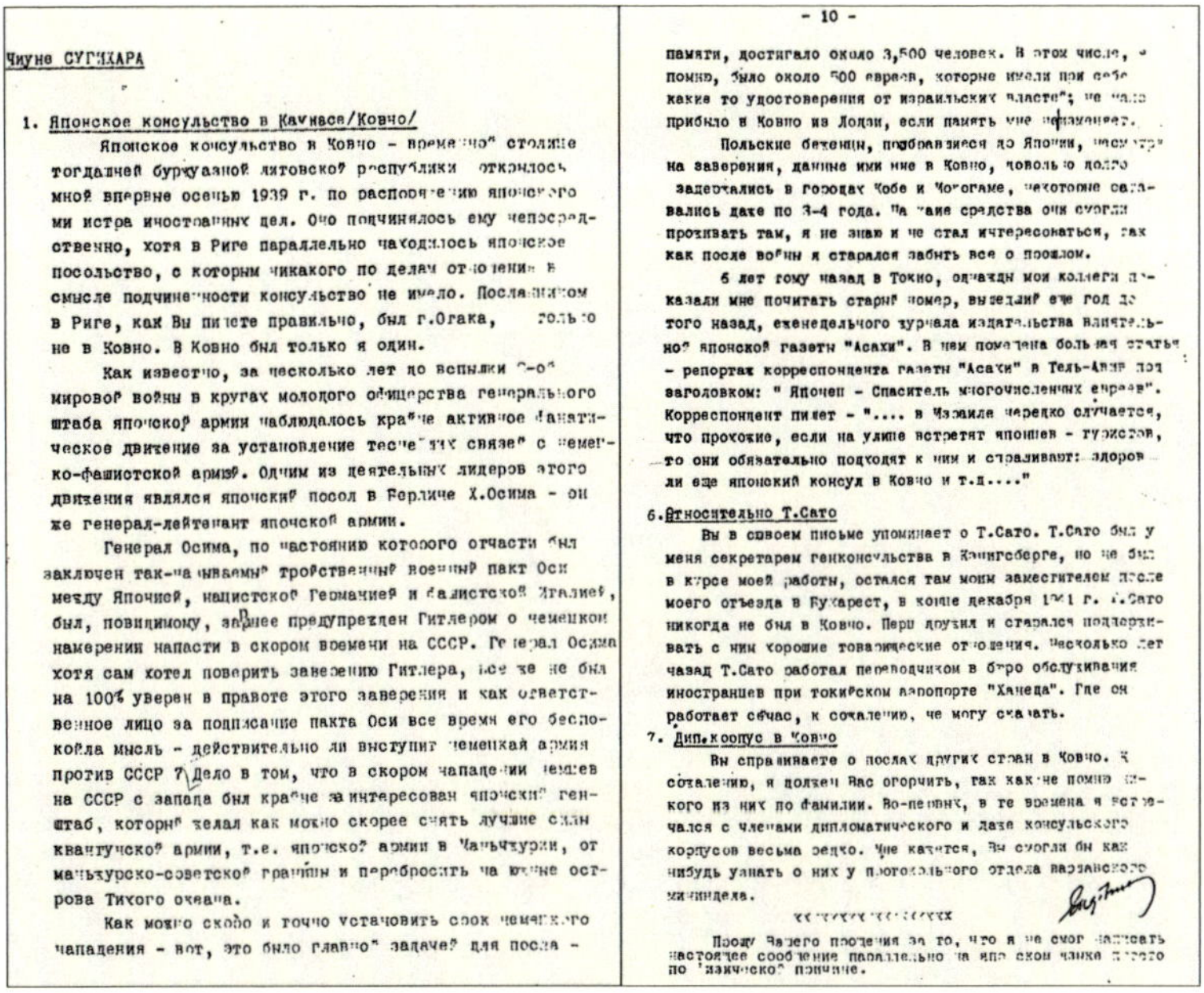

Чиуне СУГИХАРА

1. Японское консульство в Каунасе/Ковно/

Японское консульство в Ковно - временной столице тогдашней буржуазной литовской республики открылось мной впервые осенью 1939 г. по распоряжению японского министра иностранных дел. Оно подчинялось ему непосредственно, хотя в Риге параллельно находилось японское посольство, с которым никакого по делам отношения в смысле подчиненности консульство не имело. Посланником в Риге, как Вы пишете правильно, был г.Огака, только не в Ковно. В Ковно был только я один.

Как известно, за несколько лет до вспышки 2-ой мировой войны в кругах молодого офицерства генерального штаба японской армии наблюдалось крайне активное фанатическое движение за установление теснейших связей с немецко-фашистской армией. Одним из деятельных лидеров этого движения являлся японский посол в Берлине Х.Осима - он же генерал-лейтенант японской армии.

Генерал Осима, по настоянию которого отчасти был заключен так-называемый тройственный военный пакт Оси между Японией, нацистской Германией и фашистской Италией, был, повидимому, заранее предупрежден Гитлером о немецком намерении напасти в скором времени на СССР. Генерал Осима хотя сам хотел поверить заверению Гитлера, все же не был на 100% уверен в правоте этого заверения и как ответственное лицо за подписание пакта Оси все время его беспокойла мысль - действительно ли выступит немецкая армия против СССР ? Дело в том, что в скором нападении немцев на СССР с запада был крайне заинтересован японский генштаб, который желал как можно скорее снять лучшие силы квантунской армии, т.е. японской армии в Маньчжурии, от маньчжурско-советской границы и перебросить на южные острова Тихого океана.

Как можно скоро и точно установить срок немецкого нападения - вот, это было главной задачей для посла -

- 10 -

памяти, достигало около 3,500 человек. В этом числе, я помню, было около 500 евреев, которые имели при себе какие то удостоверения от израильских властей; не мало прибыло в Ковно из Лодзи, если память мне не изменяет.

Польские беженцы, пробравшиеся до Японии, несмотря на заверения, данные ими мне в Ковно, довольно долго задерживались в городах Кобе и Иокогаме, некоторые оставались даже по 3-4 года. На какие средства они смогли проживать там, я не знаю и не стал интересоваться, так как после войны я старался забыть все о прошлом.

6 лет тому назад в Токио, однажды мои коллеги показали мне почитать старый номер, вышедший еще год до того назад, еженедельного журнала издательства влиятельной японской газеты "Асахи". В нем помещена большая статья - репортаж корреспондента газеты "Асахи" в Тель-Авив под заголовком: " Японец - Спаситель многочисленных евреев". Корреспондент пишет - ".... в Израиле нередко случается, что прохожие, если на улице встретят японцев - туристов, то они обязательно подходят к ним и спрашивают: здоров ли еще японский консул в Ковно и т.д...."

6. Относительно Т.Сато

Вы в своем письме упоминает о Т.Сато. Т.Сато был у меня секретарем генконсульства в Кенигсберге, но не был в курсе моей работы, остался там моим заместителем после моего отъезда в Бухарест, в конце декабря 1941 г. Т.Сато никогда не был в Ковно. Мы дружили и старался поддерживать с ним хорошие товарищеские отношения. Несколько лет назад Т.Сато работал переводчиком в бюро обслуживания иностранцев при токийском аэропорте "Ханеда". Где он работает сейчас, к сожалению, не могу сказать.

7. Дип.корпус в Ковно

Вы спрашиваете о послах других стран в Ковно. К сожалению, я должен Вас огорчить, так как не помню никого из них по фамилии. Во-первых, в те времена я встречался с членами дипломатического и даже консульского корпусов весьма редко. Что касается, Вы смогли бы как нибудь узнать о них у протокольного отдела варшавского миниидела.

xxxxxxxxxxxxxxxxxx

Прошу Вашего прощения за то, что я не смог написать настоящее сообщение параллельно на японском языке просто по физической причине.

杉原が戦後に執筆したカウナスにおける活動報告（ロシア語）
（アンジェイ・T・ロメル所蔵）

は、この新設の公館の主な目的がヨーロッパのこの地域、主としてソ連を観察することにあったこと、そして何よりも、ノモンハン事件で日ソ関係が大きく悪化したことであろう。杉原がケーニヒスベルク領事館に着任したときには、ソ連に対するドイツの軍事行動が日程に上っていた。重要なのは、杉原が外交官として報告書にはっきり書いているように、自らの主な任務が外務省だけでなく参謀本部にも報告することだったことである。多分このことが、杉原の仕事の性格と目的をもっともよく物語っているかもしれない。

　カウナス到着後、杉原はポーランド人との間に関係をつけていく。ヘルシンキ在住の女性ジャーナリスト、リラ・リシツィン（一九〇四―一九九六）[17]を通して、その従姉妹にあたるゾフィア・コグノヴィツカの息子タデウシュ・コグノヴィツキ（一九二二―一九四二）に近づく。コグノヴィツキは「ヴィエジュバ」とは別のリトアニアの諜報グループ、すなわち武装闘争同盟（ZWZ）カウナス地区司令部に所属し、「ヴィルニュス管区〝E〟監察官」[18]と呼ばれ、一九四〇年秋から軍事司令部副司令官を務めていたヴィンツェンティ・フションシュチェフスキ大佐（一九〇三―一九八九、偽名クルック、ヴィンツェンティ、マルコフスキ）のもっとも密接な協力者の一人であった。そこではエリク・ブズィンスキ（一九一七―二〇〇五）も活動しており、フションシュチェフスキがポーランド亡命政府宛の武装闘争同盟の書簡や報告書を日本人に託すという作戦の準備を彼に委ねていた。これについては後述する。

杉原は先に述べた「ヴィエジュバ」の指揮官フリンツェヴィチとも会うチャンスを得た。その時の様子をフリンツェヴィチが書いている。

スカンセ〔スウェーデン公使館付武官――著者注〕邸だったか、それともマクガウン〔アメリカ領事――著者注〕邸だったかは覚えていないが、その社交パーティーには杉原も来ていて、「ボーイを一人探しているのだが、だれか紹介してもらえまいか」と声をかけているのが聞こえた。私はとっさに、このチャンスを利用してだれかを杉原邸に潜入させ、日本領事館の内部とその周辺の動きを探ることができたら、という考えがひらめいた。何となれば、リトアニアにはそれまでそのような領事館は存在せず、というより、そんな領事館は必要がなかったからである。私はスカンセを通じて、ポーランド人で誠実かつ素性の確かな人物としてボレスワフ・ロジンスキ〔ルジツキか？〕の名前を出し、ロジンスキには、こういう実入りのいい仕事を紹介してやる代わりに、杉原邸に入ったら全身を耳にしろ、と言い聞かせておいた。〔……〕事は私の思惑通りに運んだ。〔……〕領事館開設が日本の諜報機関の出先機関を合法的に設置する手立てであることは、私が見ても一目瞭然だった。だが、何が目的で、ここにどういう意味があるのか。わかったのは、ドイツがケーニヒスベルクへの領事館開設に同意しなかったため、代わりにカウナスが選ばれたということであった。（LH, 16-17）

ロジンスキのことは、杉原も回想している。

[……]彼はカウナスの私のところで開設時から給仕として働いていた。どこの出身だったか、誰の紹介だったかは思い出せない。私の記憶に間違いなければ、それ以前はカウナスのポーランド公使館の給仕をしていたはずだ。ボレスワフは誠実な礼儀正しい人物で、パーティーの準備や客のもてなし方がすばらしく上手だった。彼は私のカウナス駐在の最後の日まで公使館にいた。ポーランド難民が波のように公使館の周りに押し寄せ始め、私たちが夜の安眠もままならなくなっていたとき、彼だけは難民に番号札を配ることを思いついた。（中略）年は私よりずっと若かったが、たびたび難民たちと話をして、あの危険な日々に私を助け、あの不運なポーランド人たちの置かれた状況を私に教えてくれた。[19]（SCh, 135）

一九四〇年の春、アルフォンス・ヤクビャニェツが「イエジ［ジョージ］・クンツェヴィチ」、レシェク・ダシュキェヴィチが「ヤン・スタニスワフ・ペシュ」の偽名を名乗って杉原に接触してきた。二人がどういう経緯で杉原と会いに来たのか、その詳細はわからない。このことについて、杉原自身は先の報告書に極めて慎重にこう書いている。

一九四〇年春のある日のこと、カスプシク[20]が、ヴィルニュスから二人の若いポーランド人を連れて私を訪ねてきた。ひとりはジョージ・クンツェヴィチ、もうひとりはヤン・ペシュという名であった。[21]クンツェヴィチはポーランド陸軍の参謀本部大尉で、ロシア語とドイツ語に堪能な諜報部員、ペシュのほうはポーランド陸軍中尉で予備役、ロシア語を話すがクンツェヴィチより下手だった。カスプシクの頼みで、私は二人が面会を求めてきた時は必ず応じていた。

八月初旬、領事館を閉鎖しなければならないことがわかったとき、二人は私に助けを求めてきた。私は承諾し、領事館の書記官として二人に日本の公用旅券を発給して、八月二〇日に私の公用車でドイツへ送り出した。私たちはベルリンで落ち合う約束をし、再会したときは大喜びした。それは九月三日のことで、私たちにとっては危険な場所だったし、戦争の雰囲気がたれこめていたことは認めるが。それは私自身にとっても、私のキャリアにとってもあまりに危険で、私の権限を大きく逸脱する企てであり、職業規範に抵触することであった。(SCh, 134)

フリンツェヴィチの説明はやや異なっている。

そうこうするうちに、ヤクビャニェツに地下活動の根本が欠けていることと絡んで、とりわけソ連によるリトアニア併合の後、クバの足元に火がつき始めた。クバと話しているうちに、私は、彼が以前ある日本陸軍大佐を担当した経験があることを知った。ポーランドに騎兵訓練を受けに来ていたか、あるいは陸軍大学校に行っていた可能性のある人物だという。クバはこの陸軍大佐と懇意にしていたことを自慢の種にしていた。そうこうするうちに、国境地帯は通過困難となり、クバの運命は危機に瀕していた。[……] コンスタンティン・ブトレルが—どういう方法かはわからないが—日本公使館でスタニスワフ・コステクのための書類の調達に成功したのだ。コステクは満州国の国民となり、家族も一緒にドイツから脱出した。その後、彼はドイツが開設を許可したケーニヒスベルクの日本領事館の執事になった。領事は他ならぬ杉原だった。私たちはクバの件でも日本人を利用することを思いついた。そこで私は領事館へ行き、[……] 杉原領事にクバの件を包み隠さず打ち明けた。返事を受け取ったのは一週間後のことだった—杉原は前述の日本の陸軍大佐に話をつけなくてはならなかったのだ。大佐はこのときすでに大将に昇進し、陸軍騎兵隊長になっていたということだ。ボレスワフ［ルジツキのこと］は私に、クバと一緒に杉原のところへ行けと言ってきた。そこで私たちは出かけてゆき、次のような手順が決まった。

一、ヤクビャニェツはイエジ・クンツェヴィチ名義の日本のパスポートをもらう。

一、杉原はドイツへ出かけるときにヤクビャニェツとダシュキェヴィチを同行させ、二人がドイツ領内の日本公館に職を得られるようにする。
一、二人の諜報部員と「ヴィエジュバ」との連絡は、ベルリン、カウナス、モスクワ、東京のルートを往復する日本の外交クーリエを通じて行なう。「ヴィエジュバ」はクーリエが乗車する列車の中で包みを受け取る。包みの交換は往復どちらも行なうものとする。
一、クバとダシュキェヴィチが包みを送る場合、杉原はその包みがベルリンから先もクーリエを通じてストックホルムのリビコフスキ（イワノフ）に届くよう手配する。杉原は、このルートのクーリエは行き来が非常に少ないうえに不定期である点を了解しておくようにと言った。（LH, 17-18）

しかし、この文章には疑問点がいくつかある。とくに「日本のある陸軍大佐」のくだりがそうである。一九三〇年代後半、ヤクビャニェツがポーランドで研修中だった水野という人物と知り合ったことは判明しているが、二人が大戦中も連絡を保っていたという証拠はない。この日本将校の名前は日本のどの陸海軍将官人名辞典にも掲載されていないことからすると、彼は軍人としては出世せず、将官はおろか大佐にも昇進しなかったと考えられる。あるいは、杉原が接触したのは別の将校だったということもあり得るわけで、ある意味でポーランド研修生の責任者だった山脇少将だった可能性もあるのではないか。だが、それを裏付ける証拠は何もない。ここで言及されている「コステク」というのはスタニスワフ・コスコのことであるが、この人物については、クルレヴィエツに関する節で触れることにする。

これとも異なる説明をしているのが、ダシュキェヴィチ中尉である。

一九四〇年の三月か四月のある日、私はヤクビャニェツ大尉の指示でカウナスの日本領事館へ出向いた。私はそこでヤクビャニェッ大尉の代理として領事に会い、国境（旧ソ連・ポーランド国境）付近におけるソ連軍の準備状況、作戦準備と見なし得るソ連軍の各地域における集結状況に関する情報を伝えることになっていた。［……］スギハラチウネという名のその領事は、私が訪ねていくことをヤクビャニェッ大尉から前もって電話で知らされていた。杉原はすぐさま私を迎え入れ、ロシア語で手短に会話を交わした。この日に顔を合わせて以来、私は度々領事を訪問し、［……］ロシア問題に限定して情報を提供した。彼はヤクビャニェッ大尉と私が軍事諜報活動を行なっていることを承知していた。

［……］日本領事とは我々がカウナスを離れるまでずっと協力関係にあった。杉原領事は、ヤクビャニェッ用の旅券を一九四〇年四月に発給してくれ、ヤクビャニェッはそのパスポートを使って一九四〇年五月か六月初めにラトヴィアのポーランド人抑留所と連絡を取るためにラトヴィアへ行き、あれこれ助言や指示を与え、連絡先やラトヴィアからリトアニア、ヴィルニュスへの逃走経路を教えてきた。［……］私の日本旅券は、私がどんなに手を尽くしてもヤクビャニェッ大尉が頼んでも先延ばしにされるばかりで、発給の目途は立たなかった。すべての公館がリトアニアからの退去命令を受けた一九四〇年八月になってから、［……］ようやく彼は意を決し、日付を遡って私に日本旅券を発給してくれた。

［……］パスポートを受け取り、今度はヤクビャニェッ大尉と一緒に通過ビザを作ってもらい、［……］私たちは一九四〇年八月二四日にカウナスを出発し、ドイツ経由でベルリンに向った。行き先はスウェーデンだった。

（LD,21-24）

上記の何人かの回想に多少の食い違いがあるとしても、杉原領事がポーランド諜報機関、すなわちヤクビャニェッ大尉やダシュキェヴィチ中尉、そしてこの二人を通してリビコフスキと協力関係にあったことは疑いを容れない。独ソの前線に関する情報をポーランド人から得る代わりに、杉原はカウナスに着任したときから、日本の外交ルートを使って様々な送付物、すなわちポーランドの地下運動や諜報機関の郵便物をリトアニアから西ヨーロッパへ、そしてポーランド亡命政府のために西ヨーロッパからリトアニア、さらにはワルシャワへ送る手助けをしていた。このとき使われていたのは、リトアニア経由で往復するベルリン－モスクワ－東京というルートであった。さらに杉原は、ポーランド人がこの活動をより容易に行えるように偽の文書を紛れ込ませたり、日本または満州国の公館にポーランド人を匿う手助けをしたり、ポーランド難民に数千のビザを発行して死の淵から彼らを救った。これらの事柄について、順に述べる。

「日本便」

日本は、ポーランドの地下組織や諜報機関がリトアニアから西欧、西欧からリトアニア、あるいはその先のワルシャワへ郵便を送る際にも協力した。リトアニア経由でベルリン－モスクワ－東京間を往復する日本のクーリエが利用されたのである。

このいわゆる「日本便」の経緯を著者（ロメル）が知ったのは、先述のルドヴィク・フリンツェヴィチ、国内軍武装闘争同盟で著者の直属の上官だったヴィンツェンティ・フションシュチェフスキ（一九〇三―一九八九）、そしてエリク・ブズィンスキのおかげであり、特にブズィンスキからは、もう何年も前に当時の回想記を頂いている。氏は『ゼシティ・ヒストリチヌィ（歴史手帖）』誌に「日本便」と題する論文も発表している。[22]当時の空気を再現し、こうした作戦に伴う危険を実感するために、この輸送作戦の参加者であり目撃証人でもあるブズィンスキの回想から何か所か引用してみる。

地下活動に関する私自身の経歴は、武装闘争同盟カウナス支部に加わった一九四〇年八月に始まった。当時ヴィルニュス地区「E」監察局と呼ばれ、この名称は、元々は武装闘争同盟、のちに国内軍となる地下組織の全期間を通じて存続した。この組織の実質的な指導者は、監察局参謀部長（後の監察官）ヴィンツェンティ・フションシュチェフスキであった。［……］この当時カウナスで、彼はヤヌシュ・マルコフスキと呼ばれていたが、後には「クルック」ほか多くの偽名を使っている。

［……］その年〔一九四〇年――著者注〕の初秋、マルコフスキがなかなかエキゾチックなある作戦の実施計画を準備するよう私に命じた。［……］作戦の概要は次のようなものであった。

在ドイツ日本大使館の外交クーリエが、二、三週間おきにベルリンから日本へ向かう。ルートはリトアニアを経由する。クーリエはヤクビャニェツ（当時、我々はもちろん彼の本名を知らなかった。知っていたのは彼がベルリン駐在の諜報員だということだけだった）から渡された小包を携えていくはずである。この小包にはロンドンから武装闘争同盟ヴィルノ地区司令部への郵便物、資金などが入っている。そして別の小包には、リトアニア駐留ソ連軍の動きといった、東京の大日本帝国参謀本部が関心をもちそうな面白いことをあれこれ詰め込んで、ヴィルニュス側の誰かが―当然、我々の諜報網が集めたデータに基づいて、日本将校が密かに―準備しておく［……］。つまり、わが領土を通過する際、この二つの小包を「すれ違いざまに」交換するということだ［……］。

そこでマルコフスキは、クーリエのリトアニア通過時に小包を交換するという作戦を綿密に検討するよう私に命じた。通過日時の連絡についてはすでに手筈が整っていたが、誰がやったのかはわからない。リトアニア在住の――もちろん、我が諜報組織に所属する――ドイツ系の名字をもつある婦人宛てに、ベルリンから葉書が来る（一九四〇年には、ドイツ―ソ連領リトアニア間の郵便物は検閲されたが、ほぼ正常に配達されていた）。

愛する伯母さんへ……そのあとは家族の間のとりとめのない話題が書いてあり、結びは……ドイツ式の敬具「ハイル・ヒトラー！　あなたのミナ」（あるいは、「ではまた、イルマ」）……

日付だけは本当だった――そのちょうど二週間後に、クーリエがベルリン―モスクワ間を走る横断列車で国境を通過するのだ。

そのような列車は一日に一本しかなかった。作戦開始当初は、ケーニヒスベルク―カウナス―ヴィルニュスを結ぶ本線を運行していたが、のちにはさらに東へ行くようになった。ドイツ側国境はアイトクーネン、リトアニア側国境はヴィルバリスだった。列車はカウナスまでは標準ゲージを走っていたが、それより東のリトアニア領とポーランド領の鉄道路線は、鉄道員たちが「正教にお乗り換え」などと陰口をたたいていたように、ロシア式のかなり幅広のゲージになっていた。つまり、乗客はカウナス駅でわざわざロシアの車両に乗り換えなくてはならなかったのである。

「愛する伯母さん」から最初の合図を受け取る前に、私は可能性を見極めるため二度ほど全コースを走ってみた。［……］

偵察報告を準備した後、マルコフスキは、小包の交換をカウナス―ヴィルニュス間で実行することを決定した。私たちが東洋人であるその相手との接触方法についての指示を受けていたことも、ここに書き添えておかねばなるまい。その人物も、こちら側の受け渡し役も、真珠のついたネクタイピンをネクタイに留めるのである。それから合言葉も、クーリエが話せるというロシア語であらかじめ決めておいた。

その打ち合わせから数日後、ひとりの老婦人がヴィルニュスからカウナスへやって来た。それが例の「愛する伯母さん」自身だと、誰が思うだろうか。ベルリンからは、日にちを指定してある葉書が届いていた。女は「日出ずる国」に送る小包も携えていた。

我々の実行グループは、四人のメンバーからなっていた。ひとりは受け渡し役で、二人目はその補助役、そして三人目はその中身も知れぬ包みをバッグにしのばせ、いよいよ交換するという瞬間に私に手渡す若い女だ。三人とも（一等車にあたる）「ふかふかの」客車にふさわしいエレガントな服装をすることになっていた。

四人目のメンバーは、前の晩から国境のヴィエジュボウドゥフへ行っていた。彼の任務は、カウナス行きの列車が確かに通過したか、クーリエが乗車しているか、そして真珠を付けているかを確認することであった。彼は確認の合図として、列車がカウナス駅に入線する際、帽子をかぶって、開いている窓から顔をつき出すことになっていた。もし帽子をかぶらずに頭だけ出したら、それは、日本人は乗っていないから帰れ、という意味だった。

私は初めて包みを交換した（そして成功した）ときのことを鮮明に覚えている。我々はモスクワ行きの特急列車に分乗し、国境からの列車が到着するのを待っていた。私の隣のコンパートメントにタデウシュ・コグノヴィツキ、別のコンパートメントにヤンカ・ズダノヴィチュヴナがいた。ベルリンからの汽車が汽笛とともに同じプラットホームのもう片方の線路に入ってきた。我らの諜報員ルク・コンチャが頭に帽子をのせて、先頭車両の窓から文字通りぶら下がっている。乗客たちが続々とホームに降りてくる。こちらの列車に乗り込んでくる人々は、じつに国際色豊かに見えた［……］。確かにいる！　二人の日本人が。二人とも同じように黒いコートを着て、黒い帽子をかぶり、中身の詰まった皮製の大きな書類かばんを持っている。ひとりが鶏の卵のような真珠をつけている。

幸運なことに、二人は私の車両に乗り込んできた。なんと、その同じ車両にコンパートメントを予約していたのである。まもなく列車は動き出し、私は通路に出て真珠［のネクタイピン］をつけた。乗客はまばらで、車両の最後部には私服警官と思しき輩が立ち、通路の様子を観察している。クーリエの乗っているコンパートメントのそばを通りかかると、ひとりは何か読みふけり、もうひとりは眠ったふりをしているが、通路の方をうかがっているのが見て取れる。私は自分のネクタイと真珠が見えるよう彼の方に体を向け、出てくるなという合図にかぶりを振ってみせた。彼は理解し、身動きひとつしない。私は自分のコンパートメントに戻り、やきもきしながら座っていた。

そうこうするうちに、汽車はすでにパレモナス駅を過ぎ、平原を全速力で走っている。カウナスからヴィルニュスまではほんの一〇〇キロほどだから、あまり時間がない。再び通路に出てみると、例の輩は相変わらずそこにいたが、何かに苛立っているような様子で足踏みをしている。そのうち、どうにも我慢できなくなったらしい。案の定！　彼は車両の奥にある例の場所に姿を消したのである。急いで日本人のコンパートメントの前を行ったり来たりしながら、首を縦に振って見せると、すぐさま「鶏の卵」が出てきた。私たちは窓際に隣り合って立ち、ささやき声で合言葉を交わした。彼が背広の裾を押さえているのが見える。たぶんそこに、私たち宛ての何かを隠し持っているのだろう。とにかく今は、一刻も早く隣の車両に移らなくてはならない。ありがたいことに、我らの見張り番が姿を消した便所とは反対側だ。私は駆け出したいのをぐっとこらえる。［手渡し役の］ヤンカは連結部のすぐ向こうに立っている。私はもう一度振り返る。誰もいない。彼女から包みを受け取って、元の車両に戻る。日本人がこちらに向かって歩いてくる。私たちはほんの一瞬、肩を寄せてすれ違う。交換は無事完了だ。ものの二〇秒もかからなかった。私は何事もなかったように隣の車両に戻る。待っていたヤンカが包みを受け取り、自分のコンパートメントに帰る。なんとも、すんなり事が運んだものだ。

ヴィルニュスでは、約束の場所で全員が落ち合った。マルコフスキが我々を待っており、他に二人、年配の男がいた。その二人が包みを開け、手紙の仕分けをし、緑がかった一〇〇ドル札を数えていたのを覚えている。一万五〇〇〇ドルほどあった。(23)（EB, 207-210）

次の受け渡しも成功した。それからまもなく、輸送作戦の舞台はラジヴィリシュキとポニェヴィエシュを経由するティルジャー―ジヴィンスク路線に移された。カウナスからの距離という点からいうと、小包の交換はいっそう困難になった。次の回はすでに新しいルートに変わっていたが、これも首尾よく終了した。四回目の後、ブズィンスキはこう書いている。

［……］我々の作戦は不発に終わった。クーリエは――あるいはこのときではなかったかもしれないが――真

珠を付けていたにもかかわらず、何か訳があったのか、こわがって通路に出てこなかった。汽車が動き出すなり、コンパートメントにひっこんで、カーテンを閉めてしまった。それっきり、ポニェヴィエシュまで二度と彼の姿を見かけることはなかった。私はそれ以上乗っていても無意味であると判断し、カウナスに引き返せと命じた。(24)

(EB, 211)

日本人による送付物の輸送については、先に引用したように、フリンツェヴィチも回想している。これには杉原も手を貸すことになり、フリンツェヴィチとダシュキェヴィチがストックホルムのリビコフスキ宛の包みを渡すはずであった。フリンツェヴィチによると、日本のクーリエによる受け渡しが行なわれたのは三回か四回だけで、最後の回の受け渡し役に指名されたのはヤン・モントヴィウだった。モントヴィウは尾行されていることに気づき、素早く包みを交換するなり、急行列車から飛び降りて追手をまいた。このルートによる接触は発覚の恐れが出てきたため、断念せざるをえなくなり、「ヴィエジュバ」と日本人との関係は終わったのである(LH, 18)。フリンツェヴィチは、日本人との協力関係を非常に好意的に評価していた。この後、ソ連に編入されたリトアニアでの彼の活動は困難になった。一二月一七日、フリンツェヴィチは逮捕され、ウキシュフ刑務所に監禁された。ドイツがソ連に侵攻した六月二二日にそこを出て、カウナスへ戻り、諜報網の開設を試みたが、それは容易なことではなかった。ソ連軍が再度カウナスを占領した際、フリンツェヴィチは家族とともにポーランドに移動した。そして、それが「ヴィエジュバ」の活動の終焉となった。

命のビザ

カウナスにおけるポーランド諜報組織と杉原の協力関係は、ポーランド人、主としてユダヤ系ポーランド人への杉原による日本の通過ビザ発給という、極めて重要な人道的活動とも連動していた。本書の初版から一〇年余りの間に、日本では杉原と「命のビザ」について多くの研究書が上梓され[25]、後述するように、映画化や舞台化もなされた。しかし、この作戦にポーランド人が関わっていたことや、杉原とポーランド諜報機関の協力関係については依然として語られることはなく、タデウシュ・ロメル駐日ポーランド大使の尽力があったことも言及されることはなかった。初版の出版に先立ち、本章の土台として日本語の短縮版を出版したのはこのためである（一ページを参照）。また、著者（ルトコフスカ）は来日の都度、努めてこの話をし、日本語で書いて発表してきた[26]。

しかし、ここではまず、杉原に関するダシュキェヴィチの著作に戻って、彼の報告書を引用することにしよう。

私は、ソ連領内からの情報を日本領事に提供するだけでなく、日本の通過ビザ発給の決定についての回答を領事から受け取ることになっていた。当時、ポーランド難民がソ連と日本を経由してアメリカおよび南アメリカ沖の島の一つに行けるようにするという計画が練られていた。［……］私は領事から、ビザ発給の件は一〇日後になるという返事を受け取った。というのはすでに日本政府の同意が得られていたからであり、あとは外務省からの指示を待つだけだったのである。［……］

領事は難民問題の解決には好意的で、この件では多くのことをした。［……］日本経由で南アメリカ沖の小国の一つへポーランド難民を向かわせるという公式提案を出した最初のひとりでもあった。［……］この国の在カウナス名誉領事は、しかるべき手数料を払わせて滞在ビザを発給することに同意した。出国者がだれもその国には行かず、まだ存続していた［駐日—訳者注］ポーランド共和国公使館［大使—著者注］の助けを借りて日本から他の国に向おうとしていることを重々承知していたにもかかわらずだ。こうしたことがこの件における原則になった。プレストン氏はほとんど何もせず、最初は反対していたほどである。

［……］日本領事がビザを発給する日になると、大勢のユダヤ人が申請に押し寄せたが、ポーランド人希望者は少なかった。申請者は十数名に過ぎなかったが、私はこのビザの問題も含むすべての問題の解決において彼ら

を優先した。彼ら――将校が数名いた――の一部はすぐに出発し、まもなくカルパチア射撃兵独立旅団に合流した。(LD, 22-23)

ここで、なぜカウナスにこれだけ多くのユダヤ人がいたのか、ポーランド諜報機関の将校たちの活動とは別に、彼らはなぜ杉原のもとに行くことになったのか、その背景を振り返ってみよう。ヒトラーが政権に就くと、ドイツでは次第に反ユダヤ主義的な人種政策がとられるようになり、ユダヤ系市民の権利剥奪から迫害やポグロムへと発展し、オーストリア合邦後と大戦勃発後にはさらにエスカレートしていく。ユダヤ人は脱出を開始する。ドイツ軍の快進撃が続く中、他のヨーロッパ諸国のユダヤ人も逮捕監禁と大量虐殺から逃れてどうにか生き延びようとしていた。ポーランドのユダヤ人(三三〇万)を脅かしていたのはドイツ軍だけではなかった。九月一七日以降、ポーランド領をドイツと分割占領したソ連も同様だったのである。当時、特に旧ポーランド領のヴィルニュスがソ連によってリトアニアに割譲された後、中立国のリトアニアはある種の「天国」と目された。ほどなくして、一万五〇〇〇人の難民が到着した。一九三九年九月から一九四〇年一月にかけて、状況はますます困難と危険の度を深め、難民の群れが続々と不法に国境を越えてソ連領からリトアニア領に入っていく。彼らはリトアニアで戦争を生き延びるか、あるいはどこか国外へ脱出しようとした。春の終わり頃までは、さほどの困難もなく、西欧へ脱出することができた。スウェーデン、デンマーク、オランダ、ベルギー、フランスから地中海を通ってパレスティナやアメリカ合衆国へ行くことができたのである。しかし、ヨーロッパにおけるドイツの快進撃で、西欧へのすべてのルートが閉ざされてしまう。残されていたのは東のルート、すなわちシベリア鉄道でウラジオストクへ行くというルートであった。一九四〇年八月初旬、ソ連によるリトアニア併合の後、状況は目に見えて悪化した。ソ連市民権の取得を拒否すれば、シベリア送りになる恐れがあり、逆に、受け入れれば、それは出国禁止すなわち国外移民の禁止を意味した。一九四一年初頭、出国は事実上不可能となった。

リトアニアから出国するには、もちろんパスポートと渡航先国のビザが必要だった。カウナスには幸いにも、多くの大・公使館や領事館があった。パスポートを所持していない者には、特別な市民証が発行された。ポーランド人はイギリス大使館でそれを入手することができた。イギリス大使館はポーランド亡命政府を代表していて、すでに述べたようにダシュキェヴィチがそこで働いていた。事態が複雑化したのは、ソ連がリトアニアを併合した後である。というのは、ソ連政府がすべての外国政府公館を不要と見なし、八月二五日（九月四日に延長された）までに閉鎖するよう命じたからである。首都モスクワにしかるべき公館があるではないか、というのがソ連側の言い分だった。だが、危険な旅であることに変わりはなかった。ビザを持っていないということは、カウナスへの帰路を断つことを意味したからである。事態は急を要した。しかし、この大勢の難民がいったいどこへ、どういう経路で行くことができるのというのか。イギリスは公式に入国ビザの発給を制限したことで、パレスティナへの移住の可能性が狭まっていたばかりでなく、大恐慌とヨーロッパにおける大戦の勃発で移民の受け入れを大きく制限したアメリカへの渡航はほぼ絶望的な状況となっていた。となると、いったいだれがビザを出してくれるのだろう。救いの手が差し伸べられたのは、オランダと日本からだった。[27]

著者（ルトコフスカ）が一九九五年三月に日本の「ジャパン・ソサエティー」で講演をした際、元オランダ領事ヤン・ズヴァルテンディク（一八九六—一九七六）の子息がきわめて貴重な情報をもたらしてくれた。次いで、ドイツから上海に渡った難民、エルネスト・G・ヘップナーからも情報が寄せられた。[28]彼らの証言のうち初版に掲載できたのはほんの一部で、それ以外はこの増補版で使わせてもらうことにした。二〇〇〇年にワシントンDCの米国ホロコースト博物館で開催された「フライト・アンド・レスキュー」と題する展示でも、非常に興味深い資料が紹介された。[29]

カウナスのビザの物語は、一九四〇年六月、リガに始まる。ヴィルニュス在住のポーランド系ユダヤ人（結婚前はオランダ市民だった）イサーク・レヴィンの妻ペッシラの懇願に応じて、ヴィルニュスにいたオランダのバルト諸国

在カウナスのオランダ領事ヤン・ズヴァルテンディクと子どもたち（写真提供：ヤン・ズヴァルテンディク Jr.）

駐在大使L・P・J・デ・デッケルが中米のオランダ領へのビザを発給した[30]。大使はパスポートに「スリナム、キュラソーもしくはアメリカ大陸の他のオランダ領に入国する際は、入国ビザは不要である」と記した。彼はそのあとの「入国の承認を与えうるのは、オランダ領西インド諸島の総督のみである」という所定の記載事項――これはめったに起こり得ないことではあったが――を省略した。数日後、イサークは妻のパスポートを持ってカウナスのオランダ領事ヤン・ズヴァルテンディクを訪ねた。興味深いのは、ズヴァルテンディクが一九三九年五月にフィリップス社の支店長としてリトアニアに赴任したことである。ドイツ軍のオランダ侵攻後、デ・デッケルはズヴァルテンディクに、カウナス駐在オランダ領事の職を一時的に引き受けるよう要請し、それまで駐在していた親ドイツ派の領事をカウナスから追放した。この時点ではまだ、ソ連がバルト三国を即時併合し難民をパニックに陥れることになろうとは、だれも予想していなかった。パッシラのパスポートに書き込まれたデ・デッケルの注記に従って、ズヴァルテンディクも同様の注記を夫イサークのパスポートに記入した。まもなく、同じことを頼みにイエシヴァの学生が三名やってきたが、その中の一人がナタン・グットヴィルトだった。デ・デッケルの同意を得て、ズヴァルテンディク領事は同じ注記を記入したが、それが正規のものではなく規則に触れることを知っていた。「キュラソーへのビザ」の噂は瞬く間に広まり、何百人もの難民がヴィルニュスからカウナスへ流入しはじめた。ズヴァルテンディクは、そのビザが使い物になるとは信じていなかったが、彼を頼ってきた者はだれ一人見過ごすまいと決めていた。最初はその文言を手書きしていたが、まもなく公印を使うようになった。七月二二日から領事館を閉鎖し家族とともにカウナスを去る八月二日まで、粘り強く力の限りを尽くして働き続けたのである。そのようなビザを何通ぐらい発行したのか、正確にはわからない。というのは、当時一一歳だったズヴァルテンディクの子息が、「父がすべての書類を焼却するのを手伝った」と証言しているからである。子息の話では、一二〇〇

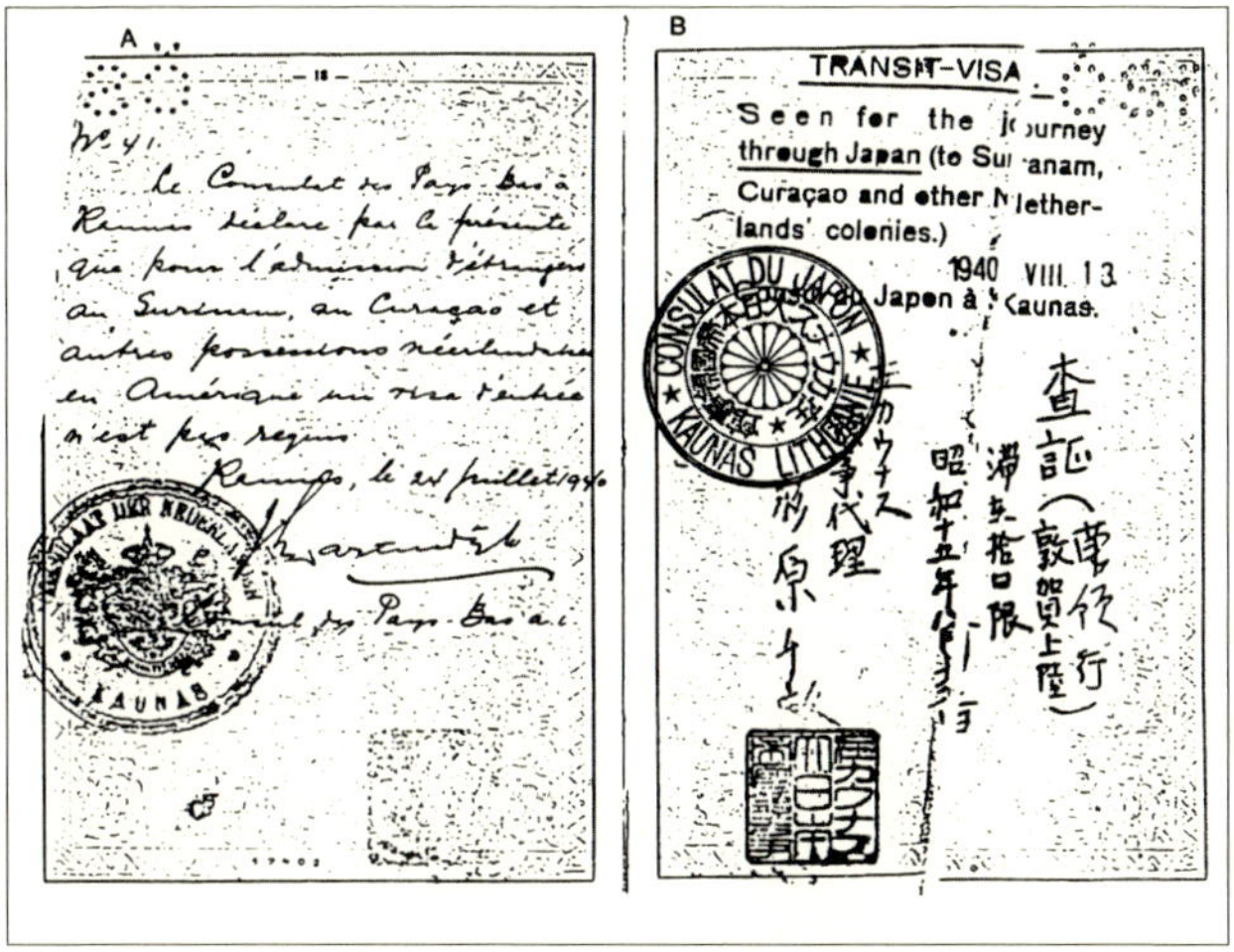

カナウスからの脱出者のパスポート。（A）オランダ領事ズヴァルテンディクの注記　（B）杉原領事が発行した通過ビザ（写真提供：ヤン・ズヴァルテンディク Jr.）

一四〇〇通ほどの「キュラソーへのビザ」を発行できたのではないかという。これに対し、「フライト・アンド・レスキュー」のパンフレット（六三ページ）では、研究の進展や新たに発見されたパスポートなどに基づいて、二四〇〇通という数を割り出している。もう一人のオランダ人、ストックホルム駐在領事A・M・デ・ヨングが、一九四一年初頭に約四〇〇人の難民に同様の「ビザ」を発行したことも付言しておこう。デ・ヨングのこの行動は、在リガ公館の閉鎖後にストックホルムへ移ったデ・デッケルの助言によるものであった。しかし、戦況が悪化したため、実際に使われたのはそのうちのごく少数だったと思われる。ズヴァルテンディクの「ビザ」は別の展開になった。

　オランダのビザを入手した難民たちは、キュラソーへの脱出ルートを探し始めた。実際に行くことはできないとわかっていたが、リトアニアにおける彼らの立場はますます危険なものになりつつあり、もはや選択の余地はなかったのである。ソ連と日本を経由するルートが、唯一の脱出ルートと見なされた。七月末、難民の最初の一団がカウナスの日本領事館にやってきた。

　ここで杉原領事の報告書に戻ろう。

八月のある日、領事館前の通りでは早朝からざわめきが起こっていた。人の話し声がだんだん大きくなってい

カウナス日本領事館前に群がるポーランド、リトアニアのユダヤ人たち（1940年7月末）（写真提供：大正出版株式会社）

く。いったい何事かと窓越しに覗いてみると、領事館の周囲の塀を人々の列がぐるりと取り囲んでいることがわかった。それはヴィルニュスから来たポーランド難民の群れであった。ヴィルニュスから来たといっても、出身地はさまざまであった。だれもがみな、ドイツ軍の接近という脅威に苛立ちを募らせ、極限状態にあった。人数は日に日に増えていった。彼らは目に涙を浮かべて、日本のビザを発給してほしいと懇願した。日本を経由できれば、出国して他国への渡航が可能になるという。彼らの多くはラテンアメリカ、アメリカ合衆国、イスラエルへの渡航を希望していた。

彼らは通常の手続きで日本の通過ビザを取得することが可能だったが、それには、渡航予定国のビザかそれに準ずる証明書を所持していることが条件であった。ほんの数人、アメリカ合衆国の宣誓証明書を持っているものがいたが、多くは日本から第三国へ出国するという根拠を示す書類を何も持ち合わせていなかった。結局、それからの一〇日間、私は難民へのビザ発給の許可を得るために東京の本省と電報のやり取りを繰り返す羽目になった。難民たちは「必要不可欠な目的国のビザは日本のしかるべき領事館で取得できる、だからヨコハマかコウベへ行かなくてはならないのだ」と必死に私を説得しようとした。私の問い合わせに対して、東京から届くのは「否」という返事ばかりであった。難民は男性だけでなく女性や子ども、老人もいて、すでにかなり疲れ切っていた。彼らがどこに寝泊まりしているのか、駅か、それともこの見知らぬ街の道端か、私は知らなかった。私はソ連領を通過するために必要なソ連の通過ビザに関する情報を入手した。ソ連領事は私に「ソ連はビザを発給する用意がある。ただし、日本が先にビザを発給するのが条件だ」と説明した。これが、私自身のカウナスからの退去の期限がわずか二〇日後に迫っていた当時の、出来事のすべてである。難民の数は増える一方だった。（SCh. 137）

このように、杉原は「キュラソーへのビザ」にはまったく触れていない。報告書のこの後の部分でも、カウナスにいた外交官の名前はまったく記憶にない、会ったことがないからだ、と記している。杉原によれば、日本領事館での行動自体、始まったのはかなり遅く、ズヴァルテンディクがカウナスを去った後だという。ズヴァルテンディクの子息が著者（ルトコフスカ）への手紙（一九九五年一一月三〇日付）に書いているところによれば、二人の領事はカウナスで会ったことはないにせよ、一度だけ電話で話している。杉原はオランダ領事に、あまりに多くの人々が日本公使館の前に集まっているので、オランダの「ビザ」の発行の速度を緩めることを要請したという。杉原の妻、幸子によれば、ビザに関わるすべての問題は一九四〇年七月二七日に始まった。この日、領事館の建物の前に、日本の通過ビザを求めてやってきたポーランドからの避難民――大半はユダヤ人――の群れが初めて現れたのである。幸子夫人は、夫亡き後の一九九〇年に上梓された著書『六千人の命のビザ』（SY）の中でこのテーマについて書いている[31]。幸子夫人は、著者（ルトコフスカ）が一九九三年八月に鎌倉のご自宅を訪ねた折、自身の回想を補足する多くの貴重なお話をしてくださった。

杉原幸子と著者エヴァ・パワシュ＝ルトコフスカ（鎌倉、1993年8月21日）（写真提供：エヴァ・パワシュ＝ルトコフスカ）

> 初めの日に約三〇〇人が来て……みんな、ポーランドからリトアニアへ逃げてきた方たちが来たわけです。だんだん毎日増えてきました。その後から、リトアニアにいたユダヤ人が何かそれを聞いて、毎日毎日多くなってきた……。たぶん、カウナスにあったオランダ国のナタン・

グッドウィル領事のアイディアだったでしょう。オランダ本国は、一九四〇年五月からドイツの占領下にあったが、グッドウィル領事は、オランダ領の南アメリカの海上にある島キュラソーに行けるビザを出したのです……。日本を通っていくほかにはありませんでした。

人名は少々違っているが、日付は幸子夫人のものがもっとも事実に近いのではないかと思われる。幸子夫人は著書の中で、領事館内部の状況についても触れている。

数人分のビザならば、領事代理だった夫の権限でも発行できます。しかし、何百枚、何千枚ともなると外務省の許可が必要です。……［七月二八日］外務省に宛てて、［この件で］第一回の請訓電報が暗号で打たれました。［……］カウナスでは外交官としての交際はほとんどなく、私も外に出る機会はあまりなかったのです。館員も現地で採用した人ばかり、町には日本人は他には誰もいません。情報収集が仕事ですから領事館には数人のスパイが出入りしていました。といっても、私は誰がスパイなのかは知り得ませんでした。よく領事館を訪れてくる男性がいました。私は名前を知らず夫も「色が黒いからカラスとでも呼んでおきなさい」と言っていました。(32)

幸子夫人は「ヤン・ペシュ」ことダシュキェヴィチをよく覚えていた。ダシュキェヴィチは杉原家の人々にとっては「家族同然の、子どもたちの人気者」であり、夫人は彼がポーランド諜報機関の将校であることも知っていたが、難民問題との関わりについては何も聞かされていなかった。夫人は著書に、続けてこう書いている。

［……］収集した情報の報告書は本省である日本の外務省、ドイツ大使、それに上司であるラトヴィア公使［大鷹正次郎（一八九二―一九六六）、任期一九三九年一月―一九四〇年―著者注］に宛てて送られます。夫の走り書きを

清書するのが私の役目でした。「……」毎日のように三通、同じものをすべて手書きで書いていました。「……」やっと返事が来ました。外務省の判断は「否」。最終目的国の入国許可を持たない者には、ビザは発行するなという意向でした。それは夫も予想していた答えでした。七月二二日に日本では第二次近衛内閣が成立し、外務大臣も有田八郎氏から松岡洋右氏に代わったばかりでした。「……」当時の松岡洋右外務大臣は、ドイツ、イタリアとの協力関係を積極的に進めようという人でした。「……」それでも夫はあきらめず、「……」第二の請訓電報を送りました。「……」しかし外務省の意向は変わりません。大集団の入国には公安上内務省当局を始めとして、旅客安全取扱上からも、敦賀とウラジオストック間に連絡船を運航させている船会社も反対している、という理由でトランジットでも発給することは許さないという内容でした。

リトアニアがソ連邦に正式に併合されたのは八月三日でした。日本領事館にもソ連から退去命令が来ており、日本の外務省からも「早く退去するように」という指示が出されていたのです。[33]（SY, 25-31）

外務省からの返事を待つ間に、杉原は行動を開始した。ソ連領事館に赴き、日本のビザを先に出すことを条件にソ連領内の通過ビザを発行してもらうという同意を取りつけた。それを実行するのにどんな困難が伴うのかは、見当もつかなかった。そして、彼は自らの責任で難民を支援することを決断した。自分の執務室に戻った後、ずっと待ち続けていた群衆の大歓声に向って「ビザを出します」と告げたのである。

幸子夫人は著者（ルトコフスカ）との対談でこう付け加えた。

自分の命をかけてやるつもりでしたから、外務省をやめさせられてもやるかもしれない。同時につかまって殺されるかもしれません……。大勢が来ていたから、ドイツ人が知っていたかもしれない……。危なかったですね……。その間も外務省から「だめだ！」と言ってきますが、そんなことを無視して独断で書きました。御飯を、お昼食べないです。朝九時から晩まで書いて……。二八日書きました。一人の人の書くのにも時間かかりますね。早くしないと、もう退去が命ぜられていましたから、いつ強制的に退去しなきゃならないか分からないですから、早く書かないともう大勢の人を助けるわけにいかないですからね……途中で主人が倒れるんじゃないかと思いました。でも体が丈夫でしたし、意志が強いですから、そういうこともどんどんできるほうですから。

杉原は回想している。

八月一〇日、私は東京との不毛な交渉を打ち切る決意をした。もはや時間の浪費でしかなくなっていたし、何よりも、領事館の閉鎖に付随する仕事が山ほどあったからである。そういうわけで、八月一一日からは独断で自ら全責任を負って、私のところに願い出てきた者には、日本から他の国への渡航を許可する書類を所持しているか否かにかかわらず、文字通り全員にビザを発給することにした。この事務仕事で私を手伝ってくれたのは、ヴォルフガング・グッツェというフォルクス・ドイッチュ（国外ドイツ人）で、唯一の領事館秘書であった。私が領事館の開設時に雇った人物である。

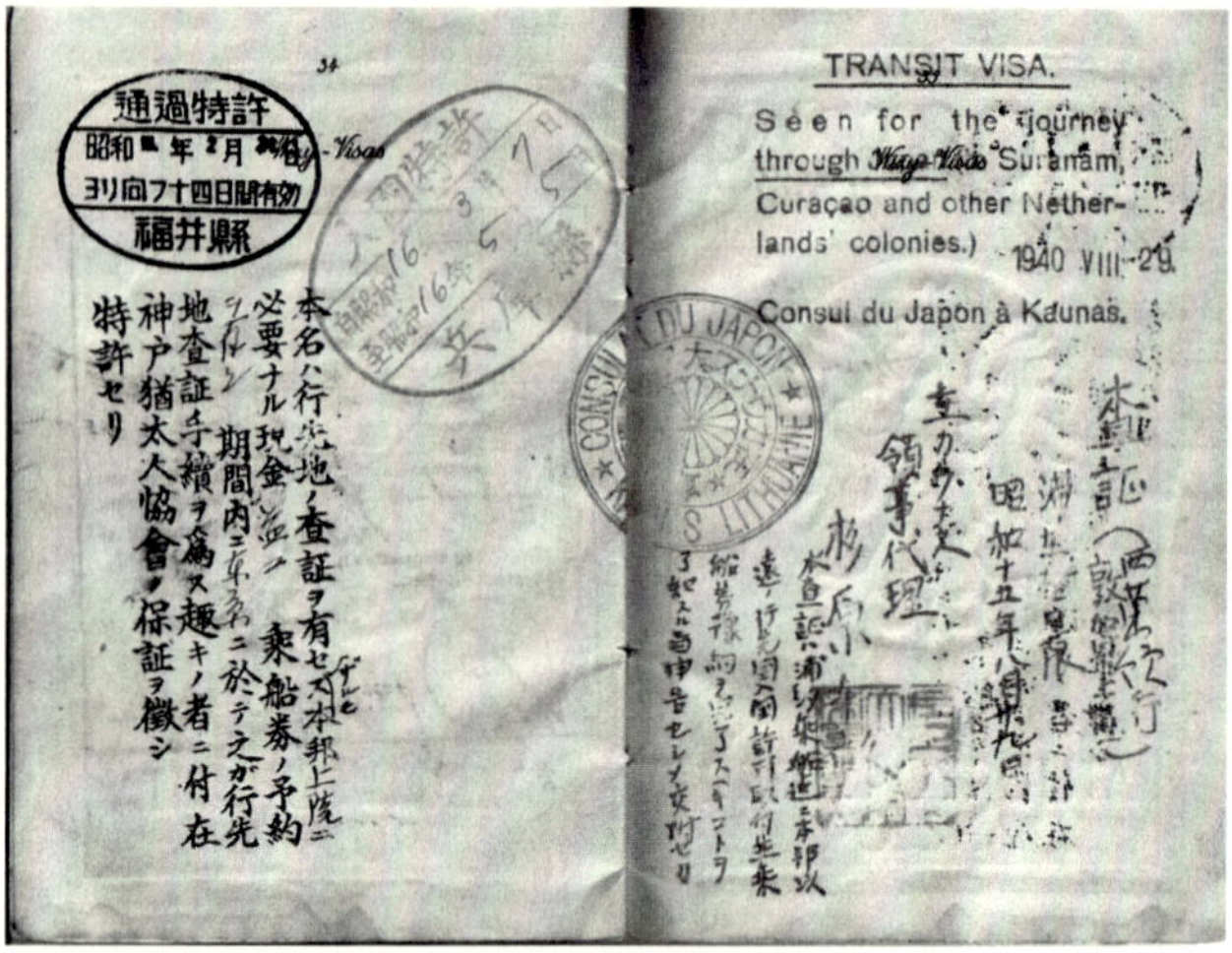

杉原が発行した通過ビザ（1940年8月29日付）のスタンプが押されているユゼフ・ブルンベルグのパスポート（写真提供：エヴァ・パワシュ＝ルトコフスカ）

八月二〇日頃、東京の本省に加えて、ウラジオストク－敦賀間を定期的に運航している日本船の船長からも、至急電報が入り始めた。私のビザを手にウラジオストクで我先に日本船に乗り込もうとするポーランド難民の群れが急増しているというのだ。横浜や神戸で起きている混乱や、難民問題委員会の組織にまつわる苦労についても書かれていた。私は即刻ビザの発給を中止するよう命じられた。

そうした注意にはおかまいなく、外務省から罷免されるのは避けられないと予期していたが、私はただ自分の人道的感情と人間への愛から行動し、ポーランド人へのビザの発給を続け、私を頼ってきたすべての人々にビザを出した。八月三一日の朝までそれを続けた。（SCh, 137-138）

在カウナス領事館を閉鎖せよというソ連当局、日本外務省の上司の命令が、どちらも無視できなくなっていたため、杉原は事務所を閉鎖し、すべての書類を焼却して、家族とともにホテル「メトロポリス」に移った。だが、杉原に助けを求める難民はなおも大勢残っていた。領事印は荷物の中に梱包してしまったため手元になかったが、その日はホテルで、そして九月一日にはベルリン行きの汽車の窓から、仮通行証を発行し続けたのである。

このときカウナスの日本領事館で何通のビザが発行されたのか、正確にはわからない。当初、杉原領事は一日に三〇〇枚のビザを発給するつもりでいたが、用紙が不足していたうえに、一人一人面接してからすべて手書きで記入しなければならなかったため、よけいに時間がかかった。杉原の補佐をしていたのは、たった二人の領事館職員、リトアニア人のグッツェと前述のボレスワフ・ルジツキというボーイであった。ルジツキは混乱が起きないよう、申請者に整理券を配った。まもなく、杉原は通し番号をビザに記入するのをやめてしまい、スタンプを作ろうというダシュキェヴィチのアイディアに賛成した。彼は戦後に書いた回想録の中で、日本の通過ビザを受け取ったポーランド難民は約三五〇〇名、その中にユダヤ人が五〇〇名ほどいたが、彼らはユダヤ団体が発行した種々の証明書を所持していた、と述べている（SCh, 138）。彼はこの件について自ら書いた正式の報告書を覚えていなかったのだろうか。

ベルリン到着後、杉原は当時の駐ドイツ大使来栖三郎（一八八六—一九五六）に、カウナスを発つ前、本省の了解を得ないままビザを発給したことを報告した。来栖は外務省内でも親米派に属していたから、この件については何も言わなかった。その後まもなく、杉原はプラハに異動となり、在プラハ総領事代理として着任した。一九四一年二月二八日にようやく、杉原はカウナスでの活動に関する報告書を外務省に送った。「昭和一五年分本邦通過査証発給表

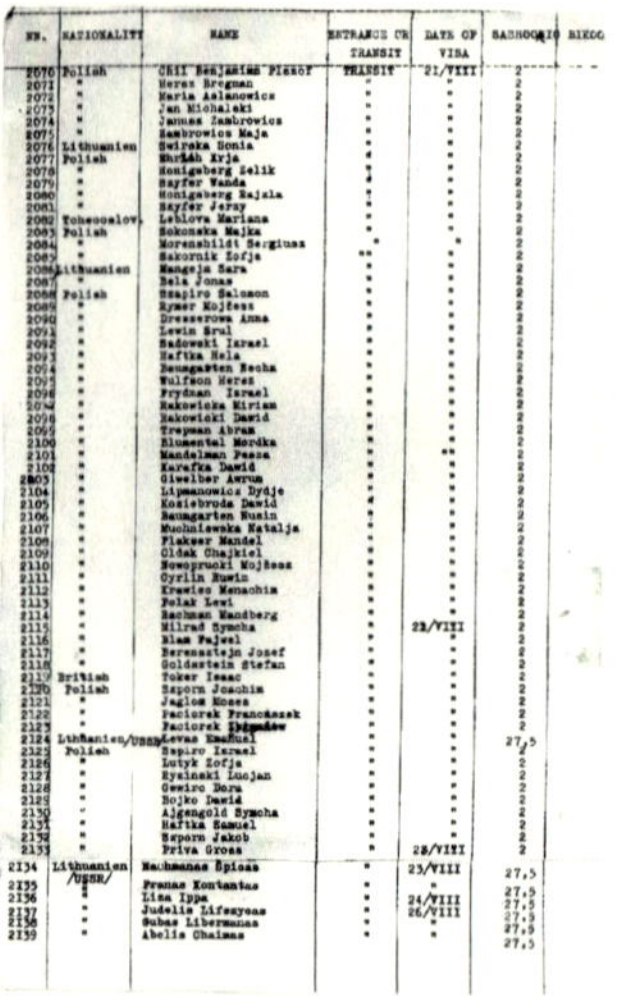

NR.	NATIONALITY	NAME	ENTRANCE OR TRANSIT	DATE OF VISA	SASHOQAIO	BIKOO
2070	Polish	Chil Benjamin Pisrof	TRANSIT	21/VIII	2	
2071	"	Meres Bregman	"	"	2	
2072	"	Maria Aslanowicz	"	"	2	
2073	"	Jan Michalski	"	"	2	
2074	"	Jannas Zambrowicz	"	"	2	
2075	"	Zambrowicz Maja	"	"	2	
2076	Lithuanien	Swirska Sonia	"	"	2	
2077	Polish	Ehrlich Erja	"	"	2	
2078	"	Honigsberg Zelik	"	"	2	
2079	"	Sayfer Wanda	"	"	2	
2080	"	Honigsberg Rajzla	"	"	2	
2081	"	Sayfer Jerzy	"	"	2	
2082	Tchecoslov.	Leblova Mariana	"	"	2	
2083	Polish	Sokonska Majka	"	"	2	
2084	"	Morenshildt Sergiusz	"	"	2	
2085	"	Sakornik Zofja	"	"	2	
2086	Lithuanien	Mangeja Sara	"	"	2	
2087	"	Bela Jonas	"	"	2	
2088	Polish	Szapiro Salomon	"	"	2	
2089	"	Rymer Mojżesz	"	"	2	
2090	"	Dresserowa Anna	"	"	2	
2091	"	Lewin Srul	"	"	2	
2092	"	Sadowski Izrael	"	"	2	
2093	"	Haftka Hela	"	"	2	
2094	"	Baumgarten Rocha	"	"	2	
2095	"	Wulfson Herez	"	"	2	
2096	"	Frydman Israel	"	"	2	
2097	"	Rakowicka Miriam	"	"	2	
2098	"	Rakowicki Dawid	"	"	2	
2099	"	Trepman Abram	"	"	2	
2100	"	Blumental Mordka	"	"	2	
2101	"	Mandelman Pesza	"	"	2	
2102	"	Karafka Dawid	"	"	2	
2103	"	Giwelber Awrum	"	"	2	
2104	"	Lipmanowicz Dydje	"	"	2	
2105	"	Kosiebroda Dawid	"	"	2	
2106	"	Baumgarten Nusin	"	"	2	
2107	"	Muchniewska Katalja	"	"	2	
2108	"	Flakser Mandel	"	"	2	
2109	"	Oldak Chajkiel	"	"	2	
2110	"	Nowoprucki Mojżesz	"	"	2	
2111	"	Cyrlin Ruwin	"	"	2	
2112	"	Krawiec Menachim	"	"	2	
2113	"	Polak Lewi	"	"	2	
2114	"	Rachman Mandberg	"	"	2	
2115	"	Milrad Symcha	"	22/VIII	2	
2116	"	Blam Fajwel	"	"	2	
2117	"	Berensztejn Josef	"	"	2	
2118	"	Goldsztein Stefan	"	"	2	
2119	British	Toker Isaac	"	"	2	
2120	Polish	Szporn Joachim	"	"	2	
2121	"	Jaglom Mosze	"	"	2	
2122	"	Paciorek Franciszek	"	"	2	
2123	"	Paciorek [illegible]	"	"	2	
2124	Lithuanien/USSR	Levas Emanuel	"	"	27,5	
2125	Polish	Szpiro Izrael	"	"	2	
2126	"	Lutyk Zofja	"	"	2	
2127	"	Rysinski Lucjan	"	"	2	
2128	"	Gewirc Dora	"	"	2	
2129	"	Bojko Dawid	"	"	2	
2130	"	Ajgengold Symcha	"	"	2	
2131	"	Haftka Samuel	"	"	2	
2132	"	Szporn Jakob	"	"	2	
2133	"	Priva Gross	"	28/VIII	2	
2134	Lithuanien /USSR/	Nachmanas Špiosas	"	23/VIII	27,5	
2135	"	Pranas Kontantas	"	"	27,5	
2136	"	Lina Ippa	"	24/VIII	27,5	
2137	"	Judelis Lifszycas	"	26/VIII	27,5	
2138	"	Gubas Libermanas	"	"	27,5	
2139	"	Abelis Chaimas	"	"	27,5	

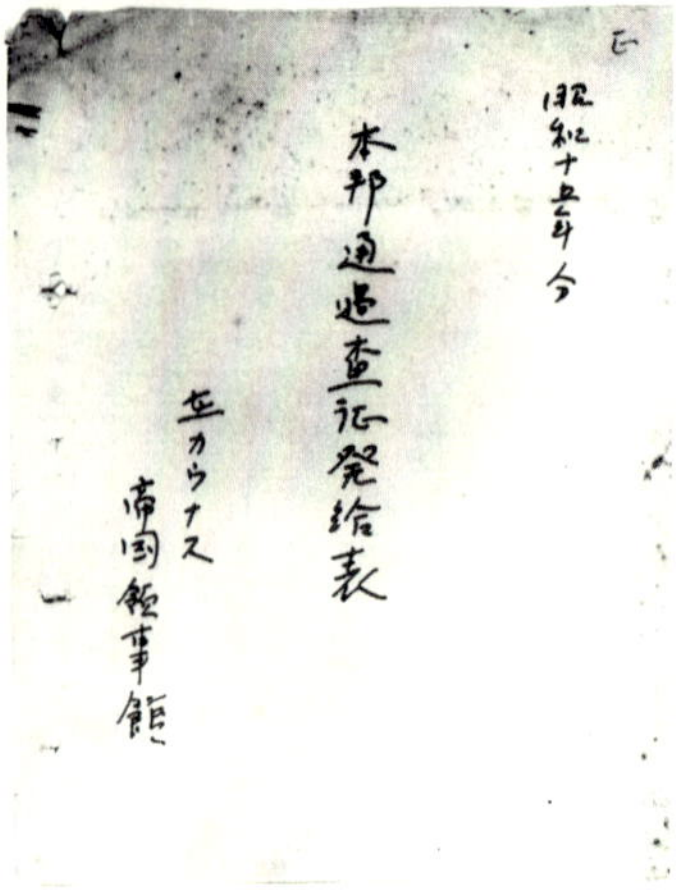

昭和十五年分
本邦通過査証発給表
在カウナス
帝国領事館

「杉原のリスト」の最初と最後のページ（外務省外交史料館所蔵）

在カウナス帝国領事館」と題するこの報告書は、「シンドラーのリスト」になぞらえて「杉原のリスト」と呼ばれるようになり、日本外務省外交史料館に保存されている[34]（GGS, j2.3.0j/X2-6）。著者もこれを閲覧する機会を得た。このリストには二一三九名の名前が載っている。幸子夫人は、杉原のビザのおかげで日本を経由して諸外国へ逃れた難民はそれよりかなり多かったと見ている。というのは、子ども連れの人もいたからで、それを加味すると、その数は五〇〇〇～六〇〇〇人に達する。杉原がひとりの人物に発行したビザでその家族全員が虐殺を免れたことは、「杉原のリスト」とヴァンダ・ルティク・ザクシェフスカの手紙（一九九五年六月一八日付）を照合すれば証明できる。ヴァンダの手紙には、おばのゾフィア（・チャプスカ）・ルティクが杉原のおかげでアンジェイ、テレサという二人の子どもを連れてカウナスから脱出した、と書かれている。ところが、「杉原のリスト」で八月二二日の日付のところに記されているのは、「ゾフィア・ルティク」ただひとりの名前なのである。

　この公式の数字より多いと確信をもって言えるのは、ヴィル

ニュスのポーランド地下組織の活動と、彼らによる偽造ビザの発行があるからである。最後に、ダシュキェヴィチの声に耳を傾けよう。

日本領事は通過ビザを六〇〇通発行する予定だったが、しばらくして、発給数はそれよりずっと多い九〇〇通に達していたことが判明した。それもまた、我々の工作の賜物だった。そのいきさつはこうだ。ある日、杉原領事が私に「旅券に決まり文句を日本語で記入するのにたいへん手間がかかり、迅速な処理を妨げている」という話をした。そこで私は、ゴム印を作って残りの部分と署名だけを記入するようにはできないだろうか、と提案してみた。彼は私の考えに賛成し、雛型をくれた。私はそれをヤクビャニェツに渡し、ヤクビャニェツはゴム印を注文したのだが、このとき私たちはゴム印を二個作るよう言いつけた。そのうちの一個はヴィルニュスへ送られ、そこでも日本の通過ビザが発行されたのである。ただし、それは日本領事がカウナスを退去したあと、それより前の日付を打って作成したものだったというわけだ。(LD, 23)

現時点では、種々の資料や、駐カウナス日本領事の支援で大戦を生き延びた多くの人々の回想に基づいて、二一三九人よりかなり多くの人々が救われたのではないかと見られている。しかし、日本にたどり着いた難民の中には、他のヨーロッパ諸国に駐在していた日本の領事が発行したビザや偽造ビザに加え、他の多くの人々の支えによって助かった者もいたことを忘れてはならない。在ウラジオストク総領事代理の根井三郎は、外務省の指示に背いて難民に日本への渡航許可証を発給した。ジャパン・ツーリスト・ビューロー（ＪＴＢの前身）職員の大迫辰雄は、一〇ヶ月間に二〇数回にわたってウラジオストク―敦賀間を往復し、難民の輸送業務にあたった。また、神学者の小辻節三は、難民の日本入国後、滞在日数延長などのために奔走した。駐日ポーランド大使タデウシュ・ロメルも難民のために尽力するが、これについてはこの後に述べる。ただ、ひとつ確かなことは、杉原がすべてのビザを、命と失職の危険も顧みず、日本外務省の同意を得ぬまま自らの責任で発行したことである。自らの身を危険にさらしたのは、ヤン・ズヴァルテンディクも同じである。二人の領事は互いに面識はなかったが、死の淵に立たされていた数千のユダヤ人を独ソの手から救出するために行動した。しかし二人とも、戦後、栄誉をもって報いられることはなかった。杉原は一九四七年六月に外務省を解雇されている。このときには、一〇〇〇名もの職員が離職を余儀なくされた外務省全体の人員削減によるものであるという説明がなされた[35]。彼は家族を養うため、ロシア語の翻訳者を手始めに様々な職を転々とした。一九六〇年からの一五年間はモスクワに赴任し、最初は「川上貿易」という商社のモスクワ事務所長をしていたが、後には「国際交易」モスクワ支店代表となった。一九六八年になってようやく、命を救われたユダヤ人たちが杉原を探し当て、それからのちは、イスラエル政府ばかりでなく、アメリカのユダヤ人諸団体からも表彰されるなど数々の賞を受賞し、その功績を称えられることになる。なかでも重要なのは、大戦中に命がけでユダヤ人を救ったとヤド・ヴァシェムが認めた外国人に与えられる「世界諸国民の中の正義の人」賞であろう。ヤン・ズヴァルテンディクのほうは杉原よりかなり遅れて、没後二〇年にあたる一九九七年にようやく、同じ賞を受賞している[36]。彼はカウナスからドイツ占領下のオランダに戻り、フィリップ社の本社で働いていた。命を救われた人々はズヴァルテンディクの名前を知らず、あるいは記憶しておらず、そのため戦後は彼のことを「キュラソーの天使」とか「ラジオ・フィリップ氏」として語り継いでいた。しかし、命を救われた一人であるナタン・グットヴィルトが、一九七一年にようやくズヴァルテンディクに電話で連絡をつけたのである。

杉原に授与された「諸国民の中の正義の人」賞（1985年）
（写真提供：杉原幸子）

　杉原については、十数年前から日本でも大きく取り上げられるようになった。一九九一年には、日本外務省が正式に杉原の名誉を回復し、長崎の被爆者団体からは平和賞が贈られた。出身地の岐阜県八百津町では一九九四年に「人道の丘公園」がオープンし、杉原の

亡き夫に代わって勲章を受ける杉原幸子。右はヘンリク・リプシツ駐日ポーランド大使（ポーランド共和国大使館、1996 年 8 月 26 日）（写真提供：エヴァ・パワシュ＝ルトコフスカ）

日本外務省外交史料館の杉原記念プレート（2000 年）

生誕一〇〇年にあたる西暦二〇〇〇年には同公園内に「杉原千畝記念館」が開館した。同年、東京の日本外務省外交史料館には、「勇気ある人道的行為を行った外交官　杉原千畝氏を讃えて」という文言の入った顕彰プレートが設置された。ヴィルニュスの新しい通りの一本には、杉原の名がつけられた。ヴァイズガント通りの旧日本領事館の建物には博物館ができ、その多数の所蔵文書には「命のビザ」付きのパスポートも含まれている。杉原の行動を世に知らしめるために大きく貢献したのは、間違いなく妻の幸子である。彼女は国内外で当時の出来事を講演して回り、また大正出版および渡辺勝正社長の支援により数冊の本を出版した。ポーランド大統領は、杉原の没後ではあるが、二度にわたって勲章を授与している。ポーランド諜報機関との協力に対しては、一九九六年に「功労勲章コマンドルスキ十字型章」を、またホロコーストの真っ只中にユダヤ人を救ったという行為に対しては、二〇〇七年に「ポーランド復興勲章星付きコマンドルスキ十字型章」を贈っている。この同じ年には、ポーランドのセイヌィでの杉原に捧げられたシンポジウムの際、セイヌィ教育者協会は杉原の名を冠せられることが決まり、現地の高校に記念プレートが設置された。杉原が浴した栄誉は数え切れないが、すべて没後となってしまったことが残念でならない。杉原を題材とした映画や演劇の作品も作られている。例えば、フジテレビは幸子夫人の回想記に基づいて「命のビザ」というドラマを制作した。クリス・タシマ監督による「ビザと美徳――日本のシンドラー　杉原千畝」というアメリカのドキュメンタリー映画は、一九九七年に第七〇回アカデミー賞短編映画賞を受賞した。劇団銅鑼の「センポ・スギハァラ」は、日本はもとより、リトアニア、アメリカ、ポーランドでも繰り返し上演されている（二〇〇一）。ポーランドでは、本書のこの章に基づいて、映像集団「コンタクト」が「命のビザ」（A. ミウォシュ、P・ヴェイヘルト監督作品、一九九七年）というドキュメンタリー映画を制作している。

杉原の没後三〇年にあたる二〇一五年、日本では杉原に関する本が次々に出版され、同年夏にはポーランドで「ポーランドのホロコーストにおける救援者と生存者の記憶——在リトアニア日本領事杉原千畝の『諸国民の中の正義の人』認定三〇周年を記念して」と題する国際会議が開催された。この会議には、杉原ビザのおかげで大戦を生き延びた目撃証人も参加した。やはりこの年の夏、TBSのテレビ番組「世界ふしぎ発見！」が杉原を特集し、著者（ルトコフスカ）も杉原とポーランド諜報機関の協力関係について語った。一二月には、チェリン・グラック監督による映画「杉原千畝　スギハラチウネ」が封切られた。この映画では、杉原千畝役の唐沢寿明、幸子夫人役の小雪など、日本人俳優が主要な役を演じているが、ダシュキェヴィチ役のボリス・シッツらポーランド人俳優も多数出演している。

一九四〇年の出来事に話を戻そう。杉原から通過ビザを入手することができた難民たちは、杉原が約束を取り付けておいたビザの発給を受けるためにソ連当局へ出向いた。この時期、ソ連がなぜユダヤ人に対する態度を緩和したのか、種々の嫌がらせや妨害や威嚇を行う一方で、多くのユダヤ人に出国を許可したのはなぜなのか、それはわからない。大金が懐に入ったからだろうか。それとも、許可を与えるのと引き換えに、忠実な「情報提供者」を獲得しようとしたのだろうか。ここではこの疑問には答えずにおく。

次に途方もない難題となったのは、カウナスからモスクワまでの、その先ウラジオストクまでのシベリア鉄道の乗車券、さらにそこから敦賀までの乗船切符を、国営旅行会社「インツーリスト」で購入しなければならないことだった。切符は外貨でなければ手に入れることができず、しかも、リトアニアのソ連併合後は、外貨の所持は不法行為だったのだ。しかし、それもどうにかなったのである。切符は高価で、米ドルで約二〇〇ドルもしたから、誰もが買えるものではなかった。

こうして始まった自由への旅路、なかでも渺茫たるシベリアの通過は、たえず危険と隣り合わせであった。だからこそ、上陸した敦賀は、多くの人々にとって天国にも思われたのだった。そこから先も多くの無理難題が待ち受けているのはわかりきっていたが、もうロシア人もドイツ人も恐れる必要はなかったからである。

東京

難民たちは敦賀から汽車で東京と神戸に向かった。難民の女性の一人が回想している。

長い入国審査を終えてやっと船を降りたツビたちは、すぐそばの鉄道駅に向かった。一六、一七歳の日本人の少年が近づいて来た。リンゴやミカンなど果物がいっぱい入ったかごを抱えている。それを差し出し、しぐさで「どうぞ」と促した。代金を払おうとすると、利発そうな顔つきの少年は「ノー」と拒んだ。果物をだれも取ろうとしないので、少年は一瞬困った表情を見せ、足元にかごを置いて走り去った。後ろ姿を目で追いながら「どういうことだ」とツビは戸惑った。少年が見えなくなって、仲間たちとリンゴをそっとほおばった。戸惑いが消え、甘酸っぱさが広がった。ツビが初めて口にした日本の味だった。(37)

だが、すべての人々が日本上陸後すぐに自由を享受できたわけではなかった。一般論として、日本当局は反ユダヤ主義に反対の立場をとっていた。ユダヤ資本は日本の占領地域、なかんずく満州への投資に有用だと見ており、またユダヤ人の適正な扱いは日米関係の改善に好影響をもたらす可能性もあったが、それは規定に反する形で発行された通過ビザによって来日した人々に関する日本外務省の決定には何の効力ももたなかった。規定は一九四一年三月に厳格化され、最終目的国のビザがない場合、通過ビザは無効とされた。まさしくその時期に、カウナスからの七万人を超える難民が続々と敦賀に到着したのである。彼らが所持していたのは、八月後半に杉原から入手したビザだったが、ズヴァルテンディクはその頃はもうカウナスにはいなかったため、彼らは目的国のビザを入手していなかった。「日本に着いたときの」彼らの驚きはいかばかりであったか。「天草丸」から下船することを日本の入国管理官が許可しなかったとき、驚きは恐怖に変わった。彼らは同じ船でまたウラジオストクに引き返さなくてはならなかった。しかし、今度はロシア人が彼らの上陸を拒否する。ソ連の入国ビザを持っていないではないかと言って！　だから、また敦賀へ向かう。ところがそこで、彼らはほっと安堵の息をつくのだ。日本のユダヤ人組織の代表者たちが、東京のオランダ領事館で「キュラソーへのビザ」を入手してくれていたのである。

戦後何年も経ってから著者（ロメル）に同じような話をしてくれたのは、著者の従兄にあたる当時の駐日ポーランド大使タデウシュ・ロメルである。一九四一年春の出来事だが、公式の報告書では触れていない、と言っていた。この話にはにわかには信じがたい点があるが、半分ジョークとしてなら引用する価値があるかもしれない。ある日のこと、ロメルは日本の外務省に呼び出され、ポーランド人三〇名が日本への不法入国を企てたことを、非常に厳しい口調で告げられた。その根拠はというと、ナホトカから敦賀に着いた連絡船から、三〇人の「ヤクプ・ゴールドベルク」が上陸しようとしているという報告があったというのだ。ロメルは、リトアニアで日本のビザが偽造された際、日本語を知っている者はいなかったはずだ、と証言した。杉原領事は、難民のパスポートに申請者の氏名を日本語のカタカナで手書きしてから署名していた。誰かがその中の一つを丸ごと書き写したのである。一つ一つに申請者の名前が入っているとも知らずに。大胆にもビザを偽造した人間がいるという事実に、日本側は神経を尖らせ、この三〇人の乗客の入国を拒否した。仕方なく彼らは翌日、同じ船でナホトカへ引き返した。先に紹介した一団と同様に、彼らもソ連の入国ビザを持っていなかったから、上陸許可は下りず、それからの数週間、彼らはナホトカと敦賀の間を行ったり来たりしていたのだという。

結局、ロメル大使は、三週間以内に日本から出国させるという条件でようやく敦賀への上陸許可を取りつけた。駐日オランダ大使やジョセフ・グルー駐日アメリカ大使の協力を得て、ロメルはしかるべきビザを入手し、この不運な難民たちを日本から送り出したのであった。

最初のポーランド難民が日本に到着したそのときから、ロメル大使は難民関連のすべての仕事の組織に注意深く目を光らせていた。大使は支援活動全体の指揮と管理、パスポートに関する諸問題、滞在延長に関わる日本当局との交渉、入国ビザと通過ビザの入手を一手に引き受け、さらには軍への志願者の入隊手続きを目立たぬように行ない、カナダや中東方面へ派遣していた。彼は大使館内に「ポーランド戦争被災者救済委員会」を設置し、委員長には大使夫人のゾフィア・ロメルが就任した。以下、事務局長が東京在住の有力実業家クレメンス・ズィンゴル、会計が満州のポーランド系最大手企業主の妻で日本に滞在していたジクマンノヴァ女史、そして理事が大使館書記官カロル・スタニシェフスキ、極東ポーランド通信班長アレクサンデル・ピスコル氏、ボレスワフ・シュチェシニャク夫人、研修生のステファン・ロマネクという顔ぶれであった。委員会は主に横浜と神戸のユダヤ人組織と協力しながら活動し、難民が続々と到着する敦賀港には、代表一名が必ず行くようにしていた。ユダヤ人は神戸に送られ、東欧ユダヤ系移民支援委員会（East-Jewcom）と在米ユダヤ人組織（Joint）から財政支援を受けて、現地のユダヤ人共同体が彼らの世話をした。ロメル大使が目的国のビザを手配したものの、旅費の持ち合わせがない難民には、ヒツェム（HICEM）というユダヤ人組織が旅費を保障した。難民の中には少数のポーランド人がいたが、非ユダヤ人のほうは東京へ行かせ、ロメル大使令嬢のテレサが著者（ルトコフスカ）に語ったところによると、その多くは大使館の敷地内の、以前は日本人従業員の宿舎だった一軒家に宿泊していたという。

難民に関するとりわけ興味深い資料となっているのは、ポーランド亡命政府外相宛てに送られたロメル大使の報告書であるが、これはすでに何度も引用した未刊行のロメル文書（TRDA）の一つである。他にも未刊行の文書があるが、これは本書の初版を出版した後で、ロンドンのポーランド研究所の所蔵文書（IP）にあるのをようやく突き止めた。

この件に関する最初の記述が現れるのは、一九四〇年八月九日付の暗号電報である。

シベリア経由で来た難民が当地へ流入し始めている。リヴィウとヴィルニュスからのユダヤ人が主体である。所持しているのは種々の仮書類に押された日本の通過ビザであり、他国への入国ビザの入手に多大な困難をきたしている。興味深い証言を行っているので、これを記録し外交クーリエにて送付する。在リトアニア大使館からの私信や新聞報道は、彼地での諸事件に鑑みて、早晩さらに大きな難民の波が日本に到達するであろうと予測している。出迎えと物質的援助の必要があるだろう。難民をイギリス自治領もしくは南米へ行かせるという可能性はあるのか、あるとすればどの程度なのか、返電を請う。(IP:A, 12.53/37)

八月二〇日、アウグスト・ザレスキ外相から、難民をイギリス自治領に送り出すのは輸送上の問題があって困難であること、カナダは孤児のみを受け入れること、南米諸国は全面拒否であるが、ブラジルはポーランド政府が諸経費を出すことを条件にユダヤ人限定で五〇〇通だけビザを発給すること、という回答が届いた。そのため、今度は、外交や国際関係に関わる他の諸問題が生じることになった。

ロメル大使は、一九四一年二月二日付の暗号電報に次のように書いている。

難民が殺到したため、私は神戸で緊急の領事業務に携わらざるを得なくなり、最も安い宿泊料にて宿舎を手配する。[……] 費用はさしあたり領事館予算より支出する。我々は主としてアメリカの各種資金援助によりポーランド特別委員会を設立した。今のところ、全ユダヤ人委員会と協力しつつ、困難な事態を首尾よく統御している。一月末までに到着したわが国の難民は合計五六六名、その九五パーセントはユダヤ人である。このうちの三〇〇名をすでに次の渡航先に送り出した。アメリカ合衆国一四二、パレスティナ四三、中米二九、アルゼンチン二三、ブラジル一六、上海五、南アフリカ四、オーストラリア三である。二月には約二五〇名が来ると予想しているが、その後はたぶんソヴェト軍の妨害でぽつぽつ来る程度になるだろう。ソ連による強制移住の再開という脅威に対し、私はわが国の軍人と民間人の家族たちをヴィルニュスから脱出させるべく、鋭意努力中である。個々のケースについては、外務省に申し出ている。（TRDA）

二月三日、ザレスキ外相はロメル大使にアメリカ当局にヴィルニュス地方のポーランド人のためビザの発給を交渉するよう依頼し、ポーランド政府としては移動の経費を支弁すべく動き出すことを約束した。ロメルは東京の米英両国の代表と会談を持つことを了承した。二月六日、イギリスのクーリエを使って送られたより詳細な報告書は、それまでの活動の概略になっており、ロメルはザレスキ外相に宛てて次のように書いている。

シベリア経由によるソ連占領地域から極東への難民の脱出は、昨年の初夏から自然発生的、個人的かつ無秩序に始まった。西方へのルートは戦闘で寸断され、南方ルートも、少なくとも一時的には通行不能だったからである。最初リヴィウ方面から少人数が当地に来たのは、住民のウラルへの大量移送によって引き起こされた脅威の影響であった。ところが、ソ連によるリトアニアとヴィルニュス地区の吸収合併は、当該地域に居住するポーランド人およびポーランド系ユダヤ人の社会に一時的な混乱と動揺を引き起こした後、現地での貧窮や迫害、あるいはカザフスタンへの強制追放から逃れる唯一の道として、極東へ向かおうとする衝動が起こり、時とともに集団的に、しかしたえず無秩序に強まっている。カウナス地区とヴィルニュス地区から日本までの旅は、ありきたりのルートならば証明書や他国のビザの取得は難しくなく、難民たちは九月まで、カウナスではその後も交付を受けることができた。［……］ヴィルニュス地区とカウナス地区からの難民は、ついには全面的な集団輸送のかたちで当地に流入し始めたが、それは特に一〇月以降、比較的寛大な出国許可の交付とそう長くは続くまいという予想によって始まったのである。最終的に、在東京ポーランド共和国大使館は、一九四一年二月五日までにウラジオストク経由で来日したポーランド国民（確認済み、または自称）約七四〇名のリストを作成した。［……］これまでに来日した難民でポーランド国民と確認された者、あるいはポーランド国民と思われる者の九五パーセント以上はユダヤ人であり、ユダヤ教徒でない者もいるにはいるが、少なくともユダヤ系の家系の出身であることは確かである。このような現象は、単に彼らが進取の気質に富んでいるとかいうことでは説明がつかない。何よりも、海外にいる同胞の組織的支援があるということが大きい。［……］

ポーランド人難民の流入が相変わらず少ないという事実は、彼らがほぼ例外なく物質的に劣悪な状況にあること、ユダヤ人より幅広い地縁や地域生活との絆を持っていること、出るとしたらスカンディナヴィア方面という発想になじんでいること、特に最初の頃は、見知らぬ東洋への危険で高価な旅という企てに対する拒絶反応が強かったこと、によって説明できる。［……］

結果、これまでに当地に到着したポーランド人難民の内訳は以下のとおりである。地下ルートで潜入したポーランド軍将校四名、海外在住の親類の援助でやって来た数家族、それに少数の個人の合計一五名ほどで、その一部は日本に長期滞在の予定であるが、他はすでに日本から出国済みか、まもなく出国の予定である。当大使館からの直接の援助ですでにこちらに向かっている、あるいはこれからヴィルニュスを出発するポーランド人が、現段階で二五名おり、列挙すると次のようになる。ドレシェル将軍の夫人と子女、ポウチンスキ陸軍大佐の子女、在ワシントン・ポーランド大使館財政顧問官の父ヤヌシュ・ミンキェヴィチ氏、作家、評論家など［……］。

わが国の難民が日本に流入してきたことは、我々を組織としての困難な課題に直面させた。戦時の緊縮財政による人員削減で、大使館には新たな領事業務を、殊にこのような規模で行う用意はなかった。少人数で豊かとはいえない在日ポーランド人社会は、とうていこれに対処しきれず、資金は常に不足していた。［……］しかも、難民が携えてくる書類は、この先の旅に不可欠だったにもかかわらず、ポーランド国民であることを証明するにはきわめて不十分なものであった。日本にたどり着く難民の多くが無一文も同然であるという事実は、当座の生活費、高額な電報、外国領事館への申請といったことのために相当な資金を動かすことを強いたのである。

これらのもっとも緊急を要する問題への対処のために、私は昨年一〇月、在日ポーランド人の全体集会で、東京における「ポーランド戦争被災者救済委員会」の創設を呼びかけた。[……]

同委員会は首尾よく活動を組織した。所期の目的のため、極東在住のポーランド人のみならず外国人からも能う限りの資金を集め、ニューヨークの「ジョイント［合同配給委員会のこと――訳註］」などからも数回にわたってかなりの物質的援助を取り付けた。委員会は横浜および神戸のユダヤ人団体とただちに連絡をとり、東京だけでなく神戸にも事務所を開設した。（『RDA』）

遠く離れた東京への不要な旅をしないで済むように、神戸と大阪のポーランド名誉領事館に事務所が置かれ、敦賀から直行して同一の様式で領事関係の手続きができるようになり、費用の節約が可能になった。ロメルは続けて以下のように報告している。

委員会の代表は、ウラジオストクからの難民の大集団が敦賀港に到着するたびに出迎えに行き、入国手続きを手伝い、そこから近い神戸へ向かわせている。神戸では、地元のユダヤ人共同体が特別に用意した数百人収容可能な収容施設に難民たちを受け入れている。東京にやって来る数少ないポーランド人はできるだけ、わが大使館の敷地内にある専用の戸建ての建物に宿泊させている。委員会は難民に当座の金銭的援助、助言、指示を与え、大使館領事部の負担軽減のため、細々とした予備登録作業を行っている。さらには、地元の当局、船舶会社、諸外国において難民の利益を代表し仲介している。

ロメルは、難民たちがカウナスやモスクワだけでなくウラジオストクの日本領事館の職員たちについても最大級の賛辞を口にしている、と強調している。しかし、ロメルの報告書のどこにも日本人の名前は見当たらず、杉原に言及すらしていないのである。カウナスでの出来事の詳細を知っていたのは確かであろうが、杉原の名前を知らなかったのかもしれない。というのは、この同じ報告書にこう書いているからである。

そこの人々［領事館員たち］の同情と好意の証しは、堅苦しい外交儀礼をはるかに超える、しばしば日本人職員の自己犠牲と献身にも等しいものであった。わが同胞たちが救出されたのはまさしくそのおかげなのである。それに比べ、諸外国の代表の行動は、特にカウナスのイギリス代表に限らずとも、私の聞いたところでは甚だ不適切な対応に映った。その日本自身においても、周知のような昨今の雰囲気にもかかわらず、我が国の難民たちの必要に対する中央政府のみならず地方当局の対応は、まったく非の打ち所のないものであった。私がこれまでこのことについて声高に謝意を表さなかったとすれば、わがホスト国にとってはそれが政治的に面倒なことにつながりかねなかったからである。私は私的な会話では心からの謝辞を惜しまなかった。［……］また、日本側にはソ連領内からの報告の一部を入手できるよう能う限り便宜をはかった。

杉原の通過ビザの有効期間は一〇日間であったが、その期間で手筈の整う人は少なかった。ロメルの要請によって、期間は三週間に延長されたが、ときにはさらに延びることもあった。しかしロメルは、日本側の厚意に過度に甘えたり、各方面にとって好ましくない状況をつくり出したりすることは好まなかった。

［……］我々は、わが国の難民に一時的な滞在を認めてくれた日本に、彼らを置いておくことはできない。それは、この国が我が国から見るとバリケードの反対側にあって、万一戦況が悪化したら難民たちは強制収容され

てしまうかもしれない、という理由からだけではない。我々自身がなすべき義務を果たせない場合には、後続の難民には日本経由のルートを閉ざすことになるだろう。難民をソ連という地獄から救出することは、この点からも他の点からも我々にとって最重要事項となり得たのである。

ザレスキ外相の指示とも一致しているが、ロメルは自らもイギリス、オーストラリア、カナダの公館で、ビザの割当てを確保しようと努力していた。このため、詳細な秘密の請願書「極東に流入するポーランド難民の件」（TRDA）を英語でしたためている。三月二三日にロンドンに届いた書簡の中で、ロメルはこう書いている。

難民たちの日本からの送り出しは急を要した。一五〇〇名を超える人々が当地に滞留しているため、日本政府は受け入れ制限をかけた。それは日本に来る他の人々――我々の手にかかっているポーランド人を含む――を否定的な状況におくことを決定づけるものだった。私は可能な限りそれを食い止めようとしていた。［……］カナダ公使館はすでに割り当てられた数のビザを発行しているが、おそらくその数を一四〇名分に引き上げているはずだ。（IP. 12.53/37）

ロメル大使の頭痛の種は、ポーランド人用のビザの確保であったが、それは容易なことではなかった。というのは、難民の受け入れが可能な国の代表者は、戦時中には主として予算的に法外な要求を提示したからである。六月、ロメルは在東京ポーランド大使館が閉鎖されるかもしれないという噂を耳にし、ザレスキ外相に、難民を上海に立ち退かせてはどうかと提案した（IP. A. 12.53/37）。周知のように、ポーランド大使館は一九四一年一〇月末に閉鎖され、日ポ関係は停止されることになった。ロメルは特使として上海に赴いた。

この節の締めくくりとして引用に値するのは、杉原のおかげで助かったリトアニアからの難民のひとり、オスカル・シェンケルが東京滞在とポーランド大使館員たちとのやり取りの印象を綴った一節である。彼は東京での滞在や駐日ポーランド大使館の職員たちとのやり取りを次のように書いている。『日刊連合』（一九四一年一二月六日付）日曜版（四—五頁）にこう書かれている。

……他の誰かが現れる前に、誰かがもっと公的な立場からこの在外ポーランド公館の尋常ならざる行動を評価する前に、「凡人」たる私が［……］、ウラジオストク－敦賀間で立ち往生していた小さな船が私を日本に上陸させてくれたという、私自身が一年ほど前に経験した驚くべき出来事を親愛なる読者諸氏と分かち合うことになった。［……］東方におけるポーランドのプロパガンダにはきわめて効果的だったにもかかわらず、大戦に至るまでの大使館の活動についてはあまり喧伝されることはなかったが、ポーランドにおける戦闘が終息した後、わが同胞は占領軍と同じ屋根の下にいることを欲せず、あるいは諸々の理由からそれが不可能だったことから、世界への窓を見い出し国外でポーランド問題に貢献するため、不法に国境を越えたのである。

このような大規模な亡命が起こり得たほとんど唯一の場所、それがヴィルニュス地区であり、リトアニアであった。［……］カウナスの日本領事の計らいで、数千のポーランド市民が日本の通過ビザを入手した。自腹で汽車や船の切符を買える者は速やかに出国することができたが、ほとんどがユダヤ人という難民の大半は、アメリカのユダヤ系社会団体の援助を受け［……］、それがリトアニアからの出国を遅らせる原因になった。［……］

私は幸運にも、一九四〇年一〇月にシベリア経由で日本にたどり着いた最初のグループの中のひとりとなったが、明日のことも定かでない放浪の一年を過ごしたのち、ポーランド大使館の門をくぐったときは感激を抑えることができなかったことを強調せずにはいられない。［……］建物の入口の白鷲、室内に響くポーランド語、我が駐在武官の軍服は［……］私に強い印象を与え、タデウシュ・ロメル大使閣下が真っ先に私と会って下さったときは、一瞬声も出なかった。このときの会話とその後何回か会った印象は［……］私の日本滞在にもっとも肯定的な意味で重みを持ち、東京のポーランド戦争被災者救済委員会〔……〕の計らいで、その最初の瞬間からポーランドにおける私の国務体験談を再現してみせることになった。〔……〕日本船がわが国の難民を乗せてくると日本当局によって大使館に打電され、大使館はその都度、同胞の入国手続きを容易にするために代表を港に派遣した。

船上における代表の歓迎は盛大なものであった。乗船客は一つのホールに集合し、ポーランド国歌を歌って大使館員を迎えた。それに続く大使館代表や移民代表のスピーチの〔ポーランド語の〕アクセントに胸がいっぱいになった。ときにはそこに日本の憲兵が加わることもあったが、彼らがポーランド難民に対して非常に友好的に接してくれたことは認めなくてはならない。

ポーランド政府、〔……〕ユダヤ系アメリカ人協会からの義援金、東京のポーランド大使館員や富裕な在日ポーランド人たちから寄せられたカンパのおかげで、初めは数百の、後には数千の難民が、多くの場合は数ヶ月に及んだ日本滞在中の宿舎と生活費とを保証されたのである。〔……〕

しかし、大使館にとっては、難民のためにしかるべき目的国のビザをどうやって入手するかが大きな悩みの種であった。〔……〕それは、どの大使館員にとっても、たいへんな緊張を強いられる作業の連続であったろう。ロメル大使自身がその手本となり、移民の新たな渡航先や定住先に関することとあれば、どんな些細なことにも直接関わった。ロメルは夜を徹して働いた。そうすることで彼はどの難民の悩みや望みに対しても等しく公平さと寛大さを示し、彼と接した者はだれもが、自分の問題に並々ならぬ慎重さと思慮深さをもって対応してくれているという印象を抱いて部屋を出るのだった。〔……〕彼は難民の間で大変好かれていた。〔……〕

〔……〕毎日の日課のようになっていたのは、各方面との絶え間ない連絡、難民の定住先として関わりのできた国々との細々とした問題の照会、親交のある各国領事への電話や手紙、〔……〕などであった。それらすべてが、大使館書記官のカロル・スタニシェフスキの手に委ねられていた。〔……〕援助や助言を求めてやって来る誰に対しても、頭も心も開いていた。［……］民間の難民問題には少し遠かったが、大使館にもっとも大きな魅力―当時はまだ珍しかった制服の魅力によって強調されていた―を与えていた人物は、大使館付武官のイエジ・レヴィトゥ中佐であった。［……］彼の管轄は捕虜関連の部署だった。彼はシベリア送りになった人々の管理と登録を続けており、ロシア領内のポーランド軍人の家族を探し出そうと全力を尽くしていた。［……］

運命は、「東京の門」をくぐったこれらすべての人々を世界中に散り散りばらばらにした。［……］彼らの多くは北米と南米の国々に向かった。ビルマにもかなりの人数がいたし、オーストラリアとニュージーランドにはさらに多くの人々がいた。難民の最後の一団は［……］上海に向けて出発した。これらの人々はいま、七つの海によって隔てられているが、在東京ポーランド大使館での心温まる思い出と、大使館がまるで父親のような愛情で我々を包んでくれたこと、そして大使館の中にいるとまるでポーランド本国にいるように感じたことに対する深い感謝によって、彼らは一つに結ばれているのである。

上海

一九四一年一〇月末、ロメルは上海で特使として業務を開始した。彼はポーランド難民約一〇〇〇人の見守りを続けていた。難民はほとんどがユダヤ人で、日本当局が上海へ移送したのである。なぜ上海だったのだろうか。

上海は戦前のアジア最大の都市であり、金融の一大中心地であり、外国人に開かれた港湾都市であった。ここにはフランス総領事が管轄するフランス租界、数か国が管理する共同租界があり、各国が自国の企業を置いていた。一九三二年初頭、満州における作戦が成功した日本軍は上海に入城したが、影響力を失いたくない諸外国の抵抗でやむなく撤退していた。日本軍は一九三七年、日中戦争の緒戦で再び上海を攻撃した。共同租界の一部は日本軍の占領下に置かれる。当時、上海にはすでに多数のユダヤ人が居住しており、状況は悪化の一途をたどっていた。ユダヤ人にとって、上海は一九世紀半ばから避難場所となっていたのであり、セファルディ系のユダヤ人が定住し、ロシア一〇月革命の際にはロシアからの避難民が合流した。ドイツとオーストリアからの難民が新たなコミュニティを形成した一九三三〜一九三八年には目に見えて増加し、『逃亡と救出』によれば約一五〇〇名から一七〇〇〇名になっている。次いで一九四〇年初頭にポーランド系ユダヤ人が来るようになったが、古参のユダヤ人と混同されるのを嫌い、イギリスの同盟国としてポーランド政府の庇護を得て、共同租界でよりよい待遇を受けながらいち早くアジアから脱出することを期待していた。一九四一年一二月、対米英開戦後、日本は上海をも攻撃し、瞬く間に全市を占領した。すべての国の外交使節とともに、ポーランドも避難することになる。ロメルはなおも、一人でも多くのポーランド難民に上海からの脱出の可能性を求めて奔走した。例えば、一九四二年四月八日、ロメルはソ連軍による救出が可能だとして、上海在住の九六七名のポーランド難民のうち七三七名のリストをクイビシェフのポーランド大使館に送っている（IP：A11. 49/Sow/36）。一九四二年五月一〇日、ポーランド亡命政府の［ザレスキの］後任の外相エドヴァルト・ラチンスキ（一八九一―一九九三）はロメルに、イギリス政府が在上海ポーランド外交代表五〇名と共に三八九名のユダヤ難民を救出することに合意したことを伝えた。しかし、そのポーランド系ユダヤ人の全員が脱出することはできず、一部の人々は終戦までそのまま上海に残ることになった。

一九四二年八月中旬、外交官の交換の枠内でポーランド人外交官の中国からの引き揚げが行なわれ、ロメルは家族と一緒に日本船「鎌倉丸」でモザンビークのロウレンソ・マルケス［現在のマプト］に移動した。八月三一日には、船中から難民に関する報告書をポーランド外務省に送っている。内容は主として金銭的援助に関するものであった。

ポーランドからの戦争難民―そのほとんどはユダヤ人だが――への物質的援助という重責は、彼らが日本にいる間（一九四一年一〇月まで）も、上海へ移動して次の移動を待つ間も、ほぼニューヨークの「ジョイント」の肩にかかっていた。一九四一年一二月八日の太平洋戦争の開戦で、九七二名の難民は上海に足止めされたが、「ジョイント」からの援助が途絶えることはなかった。「ジョイント」の支援が変わったとすれば、それは形式であり、直接アメリカから来る途切れがちな資金に代えて、「ジョイント」の上海代表が日本軍当局の同意を得て、現地の資本家たちから戦争終結後の返済でいいという中国通貨での借入金を引き出した。［……］ところが一九四二年四月、「ジョイント」はアメリカ本国からの新たな指示の下に、それ以上の貸し付けを受けることは断念せざるを得なくなった。そればかりか、連絡の中断すら余儀なくされたのである。このときの上海は、すべての罹災者にとって、とりわけポーランドからの戦争難民にとっては、最悪の状況になっていた。自国政府からの保護の享受と交換船による引き揚げの権利を有するポーランド市民と、上海にいる他の罹災者、主として独墺系のユダヤ人を区別するという原則に明確に立ってこそ、我々は彼らのために別々の扱いを引き出し破滅から救うことが出来るのだ。［……］七月、私は難民たちに六月分と七月分の援助を確実に行うため、信用貸しを執行した。（TRDA）

ロメルは上海から出発する直前になっても、脱出を迫られている民間人のために他の財源を求めて奔走していた。そのことをかいつまんで述べていると見られる興味深い報告書を、ロメルは駐ソ連大使という次の重要ポストに就いていた一九四二年一〇月六日に書いている。

一九四〇年秋から一九四一年夏までの間に、約二三〇〇名の難民がポーランドからウラジオストク経由で日本に来た。その九七パーセントがユダヤ人だったが、ヴィルニュスとカウナスから来た人々が主体で、南東部の国境地帯の出身者は稀であった。多くの者は、カウナス発行の身分証明書と日本の通過ビザしか持っていなかった。戦争が終わるまでの避難場所が見つかるのを待ちわびながら、難民たちは神戸に借りた二七軒の家と横浜、東京に収容された。宿舎と食事の世話は、合衆国のユダヤ人組織（「ジョイント」）の資金的援助を得て、神戸のユダヤ人共同体が引き受けた。［……］

衛生、衣類、文化面の援助や家族との連絡、パスポートやビザの手配は、私が東京で結成した「ポーランド戦争被災者救済委員会」が面倒をみた。私は委員会の難民担当にポーランド系ユダヤ人たちを配し、委員会の活動資金は、ポーランド政府からの補助金、アメリカのポーランド系組織の資金的援助、極東全域のポーランド人によるカンパ、地元での催し物で得た収入によってまかなわれた。目的地のビザを取得したものの、自己資金をもっていない難民に目的地までの旅費を工面したのは、ユダヤ人組織「ヒツェム」である。すべての財源を合計すると、一九四二年七月一日までに約三五万米ドルが、極東に逃れてきたポーランド難民のために拠出されたことになる。

支援活動全体の指揮と監督以外に、在東京ポーランド共和国大使館が直接関わったのは、難民へのパスポートの交付であり、これは終始一手に引き受けた。それから、滞在の延長や日本への今後の入国ビザと通過ビザの問題、支援の要請、目的国のビザの取得について、日本政府との間に立って仲介した。また、軍への志願者の登録を目立たぬよう慎重に進め、その志願兵たちをカナダや近東へ送り出すという件にも関与した。ポーランド共和国政府の尽力により、極東のポーランド難民のために一定数の難民ビザが確保された。カナダが二五〇で、そのうち八〇はラビとラビ修行中の神学生たちに優先的に割り当てられ、オーストラリアが六五、ニュージーランドが三〇、ビルマが五〇である。［……］さらには大使館の協力で、パレスティナへの約四〇〇名分の移民証明書を確保した。大使館はまた、アメリカ合衆国に約三〇〇名分、中南米諸国に約一〇〇名分のビザを独自に確保することで貢献した。

一九四一年の九月と一〇月には、在京ポーランド共和国大使館の閉鎖に伴い、日本政府が、日本に留まっていたほとんどがユダヤ人のポーランド難民約一〇〇〇名全員を上海に移送した。一九四一年一一月一日、特命大使として上海に入った私は、個人的に難民の世話を引き受けた。オーストリア、ニュージーランド、ビルマ、パレスティナのビザの割り当てを新たに確保することができ、それを残りの難民全員に振り分けようとしていたのだが、船舶航行の禁止とそれに続く太平洋戦争の開戦とが、我々の努力を台無しにしてしまった。この結果、ポーランド国籍のユダヤ人難民約九五〇名が上海に残留することになったが、そのうちの四〇〇名以上がラビとその家族、およびラビ修行中の神学生たちであった［……］。

私の努力は何よりもまず、この難民たちを一元的に管理することに注がれた。保護も手立てもないまま上海で貧困と、日本軍の収容所への監禁の危険にさえさらされていた約一万五〇〇〇人のユダヤ人、ドイツ市民、無国籍者の中から彼らを切り離すためであった。我々の側からのこうした活動は、難民たちが、ポーランド市民が自国領事館の保護を受け、世界中で通用するパスポートを持ち、十分な物質的援助と連合国への脱出のチャンスを手にすることを原則とした。［……］

一九四二年八月、上海のポーランド領事館が閉鎖され、その翌日には極東からポーランドの在外公館員全員が引き揚げることになる。以後、占領日本軍当局の同意のもと非公式に在留ポーランド国民の保護を引き継いだのは、在中国ポーランド人連盟理事会という名称の急造の委員会であった。構成メンバーには、在留ポーランド人の代表に加えて、ポーランド国籍のユダヤ人難民の代表も加わった。［……］

日本、中国、満州からのポーランドの外交官と領事館職員の撤退の際、最後の最後にポーランド国籍の民間人五四名も出国できることになったので、私は四五人分の席をユダヤ人難民に割り当てることにした。人選にあたっては、のちに外部からの効果的な救援活動に駆けつけられるように、すべての政治・社会・職業集団のもっとも活動的な人物が必ず含まれるようにした。［……］こうして、難民たちは私と一緒に南東アフリカへ向けて出発し、大部分はそこからさらにイギリスへ向かったが、その内訳は、ラビが三人、ラビの養成学校の代表が三人、シオニストが七人、「ブンド［ユダヤ社会主義労働党］」党員が五人等々であった。三人にはすでにアフリカでオーストラリアへの渡航許可を取り付けることができた。パレスティナへ二人、東アフリカへ五人、北アフリカ連合へ七人であった。（TRDA）

ロンドンのポーランド研究所の所蔵文書には、ポーランド難民関係の個別の文書がまだたくさんある。例えば、在京ポーランド捕虜委員会の活動報告、出国者、目的国のビザの取得者のリスト、収支表などである。資料は一様ではなく、ここでそのすべてを分析する手立てはない。ただ、確かなのは、杉原やズヴァルテンディクやロメルらのおかげで、何千人ものポーランド系ユダヤ人が拘束、そして死から逃れたことである。

ベルリン－プラハ－ケーニヒスベルク

一九四〇年夏、リトアニア、ラトヴィア、エストニアがソ連に併合された後、日本はバルト諸国の公館を閉鎖する。杉原千畝領事代理は八月二四日にヤクビャニェツ大尉とダシュキェヴィチ中尉を日本の公用旅券でベルリンへ送り出し、自身は九月一日に出発した。小野打寛はリガの武官室を閉鎖し、西村敏雄の後任としてストックホルムに移ろうとしていた。ところが九月、彼はヘルシンキに派遣される。西村は正式の公使館付武官としてスウェーデンに残る。スウェーデンではリビコフスキも活動している。彼はカウナスを再訪して直接ヤクビャニェツと以後の協力関係の方針を決めることができなかったため、ダシュキェヴィチ中尉と二人、ストックホルムに呼び出す。ダシュキェヴィチはこう回想している。

ストックホルムに着いたのは明け方だった。一九四〇年九月一日だったと思う。駅からタクシーでわが公使館へ向かった。［……］迎えてくれたのは駐在武官のブジェスクフィンスキ陸軍少佐だった。［……］ひとしきり話したあと、彼は私に「ホテルへ行って、君の直属の上司のリビコフスキ少佐が来るのを待ち、詳細を報告するように」と言った。［……］彼と話しているとき、部屋に入ってきたのはルドニツキ中佐、暗号名ヴィンチだった。彼が最初に私を自分の右腕にと望んでいたが、ブジェスクフィンスキ少佐が訂正して言うには、私ならば彼が興味を持つ問題を自分なりの解釈で彼に伝えられるということだった。［……］午後、ホテルで待つ私をリビコフスキ少佐が訪ねてきたので、リトアニアおよびヴィルニュス情勢、我々のカウナス脱出時の状況、数日後にヤクビャニェツ大尉がストックホルムに到着する旨を詳しく報告した。

ヤクビャニェツ大尉の到着後、何度も話し合いを重ねた結果、我々は、パスポートを入手したことによって開けたチャンスを生かし、ドイツに戻って諜報活動を継続すべきであるという結論に落ち着いた。リビコフスキ少佐はこの件に関する日本側との交渉に約一〇日間を費やし、ようやく我々の出発の日程が決まった。ヤクビャニェツが先に出発し、私は数日後に後を追うことになった。ヤクビャニェツ大尉はベルリンを拠点とすることが決まっていたが、私は杉原領事から離れずにプラハまで同行することになっていた。我が諜報機関は「G機関」と名づけられ、私は「ヘルマン・ゲーリング」という偽名を使うことになった。

我々の任務は、以下のようなあらゆる分野に関する情報を収集することであった。

（a）軍事
（b）軍事産業
（c）経済
（d）政治
（e）ポーランド人戦争捕虜収容所との連絡および捕虜収容所の所在地の特定
（f）場合により、本国との連絡

収集した情報は、私からヤクビャニェツ大尉に送り、ヤクビャニェツ大尉はそれをできる限りベルリンからストックホルムに伝えることになっていた。我々は日本人とそのクーリエがいつ出発するかに左右されていたため、必ずしも最新の情報をその都度送ることができたわけではないことを、ここで強調しておかねばならない。［……］（LD, 30-31）

四週間後、ダシュキェヴィチは在ストックホルム公使館の日本人と一緒にベルリンに戻り、杉原のプラハ行きに同行する準備をする。プラハに行くのは一〇月上旬である。杉原は総領事代理に就任する（在プラハ公使館は一九三九年四月に閉鎖されていた）。ヤクビャニェツはやはり杉原の計らいで、表向きはベルリンの駐在武官室の通訳ということになっていたが、実際は参謀本部第二部の新設の諜報機関の指揮をとる。ポーランドはすでに大戦前からドイツ国内に諜報網を張り巡らせていたことを付言しておかなくてはならない。ドイツはポーランド諜報機関を危険視していたが、その優秀さも認めていた。

ダシュキェヴィチは、杉原がストックホルムへの郵便物の送付を手助けしてくれることになっている数人のベルリン大使館員と「ベルリンでは大いに君の役に立つはずだ」という満州国公使館の職員一名を紹介してくれた、と回想している（LD, 33）。ベルリンには日本人とポーランド人の協力の主要拠点が二か所存在した。一つはヤクビャニェツが雇われていた日本大使館の駐在武官室、もう一つは満州国公使館である。後者にはダシュキェヴィチのもっとも近しい協力者であるサビーナ・ワピンスカがいて、開戦当初から家政婦もしくは料理人として働いていた。大戦前にはおそらくワルシャワの駐在武官室に勤めていたのではないかと思われる。ベルリンの武官室も日本の諜報活動の拠点となっており、数ヶ月に一度、ヨーロッパ駐在の日本軍代表者の会議が行なわれていた。軍人たちは外交官の手を借りていた（郵便物）が、例えばジャーナリストといった他の情報源を利用しながら、民間の情報収集も行っていた。ベルリンにおける日本人とポーランド人のこの二つの協力拠点は、ドイツ側に知られていた。このことを証明しているのは、ゲシュタポの防諜機関の指揮をとっていたヴァルター・シェレンベルグの回想録である。[38]ゲシュタポはドイツ国防軍最高司令部防諜局を信用せず、独自に情報の収集を行なって、ベルリンの日本人を監視していた。一九四一年三月、ヨーゼフ・マイジンガーがドイツの駐在武官として東京に派遣されたのは、おそらくそのためであろう。マイジンガーは一九三九年からワルシャワの公安警察の署長を務めていた人物で、その異常な残虐性（「ワルシャワの屠殺人」と呼ばれた）と、ポーランドの知識人、地主、聖職者、ユダヤ人という「政治的不安分子」の抹殺への執着によってその名を知られていた[39]。

ベルリンにおける日本人とポーランド人の協力に関するきわめて興味深い情報は、一九四一年八月七日付のドイツ国家保安本部長官ラインハルト・ハイドリヒのリッベントロップ外相宛の報告書（RH）にも記されている[40]。ただし、それは同時に、ドイツの防諜網がいかによく機能していたかということの証左でもある。

すでに一九三九年に防諜網の報告からわかっていたのは、当時の在カウナス日本領事、のちの在プラハ領事代理、そしてこの年の初めから在ケーニヒスベルク総領事館を仕切っていた杉原がポーランドとイギリスに友好的であると思われていたこと、カウナス在勤時代にドイツの軍事問題に多大な関心を持っているという疑念を呼び起こしていたことである。［……］

諜報活動における杉原の協力者には、ケーニヒスベルクではヤン・スタニスワフ・ペシュという名のポーランド人がいる。杉原もカウナス時代から知っていて、日本国籍を手配してやった人物だ。カウナスからの知り合いのポーランド人には、イエジ・クンツェヴィチもいる［……］。杉原はクンツェヴィチにも日本国籍を取得できるよう取り計らっている。

しかしながら、杉原は、旧ポーランド市民を自分の職場に雇い入れていたドイツ領内唯一の日本外交官だったわけではない。クンツェヴィチはベルリンの日本大使館に雇われていた。［……］ポーランド人女性のサロメア・ラピンスカ［……］も在ベルリン満州国公使館の従業員であり、満州国籍も持っていた。［……］彼女は対独活動を行っている三人の諜報員の世話を任されていた。

このスケッチの補足材料としては、リビツキという元ポーランド軍将校がストックホルム駐在武官の小野寺信少佐に割り当てられていたことを挙げるべきだろう。一八九八年一一月一一日モスクワ生まれの自称ベラルーシ人、『報告者』としてペーター・イワノフという偽名で登場する。一九四一年三月初旬、ようやくイタリアの防諜機関からの情報が届いた。それによると、当時、日本大使館一等書記官だったカワハラは現在ベルリン駐在であり、イエズス会士の指導者ヴウォジミェシュ・レドゥホフスキを度々訪問していた。［……］在ローマ日本大使館を経由する在ベルリン日本大使館の外交クーリエでヴィルニュスのポーランド抵抗運動組織と非合法的に書簡のやり取りをしており、［……］その後も軍事的に重要なドイツ情報を入手しては送り続けていた。

上記のような日本人外交官のポーランド人に対する友好的な態度は、先に挙げたポーランド人たちがポーランドの情報将校もしくは諜報機関の民間人活動家として活動していたこと、上記の日本人外交官が［……］日本の情報活動において特別な地位を占めていたことで説明がつく。（RH, 1-4）

ハイドリヒはさらにベルリンの日本諜報機関についても報告書に書いているが、それは一九四一年七月に逮捕されたポーランド人の尋問の際に得られた情報であることを強調している。この情報によると、ベルリンの日本諜報機関の指揮を執っていたのは日本の駐在武官であった。一九四〇年から一九四三年にかけては坂西一良（一八九一―一九四六）であり、彼はそれ以前にも何度かベルリンの武官室での勤務経験があった。ハイドリヒの証言によると、ノレンドルプラッツ二番地の彼のオフィスに出入りしていたのは四〇人、すなわち正式の任命数をかなり超えていた。ハイドリヒはさらに、日本の諜報機関が対ロシア活動に従事する東方課と対ドイツ活動を行なう西方課の二つに分かれていることも報告している。東方課の課長は、後述するようにストックホルム駐在武官の小野寺信であり、その前任者は西村中佐であった。ストックホルムを管轄していたのはヘルシンキ（小野打）、ケーニヒスベルグ（杉原）、そして一九四〇年に閉鎖されたリガの各事務所であった。他方、対独諜報活動は、ベルリンで満州国公使館の仲介のもとに行なわれていた。ハイドリヒは書いている。

……その秘密の事務所では、星野大佐、山田武官、アズニとかいう人物が働いており、[……]ハンブルクの満州国領事館には日本の諜報機関の支部がある[……]。ただし、最後に挙げたハンブルクの日本人は在ハンブルク満州国総領事館のナカガワという領事官補と同一人物である。(RH, 6-7)

星野大佐は実名を秋草俊(一八九四―一九四九)といい、日本軍でももっとも高度の教育を受けた経験豊富な情報将校であった。満州国公使館に参事官として勤務するようになったのは一九四〇年三月であったが、興味深いのは同時に在ワルシャワ満州国総領事に任命されていることである。ハイドリヒは、カサイという名の「クンツェヴィチにワルシャワの抵抗運動の指導者への手紙や資金を渡していた」在ベルリン満州国公使館の商務官についても報告書に書いている(一〇頁)。このことについて、笠井唯計は著者(ルトコフスカ)への手紙(一九九六年九月二九日付)では触れていないが、一九三八―一九四五年にベルリンの満州国公使館で働いていたこと、ストックホルムからの小包を何度かクンツェヴィチに渡していたこと、それがさらにロンドンのポーランド政府へ送られたことは認めている。小野寺の事務所では「当時のネットワークの最も重要な情報提供者」だったイワノフ、すなわちリビコフスキに会う機会があった、と書き添えている。また、この協力関係の目的が情報交換にあったことも知っていた。

プラハにはダシュキェヴィチが六週間ほど滞在しているが、このとき杉原は彼を、リトアニア出身のロシア人亡命者の子息で自分の私設秘書をしている、と紹介している。ダシュキェヴィチは独自に諜報活動を行う。一一月二〇日、杉原は公務で、ダシュキェヴィチはリビコフスキとの次なる打ち合わせのため、再びベルリンへ行く。このときリビコフスキは、杉原がカウナスから運んできた二本のポーランド軍旗をベルリンから持っていく。

ポーランド軍旗の物語

著者がこの軍旗のことを知ったのは、グスタフ・ブズィンスキのおかげである。二本の軍旗のうちの一本は、ブズィンスキが一九三九年から勤務していた「カロル・ステファン・バトーリ記念グロドノ第八一狙撃兵連隊」所有のものだ。旗を寄贈したのはグロドノ市民であり、一九二一年にルツィアン・ジェリゴフスキ将軍から連隊に手渡された。一九二二年にはピウスツキ将軍が、一九二〇年の［ポーランド・ソヴィエト］戦争への従軍記念としてこの旗に軍功章を飾り付けている。第二次世界大戦が始まったとき、旗はグロドノからヴィルニュスに送られ、何人かの手で守られていたが、一九四〇年六月にヤクビャニェツとダシュキェヴィチの手を介してカウナスの日本領事のもとへ届けられたのであった。杉原はもう一本の旗が入っている小包を受け取った。その旗はヴィルニュスで密かに刺繍をほどこされ、西部戦線で戦うポーランド人パイロットに宛てて送られたものであった。ダシュキェヴィチは書いている。

次にこの旗を運んだのは杉原領事である。カウナスからベルリンへ行ったときだ。私もヤクビャニェツ大尉も、ストックホルムへの出発前にはそれをベルリンから運び出すことはできなかった。旗は領事の荷物の中に梱包されており、その荷物が駅に保管されていたため、引き取ることができなかったのだ。結局、次に旗をベルリンから危険を冒しつつ運び出し、ストックホルムに届けたのはリビコフスキ少佐だった。彼は我々と接触するためにベルリンに来ていたのである―それは一九四〇年の一一月か一二月だった。（LD. 25）

一方、杉原はこう書いている。

カウナスを引き揚げるとき、クンツェヴィチとペシュから頼まれて、私は二本の軍旗をスーツケースの底に隠して密かに持ち出した。その旗をベルリンで引き取りに来た人がいたが、それがどういう人物だったのかは覚え

ていない。彼はそれをストックホルムの「イワノフ［リビコフスキ］」に渡すことになっていた。（SCh, 136-137）

リビコフスキの記述はダシュキェヴィチと少し違う。

ベルリンに到着した翌々日に、私はアルフォンス・ヤクビャニェツと会った［……］。この頃、彼はドイツ人検事の未亡人の家に住んでいた。二部屋に、階段のある別の出口が付いていた。彼はカウナスから来たときからそこに住んでいた［……］。我々はその後の行動方針を定めた。ところが突然、解決困難な問題が生じた。私が到着した日に、杉原領事もベルリンに来たのだ。杉原はクバに二本の旗――その一本には金属製の鷲まで付いていた――が入っている包みを渡した。クバはそれを自分の下宿に持って帰った。家主に［……］見つかりはしないかと恐れていた。私は日本の軍事使節を訪ねて、何のことかは明かさずにこの件について話してみることにした。そこで私はノレンドロフ・プラッツへ赴いた。彼らは私の訪問について、すでに小野寺大佐［おそらく西村のことであろう―著者注］から聞いて知っていた［……］。私は丁重に迎えられた。当時の軍事使節団長の助手、ヒロタニ大尉がオフィスを案内してくれ、何人かの職員に私を紹介してくれた。［……］私はその使節団長助手に、物をいくつか事務所に置かせてもらえないかと頼んでみた。彼は、場所がない、と言って、承諾しなかった。［……］残るはクバの下宿だけとなった。我々は検討の結果、タンスの中に彼の冬用のコートをかけ［……］、真ん中に夏用の長袖のコートを置いて、その間に旗を押し込んでおくことにした。鷲はクバがベッドの足とマットレスの間に隠した。

［数日後、日本の駐在武官室で］私は外交郵便の印の入った紐をこっそり手に入れることができた。一九四〇年九月末、私は日本の外交クーリエと同時に着くようにテンペルホーフ空港に行った。相手が注意をそらした隙に［……］ポケットから取り出した公印入りの紐を旗の入った包みに巻きつけた。ストックホルムの空港では、

それより楽に運んだ。封印が外されたが、税関吏には使用済みの衣類だと言った。[41]（MR, 11-12）

二本の旗はストックホルムからロンドンに渡った。先に届いたのはヴィルニュスで刺繍を施された旗で、一九四一年七月一六日、ポーランド軍最高司令官ヴワディスワフ・シコルスキ将軍が自ら第三〇〇師団に手渡した。それは後に別の師団の手に渡った。軍功章と鷲が縫い付けられた第八一狙撃兵連隊の旗は、一一月にイギリスへ運ばれた。第八一連隊の軍旗は戦時中にバンクノックのポーランド軍博物館に収められたが、戦後にロンドンのシコルスキ研究所の博物館に移された。

ベルリンからプラハに戻った杉原は、ダシュキェヴィチを正式に領事館に雇い入れた。ダシュキェヴィチはそこを拠点に何人かの人物と接触し、重要な情報を収集する。それをいつものように杉原経由でヤクビャニェツに伝えるのだ。一九四一年二月二八日、杉原はカウナスで日本の通過ビザを発給した人々のリストを外務省に送った。ちょうどその頃、杉原は東プロイセンの在ケーニヒスベルク領事代理に任命される（一九四六年以降はソ連領カリーニングラード）。三月に開設されることになっていたこの新しい公館は、カウナス領事館と同じく情報収集を目的としていたが、主眼はソ連国境のドイツ軍の動静にあった。それを強く要求したのは新任のドイツ大使、大島浩（一九四一年—一九四五）であった。一九四〇年一一月にはすでに、大島の前任者である来栖大使が松岡外相への電報に、対ソ情報の収集には在ケーニヒスベルク総領事館を一刻も早く開設し、杉原とそのネットワークの能力を活用することが不可欠である、と書き送っていた。それより前、同年七月にはカウナス領事館が閉鎖されることが知れ渡っており、駐リガ公使の大鷹正次郎が松岡外相に、杉原をケーニヒスベルクへ派遣する必要があるが、ドイツとソ連の反発を避けるため総領事ではなく領事代理とすべきことを進言していた。[42] ダシュキェヴィチは次のような見解を述べている。

……我々は、ケーニヒスベルクにおける私の任務について話し合った。日本総領事館がプラハからそこに移されることになっていたのだ。それはカウナスにいたときから我々が杉原領事に提案していたことであり、杉原はかなり早くからその方向で努力を重ねていたのだ。この件はドイツ政府の決定にかかっていた。日本政府は杉原の計画を承認していたからだ。我々としては、できる限り早く現地へ行くことが必要だったが、それに加えて国境地帯で諜報活動を行う必要があった。というのは、一九四〇年一〇月のモロトフ外相のベルリン訪問後、我々はいくつかの情報源から、独ソ開戦はもはや不可避であるという情報を伝えてあったからだ。〔……〕当時は様々な説が飛び交っていたから、我々は確かな情報をつかむ必要があった。（LD. 36）

プラハからケーニヒスベルクに向かう途中の杉原夫妻とレシェク・ダシュキェヴィチ（左から３人目）（1941 年）（写真提供：大正出版株式会社）

プラハからケーニヒスベルクへ車で行くと、その周辺を観察したり、様々な場所で停車したりすることができる。ベルリンに宿泊した際、ダシュキェヴィチはヤクビャニェツと会い、カウナスのポーランド銀行の元頭取で諜報グループ「ヴィエジュバ」のメンバー、コンスタンティ・ブトレルと知り合う。ブトレルは自分のリトアニア時代の部下スタニスワフ・コスコを、杉原の領事館の給仕兼雑用係に推薦する。フリンツェヴィチが回想しているように、コスコは杉原のおかげでリトアニアから脱出した人物であった。ダシュキェヴィチは書いている。

コスコはその話をすでにブトレルから聞かされており、私は現地でコスコと協力方針について話し合うことになっていた。他方、ヤクビャニェツの工作によってすでに〔リトアニア人――著者註〕運転手がこちら側の情報提供者になっており、リトアニア領内の情報を伝えてくることになっていた。［……］私はブロニスワフ［スタニスワフ］・コスコを個人的には知らなかった。彼はリトアニアの地主だったが、妻はグダンスク司教のオルルケ伯の姪でグダンスクや東プロイセンのドイツ人に顔が広かったから、仕事の面では彼女のほうが私に力を貸してくれるはずだった。［……］この頃、ヤクビャニェツのところで何人かと知り合いになり、その中にマルティンキエネ・オネとかいう名のリトアニア空軍大尉夫人がいたが、彼女はヤクビャニェツ大尉と懇意にしているらしかった。リトアニア人移民の中では彼の一番の情報提供者ということで通っていた。（LD, 47）

コスコについては、杉原も次のように回想している。

ポーランド人が一人、在ケーニヒスベルク総領事館の私のもとで守衛兼給仕として働いていた。どこから来たのか、誰の紹介だったかは思い出せない。たしか、一家全員――妻のマリアと娘のテレサ――をペシュが連れてきたのではなかったかと思う。コスコはケーニヒスベルク駐在の最後の日まで、私のもとで働いていた。（SCh, 7）

ケーニヒスベルクへの到着後、リッターシュトラッセ一四番地の領事館の内部を整えてから、ダシュキェヴィチは諜報活動を組織する。そして、現地ではもっとも信頼のおける協力者で情報提供者にもなっていたコスコを活動に引き入れる。ずっとコスコを支えていたのは、ドイツ語とフランス語に堪能でドイツ人有力者の夫人たち――彼女たちは何でも喜んで話してくれるのだ――に顔の広いマリア・コスコだ。リトアニア人運転手は、リトアニアとリトアニア人移民社会についての情報を提供してくれる。ダシュキェヴィチはポーランドだけでなくリトアニアとも連絡をつけようと試みる。入手した情報は杉原にも伝える。杉原は、「領事秘書の佐藤に気をつけろ」とダシュキェヴィチに言った。佐藤はプラハの領事館にいたときから勤めていたが、おそらく上司の諜報活動については何も知らなかったからである。ドイツの対ソ戦準備と東プロイセン駐留軍の活発な動きに関する情報が日増しに増えていく。ダシュキェヴィチは杉原に勧める。

……クライペダまで自動車で行って、そこから国境地帯を通って（つまり迂回して）ケーニヒスベルクに戻る。一九四一年五月中旬のことである。実際、この時期には東プロイセン領内の軍の動きがひじょうに活発で、明らかに何らかの作戦準備が行なわれていることを物語っていた。そうこうするうち、我々は領事館が監視下に置かれているという事実を突きとめた。ドイツ側は領事館の向かい側の地下に監視用の部屋を用意していたばかりか、我々が車で町へ出かけるときにも、車で尾行していたのである。［……］［領事は］初め、クライペダ行きをためらっていたが、ある日ついに意を決し、領事、佐藤秘書官、私の三人で出かけることにした。行きはリトアニア人運転手が運転していくが、町外れに出たら、杉原領事が自分で運転することになっていた。杉原は出発前に、もし尾行されたら、ドイツ人が我々の車を止めるようにしむけるかもしれないから、それに備えて証拠となるようなものはいっさい携行しないように、と佐藤に聞こえぬよう私に耳打ちした。

クライペダへ行く途中は、尾行されているという気配は何も感じなかったが、クライペダを出てしばらくしてから、一台の乗用車がついて来ていることに気がついた。国境沿いの道を走っていた時だ。領事は急ブレーキをかけて車を止め、道を譲って我々の車を追い越させようとした。思惑は外れ、こちらの意図に気づいた後続の車は、急ハンドルを切って道路脇の森へそれて行ったが、悪路のためすぐ立ち往生する羽目になった。［……］我々は森に入って、食事を始めた。彼らは停車したまま、車の点検をしたりしていた。そんなことを何度か繰り返した。［……］

我々は地図を頼りに延々と国境地帯を走りながら、森の中にはガソリン貯蔵庫や戦車、おびただしい数のさまざまな箱、軍の歩哨所があって、アスファルトの道路が通っているにもかかわらず、森への立ち入りを禁ずる標

杉原とダシュキェヴィチ（ケーニヒスベルク郊外、1941 年）（写真提供：杉原幸子）

識が道路のあちこちに立っていることを確認した。［……］

この遠出から戻った後、杉原領事と佐藤秘書官は一晩中、翌朝打電する暗号電報の作成にかかりきりだった。翌日、視察内容をストックホルムに伝えたかどうか、それとなく杉原に尋ねてみると、報告したという答えが返ってきた。［……］万一の場合には、それが確実にリビコフスキ少佐に伝わるよう手を打ってもらえないだろうか、と重ねて訊くと、駐在武官〔小野寺のこと――著者註〕と「わが上司」との関係はたいへん友好的であると聞かされているから、この一件は間違いなくリビコフスキに伝わると思う、と言った。［……］

リトアニア人運転手は郵便局に電報を打ちに行くとき、彼らもこの事実に関心があるのだ、と言いながら、私にその宛先を見せた。電報は、東京、ベルリン、ストックホルム、モスクワ、ヘルシンキ、ローマに送られた。

私は自分で詳細な報告書を作成し、その二、三日後、ベルリンへ行く杉原領事を介してヤクビャニェッツ大尉に送った。さらにヤクビャニェッツ大尉への私信のなかで、その報告書をできる限り早くストックホルムへ送ってくれるよう依頼した［……］。我々はその後も何度か同様の遠足を行った。（LD. 55-57）

しかし、杉原の活動に対し、カウナス、プラハのみならずケーニヒスベルクからも杉原を要注意人物とする報告を受けていたドイツ軍当局は、ますますいら立ちを募らせていく。東プロイセン地方長官エーリッヒ・コッホは、杉原がケーニヒスベルクに滞在していること自体が気に入らず、初対面のときからひどく冷淡に迎えられたと、杉原は述懐している（SCh.

133)。ケーニヒスベルクにおける杉原の活動については、ハイドリヒも既述の報告書に記している。そうこうするうちに、杉原は在ケーニヒスベルク総領事という自分の地位を利用して、ほとんど無制限に諜報活動を行なうようになり、彼がこれ以上ケーニヒスベルクにとどまれば、日独関係に好ましくない負荷をかけることになるだろう。そのため、ケーニヒスベルク市長は杉原を追放しようとしている。(RH, 1)

ドイツ側は、杉原を「好ましからざる人物」として領事館から召還するよう日本に圧力をかけ始めた。杉原は、自ら証言しているように、「佐藤秘書官を領事代理としてペシュとともに残し、一九四一年二月二五日に」ケーニヒスベルクを後にした(Sch, 133)。ほどなくして、在ブカレスト日本大使館に通訳として勤務するようになり、終戦までそこにとどまることになる。[43] 一方、ダシュキェヴィチは、領事館が閉鎖されたのはヤクビャニェツの逮捕が原因と見ている。それは七月六日夜半から七日未明にかけてのこと、ドイツ側防諜機関がクバとそのもっとも密接な協力者サビーナ・ワピンスカを逮捕したのである。ここではこの逮捕劇の詳細については省略するが[44]、事件の原因に触れておく価値はあるだろう。原因の一つは疑いなくヤクビャニェツ自身の不注意であった。これについては、ダシュキェヴィチとフリンツェヴィチがともに指摘している。

「クバ」ことヤクビャニェツ大尉の運命に関する詳細を二、三。彼は杉原と一緒にベルリンへ行き、そのまま居を定めた。日本領事館および日本大使館とどうにか繋がりを保ち、諜報網を作って活動していた。ストックホルムのリビコフスキとの連絡方法も日本人の仲介で確保した。リビコフスキがわざわざベルリンに出かけて、「クバ」と一連の問題、特に連絡方法について打ち合わせたこともある。

「クバ」は女好きだった。ベルリンにはマルティンクス大尉と見目麗しいアンナ夫人も来ていた。「クバ」はリトアニアから逃れてきたポーランド人やリトアニア人と会っているうちに、アンナを知り、ちょっかいを出し始めた。マルティンクスがことの次第に感づき――「クバ」を密告したのである。「クバ」は避難民のなかにいるときは、別にこそこそ振舞っていたわけではなかったから。（LH, 19）

ダシュキェヴィチはベルリンを訪れるたびに、マルティンクスの妻といちゃつくのをやめるようヤクビャニェツを強く諌めた。そのうちマルティンクスにすべてを知られ、ベルリンの組織の活動を台無しにすることになりかねなかったからである。のちにマルティンクス夫人が杉原に語ったところでは、実はマルティンクスはゲシュタポの手先で、「クバ」の監視を命じられていたのだという。発覚のもう一つの原因は、ワルシャワの諜報組織のメンバーが不用意にクーリエのベルリン行きについて話しているところをドイツのスパイに盗聴されたことである。クーリエは満州国公使館内でポーランド人諜報員と接触した後、送付物の受け渡しが行なわれることになっていたティアガルテンに赴いた。そこで、シェレンベルクの陣頭指揮のもと待ち受けていた部下の手で逮捕されたのである。

杉原が戦後回想しているところによると、ヤクビャニェツの逮捕を知ったのはルーマニアに移ってからだという。

……ブカレストへの転任後ややしばらくして、私はクンツェヴィチがゲシュタポに捕まったことを知った。彼はベルリンの第三五監獄に収監されていたが、ポーランドのスパイとして銃殺された〔一九四五年、ザクセンハウゼン収容所で処刑された――著者注〕。この件については、〔在ベルリン〕大使館の古内H〔広雄〕二等書記官からも短い報告を受けたように思う。古内は、カウナスとケーニヒスベルクにおける私の任務がどういう性格のものかを知る二人ないし三人の大使館員のうちの一人で、クンツェヴィチは、ドイツ当局に用事があるときは、何かにつけこの古内のところに行っていた。古内は大島中将のもっとも近しい腹心の一人でもあった。〔……〕当時、大島中将の第二の腹心は、やはり二等書記官の牛場〔信彦――著者注〕だった。（SCh, 135）

これとまったく異なる説明をしているのはダシュキェヴィチである（LD, 67）。杉原はヤクビャニェツが逮捕された後にカウナスからベルリンに召喚された、としており、ベルリンに戻った後クバを監獄から救い出すチャンスはないと言ったという。それというのも、事態はすでに手におえない状況になっており、大島大使はポーランド人との協力関係、したがってダシュキェヴィチとの協力関係も打ち切るよう要請してきたからである。杉原はケーニヒスベルクからの脱出を手助けすることを約束した。二人は、行先の候補の一つをトルコとすることを取り決めた。ダシュキェヴィチによると、杉原はしかるべきビザの取得を手伝い、すべての手筈を整えてくれた。

一九四一年八月一三日か一四日の夜、私は佐藤と一緒にケーニヒスベルクを発ち、それで自分の任務を終えたのだった。幾多の困難の後にようやく好転し、ヴィリニュスへの支援にも展望が開けてきた矢先だった。［……］私はしんみりとした雰囲気の中で領事一家に別れを告げた。一家はいつもと変わらぬ様子で、夫妻は上の息子に、私はほんの数日出かけるだけで、お土産に大きな車を買って戻ってくる、と言って聞かせていた。彼がいちばん私になついていて、「何をしに行くの？」とずっと聞いていたからだ。(45) 領事夫人からは道中の無事を祈る「お守り」をもらった。それは日本語の語句が書かれた小さな札で、日本の一番大きな神社でお祓いをしてもらったものだった。［……］彼らは私を家族の一員として送り出し、案じてくれたことに触れないわけにはいかない。（LD, 75）

二人の男はベルリンを経由してソフィアに到着した。ソフィアでは公使館員たちが面倒を見てくれ、次なる目的地のイスタンブルへ向かうことになった。ここで、ダシュキェヴィチはそれまで使っていた日本のパスポートを佐藤に返し、今度はポーランドのパスポートでパレスティナへ行き、最高司令部第二部のために一九四五年まで活動を続けることになっていた。ケーニヒスベルクを発つ前に、ダシュキェヴィチはすべての案件、重要な連絡先、残りの送付物の一切をコスコに渡し、コスコがそれを引き継ぐことになっていた。ところがまもなく、コスコ夫妻はドイツ当局に逮捕され、アウシュヴィッツに送られる。コスコ本人は一九四二年の年末にケーニヒスベルクで処刑されたが、コスコの妻は終戦まで生き延びた。在ケーニヒスベルク総領事館は、日本側によって一九四一年一一月に閉鎖された。

この間、ルーマニアにいた杉原は帰国するために奔走していたが、結局、三等書記官として終戦までブカレストにとどまることになる。ポーランド人と直接接触することはなくなっていたが[46]、諜報活動は依然として続けていた。ここで共に働いていたのは、武官室の二人の将校であった。一九三九年から武官室長をしていた藤塚止戈夫大尉は、一九三三から一九三五年まで在ポーランド日本公使館付武官補佐官を務めた人物である。ブカレストの武官室は一九三九年八月にようやく設置されたばかりで、それ以前は、ワルシャワの武官室が一九三二年からルーマニアを兼轄していた。杉原はスペインのブカレスト駐在公使とも協力関係にあった。中立国スペイン（およびポルトガル）の外交便で重要な情報の送付が行なわれていたのである。スペインは枢軸国と同盟関係にあったが、ナチス・ドイツの了解を得て中立を維持していた。一九四五年八月に日本が降伏すると、杉原は家族や他の外交官たちと一緒に抑留者用の収容所に移送された。シベリア鉄道で日本に帰国できたのは、翌年四月のことであった。

日本の諜報活動は、ダシュキェヴィチが訪れた他の二つのバルカン諸国、すなわちブルガリアとトルコでも行なわれた。ここでも、ポーランドとのつながりがある。ソフィアの日本公使館には、前章に登場した梅田良忠がおそらくはその設置当初、すなわち一九三九年一二月から勤務していたと思われる。梅田はルーマニア経由でソフィアに来ていた。ルーマニアは、九月にワルシャワから脱出した日本人の避難先となり、駐ポーランド大使館員と酒匂大使もそこにいた。梅田は在ブルガリア公使館に広報官［正式の肩書は雇員］として採用され、後に朝日新聞社ソフィア駐在嘱託として働く。梅田がソフィアでどのような活動をしていたのかについては十分な証拠がないが、ポーランド人やブルガリア人との接触を保ち、ルーマニアにも頻繁に出かけていた。ソ連軍のブルガリア占領後の一九四四年一一月に日本公使館が閉鎖されると、梅田はトルコに移動して活動を続けた。

一九四一年夏、ケーニヒスベルクとベルリンにおける日本とポーランドの情報協力は終わりを告げる。日本はドイツとの関係の悪化を望んでいなかった[47]。極東における「新秩序」の形成に対してこの同盟国からの支持を必要としていたからであり、まして、対米英戦争の準備をしていたから尚更であった。だが、それでもなお、日ポ間の軍事協力はストックホルムを舞台に戦争終結まで続いていく。その担い手は、小野寺信陸軍少佐とダシュキェヴィチの上官のミハウ・リビコフスキ少佐であった。

ストックホルム——小野寺将軍とリビコフスキ少佐

第二次世界大戦中、中立政策を採っていたスウェーデン政府がポーランド亡命政府を承認していたことから、ストックホルムには大戦中ずっとポーランド公使館と武官室があり、フェリクス・ブジェスクフィンスキ少佐（一八九六—一九六〇、のちに大佐に昇格）がその責任者を務めていた。彼は一九三九年九月末にリガからストックホルムに来ていた。ブジェスクフィンスキは、当時在ストックホルム臨時駐在武官を務めていた西村敏雄大佐と接触し、その計らいで一九四〇年一月にポーランド軍参謀本部第二部の諜報機関「北方」（PŁN）の支部として活動を開始する。任務はドイツ情報の収集であり、指揮をとっていたヴァツワフ・ギレヴィチ騎兵大尉は、表向きはポーランド公使館二等書記官ということになっていた[48]。ギレヴィチ大尉は、各国の日本公館にいるポーランド軍将校たちに連絡将校として本部からの指令を伝達し、各館のポーランド将校のほうは日本のクーリエを使って諜報資料や報告書を送ることになっていた。このような方法を定めたのは、ギレヴィチのパリ時代の上官のスタニスワフ・ガノと日本のパリ駐在武官であった。ギレヴィチは日本側に提供する情報の取捨選択も任されていた。彼は西村大佐に、総督領におけるドイツ軍の集結状況とドイツの軍需産業の発展に関する情報を提供している。それと引き換えに西村は、クーリエによる

小野寺信（写真提供：小野寺百合子）

かどうかにはかかわらず、ドイツ軍のスウェーデン通過状況、鉄鉱石のスウェーデンからドイツへの運搬、スウェーデンからドイツに鉱石を運搬する船舶に関する情報をポーランド側に伝えている。グリヴィチはリビコフスキとも、最初はリガで、一九四〇年の終わりからはストックホルムで一緒に働いている。リガの日本公使館が閉鎖された後、リビコフスキのストックホルムへの移動を手助けしたのが小野打であったことをここで思い出しておこう。リビコフスキはペーター・イワノフという名で日本の駐在武官室の広報課に契約職員として雇われる。彼は一九四四年までストックホルムにいて、関東軍司令部に転属になった西村の後任として一九四一年一月に着任した小野寺信と親しい関係を築くのである。リビコフスキはストックホルムに対独諜報も担う「L」支部を創設する。同支部はギレヴィチの配下にも入っていたが、リビコフスキはむしろギレヴィチの仲介を避け、ブジェスクフィンスキ大佐経由でロンドンに資料を送っていた。一九四一年七月、スウェーデンの防諜機関に正体が発覚したため、ギレヴィチがストックホルムを去ると、ルジツキがその後任となり、支部の暗号名「PŁN」は「SKN」に変更される。

　やはりストックホルムでリビコフスキ、ブジェスクフィンスキの二人と共に活動していたのが、第六部付属機関「アンナ」のメンバーであり、本部（在パリ最高司令部、のちに在ロンドン最高司令部）と本国（国内軍武装闘争同盟）の連絡を仲介していた。[49]「アンナ」基地の初代長官はタデウシュ・ルドニツキ大佐（暗号名はヴィエジュバ、ヴィンチ）という人物で、ストックホルムへの潜入を手助けしたのがリビコフスキであった。リビコフスキは正式にはルドニツキの部下であったが、その言いなりになることを嫌い、独力で活動していた。

　そのリビコフスキが最初からきわめて良好な協力関係を築いたのが、日本の新任の駐在武官、小野寺信大佐（一九四三年、少将に昇進）だったのである。この協力関係については、スタニスワフ・ストルンフ＝

ヴォイトキェヴィチが小説『ティアガルテン』に書いているが、リビコフスキは一連の出来事に対する同書の解釈に疑問を呈している。戦後、何年も経ってから、リビコフスキは小野寺宛ての手紙にこう書いている。

サウサンプトン、一九八一年一二月一八日

『ティアガルテン』の翻訳を送ります。ストルンフ＝ヴォイトキェヴィチは戦前、諜報機関の私の部署で働いていた人物で、後にパリとロンドンにも行き、シコルスキ将軍の司令部にも在籍していたことがあります。この本のすべてを受け入れるわけにはいきません。著者は我々の活動の蚊帳の外にいたので、解釈や描写が必ずしも事実に即していないのです。（小野寺家私蔵文書より）

本書の目的は、リビコフスキと小野寺を含むポーランド人と日本人の協力関係についてすでに書かれていることを細に入って批判的に分析することにはない。これまでは知られていなかった資料を手がかりに新たな光を当ててみせることである。日本側の資料としては、小野寺の妻、小野寺百合子の著作『バルト海のほとりにて』（以下、ＯＹと略記）、「小野寺武官の戦い——北欧の地の情報戦とリビコフスキのこと」（以下、ＯＹＪと略記[50]）がまず挙げられる。小野寺夫人は、小野寺家所蔵文書の未公開の私信などのコピーを著者に使わせてくださった。さらには、すでに引用したミハウ・リビコフスキ関係文書などポーランド側の未刊行史料、小野寺夫人とリビコフスキが著者とのインタビューで託してくれた情報にも依拠している。

小野寺信（一八九七—一九八七）は、藤原氏という日本でもっとも由緒ある一族にルーツを持つ、八〇〇年以上続く旧家の出身である。小野寺は軍人としてのエリート教育を受け、一九一九年に陸軍士官学校を卒業、一九二八年には陸軍大学校を修了した。陸大の卒業生は、陸軍の最高位を占めるのが常であった。将校としてのキャリア形成に不可欠な数年間の軍務経験を積んだ後、参謀本部に入り、ロシア課の配属となる。その傍ら、一九三二年からは陸大の教官も務めている。一九三三年には満州に派遣され、一九三五―三八年は在ラトヴィア日本公使館付武官を務める。一九三七年以降はエストニアとリトアニアを兼任することになり、このときリガに駐在していたポーランド武官ブジェスクフィンスキ少佐と親交を持つようになる。一九三八年にはいったん古巣の参謀本部ロシア課に戻るが、その後まもなく支那派遣軍司令部に派遣される。周知のように、日本は一九三七年以降、中国との全面戦争に突入していたからである。一九三九年から、小野寺は再び陸大の教壇に立つことになるが、四〇年暮れに在ストックホルム駐在武官に任命され、翌年一月末には任地へ赴く。このときには、大本営との兼務となった。

この間の一九二七年、信は軍人の家系の出の一戸百合子（一九〇六―一九九八）と結婚する。百合子の祖父、一戸兵衛陸軍大将は弘前藩士一戸範貞の息子として生まれ、若い頃から創設まもない日本軍、とりわけ東京の陸軍と深い関わりを持っていた。日清戦争、日露戦争に出征して着々と昇進し、最後は喜仁天皇（大正天皇　在位一九一二―一九二六）の軍事参議官にまで上りつめている。退役後は学習院長、明治神宮宮司を務めた。百合子の父、一戸寛は兵衛の養子であったがやはり軍人で、皇族付武官として裕仁天皇の弟の秩父宮などに仕えた。

小野寺がストックホルムに赴任した四ヶ月後、百合子が合流する。彼女はリガ時代と同様にストックホルムでも、夫のもっとも信頼する補佐役となる。東京の参謀本部に送った電報の暗号化を一手に引き受けたのは百合子だったからであり、その回想記が基本的な情報源たりうるのはそのためである。以下は、上記の雑誌論文に記された駐スウェーデン武官時代初期の小野寺に関するくだりである。

小野寺とリビコフスキーとのそもそもの出会いは、一九四一年一月二七日、小野寺がストックホルム、フルスンズガータンの日本陸軍武官事務所に到着した日である。ここは第一次ソ・フィン戦争［……］のとき、駐ヘルシンキ日本陸軍武官西村敏雄大佐が、戦火を避けて兼任国スウェーデンに来て、仮につくった小さな事務所である。小野寺は前任者西村さんから、秘書のカリン・キュスラーと書記の横井慎一とメイドのマリーを引き継ぎ、彼を情報提供者の白系ロシア人ペーター・イワノフとして紹介されたのである。だが西村さんは、イワノフは仮名で実はポーランド軍の情報将校、ミハール・リビコフスキー少佐であることを別に耳打ちされた。

一九三九年、ソ連のモロトフ外相とドイツのリッベントロップ外相の間の秘密協定により、ポーランドが二週間のうちに独ソに分割占領されてしまったとき、彼はワルシャワを脱出して各地を転々とした挙句、ラトビヤ国リガの小野打寛中佐の武官室へ逃げ込んだ。これはポーランド軍の指示であり、小野寺の駐リガ武官時代の同僚、ポーランド武官のブルジェスクウィンスキー少佐の手引きであった。〔……〕

小野寺はイワノフとつき合って間もなく、彼が並々ならぬ大物であることを見抜いた。小野寺はストックホルムに来るまで陸大兵学教官であって、次年度に北満における機械化大兵団の運営について、講義をする予定になっていた。日本では初めてのことなので、〔……〕スウェーデンへ来てからもまだそれが頭を離れていなかった。あるときイワノフにその話をすると、彼は二週間目に解答を提出してきたが、その戦術の見事さに小野寺は驚いてしまった。しかもその構想は、当時ヨーロッパの各国を制覇していたドイツの戦車部隊に関する市販の雑誌を総合して割り出したというのに二度びっくり、満州における日本の対ソ作戦のためによい参考になると思って、自分の後任の教官にも見せたいと思って電報で東京へ送った。このことが彼を信頼する契機となった。彼もまた小野寺の信頼に応え、自分はポーランド軍のプレティンスキー［ルドニツキ――著者注］参謀総長に直属し、ワルシャワに未だに存在するポーランド軍地下組織の人間で、ドイツ担当の長であることを打ち明けた。彼はまた経済学の方面から、ソ連とドイツの戦略を比較研究して報告する任務のあることを話し、特にソ連の冬期作戦準備に詳しいといった。（OYS, 192-193; OYJ, 100-102）

このような良好な協力関係が構築されていった背景と要因について、小野寺夫人の興味深い説明がある。

当時、日本は三国同盟によってドイツと同盟関係にあったから、表向き小野寺は在ストックホルム、ドイツ公使館関係とは友好状態を維持しなければならなかった。一方、ミハール・リビコフスキーは、はじめは満州国の、のちには日本のパスポートを所持し、ペーター・イワノフを名乗ってもっぱら裏道の人間であった。彼の国ポーランドは、当時独ソに分割されてなくなっており、シコルスキーの亡命政府がロンドンにあるだけであった。ドイツとイギリスは交戦国であり、イギリスと日本もまもなく交戦状態にはいったから、イワノフと小野寺の立場は非常に難しいはずであった。イワノフにとってドイツはソ連同様、宿敵であり、イギリスは庇護者である。小野寺にとってはドイツは同盟の相手であり、イギリスは交戦相手である。二人に共通する興味は、ソ連情報だけのはずであった。それにもかかわらず、「それぞれの同盟国を裏切るようなことはしますまい」と、二人は自分たちの祖国のために役立つ情報に限って取り扱い、互いに交換することを約束していることを、小野寺は私にもしばしば言いきかせた。その上あれほどの成果を挙げ得たのであった。これは二人が特に優れた情報感覚をもっていたことを最初に挙げなければならないが、いずれ劣らぬ祖国愛と正義感の塊であったこと、更には互いの信頼と友情の深さが特別な人間関係を成り立たせたと思わざるを得ない。しかしこれは決して二人の個人プレイだけではなかった。根底にはポーランド人およびポーランド当局の日本に対する並々ならぬ尊敬と好意のあったことを見逃すわけにはいかない。

第二次世界大戦中には、明らかに交戦国同士の関係にあった日本とポーランドなのに、リビコフスキーほどの大物を日本の武官室の中にもぐり込ませて、日本に協力させたポーランド、それを受けて大いに利用させてもらった日本、いずれの当局者もすべて承知の上で二人を絶対に信頼して活動を任せ、知らん顔を通してしまったのである。スウェーデン当局もまたこれを知らないはずはなかったと思われる。スウェーデン秘密警察が二人の行動を監視していた記録を、われわれは後に手に入れたが、当時は一切二人に干渉することはなく、また二人とも監視されていることに気付かなかった。しかし監視とは、言いかえれば、手厚い保護でもあったことは後になって判明した。

小野寺は武官勤務当時の自分とスウェーデン軍部との関係について、こう語っている。「スウェーデン軍部に対して希望したのは、自分の行動を妨害せず黙ってこの地に置いてくれることだった。スウェーデンはほんとうに希望通り快くそっとしておいてくれた」。（OYS, 192-193; OYJ, 100-102）

一九四〇年一一月、小野寺は正式にストックホルム駐在武官に任命された。同年、バルト三国がソ連に併合される。ヒトラーはノルウェーとデンマークを占領した後、パリに入城するなり即、ペタン政府と休戦協定を締結した。次いでブリテン諸島の攻略を企図し、激しい爆撃を開始した。小野寺の前任者の西村が、ベルリンと東京の日本軍首脳部の見解に反して、ドイツ軍のイギリス本土上陸はないと見ていたため、日本軍参謀本部は小野寺に対しては、軍側の予測を前提にしたうえでの正確な状況分析と報告とを期待していた。ところが着任後、小野寺は入手した情報を見るなり、西村のほうが正しいことに気づいた。ベルリンで開かれた在欧武官年次会議の席上、小野寺は、ドイツ軍が開戦に踏み切ろうとしているのはソ連に対してであってイギリスではないと、同僚の武官たちを懸命に説得しようとした。しかし、ドイツ当局はこの会議に先立ち、大島大使と駐在武官たちをイギリスへの出撃の際に使用される予定であるという港に案内し、上陸用舟艇の集結状況を公開したので、それが日本側に強く印象付けられることになり、だれも小野寺の言うことを信じようとはしなかった。

小野寺夫人は次のように書いている。

小野寺が居並ぶ武官連の前で、上陸戦争なしと言いきった主張の出所は、イワノフであった。彼の手下がドイツ内にもポーランド領内にも情報網を張りめぐらしており、それらから集まってくる証拠状況は動かし難い具体

小野寺信（中央）と神田襄太郎代理大使（右）、ドイツ武官ウットマン大将（左）（ストックホルムにて、1941年）（写真提供：小野寺百合子）

的なものであった。小野寺は彼から絶えず報告を受けていたのだから、ドイツ軍がソ連国境沿いにどのような編成でどんな部隊を配置して出撃準備をしているか、既に承知していたのであった。

小野寺はストックホルム着任早々から、もう一つ別に確実な情報源を持つという幸運に恵まれた。それは、一九三六―三八年の駐リガ武官時代に遡るが、特に親しくしていたエストニヤ参謀本部第二部長リカルト・マーシング少将が亡命してストックホルムにいたのであった。おそらくスウェーデン軍にも協力しながら、エストニヤの地下組織をつくり、その長となっていた。

彼らの秘密組織は巧妙で、彼らのもとには正確なソ連情報もドイツ情報も集まってくるのを、旧友小野寺にも快く提供してくれた。彼に小野寺は月に一〇〇〇クローネの報酬を支払っていた。

小野寺はこうして着任早々から二つの情報源を得、マーシングからのを「マ情報」、イワノフからのを「ブ情報」と名付けて、出所を明示しながら、東京へせっせと報告をつづけた。情報活動の原則たる二つの情報源からの情報が一致するという点で、小野寺は大いに満足し、どちらをも信頼した。なぜイワノフ情報を「ブ情報」と称したかには意味があった。駐リガ時代の武官仲間のうちで小野寺は、ポーランドのブルジェスクウィンスキーと特に気が合った。それがストックホルムにきたら、思いもかけず彼が武官としていたのであった。ポーランドは既に独ソに分割されてなくなっていたが、スウェーデンがロンドンにあるポーランド亡命政府を承認し、ストックホルムにはポーランド公使館も武官室も存在していたのであった。そこで二人の旧友が喜んで再会したのは当然だが、イワノフがブルジェスクウィンスキーの後輩で特別に親密な関係であることを知らされ、小野寺は大いに気を強くした。だが情勢上、人が集まることは絶対に避けなければならなかった。せめてイワノフからの情報に「ブ」の字を冠した。イワノフは武官室では、秘書やメイドやコックからもパスポート通りの人間と思い込まれており、彼もまた明朗に振舞っていたので、誰も疑いを持つものはなかった。彼は一日のうち一度は武官室に顔を出し、事務所の自室の机に向かうこともあったが、小野寺と話をするときは必ず住宅の方へやってきて、サロンで立ち話をするのが常であった。二人は話が熱してくると議論めいた口調になるが、男同士の激しいやり取りを、ロシア語でわからないながらも私は好ましくいつも眺めていた。そのあと小野寺は簡潔な電文を書いて私に手渡し、この電報を優先的に作業せよと命じた。

小野寺が東京出発の時、参謀本部からの第一の注意事項であったドイツの英本土上陸作戦云々は、五ヵ月後もそのままに固執されており、「作戦の時期を把握して報告せよ」の一点張りであった。発信ファイルは「マ情報」「ブ情報」とも、「ドイツは英本土爆撃のためにすでに飛行機を大量に消耗しており、英本土上陸作戦はできない」「ドイツ軍はソ連攻撃のため国境沿いにすでに配備している兵力はどこにこれこれ、そこにしかじか……」などであった。来信の中には「貴官は英米の宣伝にのせられ誤っている」というのがあった。〔……〕

ヒトラーが大島大使にバルバロッサ作線は不可避であると明かしたのは六月上旬であった。その時ヒトラーは、作戦は六週間で終わるから、日本の援助は必要としないと言明した。ストックホルムへ大島情報を持ち帰られたのは神田代理大使で、六月中旬のことであった。その頃「マ情報」も「ブ情報」も活発に独ソ開戦近しと知らせてよこしていたが、小野寺にとっての決定版はイワノフであって、ポーランドのドイツ占領地で棺を多量に準備したという情報であった。戦死者を棺に納めて後送するドイツの習慣から、開戦のいよいよ迫ったことが察せられた。

ドイツの対ソ開始は六月二二日であった。破竹の勢いの言葉通り、ドイツの攻勢は、最初はたしかに成功をおさめ、戦争は大勝利に終わるだろうと誰もが予測したところであった。だがイワノフはすでにこの時点において、情報は必ずしもドイツに利あらずと小野寺に一生懸命説いていた。第一に彼の持論であるグロスラウム、ステラテギーからいって、国境を越えて敵地へ攻め込む作戦は成功するものではない、国境線に敵兵力を引きつけて戦うべきであると言った。第二にこの年の春、イタリーがユーゴスラビヤを攻めて一時危急に瀕したため、ドイツはバルバロッサ作戦用に予定していた戦車部隊をその方に投入せざるを得なかった。それで主力部隊が十分ではない、特にウクライナ地方であの兵力では足りないと言った。第三にバルバロッサ作戦実施予定は五月一五日であったが、イタリー援助のために一ヶ月以上おくれてしまった。ヒトラーは六週間で作戦を終了と言明しているから、ドイツ軍はすべて夏の装備である。作戦が長びいた時、ロシヤの冬の厳しさを考慮しない無謀さを指摘した。

ドイツのめざましい攻撃ははたして二ヶ月しか続かなかった。八月末になると例年になく雨季が早く来て戦場は泥沼となり、ドイツ軍自慢の戦車が動けなくなった。その上一〇月になると、これも予想外に早く寒気が到来し、全然防寒装備を持たないドイツ兵たちの士気はガタッと落ちてしまった。こういう状況は、小野寺の許に届く「マ」「ブ」両情報とも刻々に知らせてくるので、東京へはもちろん逐一報告をしていた。［……］しかしそれは日本へは通じなかった。（OYS, 194-196）

一九四一年一〇月一八日、日本では早期開戦を主張する東条英機（一八八四―一九四八）が首相、陸相、内相を兼任する新内閣が組閣された。(51) 小野寺は東京の参謀本部に送った自分の電報が何の役にも立たなかったことを思い知らされる。小野寺夫人は、このときの夫の苛立ちをよく覚えている。

「日本は戦争などしてはいけない」という悲痛な電文を書いて私に渡した。そのとき日本から遥か遠いスウェーデンにいた私どもには、日本は戦時態勢にはいったなとは感じ取られただけで、日本は南進する気か北進する気かは一向にわからなかった。小野寺はそれからは必死になって戦争してはならない理由を説いて東京へ電報を打ちつづけた。たしか三〇本を越していた。大本営からはたった一回「なぜ戦争をしてはいけないか」と問い合わせがあった。返事は「アジアの情勢はこちらではわからないが、ヨーロッパに関する限り、ドイツを相棒と考えて戦争しては絶対にいけない」とドイツがすでに劣勢に転じていることを繰り返し述べた。小野寺は若い頃から日本の兵力と国力については分析研究していたので、日支事変を早く停めなければ大変だと主張した人だから、新しく戦争をはじめるとは南進にしろ北進にしろもっての外という考えであった。

そして「イワノフ」は、これまでどおり、主として厳しい冬将軍の到来による東部戦争でのドイツ軍の戦況悪化を逐一報告してくれた。(OYS, 199)

日本軍においては一九世紀後半から、大陸への膨張が「北進」と称されていた。日清戦争（一八九四―一八九五）、日露戦争（一九〇四―一九〇五）、韓国併合（一九一〇）はこの範疇に含められるだろう。しかし、この言葉が特別な意味を帯びるのは、日本が深刻な危機に見舞われた一九二〇年代から一九三〇年代への転換期である。日本は、世界恐慌の影響に加え、資源の欠乏、過剰な人口を原因とするきわめて困難な財政・経済問題に苦しんでいた。国粋主義的な政治家と軍人のグループには、豊かな満州、中国、モンゴル、ソ連への軍事的膨張の再開こそが有効な処方箋と見る向きが現れた。こうした方向は、陸軍の軍人はもとより反共産主義者からも支持された。共産主義はソ連のみならず中国やモンゴル人民共和国を通じて日本に脅威を与える可能性があったからである。実際この時期に、満州事変、満州国の設立、日中戦争、ノモンハン事件へと至るのである。しかし、一九三〇年代後半、日本が国際社会で孤立し、原油の主な供給先だったアメリカとの対立が深まると、指導者層の考え方に変化が生じてくる。日本の外交文書には、東南アジアへの侵略、すなわち「南進」を意味する「南洋」「大東亜」に関する記述が増える。ドイツ、イタリアとの軍事同盟の締結（一九四〇年九月）、日ソ中立条約の締結（一九四一年四月）、とりわけアメリカによる原油・航空燃料の禁輸（同年八月）の開始後は、不足する原料を日本がオランダ領東インド諸島などで補給するため、日本が「南進」への準備に乗り出すことが明らかになった。太平洋における軍事行動の重心は海軍に置かれたが、この膨張主義的な方向は陸軍も支持していた。

小野寺がストックホルムに到着したときからすでに、スウェーデン駐在の各国代表は、東京・ベルリン・ローマ枢軸側と連合国側の二つに分かれていた。周知のように、日本は、一九四〇年九月二七日に枢軸側に加わった。このため小野寺には、連合国側の関係筋の人物と接する公式の機会はなかったのである。小野寺夫人が著者（ルトコフスカ）とのインタビューで語ったところでは、この当時、駐在武官が外交代表と顔を合わせることはめったになかったという。

枢軸国側と連合国側に分かれていたにもかかわらず、小野寺は太平洋戦争の開戦前にブジェスクフィンスキとも会っていたようです。私がストックホルムに着いてからのことは覚えていないけれど、スウェーデンに着任した当初に何度か非公式に会ったと申しております。街で会っても、知らぬふりを装ったり……。以前、リガにいた頃は友だち付き合いをしていて、ブジェスクフィンスキは私たちのところにちょくちょく来ていたのにですよ。夫が言うには、リビコフスキを日本人に紹介したのはブジェスクフィンスキで、それで小野打さんが彼をリガからストックホルムに連れて行くことになったのです。

小野寺夫人の証言によれば、小野寺は、スウェーデン人ともドイツ人とも公私にわたってすこぶる良好な関係を保っていたという。唯一、気がかりな問題が「イワノフ」のことであった。ドイツ側は、「イワノフ」がロンドンの最高司令部第二部と武装闘争同盟、後の国内軍の総司令部将軍ステファン・ロヴェツキ（一八九五―一九四四　暗号名グロット）の連絡を取り持っていることを知っていた。[52] そこで、ドイツ情報機関「アプヴェーア」は状況調査のため防諜将校のハンス・ワグナーをブカレストからストックホルムに派遣した。リビコフスキにはゲシュタポも関心を持っていた。ドイツではなく、ポーランドが日本の主な同盟国であって、この協力関係がもっとも密接であるべきだ。ポーランド人も日本人もこのことを忘れていなかった。必ずしも首尾一貫して自らに忠実だったわけではなかったし、両者の関係も常に友好的というわけではなかった。ペプウォンスキの証言によれば、ヤクビャニェツの逮捕後、第二部では日本人の忠誠心の欠如を示すいくつかの事実が報告された。[53] また、日本がポーランド側から得た情報の多くをドイツに伝えていたことも確かである。バルバロッサ作戦の開始前も、作戦遂行中も、ソ連情報がドイツの関心事たり得たことは間違いないからだ。しかし、中には事実ではない情報もあって、相手の混乱を招くことになった。さらには、情報の一部が第三者に伝わったりもした。たとえば、先に言及したドイツの国外諜報局局長ヴァルター・シェレンベルクは次のように書いている。

ストックホルム駐在の日本大使、小野寺は在欧日本諜報機関の大物の一人だった。ヴィシー、ローマ、ベオグラード、ベルリンから秘密情報を受け取って、それを東京に伝えていたが、自らも情報収集にあたっていた。その多くを――信頼に足ると彼自身が認めたものだけだったが――交換原則で取引に使い、相手方にも同様の誠意を求めた。ただの一度でも偽の情報をつかまされたら、その相手とは以後の交換に応じなかった。ペーターはある意味、ロシアとの連絡の中心人物だった。〔……〕「K」によって伝えられた小野寺情報は、イギリスもソ連も接触可能だった。（WSch. 153）

シェレンベルクはストックホルムへ行く。小野寺と親密な関係にあり、ベルリンの「K」からの郵便を受け取っている、「ペーター」という名の日本大使館雇員の旧ポーランド軍将校のことを探るためであった。シェレンベルクはこのペーターなる人物が満州国のパスポートを使って二度ドイツを通過したことも知っていた。[54] あらゆることがイワノフであることを示していた。「K」というのはワルシャワからの特使のひとりだったが、ティアガルテンで逮捕されていた。シェレンベルクのこの後の記述によると、ペーターはソ連の情報機関のためにも働いていたが、ストックホルムで突き止めることができたのは、彼が日本大使館とソ連大使館の両方を客としてしばしば訪問しているということだけだった。終戦から七〇年以上経った今日では、リビコフスキは二重スパイなどではなく、小野寺が彼自身と彼の情報に全幅の信頼を置いていたことがわかっている。つまり、リビコフスキのロシア人訪問に関するシェレンベルクの分析は誤っていたのではないか。何らかの目的のためにこの状況を利用したのではないか。あるいは、何年も経ってから回想を書いたため、当時の細かなことをよく覚えていなかったのではないか。「ペーター」にとって小野寺は大使だったのだから、接触場所が日本大使館だったのではないか。諜報の協力関係について書くのは容易ではない。

だが、やはり当時の出来事に戻ることにしよう。小野寺のストックホルム着任直後から、在ストックホルムのドイツ防諜機関長ハンス・ワグナーが、「イワノフ」の身柄引渡しを求めて小野寺に圧力をかけ始めた。「アプヴェーア」部長、ヴィルヘルム・カナリス海軍大将（一八八七―一九四五）は、小野寺がドイツ側に協力して、「イワノフ」と手を切ってスウェーデン国外に送り出し、そこでドイツが逮捕するという期待を持っていた。このことについては、当時のドイツ警視総監ハインリヒ・ヒムラー（一九〇〇―一九四五）も、一九四二年一二月三一日付のリッベントロップ外相宛て機密文書に記している。

［……］総督府とストックホルム間のポーランド諜報機関の情報伝達について

ポーランドの抵抗運動が繰り広げている情報活動は、対ドイツ情報活動の枠組み全体から見て、特別な意味を帯びている。より広範な警察および公安活動の導入に際し、ポーランド抵抗運動の当該部門がカバーする領域とその重要性について種々の知識が得られたが、きわめてよく組織され、枝が実に細かくすみずみまで張り巡らされている。［……］スウェーデン側にいるポーランド諜報部員の中でももっとも危険な人物が、現在駐ストックホルム日本公使館付武官の協力者として活動中であるが、もしこの人物がドイツ側に引き渡されるというのであれば、法的手続きに則った交換を提案してもよかろう。(55)

しかし、小野寺はドイツ側の要求に応じなかったばかりでなく、リビコフスキの身辺にいっそうの注意を払い始めた。小野寺の要請で、当時の駐ストックホルム代理公使神田襄太郎がリビコフスキに新しいパスポート、しかも「岩延平太」なる名義の日本のパスポートを発給した。スウェーデンは満州国を承認していなかったため、小野寺は、「満州国が発給した——訳注」前のパスポートでは「イワノフ」を保護するのに不十分かもしれないと危惧したのである。小野寺夫人の補足によると、神田公使がそれをなしえたのは、ひとえに彼が臨時代理公使だったからであって、それゆえに小野寺に協力したのだ、という。とはいえ、彼は大きな危険に身をさらしていた。リビコフスキが日本人でないことは誰の目にも明らかだったからである。小野寺の庇護のおかげで、小野寺とリビコフスキの協力関係はこの後さらに数年間続く。

小野寺夫人の証言にもう一度耳を傾けてみよう。

ワグナーはもちろんイワノフの素性を承知の上で、彼の地下組織がドイツの秘密事項を探りだし、敵国イギリスに通報する任務を持っているのを知っていた。だがそれとともにドイツ側として同盟国日本に知られたくない秘密を、イワノフ——小野寺の線で知られるのが我慢ならなかったようである。何とかして彼をドイツへさらっていきたいのだが、彼は日本国の公用パスポートを持ち、外交特権の及ぶ武官室に部屋をもらって「通訳官」として勤務している以上、手の出しようがなかった。ワグナーのイワノフ引渡し要求は、そのまま彼の死を意味したのだから、小野寺は、イワノフの身を案じドイツその他の国への旅行も禁じて決して許さなかった。こうして三年余、小野寺はイワノフの身柄を護り通した。

［……］そういう折も折、一二月八日のパールハーバーであった。［……］そうなると小野寺とイワノフの立場は一層微妙なものとなったわけであるが、イギリスにあるポーランド政府も日本の参謀本部も関係をそのまま保つようにと指令してきた。武官室には何の変化も起こらず、小野寺にもイワノフにも何の動揺もないように見えたが、二人は改めて暗黙のうちにはっきりと約束したものと思われる、各々の祖国およびその同盟国を裏切ることはすまいと。小野寺は私に言った——「イワノフは自分に協力して、日本がドイツと関係の上で過ちを犯さないようにと気を配っていてくれる。しかし彼は彼自身の活動の全容を話してくれない。ポーランドのドイツ担当情報将校として、彼の本来の役割はドイツ情報をイギリスに報告することにあるのだ。」

小野寺とイワノフはそうして互いにけじめをはっきりとつけたうえでのつき合いであったので、誰に遠慮もなく、王立オペラ座の座席で「ボリスゴドノフ」を並んで鑑賞したり、いっしょにスキーにも行った。

大東亜戦争が始まってから、日本の輝かしい緒戦の戦果にも、イワノフは決しておめでとうとは言わなかった。彼は持論から戦争の本質は遠征出撃を非としていたから、日本の戦争には当初から悲観的であった。それで彼は日本の戦況がだんだんと困難になってきても、実に冷静で、批判するでもなく、同情を示すこともなく、相変わらずソ連情報とドイツ情報の提供をつづけていた。（OYS, 199-200）

ミハウ・リビコフスキ
（写真提供：小野寺百合子）

小野寺夫人は同書の中で、ポーランドが日本を敵と見ていなかったことのいま一つの証拠を提示している。

ポーランド政府が日本を敵と思わなかった証拠がある。それは大東亜戦争の開戦前、満州の関東軍にポーランドの暗号専門将校が三人配属されていた。開戦後これが問題になって、中央から夫に、イワノフを通じてポーランド政府の意向を問い合わせるようにとの指示があった。その返事は、三人をそのまま関東軍に勤務させておいて欲しいということであった。(OYS, 142)

関東軍におけるポーランド人と日本人の協力関係についてはよくわかっていない。文書や証拠が残っていないからである。ペプウォンスキは、こうした協力関係自体、成立しなかったと主張する。一九三九年にハルビンに派遣されたヤン・ムシェレヴィチ少佐ら第二部の三人の将校グループは関東軍幹部の妨害に遭ったのだという。(56) しかし、大戦中、関東軍司令部では、ポーランド人との協力経験がある将校や接触を続けていた将校が働いていた。ストックホルムを去った西村が情報主任参謀をしていたし、一九二三―一九二四年にポーランド駐在経験のある笠原幸雄が、一九四二から一九四五まで関東軍参謀長を務めている。一九四一―一九四二年の参謀副長の秦彦三郎も、やはりワルシャワ駐在武官だった人物である。彼らが依然として対ソ情報の収集にあたっていたのは間違いないだろう。これについては、欧州大戦の開戦後もタデウシュ・ロメルが書いている。

小野寺とリビコフスキの直接の協力関係は一九四四年まで続いた。リビコフスキは日本人としての自分の上司である小野寺に、ヨーロッパ戦線の戦況、ソ連軍とドイツ軍の位置に関する貴重な情報を提供し続けた。小野寺はそれと引き換えに、リビコフスキがヨーロッパ西部に郵便を送るのを手助けし、日本側の状況に関する多少の情報を伝え、そして何より彼の身辺に絶えず目を光らせていた。そのおかげで、「イワノフ」はドイツ軍の手に落ちないで済んだのである。

リビコフスキは生涯その恩を忘れず、戦後、小野寺に送った手紙の中で、命を救ってくれたことについて幾度となく感謝の気持ちを述べている。その中の一通にはこう書かれている。

サウサンプトン、一九八二年五月五日

あなた方に対する私の気持ちは、とても言葉では言い尽くせないほどです。私にとって、あなた方は友人以上の存在です。［……］私の机の上には、信の写真が飾ってあります。信は私の命を救い、ゲシュタポから守ってくれたのですから。（小野寺家私蔵文書より）

だが、結局、小野寺は「イワノフ」に別れを告げなければならなかった。一九四四年春、駐スウェーデン外国武官担当のキェルグレン中将が、小野寺に「イワノフ」の国外退去を申し渡したのである。「イワノフ」の活動がこの国の秩序を損ねている、というのが告げられた唯一の理由であった。小野寺は駐在国当局の代表者の命令を実行しないわけにもいかず、ブジェスクフィンスキとの相談の結果、イワノフをスウェーデンから退去させることになった。もう一度、小野寺夫人の回想記を見てみよう。

私どもは武官室の嘱託三人とともにささやかな送別夕食会をして彼をロンドンへ送り出した。嘱託とは日本が開戦した時に、ベルリンからストックホルム陸軍武官室に配属された三人で、三井船舶の本間次郎氏、三井物産の佐藤吉之助氏、三菱商事の井上陽一氏である。三人ともイワノフの正体は小野寺から聞かされて心得、密かに彼を尊敬しながらも同僚として快い付き合いを二年間つづけた人たちである。私どもは餞別に金のシガレットケースに五人の署名を彫らせて贈った。これがイワノフが小野寺から受け取った唯一のプレゼントであった。（OYS, 201）

小野寺夫人が説明してくれたところによると、太平洋戦争の開戦後、ヨーロッパ駐在の日本人ビジネスマンは、嘱託として公使館や領事館や駐在武官室に配属され、その家族は本国に送還されたということだった。給料はそれまでの勤務先の会社から引き続き支払われた。

その方たちはレヴェルの高い方たちでした。言葉も達者でした。本当のエリートたちばかりでした。

ストックホルムを去ってから二―三ヶ月後、リビコフスキが小野寺に「ポルトガルで会いたい」と連絡してきた。大戦中、ポルトガルは中立国であったが、連合国に飛行場の使用を許可していた。行けばそこからも情報が得られるのは確かであったが、小野寺はリスボンに行くことはできなかった。もしこのリスボン行きが実現していたら、ポーランドの他の情報将校とも接触していた可能性がある。そのポーランド将校とは、一九二〇年代初頭にポーランド人として初めて東京で日本軍将校に暗号解読を教えたあのヤン・コヴァレフスキ大佐であり、当時はちょうど満州で活動中だったものと思われる。(57)

「イワノフ」はストックホルムを離れる際、ロンドンから引き続き情報を送る、と小野寺に約束した。そうした手紙類は、ロンドン亡命政府のクーリエ便でストックホルムのポーランド公使館に届けられ、小野寺の自宅にはブジェスクフィンスキが届けることになっていた。タイプライターを使ってロシア語で書くこと、差出人は「ステファン・カドノフスキ」（またはカドフスキ）、偽名を「ベルク」とすることも決まった。小野寺夫人はこの作戦についても触れている。

イワノフがストックホルムを去ってからのある夜、夕食後、居間に座っていると、玄関の郵便受けにポトリと物の落ちる音がした。急いで行ってみるとまさにイワノフと約束した通りベルクからの手紙であった。玄関の戸をそっと開けてのぞいて見ると、ブルジェスクウィンスキーの息子と思われる少年が、すでに階段を三階の辺りまでかけ下りていくのが見えた。(58)アパートの外の扉は夜の八時に鍵がかかる。日が暮れてからその時刻までの間に、その後も度々、ときには少年ときには年輩の小母さんがわが家の郵便受けに手紙を落としていった。六時の夕食後は使用人たちは勤務時間外で台所の奥の自室に引き込んでおり、外出には台所から裏階段を使用するので、玄関の人の気配も手紙にも誰も気が付かなかった。

ベルクと署名のある手紙は主として、インドとビルマ方面のイギリス軍からの情報であったので、日本軍にとって得難い貴重な情報であったはずである。小野寺はその後も相変わらず「ブ情報」の名のもとに東京へ彼らの情報を送りつづけた。「ブ情報」「マ情報」の主なものは特別暗号のみを用いた。

あるとき大本営から「○月○日カルカッタヲ空襲セリ」との電報があり、その直後ベルクの手紙でその空襲によるカルカッタの被害情況を詳しく知らせてよこした。東京はその報告に対して「当方はカルカッタ爆撃直後直チニ引返シテオリ、戦果は不明ナリシモ……」と、感謝の意を表してきた。

この筋の情報で忘れることのできないのは、一九四五年二月のヤルタ会談のあとの報告であった。「ソ連ハドイツノ降伏後三ヵ月ヲ準備期間トシテ対日参戦スルトイフ密約ガデキタ」。この重大情報に小野寺が驚き、私も特に心して暗号作業をした覚えがある。大本営からそれについて別に何の反応もなかったが、それは当時中央に着いているものと思い込んで疑わなかった。事実はドイツの全面降伏が五月八日、ソ連の対日宣戦布告が八月九日〔八月八日の間違い——著者注〕であったからまさにヤルタ会談の通りであった。（OYS, 201-202）

ソ連が八月八日に対日宣戦を布告し、その後ただちにソ連軍がソ満国境を越えた、というのは訂正の必要がある。東京の政府がその数日後に決定した無条件降伏の受諾に根本的な影響を及ぼしたのは確かであろう。日本軍は夥しい戦死者を出し、この戦線においてももはや戦闘を続ける力はなかったからである。

小野寺夫人は続けてこう書いている。

小野寺はブルジェスクウィンスキーがせっせと届けてくれるイワノフの手紙に対して、毎月三百ドルずつやはり夜陰に乗じて彼の自宅の郵便受けに投げ込んできた。あの情勢下でイワノフがストックホルムを離れてからも、約束通り貴重な情報を届け続けてくれる誠実さに私どもは感激した。

ところが事実はまるで違っていたのだった。イワノフ自身がそれから三七年も過ぎた一九八〇年にカナダからよこした数通の手紙で告白してきたのであった。私どもは驚きかつ感激をまた新たにしたのであった。告白とは次の通りであった。

一　ペーター・イワノフはストックホルムを去ってロンドンに着くと、本名ミハール・リビコフスキー少佐に戻ってポーランド正規軍に復帰した。

二　ポーランドが独ソ間に分割されてからも、戦争中を通してワルシャワにはポーランド軍の秘密情報機関が存在していて、ソ連とドイツの情報を収集していた。リビコフスキーの直接の部下に近い将校がその機関長であり、部員は各方面の優秀な専門家から成り、非常な効果を上げていた。リビコフスキーはこのグループから情報を得るとともに、問題点について意見を述べる指導的地位にあり、情勢判断の基礎づくりにも関与していた。

彼と小野寺の共同作業にはこのグループが大きな役割を演じていた。彼はロンドンのポーランド軍参謀からの情報についても小野寺とよく討論した（小野寺は前者の機関についてはあまりよく知らなかったが、後者のほうは知っていた）。

三　彼はロンドンに向けストックホルムを離れるとき、ワルシャワの機関およびベルリンやバルト諸国に持っていた組織を全部ブルジェスクウィンスキーに譲った。そして彼自身は情報活動から一切身を引いて、正規軍の将校に復帰する決心であった。だが部下たちには「今後報告はすべてブルジェスクウィンスキーにせよ」と指令しただけで、彼自身がストックホルムを去りロンドンへ行くことさえ一切知らせなかった。

四　彼はロンドンへ着くとすぐ軍隊勤務に戻り、スコットランドにおける第一旅団に服務した。

そのあと彼のボスであった情報部長から自分の補佐として勤務するよう要請されたがきっぱりと断って、ポーランド軍の一旅団長となって戦線に加わった。彼はイタリーで勇戦し大佐に昇進した。そこで終戦を迎えたが、引き続きイタリーに駐屯した。

一九四五年のはじめ、イタリー戦線で初めてブルジェスクウィンスキーから手紙を受け取り、彼が小野寺との連絡を相変わらずつづけていることを知って安心した。

五　戦後ブルジェスクウィンスキーに会ったのは、一九四七年一月にイギリスにおいてであった。そのとき彼はすでに癌におかされ弱っていたが、戦争の最後まで小野寺との連絡はつづけたと言ってくれた。

六　現在まだワルシャワにいるリビコフスキーの部下は一九八〇年の手紙で、彼はリビコフスキーの指令通り、戦争終結まですべての情報を、ロンドン経由でブルジェスクウィンスキーに送り通したと言ってくれた。

私どもはこの手紙によって初めて、イワノフ情報と信じていたものが、現実に名称通りの「ブ情報」に変わっていたことを知った。（OYS, 202203）

ブジェスクフィンスキと――「イワノフ」がストックホルムを去ったことを知らずにいた――ポーランド国内のリビコフスキの部下たちのおかげで、小野寺はほぼ太平洋戦争の終戦まで「ブ情報」を参謀本部に送り続けたのであった。降伏文書の調印が行なわれた九月二日、連合国軍最高司令部が設置された。同時に、六年におよぶ占領が始まった。

日本の降伏が世界に報道されるとすぐに私どもを慰問してくれた三人のうちの一人はブルジェスクウィンスキー夫人であった。花束をかかえ涙をいっぱいためて彼女は言った、「物を上手におかくしなさい」と。この一言は歴史的にいつもいつも苦難の連続であったポーランド民族が、初めての敗戦経験になすすべを知らない日本人への親切なアドバイスであった。［……］夫たちの分まで私たちは互いにキスと涙でくしゃくしゃの別れをした。（OYS, 204）

しかしこの三年間、彼が小野寺に提供しつづけてくれた情報の方は、そのファイルを、終戦の日に私どもは自分の手できれいに焼き尽くしてしまった。東京の大本営でも受信したファイルなど書類は全部焼いたはずだから、一通でも残っているとは思われなかった。ところがあったのだ。一九九一年一二月防衛庁防衛研究所の高橋久志氏が、ワシントンの公文書館で見付けて来られた。それは小野寺のストックホルム発の電報をアメリカが解読したものであって、まぎれもないイワノフの「ブ情報」の一つで、ソ連軍の部隊編成についての電報であった。半世紀の間中、もうこの世にはないものと諦め切っていたものを、まさに見覚えのある一通の電報が目の前に出現したときの驚きと喜びは、比べるものがない［……］。（OYS, 198）

これはこの時期を研究する者にとってはきわめて貴重な情報である。というのは、このほかにも、さまざまな国の諜報機関の活動と協力のおかげで失われずに済んだ重要文書が少なからず存在すると推測し得るからである。

このような協力関係はポーランドと日本の諜報機関の間にだけ存在したのではないことを、リビコフスキ大佐は著者（ロメル）との対話の中で証明してくれた。リビコフスキの話によると、大戦中、スウェーデンの課報機関は日本の暗号を解読できず、アメリカに小野寺の電報のほとんど全部をコピーして渡し、その内容の概要を知らせてもらっていたのだという。もしかしたらこのルートで、前述の「ブ情報」がアメリカの手に渡ったのではなかろうか。

一九四六年一月、連合国軍総司令官ダグラス・マッカーサー（一八八〇―一九六四）は、占領下の日本において、ヨーロッパ在住のすべての日本人の帰国命令を発した。一月二〇日、スウェーデンで働いていた五〇人あまりがバスでナポリに移動し、そこから船でシンガポール、マニラを経由して日本に帰国した。一行には小野寺夫妻のほか、公使館員、陸海軍の駐在武官、ジャーナリストが含まれていた。三月二四日、一行を乗せた船が横須賀に近い久里浜に着くなり、小野寺は逮捕されてしまう。巣鴨プリズンに拘留され、日本の戦争行為に関わった政治家や軍人とともにアメリカの尋問を受けた。妻子にとっては、試練の日々であった。幸いにも、小野寺は八月に釈放されたが、占領下で軍が廃止されたために職を失い、さまざまな職を転々とすることになる。一九五二年に占領が終わって再び諸外国との交流が可能になると、小野寺は日瑞合弁の商社で働き始めた。翌五三年、小野寺はスウェーデンを再訪する。ただし、今度はビジネスマンとしてであった。旧知の人々を訪ねる中で、スウェーデン軍も訪問している。次の叙勲候補に挙がっていることを聞かされるが、このときは時期が悪く、結局のところ叙勲には至らなかった。しかし一九八一年、先に百合子のほうが日本とスウェーデンの文化交流への貢献を認められ、勲章を受けることになる。百合子は長年にわたってスウェーデンの社会制度を研究し、フィンランドのスウェーデン語作家トーベ・ヤンソンのムーミン・シリーズなどの児童文学を中心に多くの本を翻訳している。

亡き夫に代わってポーランドの勲章を受ける小野寺百合子。右はヘンリック・リプシツ大使（ポーランド共和国大使館、1996年）（写真提供：エヴァ・パワシュ＝ルトコフスカ）

東京の駐日スウェーデン大使の手から勲章を受け取るとき、百合子はこう質問している。

〔……〕「この勲章は私が一人で頂いたわけではないでしょうね」と。大使曰く「そうだ、ファミリーオノデラの栄誉と思ってくれ」。こうして私どもはありがたく勲章を頂戴することになった。

（OYS, 191）

ポーランドに対する小野寺の貢献と大戦中のポーランドの地下運動への支援に対しては、長い年月を経た後ではあったが、正当な評価をもって報いられる。小野寺はすでに故人となっていたが、ポーランド大統領は「ポーランド共和国功労勲章コマンドルスキ十字型章」を授与し、一九九六年九月九日、ヘンリク・リプシッツ駐日ポーランド大使から百合子夫人に勲章が手渡された。著者（ルトコフスカ）はこの授与式に参列するという幸運に恵まれたが、美しい紺地の着物に銀色の帯を締めた九〇歳の小野寺夫人は、一家とポーランド人との心温まる交流と日ポの友好関係について語った。二年後、小野寺夫人はこの世を去った。

授賞式後の小野寺百合子と著者（写真提供：エヴァ・パワシュ＝ルトコフスカ）

　ストックホルムを離れたリビコフスキはロンドンへ行き、そこからさらにイタリアに赴き、カルパチア第三狙撃兵師団第二旅団第五大隊の指揮官となる。イタリア戦線での軍功により「軍功勲章十字型章」を授与されている。戦後は数年間イギリスで暮らした後、カナダに移住し、飛行機製造会社に就職した。ゾフィア夫人と結婚したのもカナダである。カナダ・日本友好協会、非カナダ人会、高齢者施設など社会活動に励んだ。一時期はアメリカにも住んでいたようである。

　小野寺とリビコフスキの関係は、単なる「仕事上の」付き合いにとどまらなかった。「イワノフ」はプライベートな時間もしばしば小野寺の家族と一緒に、大半を小野寺の自宅で過ごした。このとき育まれた友情が、二人を隔てる距離の大きさにもかかわらず、その後何年にもわたって続くことになる。戦後、二人が会ったのは、たった二回きりであった。一九七〇年、リビコフスキは大阪万博のカナダ・デーに参加するため、妻ゾフィアと医師のグループとともに来日した。その折に数日を東京の小野寺一家と共に過ごし、ストックホルム時代の信の同僚とも旧交を温めている。一九七四年には小野寺夫妻がモントリオールを訪れた。会ってじかに話ができないのを補うように、二人は頻繁に手紙のやり取りをした。小野寺家の所蔵文書にはリビコフスキからの一〇〇通近い手紙が残されており、その一通目の日付は一九六一年、発信地はモントリオールとなっている。小野寺夫人は次のように回想している。

ミハール〔リビコフスキ〕からの来信は大切にとってあるが、前半はロシヤ語で私には判らない。信からの手紙は、ロシヤ語ばかりであったが、下書きをしない人だったから、全然何も残っていない。それが後半には英語で手紙が来るようになり、マイ　ディア　フレンズで始まり、私は信に訳して聞かせなければならなかった。信は大いに不満で、なぜ英語で書くのかとよくこぼしていた。

私が理解するようになってからの手紙の中で、一貫してくり返し述べていたことは、「日本はドイツの尻馬に乗ってアジアからソ連を攻撃することのないようにとマコトは東京へ進言し続けた。それは自分がドイツすなわちヒトラーの勢力は、特に独ソ戦でドイツが劣勢に向かったことをマコトに知らせ続けたからだ。日本はソ連に戦争をしかけなかったおかげで、ソ連が今日日本列島の中にすわり込んでいないのだ。東西ドイツや南北朝鮮の轍を踏まないですんだのはマコトの功績だ。〔……〕そこに自分は協力したのだ。(OYS, 191-192)

小野寺夫人は著者（ルトコフスカ）に、リビコフスキからの手紙を一通残らずコピーしてくださった。著者も納得のいったことであるが、リビコフスキはどの手紙の中でも、小野寺に対する献身と友情を強調し、小野寺のすぐれた能力と思慮深さがあればこそ、大戦中の協力がうまくいったのだ、と力説している。その言葉を裏付けている箇所をいくつか手紙の中から拾ってみよう。

サウサンプトン、一九七九年七月二〇日

親愛なるマコト、

あなたが戦争中私のためにしてくださったこと、そして日本のためになさったことに、私は心から感謝しています。私を助けることで、あなたはポーランドをも助けてくださったのです。〔……〕私はいつも、あなたを規律正しく聡明で軍事問題に経験豊富な将校として高く評価していました。そして、ロンドンにもそう書き送って

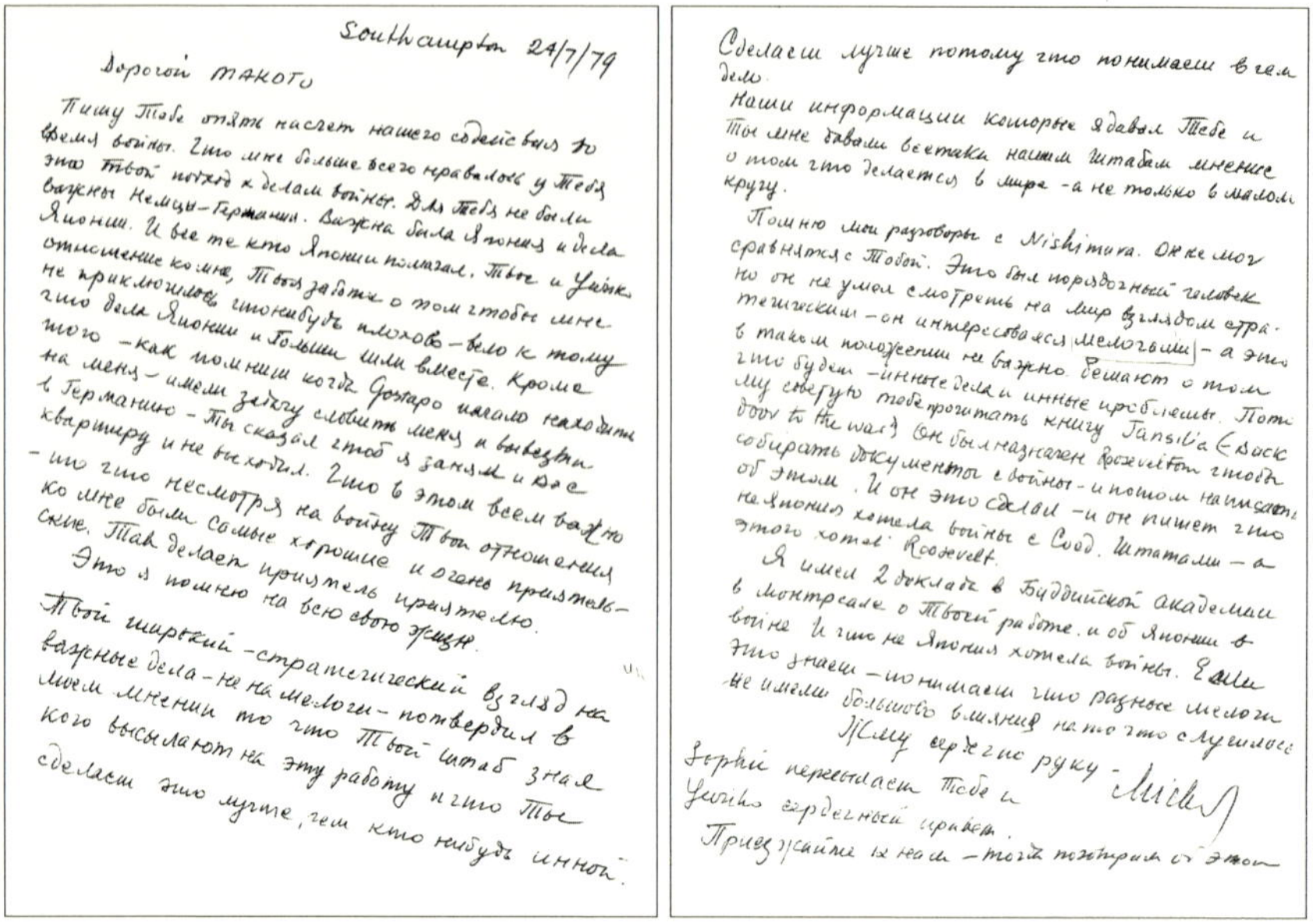
Southampton 24/7/79

Дорогой Макото

Пишу тебе опять насчет нашего содействия во время войны. Что мне больше всего нравилось у тебя это твой подход к делам войны. Для тебя не были важны Немцы–Германия. Важна была Япония и дела Японии. И все те кто Японии помогал. Твое и Ирены отношение ко мне, твоя забота о том чтобы мне не приключилось что-нибудь плохого — вело к тому что дела Японии и Польши шли вместе. Кроме того — как помнишь когда Гестапо начало находить на меня — имели затею словить меня и вывезти в Германию — ты сказал чтоб я занял квартиру и не выходил. Что в этом всем важно — это что несмотря на войну твои отношения ко мне были самые хорошие и очень приятельские. Так делает приятель приятелю. Это я помню на всю свою жизнь.

Твой широкий — стратегический взгляд на важные дела — не на мелочи — подтвердил в моем мнении то что твой штаб знал кого высылают на эту работу и что ты сделаешь это лучше, чем кто нибудь иной.

Сделаешь лучше потому что понимаешь в чем дело.

Наши информации которые я давал тебе и ты мне давал все-таки нашим штабам мнение о том что делается в мире — а не только в малом кругу.

Помню мои разговоры с Nishimura. Он не мог сравняться с тобой. Это был порядочный человек но он не умел смотреть на мир взглядом стратегическим — он интересовался мелочами — а это в таком положении не важно. Решают о том что будет — иные дела и иные проблемы. Потому советую тебе прочитать книгу Tansilia (Back door to the war) Он был назначен Roosevelt-ом чтобы собирать документы о войне — и потом написать об этом. И он это сделал — и он пишет что не Япония хотела войны с Соед. Штатами — а этого хотел Roosevelt.

Я имел 2 доклада в Буддийской академии в Монтреале о твоей работе и об Японии в войне. И что не Япония хотела войны. Здесь это знают — понимают что разные мелочи не имели большого влияния на то что случилось.

Жму сердечно руку — Michał

Sophie пересылает тебе и Yuriko сердечный привет.

Приезжайте к нам — тогда поговорим об этом.

リビコフスキの小野寺信宛の手紙（1979年7月24日）（小野寺百合子所蔵）

いました。

サウサンプトン、一九七九年七月二四日

　戦争中の私たちの活動について、もう一度書きます。あなたのことで私がもっとも好ましく思っていたのは、あなたの戦争に対する考え方です。あなたにとって重要だったのはドイツではなく、日本と日本の抱える問題であり、日本を助けようとしていたすべての人々でした。［……］。私の身に万一のことがあってはならぬというあなたの努力が、結果的に、ポーランド問題と日本の問題を歩み寄らせることになったのです。そればかりか、ゲシュタポが私に目をつけ、私を捕まえてドイツへ送還しようとしたとき、あなたは私に、自分たちの事務所へ移って来い、外には出るな、と言ってくれたのでした。

［……］

　交戦状態にあっても、あなたとの関係は申し分のない友好的なものでした。このことを私は一生忘れないでしょう。［……］

　私があなたに、そしてあなたが私に伝えた情報は、自分たちの国だけでなく世界で何が起こっているかを、それぞれの参謀本部に知らせることになったのです。

小野寺も同様に、戦争中の友情と協力への感謝の気持ちを手紙の中につづっている。著者（ロメル）がリビコフスキから譲り受けた小野寺の手紙を引用する。

東京、一九六三年七月六日

シェレンベルグの回想記を拾い読みしてみました。自分自身のことは実によく書けています。私たちの絆については、知りうるはずがない。私たちはそれぞれ自国のために働きながら、共通の利益を見出しました。そうやって協力を続けたのです。

それればかりでなく、あなたは私を大いに助けてくださった。あなたは私にとっても、わが国にとっても、つねに大切な友人でした。［……］ただ、わが国の勲章をあなたに差し上げることができないのが残念でなりません。

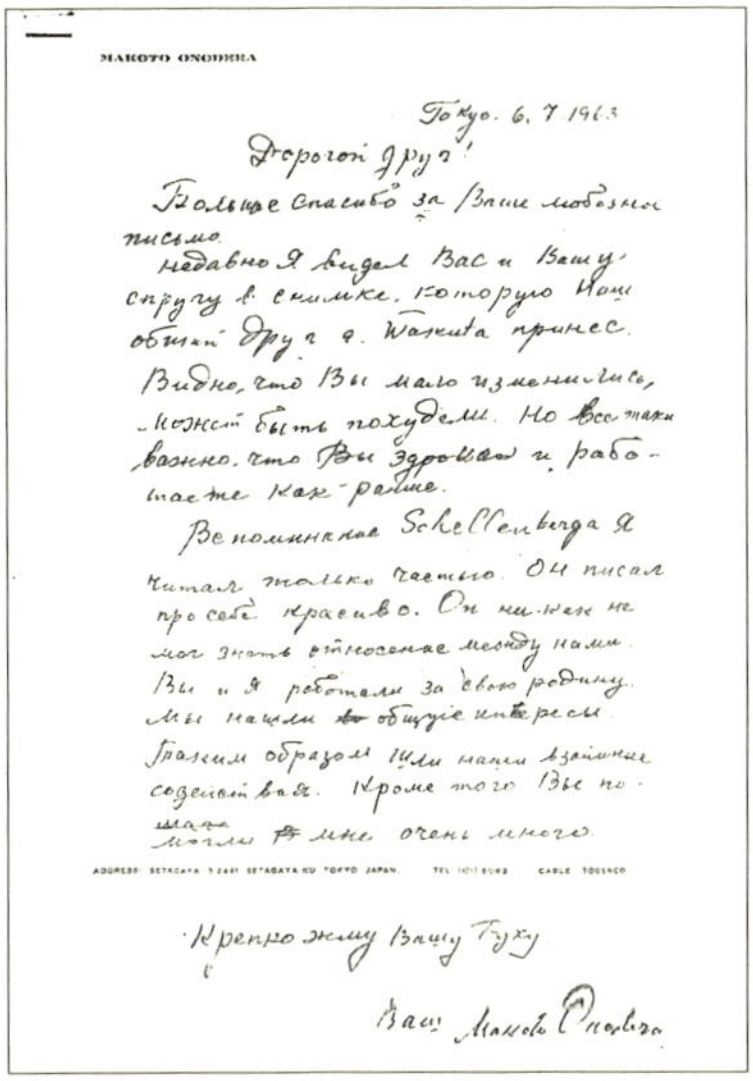
MAKOTO ONODERA

Tokyo. 6. 7. 1963

Дорогой друг!

Большое спасибо за Ваше любезное письмо.

Недавно я видел Вас и Вашу супругу в снимке, которую наш общий друг г. Такита принес.

Видно, что Вы мало изменились, может быть похудели. Но все-таки важно, что Вы здоровы и работаете как раньше.

Воспоминание Schellenberga я читал только частью. Он писал про себя красиво. Он ни-как не мог знать отношение между нами. Вы и я работали за свою родину. Мы нашли общие интересы. Таким образом шли наши взаимные содействия. Кроме того Вы помогли мне очень много.

Крепко жму Вашу руку

Ваш Макото Онодера

小野寺信のリビコフスキ宛の手紙（1963 年 7 月 6 日）（小野寺百合子所蔵）

一九八七年九月一七日に小野寺が死去したとき、リビコフスキは小野寺夫人への悔やみ状にこう書いている。

淋しいだろうが、あなたには良い子どもたちと私がついていることを忘れないで。（OYS, 192）

小野寺夫人がリビコフスキから最後の手紙を受け取ったのは、一九九〇年九月である。その四ヶ月後の一九九一年一月二七日、リビコフスキはその生涯を閉じた。小野寺と同じ九〇歳であった。『日米開戦不可ナリーストックホルム小野寺大佐発至急電』というドキュメンタリーが二人の生前に日本で制作され、一九八五年一二月八日にNHKで放映されたことは、遺族にとって誠に幸いなことであった。小野寺、リビコフスキ、百合子をはじめ、当時の出来事に関わった人々のことが永久に映像に残されることになったのである。彼らは自分の口から当時のことを語り、ストックホルムの武官室から送られた電報をはじめとする重要文書も紹介されている。

ストックホルムは第二次世界大戦中のポーランドと日本の諜報機関のもっとも重要な、そして最後の接触地点となった。それ以前には、カウナス、ベルリン、ケーニヒスベルクにも同様の接触点があった。ポーランド人と日本人の協力は、ローマ、ヴァチカン、バルカン諸国などでも行なわれたが、その具体的な証拠は残っていない。杉原千畝、フリンツェヴィチ、ダシュキェヴィチ、ヤクビャニェツ、小野寺信、リビコフスキ、ブジェスクフィンスキは、ここまで述べてきた歴史の断片の主な登場人物であり、著書がその痕跡を、回想記や報告書や書簡などの文書の中に確認できた人々である。だが、彼らの協力者や部下をはじめ、関わった人は他にも大勢いるのである。今後も永遠に名を知られることはないであろうその人々がいなかったら、大戦中の日本とポーランドの協力関係は成り立たなかったであろう。

訳者あとがき〔初版〕

本書は、Ewa Pałasz-Rutkowska, Andrzej T.Romer, *Historia stosunków polsko-japońskich 1904-1945*, Wydawnictwo Bellona, Warszawa, 1996 の全訳である。本書の第五章にあたる部分は、二人の著者の連名による論文（"Współpraca polsko-japońska w czasie II wojny światowej", Zeszyty Historyczne, No.11/1994, Instytut Literacki, Paryż に基づいており、すでに日本語訳も出ている（松本照男・吉上昭三訳「第二次世界大戦と秘密諜報活動――ポーランドと日本の協力関係」『ポロニカ』第五号、恒文社、一九九五年）。翻訳にあたっては大いに参照させていただいたが、著者が単行本への所収にあたって手直しをしていることもあり、基本的にはすべて原文から訳出した。

ポーランド語版の出版からすでに一〇年あまりが経過しているが、著者エヴァ・パワシュ＝ルトコフスカさんからは二度にわたり、この間の研究成果をふまえた加筆訂正個所の詳細なリストと差し替え原稿が送られてきた。本書には、それらがすべて反映されている。原著の価値を低下させないために、最大限の努力はしたつもりである。ポーランドでは重版は出ていないが、本書は事実上の新訂増補版といってよいと思う。

そもそも、ルトコフスカさんがポーランド語の原著を携えて拙宅を訪ねて来られたのは、出版からまだ間もない一九九六年の夏であった。訳者がその一〇年以上も前に発表した一九〇四―一九四一年の日ポ関係に関する修士論文に目を留め、翻訳を委ねてくださったのである。大変に名誉なことと喜んで引き受けたものの、東欧という日本ではあまり馴染みのない地域の、しかも緊急性のない本ということで、関心をもってくれる出版社はすぐには見つからなかった。出版の遅れの根本的な原因は、訳者の訳業がなかなか捗らなかったことにあるが、バブル崩壊後の深刻な出版不況に重なったという不運もあった。ただでさえ売れ行きのよくない学術書の出版はますます困難になり、「太っ腹な」彩流社社長・竹内さんの机の上には、出版を待つ原稿の山ができていた。数年後、打ち合わせに訪れた時も状況はあまり変わらず、これではいつまで経っても順番は回って来ないのではないか、と出版を半ば諦めかけたこともある。この一〇数年に日ポ関係の節目の年はいくつもあり、それらをことごとく通り過ぎてしまったが、とにもかくにも国交樹立九〇周年という記念の年に本書を世に送り出すことができ、ようやく肩の荷を下ろした思いである。

「ポーランド語版への序文」にあるように、本書は気鋭の日本研究者と、日ポ間の出来事を間近で観察してきた目撃証人という、二人の著者の稀有の出会いから生まれた本である。ルトコフスカさんの元来の専門は日本近代史、とりわけ政治・軍事史であり、皇道派の軍人・真崎甚三郎の研究で博士学位を取得している。第五章の生き生きとした叙述には、そのような著者の本領が存分に発揮されている。交流史の中でも軍事関係の研究には、史料の機密性の高さに由来する閲覧制限という特有の難しさがつきまとう。本書で使用されている大量の史料や証言を集めるのにどれほどの苦労があったかは、想像に難くない。訳者も、前述の修士論文の準備中には絶えずこの高い壁に悩まされた。重要な文書に限って閲覧不可だったり、ファイルは存在するのに肝心の文書は大戦後のGHQ占領下に押収されて空っぽだったりと、歯がゆい思いをさせられた記憶がある。日本でダメならポーランドで、と思い、ワルシャワ大学留学中の一九八八〜八九年に、ポーランド軍中央軍事史料館での調査を試みたが、今度は「冷戦」という壁に阻まれることになった。当時の社会主義国ポーランドにとって、日本は敵対する「資本主義国」であり、その国民には重要文書を極力見せないようにするという方針だったようだ。ポーランドでは名の通った指導教授に推薦状を書いてもらい、軍服の胸にいくつもの勲章をつけたポーランド軍将校が下宿まで「身元確認」にやってくるというものものしい手続きを経て、ようやく閲覧を許されたのは指定されたたった五冊のファイルであり、手元に残ったのはさして重要とは言えない一〇枚の文書コピーであった。本書の二人の著者の仕事は、冷戦終結というタイミングにも恵まれたと言うべきであろう。

「ロメル」という名前からすでにお気づきの読者もおられると思うが、本書のもう一人の著者アンジェイ・T・ロメル氏は、第四章にしばしば登場する初代駐日ポーランド大使タデウシュ・ロメルとは従兄弟の間柄である。ロメル家は一三世紀頃まで遡る元々はザクセンの古い家系らしいが、バルト海沿岸のクールラントを経て、分割前のポーランド王国の「辺境」にあたるリトアニアに居を定めたのだという。ロメル大使は日本勤務の後、駐ソ大使に抜擢され、さらにはポーランド亡命政府の外相に就任する。しかし、それがゆえに、亡命政府とは一線を画する形で成立した戦後のポーランドに帰国できなくなり、イギリスから直接カナダに移住することになった。人口三八〇〇万のポーランドは、本国だけでは大国とは言えないかもしれないが、歴史の荒波に翻弄されてポーランドを去り、しかし記憶のどこかでポーランドと結びついている人々が何百万もいて、分厚く本国を取り巻いているのである。現在、アメリカ、カナダ、フランスと世界各地に住むロメル家の末裔たちは、まさにその典型である。著者ロメル氏は大戦中に兵士としてヨーロッパ戦線で戦った関係で、戦後も「西側」のアメリカにとどまり、現在はベルギーに住む。いわばポーランドの内と外、さらには日本をも結ぶ結節点のような位置にいて、日ポ関係の多数の生き証人たちと出会ったわけである。この「ポーランド・ネットワーク」とでも呼ぶべきものの存在なくしては、おそらく本書の成立はありえなかったのではなかろうか。その意味で、これはポーランド人ならではの作品と言えるかもしれない。

ただし、日本側の研究者の名誉のために付言するならば、ポーランドを含む東欧諸国と日本の関係史の研究に初めて組織的に取り組んだのは日本の研究者たちである。本書では触れられていないが、一九八一年九月に日本と東欧諸国の研究者が参集し、東京と京都で開催された「日本と東欧諸国の文化交流に関する国際シンポジウム」はその先駆的な試みである。本書でも基礎的史料として使われている日本外務省外交史料館所蔵の東欧関係史料は、このシンポジウムの準備の過程で発掘・整理が進んだのである。交流史の時代区分や問題視角の設定においても、日本側研究者の貢献が大きかったことは認めるべきであろう。

先に述べたような本書の成立事情とも関連するが、本書の最大の特色は何といっても豊富な引用にあり、史料や証言そのものに語らせている点にある。文体も語り口も様々な引用を訳し分けるのは至難の業であり、それぞれにふさわしい日本語で表現できているかは自信がない。この点は読者からのご指摘・ご批判を待つしかない。一つ一つの引用は断片的ではあるが、その時々の日本社会の様子や人々の姿を活写したきわめて興味深い時代の記録となっている。東欧の人々による日本論は、日本ではほとんど紹介されていないので、その意味でも貴重である。

本書は注がついた研究書の体裁をとっているが、専門家だけでなくできるだけ多くの人々に読んでほしいという著者の希望により、訳注は最小限にとどめた。場合によっては脚注という形にせず、著者と相談の上、本文を書き換えてもらったところもある。また、著者のご厚意で掲載した原著の二倍もの写真や図版のおかげで、「読物」としてより魅力的なものになったのではないかと思う。

翻訳の際の頭痛の種であるポーランド語の人名・地名のカタカナ表記についても、簡単に触れておきたい。原則としては原音に近い表記を心がけたが、この原則を忠実に守りすぎると、カタカナだらけになってしまうので、場合に応じて読みやすさを優先した。また、ワルシャワ（原音はヴァルシャヴァに近い）のようにすでに定着しているものについては、それをそのまま採用している。

訳者のどんな質問にもつねに迅速かつ懇切丁寧に答えてくださったルトコフスカさん、本当にありがとう。また、出版不況が少しも改善しないにもかかわらず、地味な学術書を原著に忠実な形で翻訳出版するという姿勢を貫いておられる彩流社・竹内社長に、心からの敬意と感謝の意を表したい。

二〇〇九年五月

柴　理子

増補改訂版　訳者あとがき

本書は、二〇〇九年に彩流社から出版されたエヴァ・パワシュ＝ルトコフスカ、アンジェイ・T・ロメル『日本・ポーランド関係史』の増補改訂版である。初版は予想を超える反響をいただき、出版に要した十数年という時間を思うと夢のようなスピードで売り切れてしまった。これはひとえに、著者の長年にわたる丹念な調査研究に基づいて書かれたこの本が持つ力のゆえであろう。ぜひ再版をという声を各方面からお寄せいただいたが、実は日本語版の出版とほぼ時を同じくして、ポーランドではすでに原書の増補改訂版が出版されており、再版を出すにしても単なる旧版の再版というわけにはいかなくなっていた。そこで、ポーランド語の増補改訂版（Ewa Pałasz-Rutkowska, Andrzej T. Romer, *Historia Stosunków polsko-japońskiów 1904-1945*, Biblioteka Fundacji im. Takashimy, Wydawnictwo TRIO, Warszawa, 2009）から訳し直したいという希望を彩流社の竹内淳夫会長に伝えたところ、二つ返事で引き受けてくださった。初版出版時よりさらに悪化した出版事情の中で、一段と厚みを増した学術書の出版を快諾してくださった竹内会長に、まずは心からお礼を申し上げたい。

著者による「〈増補改訂〉日本語版の出版によせて」にもあるように、本年二〇一九年は日本・ポーランド国交樹立一〇〇年にあたる。本当に年末ぎりぎりになってしまったが、本書がこの記念すべき年のフィナーレの一端を飾ることができたのなら、訳者としてこれ以上の喜びはない。本年はポーランドにおいても、ワルシャワ大学東洋学部日本学科による日ポ国交樹立一〇〇周年記念事業の一つとして、ポーランド語の原書の第三版が二巻本の第一巻として出版されている（*Historia stosunków polsko japońskich tom I 1904-1945*, Japonica, Uniwersytet Warszawski, Wydział

Orientalistyczny, Katedra Japonistyki, Warszawa 2019)。さらに、本書の続編になる戦後編もその第二巻として、本書の著者の一人であるパワシュ＝ルトコフスカさんによってすでに上梓されており、遠からぬ将来に翻訳紹介されることを期待したいと思う。ポーランド語の第三版は二〇〇九年の第二版にさらに増補改訂がなされているが、その主な修正点については、著者の協力を得ながら可能な限り本書に反映させるよう努めた。また、底本の二〇〇九年版にはない写真も、著者のご厚意により掲載することができた。ここに記して感謝申し上げる。

増補改訂部分について簡単に触れておくと、何と言っても、様々な資料からの引用が初版に比べてさらに充実している。著者自らがポーランド語の第二版の序文に述べているとおり、資料に直接語らせているところは元々の大きな特徴であるが、初版では割愛されていた部分も本書に収録されている。本の骨格自体は政治史・軍事史中心でがっしりと骨太でありながら、公文書から私的な日記や手紙類、インタビュー等々、両国間の交流の当事者のみならずその周辺の人々の声を聞かせることによって、出来事の羅列による無味乾燥な記録とは一線を画する、臨場感と人間味のある叙述になっている。初版に比べると、注が細かく付けられていて、より学術書らしい体裁になっているが、こうした引用部分のおかげで読みにくさが多少なりとも緩和されているように思う。文体も語り口も様々な引用の訳し分けには初版以上に頭を悩ませることになったが、訳者にとってはそこが難しくもあり、また楽しくもある作業であった。この一〇年間に著者ロメル氏を含む関係者が何人もこの世を去られてしまったが、本書に書き留められたことによって今後も記憶として受け継がれていくだろう。日露戦争時に日本にやってきたポーランド人捕虜、シベリアのポーランド孤児、杉原千畝や小野寺信とポーランド諜報機関の協力関係などは、初版でも多くの読者が関心を寄せてくださった。本書にはこの一〇年の著者の研究成果に基づくさらに多くの興味深いエピソードが盛り込まれている。そのどれか一つでも、日ポ関係、ひいてはポーランドという国に興味を持つ糸口となることを願っている。

ポーランド語の人名や地名の表記については、初版出版後にご意見やご批判をいただいたが、これはいわば永遠の課題であり、決定的な正解を見い出すのは難しい。例えば、Hryncewicz という人名を本書では「フリンツェヴィチ」

としているが、より原音に近づけようとすると「フルィンツェーヴィチュ」のような表記になってしまう。厳密にいえば、Hも日本語の音にはない。本書では初版の方針を踏襲し、視覚的な見やすさも考慮した一種の妥協案になっていることを付記しておく。

最後になるが、本書は日ポ国交樹立一〇〇周年記念事業の一環としてポーランド広報文化センターの出版助成を受けていることを書き添えておく。文化というものに注がれる同センターの情熱にはいつも感銘を受けるが、本書の出版を辛抱強く年末まで待ってくださった寛大さにも謝意を表したい。

二〇一九年一二月

柴　理子

人名索引

ア行

カ行

桐谷洗麟　195
ギレヴィチ、ヴァツワフ (Gilewicz Wacław)　300, 370-371
グレズメル、ヤクプ (Glezmer Jakub)　27
喜波貞子　195
クウォシニク、ズィグムント (Kłośnik Zygmunt)　28
クウォポトフスキ、イェジ (Kłopotowski Jerzy)　171
クーキェル、マリアン (Kukiel Marian)　150
クービャク、レオナルト (Kubiak Leonard)　142
グッツェ (Guze)　331
グットヴィルト、ナタン (Gutwirth Nathan)　324, 334
工藤勝彦　157, 159
工藤平助　23
久邇宮邦彦　135
クノル、ロマン (Knoll Roman)　107
クバ (Kuba)　301-304, 312-313, 360, 366-368　→ヤクビャニェツ
クバリ、ヤン (Kubary Jan)　25
クフィアトコフスキ、エウゲニュシュ (Kwiatkowski Eugeniusz)　190, 231
クフィアトコフスキ、レミギウシ (Kwiatkowski Remigiusz)　28, 194
クラフチンスキ、ユゼフ (Krawczyński Józef)　237
グラボフスキ (Grabowski)　109
来栖三郎　266, 331
グルー、ジョセフ (Grew Joseph)　339
グルージェン (Grudzień)　161
黒沢二郎　147, 149, 163
クンツェヴィチ、イエジ（ジョージ）(Kuncewicz Jerzy)　302, 311-312, 356, 358, 359, 367,　→ヤクビャニェツ
ゲプネル、スタニスワフ (Gepner Stanislław)　201
ゲプネル、ヘルマン (Gering Herman)　354
ケレス＝クラウス、カジミェシュ (Kells-Kraus Kazimierz)　82
コヴァレフスキ、ヤン (Kowalewski Jan)　157, 388
香淳（良子）皇后　136
コグノヴィツカ、ゾフィア（コムザ）(Kognowicka Zofia)　309
コグノヴィツキ、タデウシュ (Kognowicki Tadeusz)　309, 318
コスコ、スタニスワフ (Kossko Stanisław)　313, 362-363, 368, 369
コスコ、テレサ (Kossko Teresa)　363
コスコ、マリア (Kossko Maria)　363
児玉源太郎　62-63, 65, 69, 72-73, 173
コタンスキ、ヴィエスワフ (Kotański Wiesław)　9, 184, 186
コッサコフスカ、ユリア (Kossakowska Julia)　275
コッサコフスキ、スタニスワフ・K. (Kossakowski Stanisław K.)　41, 43
コッホ、エーリヒ (Koch Erich)　365
後藤安嗣　239, 262

近衛文麿　298, 329
コビランスキ、タデウシュ (Kobylański Tadeusz)　226, 231-232
コビリンスキ、ヤン (Kobyliński Jan)　131, 143
コペルニクス、ニコラウス (Copernicus Nicolaus, Kopernik Mikołaj)　30
コマルニツキ、ティトゥス (Komarnicki Tytus)　217
小村寿太郎　53-55, 58, 62, 70, 76
コルチャーク、アレクサンドル (Kołczak Aleksander)　109
ゴルトフェデル、ブロニスワフ (Goldfeder Bronisław)　85
コルベ（神父）、マクシミリアン (Kolbe Maksymilian)　295-296
コルラト、フェリクス (Kollat Feliks)　237-238
ゴロヴニン、ヴァシリー (Golownin Wasilij)　24
コンチャ、ルク (Kołncza Luk)　318
ゴンドレフスキ、ロマン (Gądolewski Roman)　245
コンニ (Konni)　64　→シリアクス

サ行

西園寺公望　90
ザヴィエル、フランシスコ (de Xavier Francisco)　20
酒井直次　157
酒匂糸子　256
酒匂秀一　10, 195, 202, 205, 219, 221-222, 225-229, 238-239, 249, 256-261, 273, 280, 282, 306, 369
櫻井信太　243
佐々木恒次郎　195
佐々木信綱　282
貞奴　28
佐藤尚武　147, 148, 204
佐藤裕雄　242
ザトルスキ (Zatorski)　109
ザニェフスキ、ヘンリク (Zaniewski Henryk)　130
ザパシニク、ミェチスワフ (Zapaśnik Mieczysław)　275
サピェハ、パヴェウ (Sapiecha Paweł)　24
ザレスキ、アウグスト (Zaleski August)　136-137, 151, 208, 210, 265, 267, 271, 273, 340, 341, 345,
沢田茂　225, 240-242, 245
沢田節蔵　209
ジェドゥシツキ、ヴォイチェフ (Dzieduszycki Wojciech)　49-51
ジェリゴフスキ、ルツィアン (Żeligowski Lucjan)　359
シェレンベルグ、ヴァルター (Schellenberg Walter)　355, 397
シェロシェフスキ、ヴァツワフ (Sieroszewski Wacław)　26, 194, 282, 287
ジェロムスキ、ステファン (Żeromski Stefan)　33, 47, 196, 287
シェンキェヴィチ、ヘンリク (Sienkiewicz Henryk)　33, 186, 196, 287

シェンケル、オスカル (Schenker Oskar)　346
シェンベク、ヤン (Szembek Jan)　219, 226,239
ジクマンノヴァ (Zikmannowa)　339
重光晶　205
シコルスキ、ヴワディスワフ (Sikorski Władysław)　137, 150, 263, 288-291, 361-362, 375
幣原喜重郎　137, 173, 205, 209
シドッティ、ジョバンニ・B. (Sidotti Giobanni B.)　30
シフィエンチツキ、アドルフ (Święcicki Adolf)　28
ジャバ、ノルベルト (Żaba Norbert)　300
ジュウトフスカ、ヤニナ (Żółtowska Janina)　5, 101, 108
ジュウトフスキ、アダム (Żółtowski Adam)　100, 103, 108
ジュク (Ziuk)　71, 72, 78-80　→ピウスツキ、ユゼフ
シュチェシニャク、ボレスワフ (Szcześniak Boresław)　5, 13, 184-186, 275-276, 281, 283-284, 292, 295
ジュワフスキ、イエジ (Żuławski Jerzy)　27
ショパン、フリデリク・フランチシェク (Chopin Fryderyk Franciszek)　3, 195, 285
シリヤクス、コンラッド・ヴィクトル（別名コンニ）(Zilliacus Konrad Viktor)　64, 81
シルサルチク、アントニ (Ślósarczyk Antoni)　13, 182-183, 186, 189, 192, 249-253
シンドラー、オスカー (Schindler Oskar)　332, 335
スィルスキ、シモン (Syrski Szymon)　25
ズィンゴル、クレメンス (Zyngol Klemens)　339
ズヴァルテンディク、ヤン (Zwartendijk Jan)　5, 13, 323-325, 327, 334, 338, 353
スカルガ＝パヴェンスキ、ピョートル (Skarga-Pawęski Piotr)　20
スカンセ (Skanse)　310
杉原千畝　3, 12, 151, 305-315, 320-322, 325, 327-336, 338, 344-345, 353-369, 398
杉原幸子　5, 9, 301, 307, 327, 335
杉村陽太郎　151-152, 210
スクシンスキ、ヴワディスワフ (Skrzyński Władyslaw)　100-101, 103, 105-106
スクワトコフスキ＝スワヴォイ、フェリツィアン (Składkowski-Sławoj Felicjan)　222
鈴木寅之助　205
鈴木重康　154-155, 161, 240
鈴木荘六　254
スタニシェフスキ、カロル (Staniszewski Karol)　274, 277, 285, 339, 347
ズダノヴィチュヴナ、ヤンカ (Zdanowiczówna Janka)　318
スティード (Steed)　50
ストラスブルゲル、ヘンリク (Strasburger Henryk)　180
ストルンフ＝ヴォイトキェヴィチ、スタニスワフ (Strumph-Wojtkiewicz Stanisław)　302, 372
ゼイフリト、カミル (Seyfried Kamil)　182, 186, 195
節子（貞明）皇后　121, 123, 126
ゼノ（本名ゼノン・ジェブロフスキ）(Zeno、Zenon Żebrowski)　274, 295, 296
ソヴィンスキ、ユゼフ・L. (Sowiński Józef L.)　289
ソカル、フランチシェク (Sokal Franciszek)　151, 208

タ行

ナ行

ハ行

バナシンスキ、エウゲニュシュ (Banasiński Eugeniusz)　131, 143, 180, 187
バナチ、イグナツィ (Banacz Ignacy)　245
馬場孤蝶　33
馬場命英　175-176
バブスト (Babst)　114
林董（別名リントン）　53, 55-56, 58-59, 61-62, 70
林子平　23
林銑十郎　247, 254
ハラスィモヴィチ、ヴァツワフ (Harasymowicz Wałław)　66
原敬　115
原田コウ　192
原智恵子　195
バラノフスキ、アントニ・ロンギン (Baranowski Antoni Longin)　93, 109-110
原マルチノ　21
バリツキ、ズィグムント (Balicki Zygmund)　66, 81
バリツキ、ユゼフ (Balicki Józef)　131
ハルヴァト、フランチシェク (Charwat Franciszek)　301
ハルヴァト＝ルトコフスカ、エヴァ (Pałasz-Rutkowska Ewa)　176, 183-184, 192, 242, 260, 265, 277, 304, 307, 321, 323, 327, 329, 336, 339, 358, 381, 394, 395
バルツェル、ヴィトルト (Balcer Witold)　163
バルテル、カジミェシュ (Bartel Kazimierz)　136, 151
坂西一良　357
バンドロフスキ、イエジ (Bandrowski Jerzy)　194
ピウスツキ、ブロニスワフ (Piłsudski Bronisław)　25-26, 284
(Piłsudski Józef)　25, 46- 48, 51, 60-62, 66-67, 70-74, 76-78, 80, 82-85, 87, 93, 98-105, 107, 110, 112-113, 117-119, 125, 130, 132, 136-138, 151-152, 160-161, 173-175, 178-179, 198, 201, 206-207, 254, 279, 359
ピェシラクヴナ、ヘレーナ (Pieślakówna Helana)　143, 195
ビェルキェヴィチ、アンナ (Bielkiewicz Anna)　120-124, 189
樋口季一郎　150-151, 154-155, 161-162, 166-167
ピション (Pichon)　301
ピスコル、アレクサンデル (Piskor Aleksander)　275-278, 281-282, 287, 289-291, 293, 339
ヒトラー、アドルフ (Hitler Adolf)　197, 212, 227-228, 278, 308, 316, 322, 376, 378-379, 395
ヒムラー、ハインリヒ (Himmler Heinrich)　383
百武晴吉　157-159
ピョトロフスキ、ヴィエンチスワフ (Piotrowski Wieńczysław)　120
平山成信　121, 122
広瀬四郎　245
広田弘毅　68, 78-79, 213, 218-220, 225, 232, 236-238, 247, 271
裕仁（昭和天皇）　129, 135-137, 141-142, 145, 160, 168, 170, 187, 196, 199, 207, 234, 238, 273
ファゴト、ヤン (Fagot Jan)　194
フィリポヴィチ、ティトゥス（Filipowicz Tytus 別名カルスキ）　53, 60, 62, 68, 70-71, 76, 78, 80,

82, 84
フォグル、ヘンリク (Fogl Henryk)　27
フォシュ、フェルディナンド (Foch Ferdinand)　105
溥儀　234
福沢諭吉　30
福島安正　5, 11, 30-31, 34-43, 62, 64, 69, 72-73, 98
福田英子　26
ブジェスクフィンスキ、フェリクス (Brzeskwiłnski Feliks)　300-301, 353-354, 370-371, 373, 381, 387-388, 391, 398
藤塚止戈夫　369
プシビルスキ、アントニ (Przybylski Antoni)　249-255
伏見宮博恭　252
フションシュチェフスキ、ヴィンツェンティ (Chrząszczewski Wincenty)　11, 310, 315-316
ブジョンヌィ、セミョーン (Budionny Siemion)　112
ブズィンスキ、エリク (Budzyński Eryk)　3, 10, 310, 315, 319
ブズィンスキ、グスタフ (Budzyński Gustaw)　5
二葉亭四迷　26, 33. 194
ブトレル、コンスタンティ (Butler Konstanty)　300, 312, 362
フビツキ、オットン・サス (Hubicki Otton Sas)　108, 112, 126-130
フビライ・ハン (Khubilai khaan)　29
ブリアン、アリスティード (Briand Aristide)　209
フリチ、カロル (Frycz Karol)　108, 112, 194
フリリンク、ヤン (Fryling Jan)　11, 138, 143, 146, 187, 196, 198, 247-248
フリンツェヴィチ、ルドヴィク (Hryncewicz Ludwik)　11, 299-302, 307, 310. 312, 315, 320, 362, 366, 398
プルス、ボレスワフ (Prus Bolesław)　28, 33, 183
ブルハルト (Burhard)　109
プレストン (Preston)　301
ペウチンスキ、タデウシュ (Pełczyński Tadeusz)　245
ペウチンスキ、タデウシュ (Pełczyński Tadeusz)　245
ペシュ、ヤン・スタニスワフ (Perz Jan Stanisław)　311, 328, 356, 359, 363, 366　→ダシュキェヴィチ
ベック、ユゼフ (Beck Józef)　199-201, 210-211, 213-214, 217, 222-227, 232, 260, 261
ベニョフスキ、マウリツィ・アウグスト (Beniowski Maurycy August)　22-23, 281
ベネシウス、ヤン・ボテル (Benesius Jan Boter)　22
ヘルトレー、タデウシュ・フランチシェク (Haertle Tadeusz Franciszek)　112, 130-131, 295
ホイェツカ、ユリア (Chojecka Julia)　284, 287, 289
ポーロ、マルコ (Polo Marco)　19-20
ポスネル、スタニスワフ (Posner Stanisław)　28
ポトツキ、イェジ (Potocki Jerzy)　288
ポトツキ、ヘンリク (Potocki Henryk)　187
ポプワフスキ、ヤン (Popłławski Jan)　66

マ行

メンチンスキ、ヴォイチェフ (Męczyłnski Wojciech)　21, 30
モシチツキ、イグナツィ (Mościcki Ignacy)　151, 198-199, 206-207, 222, 238, 247, 263, 279.
モシチツキ、ミハウ (Mościcki Michał)　130, 189-190, 192, 198, 213, 215-216, 223-224, 230, 236, 246, 272.
モッサコフスキ、マリアン (Mossakowski Marian)　109.
森元治郎　10, 260-261.
守屋長　205
モルグレツ、ミハウ (Morgulec Michał)　108.
モルトケ、ハンス・アドルフ・フォン (Moltke Hans Adolf von)　42-43, 228.
モロトフ、ヴャチェスラフ (Vyacheslav Molotov)　362, 374
モントヴィウ、ヤン (Montwiłł Jan)　320

ヤ行

ヤウォヴィエツカ、クリスティナ (Jałowiecka Krystyna)　275.
ヤヴォルスキ、ヤン (Jaworski Jan)　183-184, 186, 196.
ヤクビャニェツ、アルフォンス（Jakubianiec Alfons 別名クバまたはイェジ・クンツェヴィチ）301-302, 304, 311-314, 316, 333, 353-355, 359-363, 365-368, 382, 398.
ヤクプキェヴィチ、ユゼフ (Jakubkiewicz Józef)　120, 194.
ヤコブソン (Jacobson)　303, 305　→リビコフスキ
ヤシェンスキ、フェリクス・マンガ (Jasieński Feliks Mangha)　27.
ヤジジェフスキ、アントニ (Jażdżewski Antoni)　198, 209, 236.
柳田元三　240-241.
ヤニン (Janin)　105, 110.
ヤヌシェフスキ、アンジェイ (Januszewski Andrzej)（別名ギェニェツ）　300.
ヤブウォンスキ、ヴィトルト (Jabłoński Witord)　183-184, 186.
山県有朋　173
山座円次郎　68, 70, 80.
山田案山子　27
山梨芳隆　287.
山本鶴一　193
山脇正隆　10, 12, 96-100, 103, 106, 118-119, 143, 153-157, 162, 164, 169, 176-178, 240-241, 243, 245-249, 251, 298, 313.
ヤラチェフスカ、ヤドヴィガ (Jaraczewska Jadwiga)　26
ヤンタ＝ポウチンスキ、アレクサンデル (Janta-Połczyński Aleksander)　194
ユンク、セヴェリン (Jung Seweryn)　65
横井慎一　186, 373.
横山源之助　26.
嘉仁（大正天皇）　111, 126, 135, 140-141, 145, 169.　→大正天皇
ヨトコ＝ナルキェヴィチ、ヴィトルト (Jodko-Narkiewicz Witold)　51-53, 55-56, 58-59, 66, 68, 81-84.

ラ行

ライヒマン＝フロヤル、ヘンリク (Rajchman-Floyar Henryk)　146, 158, 171-172, 249, 151.
ラゴ、アレクサンデル (Lago Aleksander)　107-108, 112.
ラジヴィウ、クシシュトフ (Radziwiłł Krzysztof)　108.
ラチキェヴィチ、ヴワディスワフ (Raczkiewicz Władysław)
ラチンスキ、エドヴァルト (Raczyński Edward)　210-211, 349
ランツコロンスキ、カロル (Lanckorołnski Karol)　24.
リシツィン、リラ（エリザベス）(Lisitzin Lila)　309.
リツ＝シミグウィ、エドヴァルト (Rydz-śmigły Edward)　247, 288.
リッチ、マテオ (Ricci Mateo)　29.
リットン、ヴィクター (Lytton Victor)　208-211
リッベントロップ、ヨアヒム・フォン (Ribbentrop Joachim von)　13, 226-228, 266, 308, 356, 374, 383.
リテフスキ、イェジ (Litewski Jerzy)　234.
リトヴィノフ、マクシム (Litvinov Maxim)　213
リビコフスカ、ゾフィア (Rybikowska Zofia)　5
リビコフスキ、ミハウ (Rybikowski Michał)（別名ペーター・イワノフまたはヤコブソン）10, 243, 301-306, 313-314, 324, 353-354, 358 -360, 365-366, 370-375, 381-386, 388, 390-392, 394-395, 397-398.
リヒテル、ボグダン (Richter Bogdan）　181-183.
リプシッツ、ヘンリク (Lipszyc Henryk)　5, 26, 303
リントン (Lynton)　61.　→林董　53, 55-56, 58-59, 61-62, 70.
ルーズベルト、フランクリン　290.
ルジツキ、ボレスワフ (Rózcki Bolesław)　310, 312, 331, 371.
ルティク、アンジェイ (Lutyk Andrzej)　332
ルティク、ゾフィア (Lutyk Zofia)　332.
ルティク、テレサ (Lutyk Teresa)　332
ルドニツキ、タデウシュ (Rudnicki Tadeusz)（別名ヴィエジュバまたはヴィンチ）　354, 371, 374.
ルビシュ、マリア (Rubish Maria)　275.
ルビンシュタイン、アルトゥル (Rubinstein Artur)　196
ルムシャ、カジミェシュ (Rumsza Kazimierz)　91, 93, 110.
ルンツェヴィチ、ヴワディスワフ (Runcewicz Władysław)　275.
レイモント、ヴワディスワフ (Reymont Władysław)　33, 194, 196, 289.
レヴィトゥ、イェジ (Levittoux Jerzy)　249-250, 255, 274, 348.
レドゥホフスキ、ヴウォジミェシュ (Ledóchowski Włodzimierz)　357
ロイド・ジョージ、デヴィッド (Lloyd George David)　129.
ロヴェツキ、ステファン（別名グロット）(Rowecki Stefan)　381.
ロシュコフスキ (Roszkowski)　221.
ロジンスキ、ボレスワフ (Roziński Bolesław)　310.　→ルジツキ

ワ行

原 注

ポーランド語版・増補改訂版への序文

（1）兵藤大使は数年後、自らの滞在経験に基づき『善意の架け橋 — ポーランド魂とやまと心』を上梓している。同書は2000年にポーランドでも出版された。

（2）同展の組織委員会のメンバーは、ヘンリク・リプシッツ元駐日ポーランド大使、岡崎恒夫、本書の著者（いずれもワルシャワ大学東洋学部日本・韓国学科教員）、ウカシュ・コッソフスキ（アダム・ミツキェヴィチ文学館学芸員）。ショパンの部分の責任者は、ワルシャワのショパン協会会長ハンナ・ヴルブレフスカ＝ストラウスが務めた。同展のカタログも一九九九年に出版されている。

第1章

（1）M. Polo, *Opisanie świata*, tłum. A. L.Czerny, Warszawa, 1954, s.396-397.

（2）リュドミラ・エルマコーワ「天正遣欧使節とポーランド——隠された絆」『日本研究』国際日本文化センター、第27号、2003年3月、71-90ページ。

（3）K. Nowak, "Pierwszy Polak w Japonii – Wojciech Męciński", *Japonica* 2000, nr.12, s. 165-179.

（4）E. Kajdański, *Tajemnica Beniowskiego. Odkrycia, intrygi, fałszerstwa*, Warszawa 1994, s. 231-241.

（5）D. Keene, *The Japanese Discovery Europe 1720-1830*, Stanford 1969, s. 34.

（6）*O Japonii uwagi B. Gołownina, do których jest przydany słowniczek japoński układu K.P. Thunberga,* tłum. G. Buczyński, Warszawa 1823.

（7）A.F. Majewicz, "Bronisław Piłsudski – wzorcowa karta dziejów współpracy i przyjaźni polsko-japońskiej", [w:] *Chopin-Polska-Japonia*, Tokyo 1999, s. 71-73.

（8）主著に、*Materials for the Study of the Ainu Language and Folklore,* Kraków 1912 がある。*The Collected Works of Bronisław Piłsudski, t. 1-3,* red. A. Majewicz, Berlin-New York 1998, 2004 も参照されたい。

（9）*Bronisław Piłsudski and Futabatei Shimei: An Excellent Chapter in the History of Polish-Japanese Relations. Materials of the Third International Conference on Bronisław Piłsudski and His Scholarly Heritage, Kraków-Zakopane 29/8-7/9 1999*, red. A.F. Majewicz, T. Wicherkiewicz, "Linguistic and Oriental Studies" Monograph Supplement nr 7, Poznań 2001.

（10）シェロシェフスキの著作については、巻末の文献目録と第3章を参照のこと。

（11）Ł. Kossowski, *O inspiracjach japońskich w sztuce polskiej,* [w:] Chopin..., s. 148-150.

（12）M. Martini, *Feliks „Manggha" Jasieński – kolekcjoner i propagator sztuki japońskiej,* [w:] *Chopin...*, s. 148-150.

（13）I. Schreiber, *Polska bibliografia japonologiczna po rok 1926*, Kraków 1929.

（14）Z. Osiński, *Japońsko-polskie kontakty teatralne – dwudziesty wiek,* [w:] Chopin..., s. 222-225.

（15）B. Szcześniak, "Polonica japońskie" *Teki Historyczne* 1954, t. 6, nr 3-4, s. 162.

(16) 落合直文「波蘭懐古」『雄叫び』東京、1960 年、114-115 ページ。
(17 Numano M., *Spotkania Japończyków z literaturą polską,* [w:] *Chopin* ..., s.210-213.
(18) その後、東京帝国大学という名称になるが、第 2 次世界大戦後は東京大学に再度改称され、もっとも有名な国立大学となった。
(19)「陸軍参謀本部」はこれ以後、表記を「参謀本部」に統一する。日本海軍については本書では取り上げないからである。
(20)「単騎遠征」太田阿山編『福島将軍遺績』東亜協会、1941 年、1-224 ページ。島貫重節『福島安正と単騎シベリヤ横断』(上)(下)原書房、1979 年も参照せよ。
(21)「単騎遠征」13-14 ページ。

第2章

(1) 巻末の文献目録の稲葉千晴、オラヴィ・フェルト (Olavi K. Fält)、小森徳治、イェジ・レルスキ (Jerzy Lerski)、阪東宏の項を参照のこと。
(2) 牧野伸顕『回顧録』(中公文庫) 上巻、1989 年、320 ページ。
(3) 同上、319-324 ページ。
(4) W. Jędrzejewicz, "Sprawa „Wieczoru". Józef Piłsudski a wojna japońsko-rosyjska 1904-1905", *Zeszyty Historyczne* 1974, nr 27, Paryż, s. 4-5(以後、SW と略記)
(5) ポーランド語の全文は、ニューヨークのユゼフ・ピウスツキ研究所所蔵文書にある (SW、17-18 ページ) にある。
(6) Piłsudski Józef, *Pisma zbiorowe*, Instytut Józefa Piłsudskiego, Warszawa, 1937, t.IXs. 279-280.
(7) イェンジェイェヴィチが述べているように (SW, 35)、おそらくロシア軍の動きを探るためのシベリア鉄道の監視ということであろう。
(8) Lerski, Jerzy, „A Polish Chapter of the Russo-Japanese War" ,*Transaction of the Asiatic Society of Japan*, Third Series,t,VII,Tokyo,1959,s.84.
(9) Dmowski, Roman, *Polityka polska i odbudowanie państwa*, t.I, PAX, Warszawa,1989, s. 91-92.
(10) Micewski, Andrzej, Roman Dmowski, Verum,Warszawa,1971,s.102.
(11) Pobóg-Malinowski, Władysław, *Józef Piłsudski, t.I,1901-1908. W ogniu rewolucji*, Gebethner i Wolff, Warszawa 1935, s.205.
(12) Inaba Chiharu, "Polish-Japanese Military Collaboration during the Russo-Japanese War," *Japan Forum*, t.IV/2/1992, s. 230-231.
(13) Pobóg-Malinowski, op.cit., s. 216-217.
(14) Douglas,James, „W zaraniu dyplomacji polskiej:misja Ligi Narodowej i PPS w Japonii," *Niepodległość*, t.V,1931-1932,s.182-183.
(15) Ibidem,s.187.
(16) 稲葉千晴「松山収容所のポーランド人捕虜問題」松山大学編『マツヤマの記憶——日露戦争 100 年とロシア兵捕虜』成文社、2004 年、62 ページ。
(17) 稲葉千晴「日露戦争中のポーランド人捕虜——松山収容所を中心として」A. Kozyra, I. Kordzińska-Nawrocka (eds.), *Beyond Borders: Japanese Studies in the 21st Century. In Memorium Wiesław Kotański*, Warszawa 2007, s. 142.
(18) ダグラスは、故意にか、もしくは不注意からか、誤った日付を記している。ピウスツ

キがドモフスキと会ったのは7月14日である（SW、52ページ）。

(19) J. Douglas, „W zaraniu dyplomacji ...", s. 188-189.

(20) 全文は、Piłsudski, Józef, *Pisma zbiorowe*, op. cit., t.II,s.249-258を見よ。

(21) Ibid., s.252-253.

(22) Ibid., s.257.

(23) Ibid., s.257-258.

(24) 全文は、SW、45-49ページを見よ。

(25) Douglas, J.,op.cit.,s.190.

(26) R. Dmowski, *To His Excellency the Minister of Foreign Affairs, in Tokyo*, 外務省外交史料館史料（以下、GGSと略記）。

(27) Douglas, J.,op.cit., s.190-192.

(28) Akashi Motojiro. "Rakka-ryusui.Colonel Akashi's Report on His Secret Cooperation with the Russian Revolutionary Parties During the Russo-Japanese War," red. O. Fält, A. Kujala, tłum. Dokumentów Inaba Ch., *Studia Historica* 31, Helsinki 1988, s.39.

(29) 現在の約7億円に相当する。Inaba Chiharu, "Polish-Japanese…," p.240.

(30) Pobóg-Malinowski, *W ogniu rewolucji ...*, s.178.

(31) 現在の約320万円に相当する。稲葉千晴「日露戦争中の日本・ポーランド軍事協力」山本俊朗編『スラヴ世界とその周辺 — 歴史論集』ナウカ、1992年、469ページ。

(32) 明石元二郎「落下流水」『明石元二郎文書』第4章、国立国会図書館所蔵、46ページ。

(33) 稲葉によると、4000フランに相当するという。稲葉、同上論文、469ページ。

(34) R. Dmowski, „Ex Oriente Lux", *Przegląd Wszechpolski*, 1904, nr 9, s. 648-655; nr 10, s. 748-755; nr 12, s. 909-918.

第3章

(1) 百瀬　宏「新興東欧諸国と日本」入江昭他編『戦間期の日本外交』東京大学出版会、1984年、181-182ページ；柴　理子「日本・ポーランド交流史　1904-1941年」『国際関係学研究』第10号別冊、1984年、津田塾大学、83ページ。

(2) シベリア出兵へのポーランド人の参加については、次を参照。Sprawozdanie gen. Baranowskiego. Materiały dotyczące losów Wojska Polskiego na Syberii 1919-1920, Oddział II Sztabu Generalnego i Głównego (O II SzGG), Centralne Archiwum Wojskowe (CAW), t.64; Polacy na Syberii. Szkic . t.historyczny, Warszawa 1928; S. Wojstomski, O Polskiej Legii Syberyjskiej – artykuły, Warszawa 1937.

(3) 次の文書を参照。Komitet Narodowy Polski-Paryż（以後、KNPと略記）、Archiwum Akt Nowych, w Warszawa（以後、AANと略記）k.31-35; GGS, 1.4.3.17; *Chronologia stosunków międzynarodowych Polski, 1918-1921*, Warszawa 1955, t.1, dok. nr 225.

(4) 1919年5月14日、ポーランド政府はロシア研究に従事するという日本軍将校の受け入れに同意している（AAN, KNP 66, nr 49）。6月25日、ポーランド外務省はポーランド国民委員会に、山脇大尉はすでにワルシャワに滞在しており「しかるべき支援を与えている」という情報を伝えている（AAN, KNP 66, nr D. 7101/VII/19）。

(5) 旧陸軍将校の親睦と軍事研究の発展を目的として1877年に創立された団体。

（6）*Historia dyplomacji polskiej*, t. 4: 1918-1939, red. P. Łossowski, Warszawa 1995, s. 11-15.

（7）J. Targowski, Pamiętniki 1883-1921, maszynopis: dział 1 b. t., lata 1883-1920, dział 2: Moja misja na Dalekim Wschodzie 1920-1921（以後、JT と略記）著者（ルトコフスカ）はこの回想録の第 2 部の一部を雑誌『ヤポニカ（Japonica)』に発表している。1993, nr 1, s. 123-131; 1994, nr 3, s. 147-159; 1995, nr 4, s. 127-137, nr 5, s. 97-105; 1996, nr 6, s. 145-158 (以後、JTJ と略記).

（8）タルゴフスキは、北京における信任状捧呈は 1920 年 12 月初旬にようやく行われたと回想録に書いている (JTJ, nr 6, s. 156)。

（9）„Przyjazd Wysokiej Komisji", *Polski Kurier Wieczorny*, 9 marca 1920, nr 2, s. 4-5; JT, s. 169.

（10）4 月 5 日、タルゴフスキは「自分の申し入れが功を奏して、中国はポーランドを承認した」と書いている（JT、259 ページ)。

（11）*Archiwum Akt Nowych w Warszawie. Przewodnik po zasobie archiwalnym*, red. M. Motas, Warszawa 1973, s. 94.

（12）Z. Musialik, „Rola marszałka Józefa Piłsudskiego w bitwie nad Wisłą 1920 r. w ocenie publikacji zachodnich", [w:] *Materiały sesji naukowej w Instytucie Historii PAN*, Warszawa 1991, s. 129.

（13）Ibidem, s. 128-141. 次も参照せよ。*Rok 1920. Wojna polsko-radziecka we wspomnieniach i innych dokumentach*, Warszawa 1990, s. 304-308; Pruszyńnski, Mieczysław, *Dramat Piłsudskiego. Wojna 1920*, BGW, Warszawa, 1995.

（14）松本照男「ポーランドのシベリア孤児たち」『ポロニカ』第 5 号、1990 年、62-81 ページ。同「大正 9 年シベリア孤児救済秘話」『声』1983 年第 11 号、210-220 ページ。W. Theiss, *Dzieci syberyjskie. Dzieje polskich dzieci repatriowanych z Syberii i Mandżurii w latach 1919-1923*, Warszawa 1992.

（15）松本照男「大正 9 年……」215 ページ。

（16）2008 年、敦賀に「人道の港 敦賀ムゼウム」が開館し、シベリアのポーランド孤児、1940 年にホロコーストを逃れて敦賀にたどり着いたユダヤ人難民に関する展示が行なわれた。著者は二度にわたりこのテーマに関する敦賀でのシンポジウムに参加した。詳しくは以下を参照のこと。エヴァ・パワシュ＝ルトコフスカ「ポーランド〜敦賀〜日本、友好関係の通り道——ポーランド難民・ユダヤ難民と敦賀」地方史研究協議会編『敦賀・日本海から琵琶湖へ——「風の通り道」の地方史』雄山閣、2006 年、7-27 ページ、同「欧亜の架け橋：敦賀」涛声学舎編『欧亜の架け橋：敦賀』涛声学舎、2008 年、5-14 ページ。

（17）W. Theiss, *Dzieci syberyjskie...*, s.79.

（18）Ibid., s.81.

（19）Ibid., s.79.

（20）Ibid., s.83.

（21）タルゴフスキの従兄で東京での同僚だったカロル・フリッチが証言している（ポーランド科学アカデミー保存文書)。

（22）派遣外交官リストは付録 1 を参照。

（23）住民投票にふされた地域の 29%がポーランドに帰属することになった。住民の 46%が居住し、ポーランドにとってきわめて重要な上シロンスク工業地帯の大部分が含まれていた。

（24）Nr T/99/2/pol, zespół *Ministerstwo Spraw Zagranicznych*（以後 MSZ と略記), akta5953, AAN.

（25）裕仁は日本の第一皇位継承者として初めて欧州を歴訪した。1921 年 3 月から 9 月にか

けて、イギリス、フランス、イタリア、ベルギー、オランダを訪問している。

(26) 日本は 1902 年からイギリスと同盟関係にあったため、第 1 次世界大戦に参戦することになった。

(27) S. Sierpowski, *Źródła do historii powszechnej okresu międzywojennego, t. 1 1917-1926*, Poznań 1991, s. 229-236. 1920 年に国際連盟が招集した外相会議は、パリで承認された連合国側主要国、すなわちイギリス、イタリア、日本、フランスの代表から構成されていた。アメリカ代表はオブザーバーとして参加した。五大国の諮問機関として 1931 年 3 月まで存続するが、ときには五大国の委任を受けて重要案件がそこで決定されることもあった。

(28) *Prawo międzynarodowe i historia dyplomatyczna. Wybór dokumentów*, oprac. L. Geldberg, Warszawa 1958.

(29) バナシンスキの主要著書に、Eugeniusz Banasiński, *Japonia-Mandżuria. Studium polityczno-ekonomiczne*, Wydawnictwo Instytutu Wschodniego "Polska Zjednoczona", Warszawa, 1931 がある。

(30) イェンジェイェヴィチによれば、パテクの世話を焼いていたのは日本にいるときだけではなかったという。イェンジェイェヴィチは日本語を知っており、日本と中国の美術に造詣が深かった。ワルシャワに戻った後、ヴァレツカ通りに東洋美術専門の古書店を開いている。W. Jędrzejewicz, *Wspomnienia*（以下、WJ と略記）, Wrocław 1993, s.126.

(31) S. Patek, *Wspomnienia ważnych okresów pracy*, Warszawa 1938, s. 21-23.

(32) 鎖国が終焉し、1855 年に日本が最初にロシアと調印した条約では、樺太は両国の国境外にあったが、日露両国民は樺太に居住することができた。1875 年に樺太千島交換条約が調印され、日本は樺太と引き換えに千島全島をロシアから獲得し、日露戦争後のポーツマス講和条約（1905）によって、北緯 50 度以南の南樺太を領有することになった。アジア・太平洋戦争の終結後、樺太全島がソ連に返還された。

(33) S. Patek, op.cit., s. 24.

(34) Ibid., s. 30-35.

(35) イェンジェイェヴィチは名前を混同している。1924–1928 年の外務次官は外交官出身の出渕勝次である。ちなみに、出口［王仁三郎］は、20 世紀初頭の神道の一派「大本」の思想家・活動家の一人である。

(36) J. Makowski, *Umowy międzynarodowe Polski*, Warszawa 1935, s. 102.

(37) B. Orliński, *Mój lot Warszawa-Tokio-Warszawa*, Warszawa 1927.

(38) 践祚の際、天皇は先祖の霊ばかりでなく、神殿のもっとも重要な女神で皇室の祖神とされる天照大御神や他の神々にも報告する。

(39) 全員のリストは付録２を参照。

(40) 1875 年に私立学校として設立され、幾度か改称された後、1920 年に大学に改組された。第 2 次世界大戦後の 1949 年には、一橋大学という名称の国立大学となる。

(41) 佐藤尚武『回顧八十年』時事通信社、1963 年、189 ページ。

(42) *Zespół Oddział II Sztab Główny*, akta 617/41, AAN（以後、O II SzG と略記）

(43) 樋口季一郎『アッツキスカ軍司令官の回想録』（以後、ＨＫと略記）、芙蓉書房、1971 年、192-194 ページ。

(44) この訪問の詳細については以下を参照。Kurier Polski, 21, 22, 23, 25, 26 listopada 1928, s. 2.

(45) Zedpół *Delegacja RP przy Lidze Narodów,* akta 23, AAN（以後、Del.RP と略記）

(46) 日本側のポーランド駐在武官のリストは巻末の付録４。

(47) 有賀伝『日本陸海軍の情報機構とその活動』近代文芸社、1994 年、141 ページ。

(48) この件に関しては、616/57 OII SzG, AAN を参照。コヴァレフスキの日本軍参謀本部訪問については、防衛研究所図書館所蔵史料「満州――終戦時日ソ戦」所収の大久保俊次郎少佐関連文書にある。

(49) ポーランド側の日本駐在武官のリストは付録３。

(50) Centralne Archiwum MSW, W-193, t. 2; A. Pepłoński, „Nie publikowany dokument dotyczący współpracy między Oddziałem II Sztabu Generalnego WP a wywiadem japońskim", *Przegląd Policzjny* 1991, nr 1/23, s, 104-107.

(51) W. Jędrzejewicz, *Japończycy kawalerami Virtuti Militari*, maszynopis, s. 4-5.

(52) ibid., s. 8-9.

(53) 1928 年 3 月 28 日に「軍事功労勲章」を授与された全 28 名については、巻末の付録５を参照。

(54) W. Jędrzejewicz, op.cit., s. 4-5.

(55) ibid., s. 11.

(56) J. Makowski, op. cit., s. 102.

(57) Nowak-Kiełbikowa, Maria, „Japonia i Chiny w dyplomacji II Rzeczypospolitej", *Dzieje Najnowsze*, rocznik XIII/1-2/1981, s.213.

(58) A. Żuławska-Umeda, „Kamil Seyfried (1908-1982)", *Przegląd Orientalistyczny* 1984, nr 1-4, s. 201-204. 日本関連年表をはじめとする、ゼイフリートの大量の手書き資料が、ワルシャワ大学日本学科に残されている。

(59) 同研究所は 1939 年まで存続した。その基本的任務は、当時の東洋の国々およびその国民の研究と、東洋在住のポーランド人の紹介であった。その目的のため学術・文化関係の締結と維持に努め、プロメテ理念の宣伝が行なわれた。同研究所の支援により、日本語を含む東洋の言語や、東洋のいくつかの国々の歴史、地理、経済などに関する知識を提供する講座が開設された。1931 年秋には東洋学学校が正式に発足した。

(60) コタンスキ教授は、以下の著書に日本研究者としての自らの経歴について記している。Refleksje na 80-lecie, [w:] Chopin ..., s. 22-26; E. Pałasz-Rutkowska, „Profesor Wiesław Kotański (1915-2005) – wybitny uczony, japonista, wychowawca pokoleń", *Azja-Pacyfik* 2005, nr 8, s. 188-194.

(61) Bibliography of Publication by Professor Wiesław Kotański, oprac. A. Ługowski, [w:] „Księga dla uczczenia 75 rocznicy urodzin Wiesława Kotańskiego", *Rocznik Orientalistyczny* 1990, t.46, nr 2, s. 13-21, oraz „Wykaz prac Wiesława Kotańskiego za lata 1982-1994 z adnotacjami treściowymi", Japonica 1994, nr 2, s. 171-187.

(62) 巻末の文献目録を参照のこと。シュチェシニャク教授およびヤニーナ夫人から寄贈された資料は、ワルシャワ現代史史料館（AAN）の Akta Bolesława Szcześniaka および Dział Rękopisów、ロンドンのポーランド図書館にある。ヤニーナ夫人は、日本関係資料の一部をワルシャワ大学日本学科図書室に寄贈してくださった。

(63) W. Kotański, „Ryōchū Stanisław Umeda – szkic biograficzny", *Przegląd Orientalistyczny* 1962, nr 3, s. 275-288; A. Żuławska-Umeda, „Profesor Stanisław Ryōcyū Umeda (1900-1961)", *Japonica* 2000, nr 12, s. 107-113.

(64) ワルシャワ大学日本学科所蔵のカミル・ゼイフリート編纂の日誌、手稿類、蔵書に基づく。

（65）Z. Osiński, *Japońsko-polskie kontakty...*, s. 222-223.

（66）Numano M., *Spotkania Japończyków...*, s. 210-211.

第４章

（１）日本に駐在したポーランド人外交官のリストは付録１。

（２）ポーランドに駐在した日本人外交官のリストは付録２。

（３）外務省外交史料館史料（GGS）I.1.10.0-2-18 を参照。守屋はポーランドに関する織田寅之助との共著『野の国ポーランド — その歴史と文化』（帝国書院、1949 年）を出版している。この枠組みで、ポーランドからはエウゲニュシュ・ロマーネクが日本に行っている。GGS, I.1.10.0-2-18 および AAN, MSZ 5962 を参照。

（４）関東軍は、南満州鉄道と広東の租借地の防衛を主な目的として、日露戦争後の 1906 年から満州に駐留していた。当初の 1 万人が、1933 年には 10 万人に達した。

（５）当初は共和制であったが、1934 年 3 月以降は帝政に移行した。国家元首には清朝の溥儀 (1906–1968) が就任し、当初は執政、のちに皇帝となった。領域的には黒竜江省、吉林省、遼寧省、熱河省を含んでいた。

（６）初代領事は、1920 年にユゼフ・タルゴフスキの随行員として極東に来たミハウ・モルグレツであった。1939 年には総領事館となる。1942 年 2 月の、ポーランド亡命政府による満州国承認の撤回、中華民国政府との外交関係の締結まで存続していたと思われる。

（７）Depesza nr 4221/31, zespół akt Delegacja RP przy Lidze Narodów 221 (Del. RP), AAN.

（８）この協定は 1928 年 8 月 27 日に調印された。締結国はアメリカ、イギリス、フランス、ポーランド、ベルギー、チェコスロヴァキア、ドイツ、イタリア。

（９）「満州事変」第 1 巻第 3 部、『日本外交文書』原書房、1977 年、383 ページ。

（10）同上書、473 ページ。

（11）*Kurier Polski*, 9 listopada 1932, s. 2.

（12）「満州事変」第 3 巻、35 ページ。

（13）反対票を投じたのは日本だけであり、タイは棄権、12 か国は欠席した。

（14）T. Romer, *Diplomatic Activities 1913-1975, t. 1: Japan (1937-1940), t. 2: Japan (1940-1941)*, microfilm, Public Archives of Canada, Ottawa (TRDAJ)

（15）*Diariusz i teki Jana Szembeka (1935-1945), t. 4 : 1938-1939*, oprac. J. Zarański, Londyn 1972, s. 296.

（16）Ibid., s.407-408.

（17）この節は著者の以下の 2 論文に基づいて執筆した。”Manchuria in Polish-Japanese Relations in the 1930s”, *Rocznik Orientalistyczny* 2003, t. 56, nr 2, s. 129-140; „Polska-Japonia-Mandżukuo, Sprawa uznania Mandżukuo przez Polskę”, *Przegląd Orientalistyczny 2006*, nr 1-2, s. 3-18.

（18）最初の日本船「報福丸」がグディニャに入港したのは、1930 年 12 月である。1935 年 3 月には、ポーランド船として初めて、フリゲート艦「ダル・ポモージャ」が世界一周の途次、日本（横浜、大阪、長崎）に立ち寄っている。以下を参照。S. Kossko, *Przez trzy oceany*, Szczecin 1985, s. 95-108; L. Schmorak, „Dar Pomorza w Japonii”, *Morze* 1935, nr 10, s. 18-22.

(19) ヤツェク・トラヴィンスキの令嬢、マグダレーナ・トラヴィンスキ＝イェンチミク、ヴァンダ・トラヴィンスカ＝ヨナクが提供してくださった一家の私蔵文書（コピー）による。

(20) *Diariusz i teki...*, s. 60.

(21) 日本側のポーランド駐在武官のリストは付録４。

(22) 1932年4月から1939年8月まで、すなわち独立のルーマニア駐在武官室の設置が認められるまで、ポーランド駐在武官がルーマニア駐在武官を兼任していた。

(23) *Wykaz oficerów japońskich na stażach w Polsce*, CAW, O II SzG, Wydział Ogólny, t. 56, 57; AAN OII SzG 617.

(24) 1936年5月22日、日波協会の会合で講演している。ここで山脇は、ポーランドの課題、1920年の戦争、ピウスツキ将軍の功績、グディニャ港、ポーランド軍、ドイツとの接近を取り上げている。

(25) ポーランド側の駐在武官リストは付録３。

(26) 酒匂糸子「死のワルソーを逃れて」『婦人公論』1939年第11号、72-78ページ。

(27) 同上、75-78ページ。

(28) 森　元二郎『ある終戦工作』中公新書、1980年、114–115ページ。森は1940年5月までポーランドにいた。神戸に帰着したのは7月7日である。

(29) 1702年に吉良義央を討ち主君である浅野長矩の仇を報いた赤穂四七士のこと。切腹という名誉の死を宣告され、自害した。

(30) 難民の問題は次章で取り上げる。

(31) 例えば、1940年9月20日付、1941年8月6日付のロメルのポーランド外務省宛暗号電報を見よ。ロンドンのポーランド研究所（Instytut Polski　以下、IPと略記）所蔵史料A.1.2.53/37。

(32) *Zesłańcy polscy w ZSRR*, Ambasada Rzeczypospolitej Polskiej w Japonii, Tokio 1941.

(33) Ibid., s. VI-VIII.

(34) 杉原千畝が言及しているスタニスワフ・カスプシクと同一人物と思われる。第5章の「カウナス ― 杉原千畝とポーランド諜報機関」を参照のこと。

(35) ロメルはこの密約に、シュチェシニャクの任務が「日本政府の確実な許可を得て日本在住ポーランド人の個人および社会生活を組織し、リストを作成し、彼らとの連絡を維持して日本政府との関係を作りやすくしてやることであり、日本におけるポーランドの文化および宣伝活動であること」と記している（TRDAJ, t. 2）。

(36) 例えば、ピスコルは他の外国人記者との座談会に出席したりしている。「欧州大戦を語る ― 外人記者の座談会」『日本評論』1939年10月号、250-260ページ。

(37) 個人経営の出版社から10万部発行され、日本全国の書店や駅の売店で販売された。

(38) 例えば、一原有常「波蘭大使ロメル氏と語る」『中央公論』1939年11月号、277-281ページ。

(39) アレクサンデル・ピスコル「支那を訪ねて」『日本評論』1940年第2号、117-127ページ。

(40) これについては、ワルシャワ現代史史料館のシュチェシニャク関連文書（Akta *B. Szcześniaka*, AAN）にもある。

(41) 伊藤はポーランドについて執筆もしている。伊藤述史「波蘭第一線に立てる人々」『文芸春秋』1939年10月号など。

(42) 日本政府は、それ以前から発行されていた数少ない独立系英字新聞の一つ、ア”リカの日刊紙『ジャパン・アドヴァタイザー』を買収し、11月には政府系の日刊英字新聞『ジャパン・タイムズ』と合併させて、親ドイツ的な『ジャパン・タイムズ・アンド・アドヴァタイザー』を創刊した。日本国内の独立系海外新聞の廃刊への次なるステップは、1941年1月の『ザ・ジャパン・タイムズ』による英国紙『ザ・ジャパン・クロニクル』の買収であった。

(43) ここでは対外関係における諸事件のこと。日ソ中立条約、バルカン紛争、ドイツの快進撃など。

(44) *Wrażenia z podróży misyjnej do Japonii, Niepokalanów*, 1934. フランチェスコ会のポーランド人修道士は現在も日本で活動している。1970年に東京の修練所を訪れた時、著者(ロ”ル)はゼノ修道士、ローゼンバイガー神父、クフィエチェン修道士と話すうちに、彼らが東京、長崎、名古屋、大阪で孤児院、老人ホーム、障害者施設を運営していたことを知った。

(45) I. Merklejn, *Brat Zeno Żebrowski. Polski misjonarz w japońskich mediach*, Warszawa 2006.

第5章

(1) このテーマに関して著者は、”Współpraca polsko-japońska w czasie II wojny światowej”, *Zeszyty Historyczny* 1994, nr 110, Paryż, s. 3-43を最初とし、続いて以下の論文を発表した。「第2次世界大戦と秘密諜報活動 — ポーランドと日本の協力関係」『ポロニカ』第5号、恒文社、1995年、”Polish-Japanese Co-operation during World War II”, *Japan Forum* 1995, t. 7, nr 2, Oxford, s.285-317.

(2) 以下を参照のこと。L. Gondek, *Wywiad polski w Trzeciej Rzeszy 1933-1939*, Warszawa 1995; A. Pepłoński, *Wywiad Polskich Sił Zbrojnych na Zachodzie (1939-1945)*, Warszawa 1995, Warszawa, 1991; J. Pollack, *Wywiad, sabotaż, dywersja. Polski Ruch Opolu w Berlinie*, Warszawa 1991; S. Strunch-Wojtkiewicz, *Tiergarten. Powieść z lat 1939-1945*, Warszawa 1986 i inne.

(3) L. Mitkiewicz, *Wspomnienia kowieńskie 1938-1939*, Warszawa 1990.

(4) L. Hryncewicz, *Grupa pod kryptonimem „Wierzba" na Litwie Kowieńskiej działająca w okresie II wojny światowej,* maszynopis, Warszawa 1988(以下、LHと略記)。

(5) 周知のように、西村は1936年に短期間ポーランドに滞在し、レンベルトゥフの歩兵監部を訪問している。すでにこのとき、ポーランド諜報機関と接触していたのかもしれない。

(6) L. Daszkiewicz, *Placówka wywiadowcza „G". Sprawozdanie i dokument,* kopia rękopisu, stron 88, Anglia 1948 (以後、LDと略記).

(7) Ks. K. Kucharski, *Konspiracyjny ruch niepodległościowy w Wilnie w okresie od września 1939 r. do 25 maja 1941 r.*, Bydgoszcz 1994. フリンツェヴィチやこの件の他の参加者たちは、クハルスキが自分の功績を過大評価しており、むしろ彼の関与が疑いを呼んだとしている。R. Mackiewicz, „Z dziejów polskiego wywiadu w Litwie w czasie II wojny światowej", *Wileński Przekaz* 1996, nr 38, s. 2-5.

(8) S. Strumph-Wojtkiewicz, *Tiergarten...*, s. 15.

(9) A. Pepłoński, op.cit. s. 33.

（10）M. Rybikowski, *Major Alfons Jakubianiec*, 1965, tekst niepublikowany, Archiwum Muzeum Wojska Polskiego w Warszawie.

（11）M. Rybikowski, zapiski bez tytulu, Archiwum Muzeum Wojska Polskiego w Warszawie.

（12）M. Rybikowski, *Major Alfons Jakubianiec*, s. 1-5.

（13）M. Rybikowski, zapiski bez tytułu, s. 3.

（14）Ibid., s. 4.

（15）ハルビン学院は1940年に大学に格上げされ、1945年まで存続した。

（16）"Raport konsula Sugihary Chiune", wstęp, tłum. i oprac. E. Pałasz-Rutkowska, *Japonica* 1997, nr 7, s. 131-140.

（17）ヴワディスワフ・ヴィエルホフスキ教授の著者（ロメル）宛の手紙（1995年6月）によると、当時91歳のエリザベス・リシツィンがフィンランドに健在で、杉原夫妻のことをよく覚えていたという。

（18）この名称は後につけられたもので、当初リトアニアの武装闘争同盟は組織化されていなかった。1939年12月に組織の萌芽が見られ、1940年8月カウナス管区が設立された。J. Kozakiewicz, R. Mackiewicz, *Podokrąg ZWZ-AK Kowno, Ispektorat E., „Wilno" b.d.w.*, nr 8, s. 2-3.

（19）ボレスワフという名前の給仕のことは、杉原夫人も自著（『六千人の命のビザ』大正出版、1990年）の中で触れているが、姓と国籍は書かれていない。しかし、著者（ルトコフスカ）のインタビューでは、ボレスワフはポーランド人で、その働きぶりに夫妻とも満足していた、と語った。また、戦後には、ボレスワフの息子が国立フィルハーモニーとともに来日し、杉原夫人に連絡してきたという。

（20）杉原の報告書（Sch, 133-134ページ）によると、カスプシクは妻のステラと一緒に領事館を訪れ、ポーランド陸軍中尉を名乗っている。ステラはカワゴエという日本人の娘で、夫と共に日本に行くことを望んでおり、杉原はその手筈を整えてやっている。杉原がポーランド参謀本部の諜報将校としているカスプシクに言及しているのは、タデウシュ・ロメル大使だけである。第4章の「駐日ポーランド大使館の廃止」を参照のこと。

（21）杉原はペシュという姓を「ペルツ」（Perz または Pelz）のように発音しており、ロシア語でもそのように書いている。杉原夫人も同様に発音しており、著書の日本語表記もそうなっている。

（22）E. Budzyński, „Poczta japońska", *Zeszyty Historyczne* 1992, nr 102, s. 203-213.

（23）Ibid., s. 206-210.

（24）Ibid., s. 211.

（25）中日新聞社会部編『自由への逃走——杉原ビザとユダヤ人』（1995）、渡辺勝正編著・杉原幸子監修『決断・命のビザ』（1996）、杉原誠四郎『杉原千畝と日本の外務省 — 杉原千畝はなぜ外務省を追われたか』（1999）、渡辺勝正『真相・杉原ビザ』（2000）など。

（26）口頭発表としては、防衛研究所戦史部における講演（2001）、東京大学大学院における講義（2005）、名城大学におけるシンポジウム（2005）、敦賀における歴史家会議での公開講演（2005・2006）など。日本語の著作等には以下がある。「ポーランド～敦賀～日本、友好関係の通り道——ポーランド難民・ユダヤ難民と敦賀」地方史研究協議会編『敦賀・日本海から琵琶湖へ——「風の通り道」の地方史』所収（2006）、「ポーランドとの隠れた関係」『中日新聞』（2006年11月30日付）、エヴァ・パワシュ＝ルトコフスカ、アンジェイ・T・ロメル、大鷹節子「日本のシンドラー・杉原千畝 — 美談の陰に」『諸

君！』（1996年9月号）。

(27) プレストンは、公使館の閉鎖直前の4日間にパレスティナへの渡航許可証を700 - 800通発行している。*Flight and Rescue*, Washington DC 2001, s. 58.

(28) J. Zwartendyk, "Curaçao: Lifetime to Holocaust Survival", *Jewish Studies*, Spring 1996, s. 2-9. ヘップナーは自らの体験を以下に記している。*Shanghai Refuge. A Memoir of the World War II Jewish Ghetto,* Lincoln-London 1995. 著者は、このテーマで講演を行った。Ewa Pałasz-Rutkowska, *Polish-Japanese Secret Cooperation During World War II: Sugihara Chiune and Polish Intelligence* (www. tiu.ac.jp/~bduell/ASJ/3-9_lecture_summary. html 2008年7月20日閲覧)

(29) www.ushmn.org/museum/exhibit/online/flight_rescue/ (2008年8月20日閲覧)

(30) これについてはペッシラの夫イサーク・レヴィンも以下に書いている。I. Lewin, *Remember the Days of Old. Historical Essays*, New York 1994, s. 171-176. Z. Warhaftig, *Refugee and Survivor. Rescue Efforts During the Holocaust*, Jerusalem 1988, s. 102-111も参照されたい。

(31) 杉原幸子『六千人の命のビザ』大正出版、1990年。

(32) 同上書、25-28ページ。

(33) 同上書、28-31ページ。

(34) 白石仁章「いわゆる『命のビザ』発給関係記録について」『外交史料館報』1996年第9号、60-69ページ。

(35) Tabata Masanori, "Foreign Ministry Acknowledges its Wartime Errors", *The Japan Times,* 11.10.1991, s.3.

(36) エルネスト・ヘップナーはズヴァルテンディクの功績を認めさせるために長年にわたって尽力した。Heppner Ernest G., "The Forgotten Rescuer of Wartime Jews", *Indianapolis Star*, 26.07.1995, s. A5.

(37)『自由への逃走』63-64ページ。

(38) W. Schellenberg, *The Schellenberg Memoirs*, red. i tłum. L. Hagen, London 1975, s. 144-154.

(39) マイジンガーは上海に行き、日本人に働きかけてユダヤ人に対する態度を変えさせ、「ユダヤ人問題」の速やかな解決を図ろうとした。マイジンガーの東京派遣の証拠となり得るのは、ポーランド大使館付武官のレヴィトゥーに関する警告情報である。レヴィトゥーは対独防諜を組織しており、ドイツにとっては特に危険な人物であった。Chapman J. W. M., "The Polish Connection: Japan, Poland and the Axis Alliance", Proceedings of the British Association for Japanese Studies, t. II/1/1977, s.62.

(40) Heydrich do Ribbentropa, Japanische Spionage im Reich, nr IV E 5-K.52g.Ra. (7 sierpnia 1941), （以下、RHと略記）（小野寺家私蔵文書のコピー）.

(41) M. Rybikowski, zapiski bez tytułu, s. 11-12.

(42) 渡辺勝正『決断・命のビザ』、211-213ページ。

(43) 渡辺勝正は、杉原が辞令を受けたのは11月下旬で、12月19日にはすでにブカレストにいたと見ている。

(44) ヤクビャニェツの逮捕については、以下を参照。Załącznik nr 14 do listu z Londynu do komendanta głównego ZWZ gen. Roweckiego, *Armia Krajowa w dokumentach: 1939-1945*, t.2, Wrocław 1990, s. 81-82; W. Schellenberg, *The Schellenberg Memoirs*, s. 147-149; J. Pollack, *Wywiad, sabotaż, dywersja. Polski Ruch Oporu w Berlinie 1939-1945*, Warszawa 1991, s. 66-70; S. Strumph-Wojtkiewicz, *Tiergarten...*, s.175-193.

(45) ダシュキェヴィチは自らの報告書に何度か杉原一家との良好な関係について書いてお

り、杉原家の三人の息子たちと多くの時間を過ごしたと述べている。当時5歳だった長男の弘樹がダシュキェヴィチを「ジャジャ（おじいちゃん）」と呼んで、特になついていた。

（46）J. W. M. Chapman, “Japan in Poland’s Secret Neighborhood War”, *Japan Forum* 1995, t. 7, nr 2, Oxford, s. 243, 253.

（47）ペプウォンスキによると、ヤクビャニェツの逮捕後、最高司令部参謀本部第二部は日本側がポーランドから得た情報の一部をドイツに伝えているとして日本側の忠誠心の欠如を指摘していた。しかし、双方の諜報員が初めから十分な信頼関係を築くことができなかったとも考えられる。A. Pepłoński, *Wywiad Polskich Sił Zbrojnych* ..., s. 237.

（48）このことについては、以下の文献資料に興味深い情報を見い出すことができる。Kolekcje Prywatne nr 206: W. Gilewicz w Instytucie Polskim w Londynie; A. *Wywiad Polskich Sił Zbrojnych* ..., s. 234-236; L. Gondek, *Wywiad polski w Trzeciej Rzeszy*..., s.44-58.

（49）L.A.B. Kliszewicz, “Baza w Sztokholmie”, *Zeszyty Historyczne* 1981, nr 58, s. 44-175, J. Lewandowski, “Swedish Contribution to the Polish Resistance Movement, 1939-1942”, *Acta Universitatis* 1979, nr 20.

（50）小野寺百合子『バルト海のほとりにて』共同通信社、1985年、同「小野寺武官の戦い— 北欧の地の情報戦とリビコフスキのこと」『正論』1993年5月号，186 – 221ページ。後者の一部はポーランド語に訳されている。Onodera Y., „"Walka” attache Onodery”, wstęp i tłum. E. Pałasz-Rutkowska, *Japonica* 1994, nr 2, s. 97-113.

（51）東条内閣は1944年7月22日に総辞職した。

（52）J.W.M. Chapman, *Japan in Poland's*…, s. 243.

（53）A. Pepłoński, op.cit, s. 237.

（54）Ibid., s. 152.

（55）Himller do Ribbentropa, raport *Nachrichtenverkehr des polnischen Nachrichtendienstes zwischen dem General-Gouvernement unt Stockholm* nr IV E 5 – K. 52 g.Rs. (31 grudnia 1942)（小野寺家私蔵文書）および J. Lewandowski, Swedish Contribution..., Anek A, s. 86, 99.

（56）A. Pepłoński, op.cit, s. 33.

（57）J.W.M. Chapman, op. cit., s. 254.

（58）戦後、イギリス在住のブジェスクフィンスキの子息グジェゴシュがこのことについて証言した旨を、ヤヌシュ・ウォプシャンスキが手紙（2000年10月15日付）で著者（ルトコフスカ）に知らせてくれた。

人名小事典（主な登場人物）

（注）軍人については最終階級のみを記している。

ア行

明石　元二郎（1864–1919）男爵。陸軍大将。明治期のもっとも有名な情報将校のひとり。陸軍大学校卒業（1889）後、陸軍参謀本部に配属され、日清戦争（1894–1895）に従軍。フランス公使館付武官（1901）、ロシア公使館付武官（1902）、スウェーデン公使館付武官（1904）を歴任。日露戦争（1904–1905）開戦後、ロシア領内でスパイ網の組織、シベリア鉄道におけるサボタージュ、反帝政派の強化に従事し、この時、ドモフスキおよび民族連盟と接触した。朝鮮憲兵司令官（1910）、台湾総督（1918）。→ 文献目録

秋草　俊（1894–1949）別名・星野一郎。陸軍少将。情報将校。満州国在ドイツ公使館参事官兼ワルシャワ総領事（1940–1942）、関東軍情報部長（1945）。ソ連に抑留され、モスクワ郊外のウラジミール監獄で死去。

朝香宮　鳩彦（1887–1981）宮家。陸軍大将。陸軍大学校出身で、教官も務める。近衛師団長（1933）。欧州訪問（1925）の際、ポーランドにも立ち寄っている。

阿部　知二（1903–1973）作家。知識人。東京帝国大学卒。

天羽　英二（1887–1968）外交官。中国、ソ連、イタリアの各日本公館、国際連盟代表部に駐在。外務次官（1941）。

綾部　橘樹（1894–1980）陸軍中将。騎兵の専門家。ソ連駐在中に研修のためポーランドに派遣される（1928–1930）。1935 年より関東軍参謀。

新井　白石（1657–1725）すぐれた儒学者にして、歴史家、政治家。160 冊を超える著書の中では、『西洋紀聞』（1714・1725）がとくに有名で、ポーランドにも言及している。

荒尾　沖勝（1902–1974）陸軍大佐。陸軍大学校卒。ポーランド駐在武官補佐（1936–1937）、関東軍総司令部および陸軍参謀本部に勤務。

有田　八郎（1884–1965）政治家、外交官。東京帝国大学卒。駐ドイツ大使、駐オーストリア公使、駐ベルギー大使、駐中国大使を歴任。外相（1936–1937、1938–1939、1940）。

アレクサンドロヴィチ、パヴェウ　Aleksandrowicz, Paweł（1874–1959）ポーランド陸軍大佐。シベリア師団将校。初代の在日ポーランド公使館付武官（1920 年 11 月 —1921 年 10 月）として、第５シベリア師団の撤退作業に従事。

アンデルス、ヴワディスワフ　Anders, Władysław（1892 – 1970）ポーランド陸軍中将。ポーランド軍最高司令官（1944 – 1945）。

イェジェルスキ、ヴワディスワフ　Jezierski, Władysław 1920 年代の中国の「ロシア・アジア銀行」総裁。在上海ポーランド名誉領事。

イェンジェイェヴィチ、ヴァツワフ　Jędrzejewicz, Wacław（1893–1993）ポーランド陸軍中佐。外交官。政治家。駐日ポーランド公使館付武官、臨時代理公使(1925–1928)。ポーランド外務省行政局（1928–1932）および領事局に勤務。宗教・公教育相（1934–1935)、1941年、アメリカに亡命、ピウスツキ研究所（ニューヨーク）の創設者の一人として所長・総裁を務める。→ 文献目録

井田　守三　外交官。最初の駐ポーランド臨時代理公使。

伊藤　述史（1885–1960）外交官。東京高等商業学校卒。日本外務省職員(1909–1927)。国際連盟事務局次長（1927–1933)、駐ポーランド公使（1933年12月 –1937年7月)、内閣情報部（1940年、情報局に改編）部長を歴任。

井上　益太郎　外交官。駐ポーランド大使館二等書記官（1938 – 1939)。

イルスキ、コンラト　Ilski, Konrad　駐日ポーランド公使館一等書記官（1920)。

岩井　雄二郎（1902–1980）実業家。ケンブリッジ大学卒（1925)。1943年より岩井産業社長。

植田　謙吉（1875–1962）　陸軍大将。ウラジオストク派遣軍参謀（1918–1919)、参謀次長（1934–1935)、朝鮮軍司令官（1934–1935)、軍事参議官（1935)、関東軍司令官兼満州国駐箚特命全権大使（1936–1939)。

上田　昌雄（1897–1993）陸軍少将。陸軍大学校卒（1927)。陸軍参謀本部、関東軍参謀部に勤務。イラン留学（1933)。駐ポーランド大使館付武官（1938年3月 –1940年3月)、1939年8月までルーマニア駐在武官を兼任。大本営報道部長（1945)。

ヴォイチェホフスキ、スタニスワフ　Wojciechowski, Stanisław（1869–1953）政治家。ポーランド社会党の創設者の一人。ポーランド共和国大統領（1922–1926)。

宇垣　一成（1868–1956）陸軍大将。政治家。陸軍大学校卒（1900)、同校長(1919–1921)。二度のドイツ留学（1902、1906）を経て、陸軍大臣（1924–1927、1929–1931)、軍事参議官（1937)、朝鮮総督（1931–1936)、外相（1938）などを歴任。

内田　康哉（1865–1936）外交官・政治家。伯爵。東京帝国大学法科卒業（1887）後、アメリカとイギリスに留学。中国公使、オーストリア大使兼スイス公使(1907–1909)、ロシア大使（1917–1918）を経て、四つの内閣の外相を務める(1911–1912、1918–1923、1932–1933)。1931年、南満州鉄道総裁に就任。

宇都宮　太郎（1861–1922）陸軍大将。政治家。陸軍大学校卒業（1890）後、インドで研鑽を積む（1893–1894)。駐イギリス公使館付武官（1901–1906）時代、ポーランド社会党の代表と協力関係を結ぶ。参謀本部第一部長（1908–1909)、同第二部長（1909–1914)、軍事参議官を歴任。

梅田　良忠（1899–1961）大学教授。日本におけるポーランド文化の研究と紹介、ポーランドにおける日本文化の紹介に尽くした。ポーランド文学の翻訳に従事。曹洞宗大学林を卒業後、哲学研究のためドイツに向かう途中立ち寄ったポーランドに第2次世界大戦の開戦まで滞在し、ワルシャワ大学哲学部で学ぶ。ポーランド初の日本語講師として、ワルシャワ大学（1926–1928)、ポーランド・日本協会、東洋学学校（1930–1939）で教えた。『朝日新聞』バルカン特派員（1943–1945)。戦後は大阪大学、関西学院大学で教鞭をとった。

大島　浩（1886–1975）陸軍中将。外交官。陸軍大学校卒業（1915）。駐オーストリア公使館兼駐ハンガリー公使館付武官（1923–1924）、駐ドイツ大使館付武官（1934–1938）。駐ドイツ大使（1938–1939、1940–1945）を歴任。A級戦犯として終身刑に処せられたが、減刑となった。

大鷹　正次郎（1892–1966）外交官。ベルギー、中国、ドイツ、オーストリア、オランダ駐在などを経て、駐ラトビア公使（1939–1940）としてエストニアおよびリトアニアを兼轄。

大橋　忠一（1893–1975）外交官。アメリカ在勤時代（1920–1927）、ワシントン会議（1921–1922）に日本代表団の一員として参加。本省勤務を経て、在ハルビン総領事（1931–1932）、満州国外交部総務司長、満州国外交部次長、満州国外務局長官、満州国参議を歴任（1932–1937）。日本外務省外務次官（1940–1941）。戦後は一時公職追放となるが、解除後は政界に身を投じ、自由民主党に所属、衆議院議員を務める（1952–1958）。

岡部　直三郎（1887–1946）陸軍大将。陸軍大学校卒業（1915）、同教官（1920–1921）、同校長（1942–1943）。ソ連での研修の後、駐ポーランド公使館付武官（1922年6月–1925年5月）に着任。軍事参議官（1943–1943）。

奥　保鞏（1846–1930）伯爵。陸軍大将。日露戦争時の指揮官の一人で、ピウスツキ元帥から軍事功労章を授与された。

オケンツキ、ズジスワフ　Okęcki, Zdzisław（1874–1940）ポーランドの外交官。駐ユーゴスラヴィア・ポーランド公使（1921）、駐日公使（1928年5月—1930年4月）。

オストロフスカ、ヴァンダ　Ostrowska, Wanda　クリスティン・オストロフスキの妻。ポーランド赤十字極東支部代表（1920–1921）。

オストロフスキ、クリスティン　Ostrowski, Krystyn　タルゴフスキの極東使節団の一員。駐日ポーランド公使館二等書記官（1920–1921）。

織田　寅之助（1902–1960）外務省留学生としてポーランドに留学、ワルシャワ大学とヤギェウォ大学で学ぶ（1922–1925）。在ポーランド日本公使館実習生（1927–1932 1934–1937）。

落合　直文（1861–1903）歌人・文学者。皇典講究所（現国学院大学）で教鞭をとる。日本史教科書、百科事典を編纂し、多数の文学書、歌集を刊行した。落合作の「波蘭懐古」により、日本にポーランドの名が広まった。→ 文献目録

小野打　寛（1899–1984）陸軍少将。陸軍大学校卒業（1929）。ラトヴィア駐在武官（1939）としてリビコフスキ少佐と協力関係をもつ。フィンランド駐在武官（1940–1944）、第53軍参謀長（1945）。

小野寺　信（1897–1987）陸軍中将。陸軍大学校卒業（1928）後、陸軍参謀本部ロシア課に配属される。陸軍大学校教官（1932–1933、1939–1940）。中国での研修を経て、駐ラトヴィア公使館付武官（1935–1938）。1937年からエストニアとリトアニアも兼任する。次いで、支那派遣軍司令官。ストックホルム駐在武官（1941–1945）を務めた際、リビコフスキ少佐を介してポーランドの諜報機関と協力関係をもつ。大本営参謀。

小野寺　百合子（1906–1998）小野寺信陸軍中将の妻。ラトヴィア、リトアニア、エストニア、スウェーデンの日本武官事務所で、夫の暗号解読を手伝う。第二次世界大戦後、スウェーデン社会研究所の設立発起人として尽力。スウェーデンの児童文学（トーヴェ・ヤンソン、アストリッド・リンドグレーンなど）の翻訳に従事。社会活動にも尽くす。

オルリンスキ、ボレスワフ　Orliński, Bolesław（1889–1992）ポーランド軍パイロット（大佐）。ヨーロッパ人として初めてワルシャワ－東京間の横断飛行に成功（1926）。

カ行

笠原　幸雄（1889–1988）陸軍中将。参謀本部情報将校としてポーランドへ研修に派遣される（1923–1924）。参謀本部第二部ロシア課長（1937–1938）を務めた後、関東軍参謀副長を経て、関東軍総参謀長（1942）。

加藤　朝鳥（1886–1938）作家。翻訳家。ポーランド文学の普及に努める。同人誌『反響』を自ら主宰し、その優れた文学的功績に対し、ポーランド文学アカデミーより「黄金月桂学術勲章」を授与された（1936）。

加藤　友三郎（1861–1923）子爵。海軍大将。政治家。日清戦争（1894–1895）、日露戦争（1904–1905）に参加。ワシントン会議日本代表団の一員（1921–1922）。首相、海軍大臣（1922）。

金子　堅太郎（1853–1942）伯爵。政治家。明治憲法の起草にあたる（1889）。ポーツマス講和会議の日本代表団のひとり（1905）。

賀陽宮　恒憲（1900–1970）旧皇族の陸軍軍人。陸軍中将。敏子妃とともにポーランドを訪問（1934）。モスクワ駐在武官（1929–1932）。

河合　博之（1883–1933）外交官。東京帝国大学法科大学卒業（1884）後、駐フランス、スイス、ロシア大使館に勤務（1908–1921）。条約局第三課長（1921–1923）、駐ベルギー大使館参事官（1923）、駐フランス大使館参事官（1926–1931）。1931 年 6 月、駐ポーランド臨時代理公使に着任するが、在任中の 1933 年 8 月、インフルエンザをこじらせて死去。

川上　俊彦（1861–1935）外交官。東京外国語学校卒（1884）。駐ウラジオストク日本政府通商代表（1900）、日露戦争中は日本陸軍付外務省参事官。ドモフスキの来日（1904）に際しては通訳を務めた。駐ハルビン総領事（1907–1912）、駐モスクワ総領事、南満州鉄道協会会長、初代駐ポーランド日本公使（1921 年 5 月 –1923 年 1 月）を歴任。

川村　景明（1850 – 1926）陸軍大将。日清戦争、日露戦争を歴戦、1907 年軍功により授爵（子爵）。

閑院宮　載仁（1865–1945）宮家。陸軍大将。フランス陸軍大学卒。軍事参議官。近衛師団長（1911）。陸軍参謀総長（1931–1940）。

木村　惇（1891–1969）外交官。京都帝国大学法科大学卒。1920 年、外務省入局。駐フィリピン総領事、駐ポーランド日本公使館一等書記官（1935–1937）、駐ポーラ

ンド臨時代理公使（1937 年 7 月 -10 月）。

グヴィアズドフスキ、タデウシュ　Gwiazdowski, Tadeusz (1889–1950)　ポーランドの外交官。ポーランド外務省外務次官（1933–1939）。

来栖　三郎（1886–1954）外交官。東京高等商業学校卒業後、中国、アメリカ、ギリシャ、イタリアの各日本公館に勤務。駐ペルー公使（1929）、駐ベルギー、駐ドイツ大使（1939–1941）、日独伊三国同盟の締結交渉に参加（1940）。アメリカ特使（1941）。

黒沢　二郎（1890–1946）外交官。政治学者。東京帝国大学法科大学卒業後、中国、タイ、ロシア、ベルギー、スウェーデン、ブラジル、ルーマニアの各日本公館に勤務。駐ポーランド日本公使館二等書記官、同臨時代理公使（1925 年 3 月— 1926 年 7 月）。

コヴァレフスキ、ヤン　Kowalewski, Jan (1892–1965)　ポーランド軍大佐。数学・暗号学専門の参謀本部第二部の情報将校。1923 年来日、日本軍参謀本部で暗号解読に関する講習会を行う。在モスクワ（1928–1933）、在ブカレスト（1933–1937）駐在武官。

コスコ、スタニスワフ　Kossko, Stanisław（1901–1942）リトアニアの地主。駐ケーニヒスベルク日本総領事館の使用人（1941–1942）。妻マリアとともに杉原領事代理やダシュキェヴィチの諜報活動に協力した。第二次世界大戦末期、ゲシュタポに殺害された。

児玉　源太郎（1852–1906）伯爵。陸軍大将。陸軍大学校長（1887）、陸軍次官（1892–1898）、陸軍大臣（1900–1902）、台湾総督（1898）を歴任。日清・日露戦争時は大本営の一員となる。陸軍参謀総長（1906）。

コタンスキ、ヴィエスワフ　Kotański, Wiesław（1915–2005）ワルシャワ大学教授。ワルシャワの日本学科の最古参で、言語学者、宗教学者、日本文学翻訳家。後進の多くの日本学研究者を育てた。東洋学校日本学講座を修了（1938）、ワルシャワ大学中国学科で日本学を修める（1946）。ワルシャワ大学東洋研究所所長（1973–1978）、新言語・文学学部長（1978–1982）。→ 文献目録

近衛　文磨（1891–1945）公爵。政治家。京都帝国大学卒業後、貴族院議員となる。のちに貴族院議長（1933）。首相（1937–1939、1940–1941）、軍事参議官。裕仁天皇の顧問（枢密顧問官）。第二次世界大戦後、戦犯として裁かれることを避けるために自殺した。

コビランスキ、タデウシュ　Kobylański, Tadeusz（1895– ?）ポーランド陸軍大佐。外交官。ユゼフ・ピウスツキの副官。駐ベルギー・ポーランド公使館参事官（1929–1935）。外務省政務局次長および局長、東洋課長を歴任（1935–1939）。

コマルニツキ、ティトゥス　Komarnicki, Tytus（1896–1967）ポーランドの外交官。国際連盟ポーランド代表（1934–1939）、駐スイス公使（1938–1940）。

小村　寿太郎（1896–1975）侯爵。外交官。東京帝国大学、ハーバード大学卒業。駐米公使（1898）、駐ロ公使（1900）、駐英大使（1906）を歴任。日露戦争後のポーツマス講和会議日本代表団に参加（1905）。外相（1901–1906、1908–1911）。

コルベ神父、マクシミリアン　Kolbe, ojciec Maksymilian（1894–1941）聖フランシス

コ会修道士。長崎でのポーランド人修道士の宣教活動を組織。アウシュヴィッツ強制収容所で殺害された。

コルラト、フェリクス　Kollat, Feliks（1895–1975）初代の在グディーニャ日本名誉領事（1936年就任）。ポーランド海運株式会社社長、ポーランド・英国海運会社協会会長。赤十字活動にも携わる。

サ行

西園寺　公望（1849–1940）公爵。政治家。オーストリア（1885–1887）、ドイツおよび（1887–1891）ベルギーの駐在公使を務める。外相（1895–1896）、首相（1906–1908、1911–1912）を歴任。パリ講和会議（1919）全権委員。枢密顧問官。

酒井　直次（1891–1942）陸軍中将。サガレン州派遣軍参謀（1923–1925）となりシベリア出兵に参加。ポーランドで暗号研究に従事（1929）。関東軍司令部付（1933–1935）。

酒匂　秀一（1887–1949）外交官。東京高等商業学校卒業後、1911年外務省入省。在満州領事館員に始まり、駐ソ日本大使館一等書記官・参事官（1926–1929、1933–1936）、在カルカッタ総領事（1930）、駐フィンランド公使（1936–1937）、初代駐ポーランド大使（1937年10月–1940年1月）を歴任。

佐藤　尚武（1882–1971）外交官・政治家。東京高等商業学校卒業。1905年外務省研修生としてメキシコに派遣され、外交官としてのキャリアを開始。駐ソ大使館２等書記官、在ハルビン領事（1914）、同総領事（1917）、駐スイス公使館一等書記官、駐フランス大使館参事官を経て、駐ポーランド臨時代理公使、同特命全権大使（1923年10月–1925年3月、1926年7月–1927年2月）として二度にわたりポーランドに駐在する。駐ソ臨時代理公使（1925–1926）、国際連盟日本事務局長（1927）、駐ベルギー大使（1930）、駐フランス大使（1933–1936）、駐ソ大使（1942–1945）、外相（1936）、外務省参事官（1936–1941）を歴任。戦後は参議院議員を務める。

佐藤　裕雄（1901–1972）陸軍中佐。陸軍大学校卒業。航空隊教官。ポーランド駐在武官室付技官（1938）。

ザレスキ、アウグスト　Zaleski, August（1883–1972）ポーランドの政治家・外交官。パリ講和会議（1919）ではイグナツィ・パデレフスキ代表の秘書を務める。ポーランド外務省主要国部長、同政治局長（1921–1922）。駐ローマ公使（1922–1926）、外相（1926–1932）、亡命政府首脳（1939–1941）。

沢田　茂（1887–1980）陸軍中将。1914年、陸軍大学校卒業、のちに同校教官を務める（1921–1922、1926–1928、1933）。シベリア出兵（1918–1922）の際、オムスクおよびウラジオストクに派遣される。ギリシャ駐在武官（1922–1924）、ポーランドおよびルーマニア駐在武官（1935年12月–1938年3月）、陸軍参謀次長（1939）。

沢田　節蔵（1884–1976）外交官。東京帝国大学卒業。駐アメリカ大使館参事官、在ニューヨーク総領事、国際連盟日本事務局長（1930–1933）、駐ブラジル大使（1934–1938）を歴任。戦後は東京外国語大学学長などを務める。

ジェドゥシツキ、ヴォイチェフ　Dzieduszycki, Wojciech（1848–1909）ガリツィア（オーストリア領ポーランド）の保守派の政治家。伯爵、法律家、哲学博士でルヴフ大学教授（1896–）でもあった。ポーランド協会の副会長（1900）、会長（1904）を務めていたウィーンで、牧野伸顕日本公使と接触した。ガリツィア担当大臣（1906–1907）。

シェロシェフスキ、ヴァツワフ　Sieroszewski, Wacław（1858–1945）ポーランドの作家・民族学者。社会党の活動家でシベリア送りとなり、ポーランドへの帰途、日本にも立ち寄った（20 世紀初頭）。

シェンベク、ヤン　Szembek, Jan（1881–1945）ポーランドの外交官。伯爵。代理公使ないし公使としてブダペスト（1919–1925）、ブリュッセル（1925–1927）、ブカレスト（1927–1932）に駐在。1932–1939 年、外務次官を務める。→ 文献目録

重光　晶（1915–2000）外交官。外務省ロシア語在外研修員としてポーランド、ラトヴィア、ブルガリアに派遣（1939）。

シコルスキ、ヴワディスワフ　Sikorski, Władysław（1881–1943）ポーランドの軍人・政治家。首相（1922–1923）、軍事相（1923–1924）を務めるが、ピウスツキと対立してフランスに亡命。第二次世界大戦中はポーランド亡命政府の初代首相、ポーランド軍最高司令官（1939–1943）を兼任。

幣原　喜重郎（1872–1951）外交官・政治家。東京帝国大学卒業。駐アメリカ大使館参事官および大使（1919–1923）、駐オランダ公使。外相（1924–1927、1929–1931）としては国際協調路線を推進した。1930–1931 年、1945–1946 の二度にわたり首相を務める。戦後は衆議院議員となる。

ジュウトフスキ、アダム　Żółtowski, Adam（1881–1958）伯爵。哲学博士。ポズナン大学教授。駐日ポーランド公使の最初の候補者。イギリスに亡命（1939）。

シュチェシニャク、ボレスワフ　Szcześniak, Boresław（1908–1996）ポーランドの日本研究者。ノートルダム大学教授。ポーランド外務省条約局職員（1937–1945）として、駐日ポーランド大使館に勤務（1937–1942）。1939–1942 年、日本初の正式な講座でポーランド語およびポーランド文学を教えた（立教大学）。ポーランド文化についても数多くの講義や講演を行なう。1938–1942 年には、留学生として早稲田大学で古代日本の研究にも従事した。→ 文献目録

シルサルチク、アントニ　Ślósarczyk, Antoni（1899–1985）ポーランド陸軍中佐。軍事大学卒業（1925）後、陸軍教育出版所でフランス語、英語、イタリア語の教鞭をとり（1927）、1930 年、ポーランド軍参謀本部第二部勤務となる。1930–1935 年、駐日ポーランド公使館付武官補、のちに武官。第二次世界大戦中はフランス戦線に従軍、フランス降伏後は 1945 年までスイスに抑留される。1940–1945 年、『収容所の伝令』の編集にあたる。大戦後は 1956 年に本国帰還。→ 文献目録

杉原　千畝（1900–1986）外交官。1919 年、外務省留学生としてハルビンに派遣される。在朝鮮日本軍に陸軍歩兵中佐として一年間従軍した後、日露協会学校（後のハルビン学院）特修科を卒業（1923）、外務省書記生に任用され在ハルビン総領事館に勤務。ソ連通として一目置かれ、数々の日ソ政府間交渉に参加した。満州国外交部政務司ロシア科長兼計画科長（1934–1935）などを経て、二等通訳

官、のち公使として在フィンランド公使館に勤務（1937–1939）。在カウナス領事代理（1939–1940）、在プラハ総領事代理（1940）、在ケーニヒスベルク総領事代理（1941–1942）を歴任し、この間、ダシュキェヴィチ中尉らのポーランド諜報機関と協力関係を結んでいた。カウナスでは日本外務省の許可なしに日本領の通過ビザを発行し、ユダヤ人約6000名の命を救った。その行為に対し、第二次世界大戦後、イスラエル政府より「諸国民の中の正義の人賞」を授与される（1985）。戦後、外務省を解雇されたため、日本企業のモスクワ支店長などを務めた（1960–1975）。1991年に名誉回復。→ 文献目録

杉原　幸子（1913–2008）杉原千畝の妻。ヘルシンキ、カウナス、ケーニヒスベルクの各公館で夫の補佐役を務める。歌人としても活躍。

杉村　陽太郎（1884–1939）外交官。フランス、中国、本省勤務を経て、国際連盟事務局事務次長兼政務部長（1924–1926）、日本事務局長（1926–1927）、国際連盟事務局次長（1927–1933）を歴任。駐イタリア大使（1934–1937）、駐フランス大使（1937–1938）。

スクシンスキ、ヴワディスワフ　Skrzyński, Władysław（1873–1938）ポーランドの外交官。伯爵。外務次官（1919）、駐スペイン公使（1919–1921）、駐バチカン公使（1921–1924）、のちに大使（1938年まで）を歴任。

鈴木　重康（1886–1957）陸軍中将。1912年、陸軍大学校卒業。1919–1920年、1932–1934年には陸大教官も務める。中国およびシベリア駐留後、駐ポーランド公使館付武官（1928年2月–1930年6月）を務め、1928年8月よりリトアニア、ラトヴィア、エストニアも兼任した。陸軍参謀本部第一部長。

ストラスブルゲル、ヘンリク　Strasburger, Henryk（1887–1951）ポーランドの政治家・外交官。商工相（1921–1923）、ダンツィヒ自由市ポーランド政府委員（1924–1932）を務める。

ゼイフリート、カミル　Seyfried, Kamil（1908–1982）ポーランドの日本研究者。翻訳家。ポーランドの日本関係資料の収集・編纂、ポーランドにおける日本関係の出来事の記録にあたった。ワルシャワ大学人文学部卒業。在ベルリン総領事（1938–1939）、在イタリア領事（1946–1950）。→ 文献目録

ゼノ Zeno（1890–1982）ポーランド人の聖フランシスコ会修道士。本名ゼノン・ジェブロフスキ（Zenon Żebrowski）。主として日本で布教活動を行った。コルベ神父の補佐役として長崎の「聖母の騎士修道院」創設に尽力（1930）。終世、日本にとどまり、孤児や貧しい人々の救援活動を行った。

ソスンコフスキ、カジミェシュ　Sosunkowski, Kazimierz（1885–1969）ポーランドの軍人・政治家。ユゼフ・ピウスツキの腹心。ポーランド社会党員、ポーランド軍団司令官補佐（1914–1916）。軍務次官（1919–1920）、軍務相（1920–1925）、武装闘争同盟司令官（1939–1941）。

タ行

高松宮　宣仁（1905−1987）昭和天皇の弟。海軍大学校を卒業し、太平洋戦争時は海軍大本営参謀となる。日仏協会、日伊協会など多くの団体の総裁を務めた。

ダグラス、ジェームズ　Douglas, James　スコットランド系ポーランド人のジャーナリスト、通訳。ポーランド社会党員で、ピウスツキと親交を結ぶ。1904年、表向きは民族連盟機関紙『ポーランドの言葉』の特派員として日本に派遣され、水面下で社会党員として日本政府との関係をつけようとした。→ 文献目録

武田　功（1902−1947）陸軍大佐。陸軍大学校卒。1938年、駐ポーランド日本公使館付武官補を務める。関東軍参謀部、陸軍参謀本部に勤務。

ダシュキェヴィチ、レシェク　Daszkiewicz, Leszek（別名ペシュ）ポーランド陸軍中尉。参謀本部第2部グロドノ支部将校。第二次世界大戦中はアルフォンス・ヤクビャニェツ大尉、ミハウ・リビコフスキ少佐、在カウナス日本領事代理杉原千畝とカウナス、ベルリン、ケーニヒスベルクで協力関係をもつ。→ 文献目録

田中　義一（1864−1929）陸軍大将。男爵。政治家。陸軍大学校卒。陸軍大臣（1918−1921、1923−1924）、軍事参議官（1921年8月−1923年9月、1924年1月－1925年4月）、首相兼外相（1927−1929）を歴任。

谷　正之（1889−1962）　外交官。オランダ、フランス、アメリカに駐在、パリ講和会議（1919）日本代表団随行員。オーストリア兼ハンガリー公使（1936−1938）、外務次官（1939−1941）、外相（1942−1943）、中国大使（1943−1945）を歴任。戦後は一時公職追放となるが、外務省顧問として復職（1954）、駐米大使（1956−1957）を務める。

タルゴフスキ、ユゼフ　Targowski, Józef（1883−1956）ポーランドの政治家・外交官。地主の家庭に生まれ、ウィーンで農学を修めた後、1917年ポーランド王国地主連盟会長に就任。国家臨時評議会政務局および国民経済局、ポーランド国家再建同盟での活動を経て、1918年8月より在シベリア・ポーランド問題全権委員。1920年4月—1921年2月、日本におけるポーランド共和国初代公式代表（代理公使）を務める。ポーランド芸術対外普及協会初代会長、ポーランド外務省芸術番組評議会会長を歴任後、1928−1930年に下院議員、1930−1935年に上院議員（政府協賛無党派ブロックから当選）となる。ポーランド・日本協会会長も務めた。→ 文献目録

千葉　蓁一（1896−1945）外交官。東京帝国大学法科卒。1920年からベルリン、フランス、イタリア、スペイン、ポルトガルの各日本公館に勤務。三等書記官、臨時代理公使（1927年10月— 1928年1月）として在ポーランド日本公使館に駐在している。

チュマ、ヴァレリアン　Czuma, Walerian（1890−1962）ポーランド陸軍中将。射撃兵第五師団を編成、シベリアにおける軍事作戦を指揮。

珍田　捨巳（1856−1929）伯爵。外交官。駐オランダおよび駐デンマーク日本公使、駐ソ、駐独、駐英、駐米大使を歴任。パリ講和会議日本代表団の一員（1920）。昭和天皇の側近であり、1927−1928年には侍従を務める。

塚田　攻（1886–1942）陸軍大将。関東軍司令部付（1919–1920、1933–1935）、ウラジオストク派遣軍（1921–1922）。1926 年、ヨーロッパ訪問中にポーランド来訪。参謀本部第三部長、参謀次長（1940–1941）、陸軍大学校長（1938）。

寺田　斉一（1898–1969）陸軍中将。航空兵将校。ポーランドで研修に従事（1928–1930）。フィンランド駐在武官（1934–1936）、北支那方面軍参謀（1937–1938）。

出淵　勝次（1978–1947）外交官。駐米、駐独日本大使館参事官。国際連盟第２回総会、ワシントン会議（1921–1922）日本代表団の一員。外務事務次官（1924–1928）。

東郷　平八郎（1847–1934）海軍元帥。侯爵。海軍大学校校長（1896）。1904–1905 年の日露戦争では連合艦隊司令長官を務め、日本海海戦の勝利の立役者と評された。海軍軍令部長（1905–1909）、東宮御学問所総裁（1914–1921）を歴任。

東条　英機（1884–1948）陸軍大将、政治家。ドイツ、スウェーデンで研修後、関東軍参謀長（1937）、陸相（1940–1941、1941–1944）、首相（1941–1944）、内相（1941–1942）、陸軍参謀総長（1944）の重職を歴任。戦後、A 級戦犯として絞首刑。

トゥビエレヴィチ、ヨランタ　Tubielewicz, Jolanta（1931–2003）ポーランドの日本研究者。ワルシャワ大学教授。専門は考古学および日本古代史・中世史。ワルシャワ大学中国学科の日本研究コース修了。1985–86 年、ワルシャワ大学東洋学研究所長、1985–1990 年、新言語学部長を務める。→ 文献目録

頭山　満（1855–1944）政治運動家。国家主義者で、アジアの征服を標榜していた極右団体「玄洋社」の中心的存在として活動した。

冨永　恭次（1892–1960）陸軍中将。駐ソ連大使館付武官補佐官（1928–1930）、関東軍司令部付（1937–1938）、参謀本部第四部長（1939）および第一部長（1939–1940）、陸軍次官（1943–1944）。

ドモフスキ、ロマン　Dmowski, Roman（1864–1939）ポーランドの政治家。ポーランド・ナショナリズム理論家。民族連盟および国民民主党の創設者・指導者の一人。ポーランド国民委員会（1917–1919）の指導者であり、パリ講和会議にポーランド代表として参加した。1923 年には外相を務める。→ 文献目録

トラヴィンスキ、ヤツェク　Trawiński, Jacek（1900–1971）ポーランドの外交官。ワルシャワ高等商業学校卒。1931 年、ベック副外相の秘書となる。1933–1939 年、駐日ポーランド公使館および大使館に勤務。1936 年 10 月 –1937 年 4 月には、駐日ポーランド代理公使兼一等書記官を務めた。

ナ行

ナルトヴィチ、ガブリエル　Narutowicz, Gabriel（1865–1922）エンジニア出身。公共事業相（1920–1921）、外相（1922）を経て、ポーランド共和国初代大統領（1922）に就任するが、エリギウシュ・ニエヴィアドムスキにより暗殺される。

西村　敏雄（1989–1956）陸軍少将。第 26 代首相田中義一の養子。陸軍大学校卒業（1929）後、中国およびソ連で研鑽を積む。駐フィンランド公使館付武官（1938–1940）、駐スウェーデン公使館付武官（1938–1941）。関東軍参謀（1942）。

大本営に配属（1945）。

野村　吉三郎（1877–1964）海軍大将。昭和天皇の軍事参議官。海軍大学校出身で、同校教官も務める。駐米日本大使館付武官（1914–1917）、ワシントン会議日本代表団随員（1921–1922）。海軍軍令部次長（1926）、外相（1939）、駐米大使（1941–1942）を歴任。戦後は参議院議員となる（1954–1964）。

野村　三郎（1911–1985）陸軍軍人。ポーランド駐在武官（1939 年）。

ハ行

橋本　虎之助（1883–1952）陸軍中将。陸軍大学校卒（1910）。駐ロシア日本公使館付武官、陸軍参謀本部第二部長（1931–1932）、関東憲兵隊司令官、陸軍次官（1934–1935）、近衛師団長を歴任。

長谷川　清（1883–1970）海軍大将。日露戦争（1904–1905）に参戦。軍事参議官。海軍次官（1934）。横須賀鎮守府司令長官（1938）。

秦　彦三郎（1890–1959）陸軍中将。陸軍大学校を卒業（1919）後、陸軍参謀本部に配属される。関東軍の満州里機関長（1923–1925）、駐ソ大使館付武官補佐官（1926–1927）、駐ポーランド公使館付武官（1930 年 6 月— 1932 年 12 月）、駐ソ大使館付武官（1934–1936）を務め、1930–1931 年はラトヴィア駐在武官、1932 年はルーマニア駐在武官を兼任した。1938 年から関東軍司令部付となり、1945 年には関東軍総参謀長に着任。この間、参謀次長（1943–1944）、陸軍大学校長（1944）も務める。

蜂谷　輝雄（1895–1979）外交官。満州、アメリカ、カナダ、イギリスの各公館勤務を経て、駐ポーランド大使館参事官、開戦後は駐ブルガリア公使（1938–1940）。戦後は、第二次吉田内閣の総理秘書官（1948）などを務める。

パテク、スタニスワフ　Patek, Stanisław（1866–1945）ポーランドの外交官。弁護士・社会運動家としても活動。ポーランド社会党と関わりをもち、その政治裁判で弁護人を務める。外相（1919–1920）、駐日ポーランド公使（1921 年 9 月 –1926 年 4 月）、駐ソ公使（1926–1932）、駐米大使（1933–1935）を歴任。→ 文献目録

パデレフスキ、イグナツィ・ヤン　Paderewski, Ignacy Jan（1860–1941）ポーランドのピアニスト、作曲家。政治家。国家元首。首相・外相（1919）。在ロンドン国民評議会議長（1940–）。

林　銑十郎（1876–1943）陸軍大将。陸軍大学校卒（1903）。1927 年には同校校長に就任。ドイツ、イギリス、フランスで研鑽を積む。近衛師団長、教育総監、軍事参議官（1932–1934）を歴任。1934–1935 年には陸軍大臣、1937 年には首相を務める。

林　董（1850–1913）外交官。駐ロシア公使（1897–1900）。駐英公使時代、自らもイニシアティヴをとった日英同盟の調印にこぎつける（1902）。ポーランド社会党員とも接触していた（1904–1905）。外相（1906–1908）。

原　敬（1856–1921）政治家。1920 年代～ 1930 年代前半の日本の二大政党の一つ、立

憲政友会の創立メンバーおよび指導者のひとり。日本初の政党内閣の首相（1918-1921）となったが、暗殺された。

バラノフスキ、アントニ・ロンギン　Baranowski, Antoni Longin（1854–1922）ポーランドの軍人。最初、ロシア軍に入隊、日露戦争中に負傷し、日本軍の捕虜となる。在シベリア・ポーランド軍団最高司令官、軍事使節団長（1920）。

バリツキ、ズィグムント　Balicki, Zygmund（1858–1916）ポーランドの政治活動家、社会学者で、ポーランド青年同盟 Zet を創設した（1887）。また、ドモフスキとともに民族連盟を結成した。

バルテル、カジミェシュ　Bartel, Kazimierz（1881–1946）ポーランドの政治家。数学者。ルヴフ大学教授。首相（1925–1930）。

坂西　一良（1891–1946）陸軍中将。情報将校。度々ドイツを訪れ、在ドイツ大使館付武官も務める（1940–1943）。

ピウスツキ、ブロニスワフ　Piłsudski, Bronisław（1866–1918）ユゼフ・ピウスツキの兄。民俗学者。ロシアの反帝政組織との協力という罪状でサハリン（樺太）送りとなる（1887）。現地のアイヌやギリヤーク人、北海道アイヌの文化と言語を調査。ウラジオストク博物館学芸員（1899）。二葉亭四迷と交友関係にあった。

ピウスツキ、ユゼフ　Piłsudski, Józef（1867–1935）ポーランドの政治家。国家元首。ポーランド共和国軍初代元帥（1920）。ポーランド独立派の指導者、ポーランド社会党党首として訪日（1904）。ポーランド軍団第１師団司令官、臨時国家評議会メンバーを経て、国家主席兼軍最高司令官（1919–1922）。1926 年の「５月クーデタ」後は軍事大臣（1926–1935）、首相（1926–1928、1930）を兼任。→ 文献目録

ビエルキェヴィチ、アンナ　Bielkiewicz, Anna（1877–1936）ポーランド人社会運動家。ワルシャワの政治囚支援協会など（1906 年まで）。在ウラジオストク・ポーランド救済委員会を創設・運営する。同委員会は日本の援助によりシベリアのポーランド人孤児を救出した（1923 年以降は帰国後の孤児を支援）。

樋口　季一郎（1888–1970）陸軍中将。陸軍大学校卒業（1918）後、ウラジオストク派遣軍司令部付（1919）、朝鮮軍参謀（1923–1924）。駐ポーランド公使館付武官（1925 年 5 月 -1928 年 2 月）、関東軍司令部（1937–1938）、参謀本部第二部長（1938–1939）。

ピスコル、アレクサンデル　Piskor, Aleksander（1910–1972）ポーランドの作家。書店、出版業も営む。『プロスト・ズ・モストゥ（橋からまっすぐ）』誌のアメリカ特派員（1935）、駐日ポーランド大使館広報部長（1939）、極東ポーランド通信班（1939–1941）班長を務める。ポーランド大使館の閉鎖（1941）後、反日宣伝の展開を理由に日本政府により逮捕された。第二次世界大戦後は、イギリス在住。

百武　晴吉（1888–1947）陸軍中将。陸軍大学校卒業（1921）後、ヨーロッパに実地訓練に赴き、ポーランドでは暗号技術を学ぶ。関東軍参謀部将校（1931）、陸軍通信学校長（1937–1939）。

広瀬　四郎（1901–1984）陸軍少将。モスクワで情報将校として活動、ポーランド軍参謀本部に派遣（1937）。

広田　弘毅（1878–1948）政治家。外交官。東京帝国大学卒。ポーランド社会党員

ジェームズ・ダグラスの日本語通訳兼教師（1904）。駐オランダ公使（1926–1929）、駐ソ大使（1930–1933）、外相（1933–1936）、首相（1936–1937）を歴任。太平洋戦争終結後、A級戦犯として極東国際軍事裁判（東京裁判）で裁かれ、文官では唯一、死刑に処せられた。

フィリポヴィチ、ティトゥス（別名カルスキ）Filipowicz, Tytus（1873–1953）ポーランドの政治運動家。外交官。ポーランド社会党革命派指導者の一人で、ピウスツキとともに来日（1904）。外務次官（1918–1919）、駐モスクワ臨時代理大使（1921）、駐フィンランド公使（1922–1927）、駐ベルギー公使（1927–1929）、駐米大使（1929–1932）。

福島　安正（1852–1919）陸軍中将。男爵。19 世紀末に始まるヨーロッパにおける日本の諜報活動の先駆者。開成学校（東京帝国大学の前身）卒。陸軍参謀としてアメリカ、朝鮮、中国で実地調査を行う（1879–1882）。中国駐在武官（1883–1885）、駐ドイツ日本公使館付武官（1887–1892）を務める。ベルリンからウラジオストクまで単騎横断を行った際（1892–1893）、ポーランド人とも交流した。参謀本部第二部長（1899–1906）、参謀次長（1908）。

ブジェスクフィンスキ、フェリクス　Brzeskwiński, Feliks（1896–1960）ポーランド陸軍少佐。在ラトヴィアおよび在スウェーデン公使館付武官（1939–1945）として、小野寺信と協力関係にあった。

藤塚　止戈夫（1895–1961）陸軍中将。参謀本部第二部付勤務、ソ連駐在時にポーランドに派遣（1930）。駐ポーランド公使館付武官補佐官（1933–1935）、駐ルーマニア公使館付武官（1939–1940）を経て、第二軍参謀長（1943–1944）。

プシビルスキ、アントニ　Przybylski, Antoni（1889–?）ポーランド軍少佐。ヴィエルコポルスカ蜂起、ポーランド・ソ連戦争（1920）に参加。駐ポーランド公使館（1937 年以降は大使館）付武官（1935–1938）。

伏見宮　博恭（1875–1946）宮家。海軍大将。軍事参議官。海軍大学校長（1913）。海軍軍令部長（1933–1941）。

フションシュチェフスキ、ヴィンツェンティ　Chrząszczewski, Wincenty（1903–1989）ポーランド陸軍中佐。武装闘争同盟コヴノ管区軍司令官補佐（1940）、司令官（1941–1942）、監察長官（1942–1944）。KGB により逮捕（1945）、ポーランドへの帰国は1956 年。

ブズィンスキ、エリク　Budzyński, Eryk（1917– 2005）国内軍（AK）コヴノ管区司令部の一員。いわゆる「日本便」作戦を考案・実行した。ポーランド地下組織、リトアニア諜報機関とポーランド亡命政府の間の郵便物の送付を、リトアニア経由でベルリン・モスクワ・東京を往復する日本のクーリエに託すというもの。A. クシジャノフスキ将軍（1944 年に「狼」という偽名を用いていた）の副官で、リトアニアで二人一緒にソ連軍に逮捕された。

二葉亭　四迷（1864–1909）作家。東京外国語学校卒。『朝日新聞』ロシア特派員（1908）。ブロニスワフ・ピウスツキと交友関係にあった。

フビツキ、オットン・サス　Hubicki, Otton Sas　上海駐在ポーランド領事。駐日ポーランド公使館員。駐日ポーランド臨時代理公使（1921 年 2 月 –9 月）。

フリチ、カロル　Frycz, Karol（1877–1963）画家。舞台装置家。クラクフ芸術アカデミー教授で、「緑の風船」共同創設者。ポーランド公使館報道・文化担当官（1920）、クラクフのスウォヴァツキ劇場芸術監督。

フリリンク、ヤン　Fryling, Jan（1891–1977）ポーランドの外交官。極東外交代表部勤務。駐日臨時代理公使（1930 年 4–10 月）、週刊『上海のこだま』編集長。第二次世界大戦後はアメリカ在住。ピウスツキ研究所（ニューヨーク）の所長を務める。

フリンツェヴィチ、ルドヴィク　Hryncewicz, Ludwik（1904–1993）第二次世界大戦前から戦中にかけての在リトアニア・ポーランド軍参謀本部諜報機関「ヴィエジュバ（柳）」の指揮官。在カウナス日本領事代理杉原千畝の協力で、日本のクーリエを利用したポーランド本国との連絡方法を考案した。

ベック、ユゼフ　Beck, Józef（1894–1944）ポーランドの政治家、外交官、軍人。軍事大学卒。ポーランド軍団第 1 旅団、ポーランド軍事組織のメンバー（1914–1917）。在フランス・ポーランド大使館付武官（1922–1923）。5 月クーデタ後は、ピウスツキのもっとも近しい側近の一人となる。国防大臣官房長（1926–1930）、副首相（1930–1932）、外相（1932–1939）。

ベニョフスキ、マウリツィ・アウグスト　Beniowski, Maurycy August（1746–1786）ハンガリー系貴族出身の冒険家、バール連盟への加担が原因でカムチャツカ流刑に処せられる（1770）が、反乱を起こして脱出に成功し、日本に漂着した。マダガスカルを征服し、その支配者となる（1773）。

ヘルトレー、タデウシュ・フランチシェク　Haertle, Tadeusz Franciszek（1889–1969）ポーランド人農業技師。ボン大学卒。クックスハーフェン海軍第 1 大隊従軍中、日本軍の捕虜となって青島のドイツ人コロニーに送られる（1914）が、第一次世界大戦の終了間際に釈放され、チュマ将軍指揮下の在ウラジオストク・ポーランド軍団に合流する。戦後は――終生――日本に滞在。ポーランド共和国初代駐日公使ユゼフ・タルゴフスキの通訳官、在日ポーランド人互助会（1941 年設立）の執行部メンバー。

マ行

牧野　伸顕（1861–1949）伯爵。政治家・外交官。明治の元勲・大久保利通の二男。駐イタリア・駐オーストリア公使時代（1899–1906）に、ジェドゥシツキ伯爵と親交を結ぶ。文部大臣（1906）、農商務大臣（1911）。パリ講和会議に日本代表団の一員として参加（1919）。外相（1913–1914）。裕仁天皇のもっとも近しい顧問官として、宮内大臣（1921–1925）、内大臣（1925–1935）を歴任。→ 文献目録

松井　石根（1878–1948）陸軍大将。ウラジオストク派遣軍参謀部（1921–1922）、ハルビン特務機関（1922–1923）、参謀本部第二部（1925–1928）に勤務、1929 年ヨーロッパ訪問中にポーランド来訪。枢密顧問官（1938–1940）。戦後、A 級戦犯として絞首刑。

松井　慶四郎（1868–1946）外交官。東京帝国大学法科大学卒業（1889）。駐フランス大使（1916–1920）、駐イギリス大使（1925–1928）。この間、パリ講和会議に日本代表団の一員として参加（1919）。外相（1924）。

松井　七郎（1880–1943）陸軍中将。松井石根の弟。朝鮮、中国、内モンゴルなどで諜報活動に従事。1929 年、ヨーロッパ訪問中にポーランド来訪。

松岡　洋右（1880–1946）外交官・政治家。オレゴン大学に留学。中国、ロシア、アメリカの各日本公館に勤務。パリ講和会議に日本代表団の一員として参加（1919）。南満州鉄道に勤務（1921–1927）、のちに総裁となる（1935–1939）。国際連盟総会で日本代表団首席全権として連盟からの脱退を宣言する（1933）。外相（1940–1941）。日独伊三国同盟（1940）、日ソ中立条約（1941）に調印、戦後はA級戦犯として裁かれた。

松下　正寿（1901–1986）大学教授。弁護士。教育運動家。立教大学、ジョンズ・ホプキンス大学、コロンビア大学（博士号取得）卒業。ポーランド研究会会長（1934–1937）。日波文化連盟代表。戦後、立教大学総長に就任。参議院議員（1968–1972）。日本 YMCA 同盟代表。

松島　肇（1883–1961）外交官。東京帝国大学法科大学卒業。タイ、ロシア駐在（1907）で外交官としてのキャリアを開始。外相秘書（1918）、駐ハルビン総領事代理（1918）、同総領事（1920）、駐モスクワ総領事（1919）、駐フランス日本大使館参事官（1923）、駐ポーランド特命全権公使（1928 年 1 月 —1930 年 1 月）、駐イタリア大使（1932–1935）を歴任。

松宮　順（1892–1970）外交官。東京帝国大学法科大学卒業。駐イギリス、タイ、ドイツの各日本公館に勤務。パリ講和会議に日本代表団の一員として参加（1919）。駐ポーランド日本公使館員、同臨時代理公使（1925 年 3 月）。

松村　知勝（1899–1979）陸軍少将。ポーランド陸軍大学における研修（1933–1935）後、駐ポーランド公使館付武官補佐官（1935–1936）、参謀本部第二部ロシア課長（1941–1943）、関東軍参謀（1943–1945）を務める。

マリノフスキ、アレクサンデル　Malinowski, Aleksander（1869–1922）ポーランド社会党右派の活動家。第 1 次世界大戦中の「ポーランド国民陣営」でピウスツキの同僚。

三井　高陽（1900–1983）男爵。実業家。日波協会会員。日本赤十字会員。三井の寄付（1933）でワルシャワ大学に中国研究セミナーが開設され、日本に関する講義が行われた。

ミトキェヴィチ、レオン　Mitkiewicz, Leon（1896–1972）ポーランド陸軍大佐。ポーランドの初代リトアニア駐在武官（1938–1939）。

村田　惇（1854–1917）陸軍中将。駐ロシア公使館付武官（1899–1902）、参謀本部付を経て、大本営幕僚付（1904–1905）、朝鮮統監府付（1906–1909）。

メンチンスキ、ヴォイチェフ　Męciński, Wojciech（1601–1643）イエズス会修道士。ポルトガルで神学を修め、叙階を受ける。インド、ゴア、カンボジア、日本（1642）で布教を行う。キリスト教の布教が禁じられていた日本で殉教した。

モシチツキ、イグナツィ　Mościcki, Ignacy（1867–1946）ポーランド共和国大統領

(1926–1939)。化学者。工学者。ピウスツキ支持派。ポーランド科学アカデミー会員（1928–）。

モシチツキ、ミハウ　Mościcki, Michał（1894–1961）ポーランドの外交官。イグナツィ・モシチツキ大統領の息子。ピウスツキの補佐官（1918）を務め、国家元首使節団の一員としてパリに派遣される（1918–1919）。駐日ポーランド公使館書記官（1921–1924）、駐仏ポーランド大使館員（1926–1928）を経て、駐日ポーランド臨時代理公使、同特命全権公使（1933年6月–1936年10月）、駐ベルギー大使（1937–1939）を歴任。

森　元治郎（1907–1999）政治家。ジャーナリスト。同盟通信社ワルシャワ支局長（1938–1939）。戦後、片山哲首相の秘書（1947–1948）を務めた後、衆議院議員に当選。日本ポーランド協会の設立発起人の一人。同協会会長（1956–1961、1975–1988）。→ 文献目録

ヤ行

ヤヴォルスキ、ヤン　Jaworski, Jan（1903–1945）ポーランドの中国研究者。ワルシャワ大学教授。ワルシャワ大学哲学科卒（1922）。パリで中国研究、日本研究に従事（1927）。ポーランド政府の奨学金を得て日本に留学（1928–1929）。ワルシャワ大学中国学科・日本学科講師（1930–1934、1936–1939）、ポーランド外務省文化部長を経て、在ハルビン・ポーランド領事館に勤務（1934–1936）。ワルシャワ大学中国学科長（1936–1939）。第二次世界大戦中の空襲で死亡。

ヤクビャニェツ、アルフォンス（別名　カルスキ）Jakubianiec, Alfons（1905–1945）ポーランド軍大尉。オストルフ・マゾヴィエツカ士官学校卒業後、1929年よりヴィルノ歩兵第5連隊、1934年より国境防衛隊に勤務。グロドノ第2部情報将校（1935）。第二次世界大戦中は諜報将校としてカウナスに駐在（1940）、さらに在ベルリン諜報部長として、杉原領事代理、ダシュキェヴィチ中尉、リビコフスキ少佐と協力関係を結ぶ。1941年逮捕され、1945年ザクセンハウゼン収容所で処刑された。

ヤクプキェヴィチ、ユゼフ　Jakubkiewicz, Józef（1892–1953）ポーランド人医師。アンナ・ビェルキェヴィチとともにポーランド救済委員会を通じてシベリアのポーランド人孤児の本国帰還に尽力（1919–1923）。シベリア在住ポーランド人によるボーイスカウト運動の創始者の一人。

ヤシェンスキ、フェリクス・マンガ　Jasieński, Feliks Manggha（1861–1929）ポーランドの美術品収集家。主として日本の美術品を収集、日本の文物の紹介に努め、「若きポーランド」の芸術に影響を与える。クラクフ国立博物館にコレクションを寄贈した。

ヤジジェフスキ、アントニ　Jażdżewski, Antoni（1887–1967）ポーランドの外交官。駐日ポーランド臨時代理公使（1930年10月–1933年6月）、駐英ポーランド大使館参事官（1936–1940）。

柳田　元三（1893–1952）陸軍中将。陸軍大学校卒業（1922）。陸軍省軍務局勤務などを経て、駐ポーランド公使館付武官（1932年12月–1934年3月）兼駐ルーマニア公使館付武官。数度にわたり関東軍の配属となり、情報部長（1940）、第三三師団長（1943）などを務める。

ヤブウォンスキ、ヴィトルト　Jabłoński, Witold（1901–1957）ポーランドの中国研究者。ワルシャワ大学教授。ワルシャワ大学哲学科卒業（1924）後、さらにパリで中国研究に従事（1930）。国際連盟中国教育改革委員会顧問（1931）、北京大学講師（1931–1932）、ワルシャワ大学講師（1934–1936）、東洋学校講師（1935–1936）を務める。1936–1939年、中国、朝鮮、日本を訪れる。南京駐在ポーランド共和国大使館参事官（1945–1947）、ワルシャワ大学中国学講座主任（1947–1957）、東洋学研究所長（1950–1957）。

山座　円次郎（1866–1914）外交官。1901年外務省政務局長に就任、小村寿太郎外相を補佐、ポーツマス講和条約（1905）に随員として出席。駐イギリス公使館参事官（1908–1911）、中国公使（1913–1914）。

山脇　正隆（1886–1974）陸軍大将。陸軍大学校卒業（1914）ならびに同校長（1941）。ロシア留学（1917）後、二度にわたり駐ポーランド公使館付武官を務める（1921年5月–1922年6月、1934年3月–1935年12月）。教育総監部本部長（1938）、第三師団長（1939）、参謀本部付、陸軍次官（1939）などを歴任。戦後は、旧陸軍将校の親睦組織「偕行社」の会長を務めた（1963–1969）。

ヨトコ＝ナルキェヴィチ、ヴィトルト　Jodko–Narkiewicz, Witold（1864–1924）ポーランドの政治家。外交官。ポーランド社会党の創設者のひとりで、日露戦争時（1904–1905）に協力関係について日本側との交渉にあたる。中央国民委員会委員（1915–1917）、外務次官（1918–1919）、駐ラトヴィア公使（1921–1923）。

ラ行

ライヒマン＝フロヤル、ヘンリク　Rajchman–Floyar, Henryk（1893–1953）ポーランド軍少佐。ポーランド軍団員、中央軍事力監察局将校（1926–1928）、駐日ポーランド公使館付武官（1928–1931）、商工相（1934–1935）、下院議員（1935–1938）を歴任。1939年亡命。ピウスツキ研究所（ニューヨーク）の設立に尽力。

ラゴ、アレクサンデル　Lago, Aleksander　ポーランドの外交官。ユゼフ・タルゴフスキ特使の随行補佐官（1920–1921）。

ラチキェヴィチ、ヴワディスワフ　Raczkiewicz, Władysław（1885–1947）ポーランドの政治家。亡命ポーランド大統領（1939–1944）。

ラチンスキ、エドヴァルト　Raczyński, Edward（1891–1993）ポーランドの政治家、外交官。伯爵。駐イギリス大使（1934–1935）、ポーランド亡命政府外相（1941–1943）、同大統領（1979–1986）

リビコフスキ、ミハウ　Rybikowski, Michał（1900–1991）ポーランド軍少佐。情報将校。ポーランド・ソ連戦争（1920）に参加。陸軍大学校卒業（1932）。参謀本部第

２部ドイツ研究課に配属された後、「ドイツ」班長、すなわち対ドイツ諜報の責任者となる。第二次世界大戦の開戦後、駐ラトヴィア日本公使館付武官の小野打寛、駐スウェーデン日本公使館付武官の小野寺信と協力関係をもつ（1941–1944）。ロンドンのポーランド軍に復帰し（1944）、終戦まで第３師団第５大隊長としてイタリア戦線に従軍。戦後、カナダに亡命。→ 文献目録

リヒテル、ボグダン　Richter, Bogdan（1891–1980）ポーランドの日本・中国研究者。日本に関する知識の普及に貢献。リプスク大学で東洋学を修める。ポーランド独立後初のワルシャワ大学日本語講座講師。ワルシャワ大学極東文化学科を創設し（1920）、1932 年まで日本学と中国学の授業を担当した。リプスク大学で博士号、ルヴフ（現リヴィウ）のヤン・カジミエシュ大学（1924）、ワルシャワ大学（1925）で教授資格を取得した。訪日（1932）後は中東に住み、ジャーナリストとして活躍した。→ 文献目録

ルムシャ、カジミェシュ　Rumsza, Kzimierz（1886–1970）ポーランドの軍人。シベリア第５師団指揮官（1919–1922）。

レヴィトゥー、イェジ　Levittoux, Jerzy（1897–1944）ポーランド陸軍大佐。キエフ工業学校（1916）、ヴェルサイユ軍事工学学校（1919）、パリ高等軍事学校（1927）卒業。ポーランド軍参謀本部第３部員、軍事大学教官（1929–1931）。機甲訓練本部司令官（1935）、駐日ポーランド大使館付武官（1938–1941）。

ロヴェツキ、ステファン　Rowecki, Stefan（1895–1944）暗号名はグロット（矢じり）　ポーランドの軍人（陸軍少将）。ソヴィエト・ポーランド戦争（1920）に参加。武装闘争同盟指揮官（1940–1942）、国内軍指揮官（1942–1943）。ドイツによりザクセンハウゼン収容所で殺害される。

ロズヴァドフスキ、タデウシュ　Rozwadowski, Tadeusz（1866–1928）ポーランド軍将校。摂政会議（1918）の任命による参謀長、パリ講和会議の軍事全権代表（1919）、参謀長（1920–1921）、国防評議会メンバー、騎兵隊総監（1921–1926）。

ロメル、タデウシュ　Romer, Tadeusz（1894–1978）ポーランドの外交官・政治家。ローザンヌ大学卒業（1917）。ポーランド戦争被災者救済委員会書記（1915–1917）。ポーランド国民委員会（パリ）会長ロマン・ドモフスキの個人秘書（1917）、同委員会書記（1917–1919）、パリ講和会議ポーランド代表団随員（1919）。駐フランス・ポーランド公使館一等書記官（1919–1921）を経て、本国外務省勤務となり、外相官房次長（1923）、西欧課長（1925–1926）、駐日ポーランド公使および初代駐日ポーランド大使（1937–1941）を歴任。駐日大使館の閉鎖後は、駐上海特使、駐ソ大使（1942–1943）、ポーランド亡命政府外相（1943–1944）を務める。戦後はイギリスで社会活動に従事。1948 年よりカナダ在住。マッギル大学（モントリオール）フランス学部で教鞭をとった。→ 文献目録

付録1　駐日ポーランド公使・大使（1920－1941）

1. ユゼフ・タルゴフスキ（Józef Targowski）
臨時代理公使（1920.4.7 任命）1920.8−1921.2

2. オットン・サス・フビツキ（Otton Sas Hubicki）
臨時代理公使　1921.2

3. スタニスワフ・パテク（Stanisław Patek）
特命全権公使　1921.9

4. ヴァツワフ・イェンジェイェヴィチ（Wacław Jędrzejewicz）
臨時代理公使　1926.5

5. ズジスワフ・オケンツキ（Zdzisław Okęcki）
特命全権公使　1928.5

6. ヤン・フリリンク（Jan Fryling）
臨時代理公使　1930.4

7. アントニ・ヤジジェフスキ（Antoni Jaźdżewski）
臨時代理公使　1930.10

8. ミハウ・モシチツキ（Michał Mościcki）
特命全権公使　1933.6

9. ヤツェク・トラヴィンスキ（Jacek Trawiński）
臨時代理公使　1936.10

10. タデウシュ・ロメル（Tadeusz Romer）
特命全権公使　1937.4.26−1937.10.1
タデウシュ・ロメル　特命全権大使　1937.10.1−1941.10.4

（作成：エヴァ・パワシュ＝ルトコフスカ）

付録2　駐ポーランド日本公使・大使（1920–1940）

1. 川上俊彦	特命全権公使	1921.5.6
2. 井田守三	臨時代理公使	1923.1.15
3. 佐藤尚武	特命全権公使	1923.10.29
4. 松宮 順	（二等書記官）臨時代理公使	1925.3.1
5. 黒沢二郎	（二等書記官）臨時代理公使	1925.3.29
6. 佐藤尚武	特命全権公使	1926.7.29
7. 二瓶兵二	（一等書記官）臨時代理公使	1927.2.6
8. 千葉蓁一	（三等書記官）臨時代理公使	1927.10.8
9. 松島 肇	特命全権公使	1928.1.30
10. 渡辺理恵	（一等書記官）臨時代理公使	1930.1.6
11. 河合博之	特命全権公使（1933.8.15 任期途中で死去）	1931.6.25
12. 木下武雄	（三等書記官）臨時代理公使	1933.8.12
13. 平田 稔	（一等書記官）臨時代理公使	1933.8.25
14. 嘉納久一	（二等書記官）臨時代理公使	1933.12.9
15. 伊藤述史	特命全権公使	1933.12.22
16. 木村 惇	（一等書記官）臨時代理公使	
	（1941.10.1 両国公使館が大使館に昇格）	1937.7.21
17. 酒匂秀一	特命全権大使	1937.10.11–1940.1.12

（作成：エヴァ・パワシュ＝ルトコフスカ。『日本外交史事典』山川出版社、1992 年、82 頁より）

付録3　駐日ポーランド公使館（大使館）付武官（1920–1941）

1. パヴェウ・アレクサンドロヴィチ大佐（Paweł Aleksandrowicz）		1920.11–1921.10
2. ヴァツワフ・イェンジェイェヴィチ中佐（Wacław Jędrzejewicz）		1925.2–1928
3. ヘンリク・ライヒマン＝フロヤル少佐（Henryk Rajchman-Flojar）		1928–1930
4. アントニ・シルサルチク大尉（Antoni ślósarczyk）		1930–1935.0
5. アントニ・プシビルスキ少佐（Antoni Przybylski）		1935.1–1938
6. イエジ・レヴィトゥー中佐（Jerzy Levittoux）		1938–1941

（作成：エヴァ・パワシュ＝ルトコフスカ）

付録4　駐ポーランド日本公使館（大使館）付武官(1920–1940)

1. 山脇正隆 少佐	1921.5.16–1922.6.2
2. 岡部直三郎 少佐	922.6.2– 1925.5.1
3. 樋口季一郎 少佐	1925. 5.1–1928.2.13
4. 鈴木重康 中佐	1928.2.13–1930.6.5
5. 秦　彦三郎 少佐	1930. 6.5–1932.12.7
6. 柳田元三 少佐	1932.12.7–1934.3.5
7. 山脇正隆 大佐	1934.3.5 –1935.12.2
8. 沢田　茂 少将	1935.12.2–1938.3.1
9. 上田昌雄 中佐	1938. 3.1–1940.3.9

（出典：秦郁彦編『日本陸海軍総合事典』、東京大学出版会、370-371 頁）

付録5「軍事功労勲章」（勲３～５等）受賞者一覧（1928年3月28日）

勲３等

1 岡田啓介 海軍大将	2．山梨半造 陸軍大将

勲４等

3．堀内文次郎 陸軍中将	4. 浄法寺五郎 陸軍中将
5．渡辺岩之助 陸軍中将	6．吉田清風 海軍中将

勲５等

7．赤柴幾太郎 陸軍大佐	8．秋澤芳馬 海軍少将
9．馬場崎豊 陸軍大佐	10. 深草厚之 陸軍少佐
11. 福井重記 陸軍大佐	12. 樋口鉄太郎 陸軍大佐
13. 本田親民 海軍少将	14. 磯村　年 陸軍中将
15. 伊藤真鋒 陸軍少将	16. 岩井勘六 陸軍少将
17. 鍵和田専太郎 陸軍大佐	18. 金子養三 海軍中将
19. 香椎浩平 陸軍少将	20. 加藤豊三郎 陸軍少将
21. 衣川郁蔵 陸軍中佐	22. 小林恵吉郎 海軍大佐
23. 河野藤助 陸軍少佐	24. 正木義太 海軍中将
25. 松前正義 陸軍大佐	26. 益永泰治 陸軍中尉
27. 宮沢　浩 陸軍大佐	28. 箕浦清見 陸軍少佐
29. 長堀　均 陸軍少将	30. 長澤賢二郎 陸軍中佐
31. 中村次喜蔵 陸軍大尉	32. 中村誠太郎 陸軍大佐
33. 緒方勝一陸軍中将	34. 岡野富士松 海軍少将
35. 斎藤恒 陸軍少佐	36. 坂川美太郎 陸軍少佐
37. 坂本重国 陸軍大尉	38. 須賀田又五郎 陸軍大佐
39. 杉山茂廣 陸軍大佐	40. 高木東太郎 海軍大佐
41. 高橋綏次郎 陸軍少将	42. 高津五郎 陸軍大尉
43. 高柳保太郎 陸軍中将	44. 武部岸郎 海軍大佐
45. 田代愛次郎 陸軍大佐	46. 鶴見虎太 陸軍少将
47. 牛島武稚 陸軍少佐	48. 山田陸槌 陸軍中将
49. 山本悌三郎 陸軍少佐	

（日本外務省外交史料館所蔵文書 L.2.2.2-2.10-17 より作成）

主要参考文献

公文書

Archiwum Akt Nowych, Warszawa (AAN)
Akta Bolesława Szcześniaka
Delegacja RP przy Lidze Narodów (Del. RP): nr 226, 227
Ministerstwo Spraw Zagranicznych (MSZ): nr 592; 593, 594; 602, 603, 605, 5953, 5954, 5961, 5962, 5970, 6237, 6238, 7038
Odział II Sztab Główny (OII SzG): nr 616/57, 616/68, 616/126, 616/249, 616/273, 617/10, 617/13, 617/41, 617/80
Komitet Narodowy Polski – Paryż (KNP): nr 66

Archiwum Instytutu Józefa Piłsudskiego, Nowy Jork
Korespondencja różna

Archiwum Instytutu Polskiego i Muzeum Sikorskiego, Londyn (IP)
Ministerstwo Spraw Zagranicznych: nr A.11.49, A.11.E
Akta Władz Naczelnych: nr A.12/1/7, A.12.53/37
Kolekcje prywatne, nr 206: akta Wacława Gilewicza

Archiwum Muzeum Wojska Polskiego, Warszawa
Michał Rybikowski

Archiwum Polskiej Akademii Nauk, Warszawa
Józef Targowski

Biblioteka Narodowa, Dział Rękopisów
Bolesław Szcześniak

Biblioteka Sekcji Japonistyki (Uniwersytet Warszawski)
Seyfried Kamil, *Kalendarium stosunków polsko-japońskich*, rękopis
Seyfried Kamil, *Polska bibliografia japonologiczna*, maszynopis i rękopis

Bōei Kenkyūjo Toshokan (Biblioteka Instytutu Sił Samoobrony), Tokio (BKT)
Manshū. Shūsenji nissosen (*Mandżuria. Walki Japonii z ZSRR pod koniec wojny*)

Centralne Archiwum Ministerstwa Spraw Wewnętrznych, Warszawa
Oddział II Sztabu Naczelnego Wodza

Centralne Archiwum Wojskowe, Warszawa (CAW)
Oddział II Sztabu Generalnego i Głównego Wojska Polskiego (OII SzGG): nr 56, 57, 64

外務省外交史料館所蔵史料
1.1.4.1-14, 1.4.3.5 – 3, 1.4.3.17, 2.5.1.107, 2.5.1-113, 6.1.2.72, 6.1.5.9-62, 6.1.8.2-25, 6.1.8.4- 23, 6.1.8.4-30, 6.1.8.5-22, 6.1.8.7-1, 6.2.1.2-30, 6.2.1.5-41, A.3.5.0.2-14,

B.1.0.0-X10, I.1.1.0.1, I.1.10.0-2-18, L.2.2.2-1-15, L.2.2.2-2-10, M.1.3.0.1-1-12, M.1.5.0.1-17, M.1.5.0.3-30 , M.2.1.0-10-91, M.2.1.0-10-92, M.2.1.0-13-15, M.2.4.2-1-16

国立国会図書館

明石元二郎文書

Public Archives of Canada, Ottawa

Romer Tadeusz, *Diplomatic Activities 1913–1975*, t. 1: *Japan (1937–1940)*, t. 2: *Japan (1940–1941)*, mikrofilm, Public Archives of Canada, Ottawa 1976 (TRDAJ)

Archiwa prywatne

Archiwum Czesława i Ryszarda Mackiewiczów:
biogramy, listy, dokumenty różne

Archiwum Onoderów:
korespondencja z Rybikowskim
dokumenty różne: Heydriech do Ribbentropa, raport *Japanische Spionage im Reich*, nr IV E 5-K.52g.Ra. (7 VIII 1941; RH)
Himller do Ribbentropa, raport *Nachrichtenverkehr des polnischen Nachrichtendienstes zwischen dem General-Gouvernement und Stockholm* nr IV E 5 – K. 52 g.Rs. (31 grudnia 1942)

Archiwum Michała i Zofii Rybikowskich:
dokumenty różne

報告書・レポート・回想録など
（未刊行）

Daszkiewicz Leszek, *Placówka wywiadowcza „G" . Sprawozdanie i dokumenta*, kopia rękopisu, stron 88, Anglia 1948 (LD)

Hryncewicz Ludwik, *Grupa pod kryptonimem „Wierzba" na Litwie Kowieńskiej działająca w okresie II wojny światowej*, maszynopis, stron 25, Warszawa 1988 (LH)

Jędrzejewicz Wacław, *Japończycy kawalerami Virtuti Militari*, maszynopis, stron 11

Kossakowski Stanisław Kazimierz, *Wspomnienia. 1837–1905*, maszynopis, fragmenty

Romer Zofia, *Dwie wizyty na Dworze Syna Słońca*, maszynopis, stron 7

Sugihara Chiune, raport na temat działalności w Kownie (maszynopis, stron 10) opublikowany jako *Raport konsula Sugihary Chiune*, wstęp, tłum. i oprac. Ewa Pałasz-Rutkowska, „Japonica" 1997, nr 7, s. 131–140 (SCh)

Targowski Józef, *Pamiętniki 1883–1921*, maszynopis, stron 391: dział 1: b.t. lata 1883–1920, dział 2: *Moja misja na Dalekim Wschodzie 1920*–1921 (JT); fragmenty opublikowane

Żółtowska Janina, *Inne czasy, inni ludzie*, kopia maszynopisu, fragmenty (JŻ)

インタビュー・書簡など

Andrzej J. Beck, Eryk Budzyński, Gustaw Budzyński, Wincenty Chrząszczewski, Fukushima Hisao, Fukushima Yasumitsu, Ernest G. Heppner, Ludwik Hryncewicz, Iimura Shigeru, Wacław Jędrzejewicz, Maria Juszkiewiczowa, Kasai Tadakazu, Jan Kieniewicz, Zofia Kognowicka (Komża), Wiesław Kotański, Wanda Lutyk-Zakrzewska, Janusz Ło-

puszański, Czesław i Ryszard Mackiewicz, Maeda Kazuhiro, Matsubara Shishuko, Matsumoto Teruo, Mitsui Masako, Mori Motojirō, Nabeshima Naohide, Onodera Makoto i Yuriko, Ōtaka Setsuko i Tadashi, Tadeusz i Teresa Romerowie, Michał i Zofia Rybikowscy, Sakō Hideo, Kamil Seyfried, Andrzej Sieroszewski, Sugihara Yukiko i Nobukazu, Bolesław i Janina Szcześniak, Przemysław Ślósarczyk, Magdalena Trawińska-Jęczmyk, Wanda Trawińska-Jonak, Jolanta Tubielewicz, Agnieszka Żuławska-Umeda i Yoshiho Umeda, Władysław Wielhorski, Elżbieta Wyganowska, Yamada Kōnosuke, Yamawaki Masataka, Jan Zwartendijk Jr.

刊行史料・事典

Archiwum Akt Nowych w Warszawie. Przewodnik po zasobie archiwalnym, red. Mieczysław Motas, Państwowe Wydawnictwo Naukowe, Warszawa 1973

Armia Krajowa w dokumentach: 1939–1945, Ossolineum, Wrocław 1990

Chronologia stosunków międzynarodowych Polski 1918–1939, t. 1–9, Polski Instytut Spraw Międzynarodowych, Warszawa 1955–1963

Dokumenty z dziejów polskiej polityki zagranicznej, t. 1: *1918–1932*, PAX, Warszawa 1989

Konsaisu Nihon chimei jiten (*Zwięzły słownik japońskich nazw geograficznych*), Sanseidō, Tōkyō 1992

Konsaisu Nihon jimmei jiten (*Zwięzły słownik biograficzny Japończyków*), Sanseidō, Tōkyō 1990

Makowski Julian, *Umowy międzynarodowe Polski*, Warszawa 1935

Nihon gaikō bunsho (*Japońskie dokumenty dyplomatyczne*), Nihon Kokusai Rengō Kyōkai, t. 1–195, Tōkyō 1936–2008 (NGB): t. XXXVII/2, Tōkyō 1958; *Mashū jihen* (*Incydent mandżurski*), t. 1–3, Tōkyō 1976–1981

Nihon gaikōshi jiten (*Słownik historii japońskiej dyplomacji*), Yamakawa Shuppansha, Tōkyō 1992

Nihon rikukaigun sōgō jiten (*Ogólny słownik japońskich sił lądowych i morskich*), red. Hata Ikuhiko, Tōkyō Daigaku Shuppankai, Tōkyō 1991

Piłsudski Józef, *Memoriał złożony Ministerstwu Spraw Zagranicznych w Tokio*, [w:] tenże, *Pisma zbiorowe*, t. 2, Instytut Józefa Piłsudskiego, Warszawa 1937, s. 249–258

Piłsudski Józef, *Poprawki historyczne*, [w:] tenże, *Pisma zbiorowe*, t. 9, Instytut Józefa Piłsudskiego, Warszawa 1937, s. 279–280

Polski słownik biograficzny, Polska Akademia Nauk, Polska Akademia Umiejętności, t. 1–44, Kraków 1935–2007

Prawo międzynarodowe i historia dyplomatyczna. Wybór dokumentów, oprac. Ludwik Gelberg, t. 1–3, Państwowe Wydawnictwo Naukowe, Warszawa 1954–1960

Rok 1920. Wojna polsko-radziecka we wspomnieniach i innych dokumentach, Państwowy Instytut Wydawniczy, Warszawa 1990

Sierpowski Stanisław, *Źródła do historii powszechnej okresu międzywojennego*, t. 1: *1917–1926*, t. 2: *1927–1934*, t. 3: *1935–1939*, Uniwersytet im. A. Mickiewicza, Poznań 1991–1992

日記・回想録など

Diariusz i teki Jana Szembeka (1935–1945), t. 4: *1938–1939*, oprac. Józef Zarański, Instytut Polski i Muzeum im. Gen. Sikorskiego, Londyn 1972

Fukushima shōgun iseki (Pamiątki po generale Fukushimie), red. Ōta Kumayama, Tōa Kyōkai, Tōkyō 1941

Golovnin R.N. (Vassili) *Narrative of my captivity in Japan, during the years 1811,1812 and 1813; with observations on the country and the people*, London 1818, przedruk w: *The West's Encounter with Japanese Civilization 1800–1940*, Curzon Press, t. 1–2, Richmond 2000

Heppner Ernest G., *Shanghai Refuge. A Memoir of the World War II Jewish Ghetto*, University of Nebrasca Press, Lincoln–London 1995

Higuchi Kiichirō, *Attsu, Kisuka gunshireikan-no kaisōroku* (*Wspomnienia dowódcy z wysp Attu i Kiska*), Fuyō Shobō, Tōkyō 1971

Historia podroży y osobliwszych zdarzeń sławnego Maurycego Hrabi Beniowskiego szlachcica polskiego i węgierskiego, Gazeta Warszawska i Sukces, Warszawa 1806

Jędrzejewicz Wacław, *Wspomnienia*, Ossolineum, Wrocław 1993 (WJ)

Makino Nobuaki, *Kaikoroku* (*Wspomnienia*), t. 1–2, Chūō Kōronsha, Tōkyō 1989

Mitkiewicz Leon, *Wspomnienia kowieńskie*, Bellona, Warszawa 1990

Mori Motojirō, *Aru shūsen kōsaku* (*Pewne zabiegi polityczne w celu zakończenia wojny*), Chūō Kōronsha, Tōkyō 1980

O Japonii uwagi B. Gołownina, do których jest przydany słowniczek japoński układu K.P. Thunberga, tłum. Grzegorz Buczyński, Warszawa 1823

Onodera Yuriko, *Barutokai-no hotori-ni-te* (*Gdzieś w pobliżu Bałtyku*), Kyōdō Tsūshinsha, Tōkyō 1985 (OY)

Onodera Yuriko, *Onodera bukan-no „tatakai". Hokuō-no chi-no jōhōsen-to Ribikofusuki-no koto* (*„Walka" attaché Onodery. Wojna wywiadów w północnej Europie a sprawa Rybikowskiego*), „Seiron" 1993, nr 5, s. 186–221 (fragmenty przetłumaczone na język polski zob. następna pozycja bibliografii) (OYS)

Onodera Yuriko, *„Walka" attaché Onodery*, tłum. i oprac. Ewa Pałasz-Rutkowska, „Japonica" 1994, nr 2, s. 97–113 (OYJ)

Orliński Bolesław, *Mój lot Warszawa–Tokio–Warszawa*, Lector–Polonia, Warszawa 1927

Patek Stanisław, *Wspomnienia ważkich okresów pracy*, Warszawa 1938

Raport konsula Sugihary Chiune, wstęp, tłum. i oprac. Ewa Pałasz-Rutkowska, „Japonica" 1997, nr 7, s. 131–140 (SCh)

Satō Naotake, *Kaiko hachijūnen* (*80 lat wspomnień*), Jiji Tsūshinsha, Tōkyō 1963

Schellenberg Walter, *The Schellenberg Memoirs*, red. i tłum. Louis Hagen, André Deutsch, London 1975

Sugihara Yukiko, *Rokusennin inochi-no biza* (*Wizy życia dla 6000 osób*), Asahi Sonorama, Tōkyō 1990

Targowski Józef, *Moja misja na Dalekim Wschodzie 1920–1921* (fragmenty *Pamiętników 1883–1921*), oprac. Ewa Pałasz-Rutkowska, „Japonica" 1993, nr 1 s. 123–131; 1994, nr 3, s. 147–159; 1995, nr 4 s. 127–137 (JTJ)

Tanki ensei (*Samotna wyprawa konna*), [w:] *Fukushima shōgun iseki* (*Pamiątki po generale Fukushimie*), red. Ōta Kumayama, Tōa Kyōkai, Tōkyō 1941, s. 1–224

Wojciechowski Stanisław, *Moje wspomnienia*, Lwów, Warszawa 1938

研究書・論文（欧文）

75 lat Instytutu Orientalistycznego Uniwersytetu Warszawskiego, red. Maciej Popko, Wydawnictwa Uniwersytetu Warszawskiego, Warszawa 2007

Abe Ichirō, *Nihon Pōrando bunka kōryū-no rekishi-to genjō* (*Historia i stan obecny wymiany kulturalnej między Japonią a Polską*), [w:] *Nihon-to tōō shokoku-no bunka kōryū-ni kansuru kisoteki kenkyū* (*Podstawowe badania na temat wymiany kulturalnej między Japonią a krajami Europy Wschodniej*), Nihon Tōō Kankei Kenkyūkai, Tōkyō 1981, s. 8–19

Akashi Motojirō, Rakka ryūsui. Colonel Akashi's Report on His Secret Cooperation with the Russian Revolutionary Parties durin[illegible] so-Japanese War, red. Olavi Fält, Antti Kujala, tłum. dokumentów Inaba Chiharu, „Studia Historica" 1988, nr 31, Societas Historica Finlandiae, Helsinki

Ban Satomi, *Unsung Hero*, „Look Japan" 1992, nr 2, Tokyo, s. 40–41

Banasiński Eugeniusz, *Japonia – Mandżuria. Studium polityczno-ekonomiczne*, Wydawnictwa Instytutu Wschodniego „Polska Zjednoczona", Warszawa 1931

Banasiński Eugeniusz, *Japonia współczesna. Sprawozdania ekonomiczne*, Ministerstwo Spraw Zagranicznych, Warszawa 1928

Bandrowski Jerzy, *Przez jasne wrota*, Wydawnictwo Polskie, Lwów–Poznań 1923

Bibliography of Publications by Professor Wiesław Kotański, oprac. Andrzej Ługowski, [w:] *Księga dla uczczenia 75 rocznicy urodzin Wiesława Kotańskiego*, „Rocznik Orientalistyczny" 1990, t. 46, nr 2, PWN, Warszawa, s. 13–21

Bielecki Tadeusz, *W szkole Dmowskiego*, Polska Fundacja Kulturalna, Londyn 1968

Boter Jan Benesius, *Relatiae powszechne albo nowiny pospolite*, 1609

Bronisław Piłsudski and Futabatei Shimei – an Excellent Charter in the History of Polish-Japanese Relations. Materials of the Third International Conference on Bronisław Piłsudski and His Scholarly Heritage, red. Alfred Majewicz, Tomasz Wicherkiewicz, „Linguistic and Oriental Studies" 2001, nr 7, suplement monograficzny

Budzyński Eryk, *Poczta japońska*, „Zeszyty Historyczne" 1992, nr 102, s. 203–213

Cabanowski Marek, *Tajemnice Mandżurii. Polacy w Harbinie*, Muzeum Niepodległości, Warszawa 1993

Chapman J.W.M., *Japan in Poland's Secret Neighbourhood War*, „Japan Forum" 1995, t. 7, nr 2, s. 225–283

Chapman J.W.M., *The Polish Connection: Japan, Poland and the Axis Alliance*, „Proceedings of the British Association for Japanese Studies" 1977, t. 2, nr 1, s. 57–78

Chopin – Polska – Japonia. Katalog wystawy z okazji osiemdziesiątej rocznicy nawiązania stosunków oficjalnych między Polską a Japonią oraz Roku Chopinowskiego, Toppan Printing, Tokyo 1999

Czechowski Aleksander, *Historia wojny rosyjsko-japońskiej*, Lutosławski, Zamoyski i S-ka, Warszawa 1906

Depping Wilhelm, *Japonia*, t. 1–2, drukarnia A.T. Jezierskiego, Warszawa 1904

Dmowski Roman, *Ex Oriente Lux*, „Przegląd Wszechpolski" 1904, nr 9 s. 648–655; 1904, nr 10, s. 748–755, nr 12, s. 909–918

Dmowski Roman, *Polityka polska i odbudowanie państwa*, t. 1–2, PAX, Warszawa 1988

Douglas James, *W zaraniu dyplomacji polskiej – misja Ligi Narodowej i PPS w Japonii*, „Niepodległość" 1931–1932, t. 5, s. 177–199

Dramaty japońskie (Takeda Izumo, *Terakoya albo Szkoła wiejska*; Yamada Kakashi, *Asagao*), tłum. Henryk Fogl, W. Zuckerkandl, Lwów–Złoczów 1905

Fält Olavi K., *Collaboration between Japanese Intelligence and the Finnish Underground during the Russo-Japanese War*, „Asian Profile" 1976, t. 4, nr 3, s. 205–238

Flight and Rescue, United State Holocaust Museum, Washington DC 2001; zob.: www.ushmm.org/museum/exhibit/online/flight_rescue/ (dostęp: 20 sierpnia 2008)

Futabatei Shimei, *Ster na lewo*, tłum. Jerzy Merlicz, Perzyński, Niklewicz i Ska, Warszawa 1925

Futrell Michael, *Colonel Akashi and Japanese Contacts with Russian Revolutionaries in 1904–05*, „Far Eastern Affairs" 1967, nr 4, s. 7–22

Garlicki Andrzej, *Józef Piłsudski 1867–1935*, Czytelnik, Warszawa 1990

Garlicki Andrzej, *Drugiej Rzeczypospolitej początki*, Wydawnictwo Dolnośląskie, Wrocław 1996

Giertych Jędrzej, *Rola dziejowa Dmowskiego*, Komitet Wydawniczy, Chicago 1968

Gondek Lucjan, *Wywiad polski w Trzeciej Rzeszy, 1933–1939*, Ministerstwo Obrony Narodowej, Warszawa 1978

Hall John Whitney, *Japonia od czasów najdawniejszych do dzisiaj*, Państwowy Instytut Wydawniczy, Warszawa 1979

Heppner Ernest G., *The Forgotten Rescuer of Wartime Jews*, „Indianapolis Star", 26 lipca 1995, s. A5

Hearn Lafcadio, *Czerwony ślub i inne opowiadania*, tłum. Jerzy Bandrowski, Wende i Ska, Warszawa 1925

Hearn Lafcadio, *Gejsza*, tłum. Czesław Kędzierski, Franciszek Gutowski, Poznań 1923

Hearn Lafcadio, *Japonia*, tłum. B. Bielecka, Wende i Ska, Warszawa 1926

Hearn Lafcadio, *Kokoro*, Ska Wydawnicza Polska, Kraków 1906

Historia dyplomacji polskiej, t. 4: *1918–1939*, red. Piotr Łossowski, Wydawnictwo Naukowe PWN, Warszawa 1995

Hübner, *Japonia*, [w:] *Przechadzka naokoło ziemi odbyta w roku 1871 przez ... b. ambasadora i b. ministra austrjackiego*, t. 2, J. Unger, Warszawa 1874

Hyōdo Nagao, *Mosty przyjaźni. Polska dusza i japońskie serce*, tłum. Anna Okazaki-Pindur, Stanisław M. Filipek, Jan Filipek, Książnica Płocka, Płock 2007

Juvenciusz Józef, *Historia prześladowań wiary chrześcijńskiej w Japonii w Dziejach Towarzystwa Jezusowego...*, tłum. ks. Franciszek Rzepnicki, Stowarzyszenie Jezusowe, Poznań 1763

Kajdański Edward, *Tajemnica Beniowskiego. Odkrycia, intrygi, fałszerstwa*, Volumen, Warszawa 1994

Keene Donald, *The Japanese Discovery Europe 1720–1830*, Stanford University Press, Stanford 1969

Kipling Rudyard, *Listy z Japonii*, tłum. Marian Poloński, Gebethner i Wolff, Warszawa 1904

Kisielewski Jan August, *O teatrze japońskim*, Towarzystwo Wydawnicze, Lwów 1902

Kisielewski Jan August, *Życie dramatu*, Towarzystwo Wydawnicze, Lwów 1907

Kliszewicz Leonidas A.B., *Baza w Sztokholmie*, „Zeszyty Historyczne" 1981, nr 58, s. 44–176

Kłośnik Zygmunt, *Japonia*, Towarzystwo Wydawnicze, Lwów 1904

Kossko Stanisław, *Przez trzy oceany*, Glob, Szczecin 1985

Kossowski Łukasz, *O inspiracjach japońskich w sztuce polskiej*, [w:] *Chopin – Polska – Japonia. Katalog wystawy z okazji 80. rocznicy nawiązania stosunków oficjalnych między Polską a Japonią oraz Roku Chopinowskiego*, Toppan Printing, Tokyo 1999, s. 148–150

Kotański Wiesław, *Dziedzictwo japońskich bogów*, Ossolineum, Wrocław 1995

Kotański Wiesław, *Dziesięć tysięcy liści*, Państwowe Wydawnictwo Naukowe, Warszawa 1961

Kotański Wiesław, *Japanese Studies in Poland*, [w:] *Oriental Studies in the Sixty Years of Independent Poland*, Państwowe Wydawnictwo Naukowe, Warsaw 1983, s. 53–58

Kotański Wiesław, *Kojiki, czyli Księga dawnych wydarzeń*, Państwowy Instytut Wydawniczy, Warszawa 1986

Kotański Wiesław, *Ryōchū Stanisław Umeda – szkic biograficzny*, „Przegląd Orientalistyczny" 1962, nr 3, Państwowe Wydawnictwo Naukowe, Warszawa, s. 275–288

Kotański Wiesław, *Sztuka Japonii*, Wydawnictwa Artystyczne i Filmowe, Warszawa 1974

Kotański Wiesław, *Zarys dziejów religii w Japonii*, Książka i Wiedza, Warszawa 1963

Kotański Wiesław, Seyfried Kamil, *Stosunki kulturalne między Polską a Japonią*, „Przegląd Orientalistyczny" 1961, nr 2, Państwowe Wydawnictwo Naukowe, Warszawa, s. 141–156

Kozakiewicz Janusz, Mackiewicz Ryszard, *Podokręg ZWZ/AK Kowno, Inspektorat E*, „Zeszyty Historyczne Wiano" b.d.w., nr 8, oraz wydanie poszerzone, 1993

Księga dla uczczenia 75 rocznicy urodzin Wiesława Kotańskiego, „Rocznik Orientalistyczny" 1990, t. 46, nr 2, PWN, Warszawa

Kucharski K. ks., *Konspiracyjny ruch niepodległościowy w Wilnie w okresie od września 1939 r. do 25 maja 1941 r.*, Progres, Bydgoszcz 1994

Kukiel Marian, *Dzieje Polski porozbiorowej 1795–1921*, Polski Uniwersytet na Obczyźnie, Londyn 1961

Kwiatkowski Remigiusz, *Chiakunin Izszu. Antologia japońska*, Ska Wydawnicza Polska, Kraków (1913) 1922

Kwiatkowski Remigiusz, *Literatura powszechna: literatura japońska*, M. Arct, Warszawa 1908

Kwiatkowski Remigiusz, *Parasol noś i przy pogodzie*, Księgarnia Św. Wojciecha, Poznań (1920) 1923

Lanckoroński Karol hrabia, *Naokoło ziemi, 1888–1889. Wrażenia i poglądy*, Gebethner

i Spółka, Kraków 1893

Leczyk Marian, *Kontakty wojskowe Polski z Japonią i Chinami w dwudziestoleciu międzywojennym*, [w:] *Z dziejów Europy Środkowo-Wschodniej. Księga pamiątkowa ofiarowana prof. dr. hab. Władysławowi A. Serczykowi w 60. rocznicę Jego urodzin*, red.: Ewa Dubas-Urwanowicz i in., Białystok 1995, s. 349–359

Lerski Jerzy, *A Polish Chapter of the Russo-Japanese War*, „Transaction of the Asiatic Society of Japan" 1959, t. 7, seria trzecia, s. 69–96

Lewandowski Józef, *Swedish Contribution to the Polish Resistance Movement during World War II (1939–1942)*, „Acta Universitatis Upsaliensis" 1979, nr 20

Lewin Isaac, *Remember the Days of Old. Historical Essays*, Research Institute of Religious Jewry, New York 1994

Łubieński Stefan, *Między Wschodem a Zachodem. Japonia na straży Azji. Dusza mistyczna Nipponu*, przedmowa Wacław Sieroszewski, Gebethner i Wolff, Warszawa–Kraków 1927

Łubieński Stefan, *Teatr Nipponu*, „Scena Polska" 1926, nr 3–4, Warszawa, s. 57–90; wersja zmieniona jako: *Teatr – świątynia. Od „nō" do japońskiego dramatu nowożytnego*, rozdział 6, [w:] Łubieński Stefan, *Między Wschodem a Zachodem. Japonia na straży Azji. Dusza mistyczna Nipponu*, przedmowa Wacław Sieroszewski, Gebethner i Wolff, Warszawa, Kraków 1927, s. 71–107

Łubieński Władysław, *Świat we wszystkich swoich częściach... okryślony*, 1740

Mackiewicz Ryszard, *Z dziejów polskiego wywiadu w Litwie w czasie II wojny światowej*, „Wileński Przekaz" 1996, nr 38, Światowy Związek Żołnierzy Armii Krajowej, Środowisko Okręgu Wileńskiego, Gdańsk, s. 2–17

Majewicz Alfred, *Bronisław Piłsudski – wzorcowa karta dziejów współpracy i przyjaźni polsko-japońskiej*, [w:] *Chopin – Polska – Japonia. Katalog wystawy z okazji 80. rocznicy nawiązania stosunków oficjalnych między Polską a Japonią oraz Roku Chopinowskiego*, Toppan Printing, Tokyo 1999, s. 71–73

Martini Małgorzata, *Feliks „Manggha" Jasieński – kolekcjoner i propagator sztuki japońskiej*, [w:] *Chopin – Polska – Japonia. Katalog wystawy z okazji 80. rocznicy nawiązania stosunków oficjalnych między Polską a Japonią oraz Roku Chopinowskiego*, Toppan Printing, Tokyo 1999, s. 154–157

Inaba Chiharu, *Nichiro sensōchū Pōrandojin horyo. Matsuyama shūyōjo-o chūshin to shite (Jeńcy-Polacy w czasie wojny japońsko-rosyjskiej. Obóz w Matsuyamie)*, [w:] *Beyond Borders: Japanese Studies in the 21st Century. In Memoriam Wiesław Kotański*, red. Agnieszka Kozyra, Iwona Kordzińska-Nawrocka, Nozomi, Warszawa 2007, s. 137–144

Inaba Chiharu, *Polish-Japanese Militaiy Collaboration during the Russo-Japanese War*, „Japan Forum" 1992, t. 4, nr 2, s. 229–246

Inaba Chiharu, *Wojskowa współpraca między Japonią i Polską w czasie wojny japońsko-rosyjskiej*, „Przegląd Policyjny" 1991, nr 2 (24), Szczytno, s. 90–95

Jabłoński Witold, *Religie Japonii*, [w:] *Religie Wschodu*, „Biblioteka Wiedzy", Trzaska, Evert i Michalski, Warszawa 1938, s. 25–65

Jakóbkiewicz Józef, *Etyka rycerska Japonii*, Warszawa 1937

Janta-Połczyński Aleksander, *Made in Japan*, Towarzystwo Polsko-Japońskie, Warszawa

1935

Jasieński Feliks, „Manggha, *Przewodnik po dziale japońskim Oddziału Muzeum Narodowego*, Kraków 1906

Jaworski Jan, *Gospodarcze podłoże konfliktu chińsko-japońskiego*, „Przegląd Polityczny" 1932, nr 4–5, Warszawa

Jaworski Jan, *Japonia*, [w:] *Wielka Geografia Powszechna*, t. 3, Trzaska, Evert i Michalski, Warszawa 1933

Jędrzejewicz Wacław, *Sprawa „Wieczoru". Józef Piłsudski a wojna japońsko-rosyjska 1904–1905*, „Zeszyty Historyczne" 1974, nr 27 (SW)

Jędrzejewicz Wacław, *Kronika życia Józefa Piłsudskiego 1867–1935*, t. 1–2, Polska Fundacja Kulturalna, Londyn 1986

Juszkiewiczowa Maria, *Bajki japońskie*, M. Arct, Warszawa 1924

Juszkiewiczowa Maria, *Duch wierzby. Legendy i baśnie japońskie*, Księgarnia Św. Wojciecha, Poznań 1925

Merklejn Iwona, *Brat Zeno Żebrowski. Polski misjonarz w japońskich mediach*, Trio, Warszawa 2006

Micewski Andrzej, *Roman Dmowski*, Verum, Warszawa 1971

Momose Hiroshi, *Japan's Policy Toward Small States between the Two World Wars*, „Kokusai Kankeigaku Kenkyū" 1989, nr 16, s. 119–133

Musialik Zdzisław, *General Weygand and the Battle of the Vistula 1920*, Józef Piłsudski Institute of Research, London 1987

Musialik Zdzisław, *Rola Marszałka Józefa Piłsudskiego w bitwie nad Wisłą 1920 r. w ocenie publikacji zachodnich*, [w:] *Wojna polsko-sowiecka 1920 roku. Materiały sesji naukowej w Instytucie Historii PAN*, Wydawnictwo Instytutu Historii PAN, Warszawa 1991, s. 128–141

Nitobe Inazō, *Bushidō. Dusza Japonii*, H. Altenberg, Lwów 1904

Nowak Katarzyna, *Pierwszy Polak w Japonii – Wojciech Męciński*, „Japonica" 2000, nr 12, s. 165–179

Nowak-Kiełbikowa Maria, *Japonia i Chiny w dyplomacji II Rzeczypospolitej*, „Dzieje Najnowsze" 1981, R. 13, nr 1–2, s. 241–253

Numano Mitsuyoshi, *Spotkania Japończyków z literaturą polską*, [w:] *Chopin – Polska – Japonia. Katalog wystawy z okazji 80. rocznicy nawiązania stosunków oficjalnych między Polską a Japonią oraz Roku Chopinowskiego*, Toppan Printing, Tokyo 1999, s. 210–213.

Oficer, *Jaki będzie koniec wojny rosyjsko-japońskiej*, Lwów 1904

Okakura Kakuzō, *Księga herbaty*, Warszawa 1904

Okakura Kakuzō, *Przebudzenie się Japonii*, tłum. Marja Wenzlowa, Gebethner i Wolff, Warszawa 1905

Okszyc A., *Japonia i Japończycy*, M. Arct, Warszawa 1904

Oliphant Wawrzyniec, *Poselstwo lorda Elgin do Chin i Japonii w latach 1857, 58, 59*, tłum. A. Matelska, Aleksander Nowolecki, Warszawa 1862

Opisanie chwalebnego męczeństwa dziewięci chrześcijan japońskich..., druk M. Loba, Kraków 1612

Okszyc A., *Japonia i Japończycy*, M. Arct, Warszawa 1904

Oliphant Wawrzyniec, *Poselstwo lorda Elgin do Chin i Japonii w latach 1857, 58, 59*, tłum. A. Matelska, Aleksander Nowolecki, Warszawa 1862

Opisanie chwalebnego męczeństwa dziewięci chrześcijan japońskich..., druk M. Loba, Kraków 1612

Osiński Zbigniew, *Japońsko-polskie kontakty teatralne – dwudziesty wiek*, [w:] *Chopin – Polska – Japonia. Katalog wystawy z okazji 80. rocznicy nawiązania stosunków oficjalnych między Polską a Japonią oraz Roku Chopinowskiego*, Toppan Printing, Tokyo 1999, s. 222–225

Ossendowski Antoni, *Cud bogini Kwan-non. Z życia Japonii*, Wielkopolska Księgarnia Nakładowa Karola Rzepeckiego, Poznań 1924

Ossendowski Antoni, *Od szczytu do otchłani. Wspomnienia i szkice*, Gebethner i Wolff, Warszawa 1925

Pałasz-Rutkowska Ewa, *Dalecy czy bliscy? O źródłach wzajemnej sympatii Polaków i Japończyków*, [w:] *Chopin – Polska – Japonia. Katalog wystawy z okazji 80. rocznicy nawiązania stosunków oficjalnych między Polską a Japonią oraz Roku Chopinowskiego*, Toppan Printing, Tokyo 1999, s. 65–71

Pałasz-Rutkowska Ewa, *Major Fukushima Yasumasa and His Influence on the Japanese Perception of Poland at the Turn of the Century*, [w:] *The Japanese and Europe: Images and Perceptions*, red. Bert Edström, Curzon Press, Richmond 2000, s. 125–135

Pałasz-Rutkowska Ewa, *Manchuria in Polish-Japanese Relations in the 1930s*, „Rocznik Orientalistyczny" 2003, t. 56, nr 2, s. 129–140

Pałasz-Rutkowska Ewa, *„Obcy" w kontaktach międzykulturowych – obraz Japonii w Polsce na przełomie XIX i XX wieku*, „Japonica" 2003, nr 16, s. 29–51

Pałasz-Rutkowska Ewa, *Polish-Japanese Cooperation during the Russo-Japanese War. The Role of Józef Piłsudski and Roman Dmowski*, „Rocznik Orientalistyczny" 1999, t. 52, nr 1, s. 5–14

Pałasz-Rutkowska Ewa, *Polish-Japanese Secret Cooperation During World War II: Sugihara Chiune and Polish Intelligence*, www.tiu.ac.jp/~bduell/ASJ/3-95_lecture_summary.html (dostęp: 20 lipca 2008)

Pałasz-Rutkowska Ewa, *Polityka Japonii wobec Polski, 1918–1941*, Zakład Japonistyki i Koreanistyki–Nozomi, Warszawa 1998

Pałasz-Rutkowska Ewa, *Polska – Japonia – Mandżukuo. Sprawa uznania Mandżukuo przez Polskę*, „Przegląd Orientalistyczny" 2006, nr 1–2, s. 3–18

Pałasz-Rutkowska Ewa, *Pragmatyzm czy szczery podziw dla „duszy Japonii" – obraz Japonii w wybranych publikacjach polskich lat 20. i 30. XX wieku*, „Japonica" 1999, nr 10, s. 67–81

Pałasz-Rutkowska Ewa, *Profesor Wiesław Kotański (1915–2005) – wybitny uczony, japonista, wychowawca pokoleń*, „Azja–Pacyfik" 2005, nr 8, s. 188–194

Pałasz-Rutkowska Ewa, Romer Andrzej T., *Polish-Japanese Co-operation during World War II*, „Japan Forum" 1995, t. 7, nr 2, s. 285–317

Pałasz-Rutkowska Ewa, Romer Andrzej T., *Współpraca polsko-japońska w czasie II wojny światowej*, „Zeszyty Historyczne" 1994, nr 110, s. 3–43

Parvus, *Sprawa wschodnia. Zatarg japońsko-rosyjski*, Proletarjat, Kraków 1904

Pepłoński Andrzej, *Niepublikowany dokument dotyczący współpracy między Oddziałem II Sztabu Generalnego WP a wywiadem japońskim*, „Przegląd Policyjny" 1991, nr 1 (23), s. 104–107

Pepłoński Andrzej, *Wywiad Polskich Sił Zbrojnych na Zachodzie (1939–1945)*, Agencja Wydawnicza Jerzy Mostowski, Warszawa 1995

Piłsudski Bronisław, *Materials for the Study of the Ainu Language and Folklore*, Kraków 1912

Pobóg-Malinowski Władysław, *Józef Piłsudski 1867–1908*, t. 1: *W podziemiu konspiracji 1867–1901*, t. 2: *W ogniu rewolucji 1901–1908*, Gebethner i Wolff, Warszawa 1935

Pobóg-Malinowski Władysław, *Józef Piłsudski 1867–1914*, Komitet Wydawniczy, Londyn 1964

Polacy na Syberii. Szkic historyczny, Ministerstwo Spraw Wojskowych, Warszawa 1928

Pollack Juliusz, *Wywiad, sabotaż, dywersja. Polski Ruch Oporu w Berlinie 1939–1945*, Ludowa Spółdzielnia Wydawnicza, Warszawa 1991

Polo Marko, *Opisanie świata*, tłum. Anna Ludwika Czerny, Państwowy Instytut Wydawniczy, Warszawa 1954

Posner Stanisław, *Japonia. Państwo i prawo*, Księgarnia Naukowa, Warszawa 1905

Prus Bolesław, *Kroniki*, oprac. Zygmunt Szweykowski, t. 8, 12, 16, 18, Państwowy Instytut Wydawniczy, Warszawa 1958–1968

Pruszyński Mieczysław, *Dramat Piłsudskiego. Wojna 1920*, BGW, Warszawa 1995

Przyjazd Wysokiej Misji, „Polski Kurier Wieczorny", 9 marca 1920, nr 2, s. 1–8

Rabinovich Abraham, *Disobedient diplomat*, „The Jerusalem Post", 29 listopada 1985, s. 6

Reymont Władysław, *Ave Patria*, Gebethner i Wolff, Warszawa 1938

Richter Bogdan, *Literatura chińska. Literatura japońska*, Trzaska, Evert, Michalski, Warszawa 1929

Richter Bogdan, *Wypisy japońskie*, Warszawa 1920

Richter Bogdan, *Zarys historii literatury japońskiej*, [w:] *Wielka literatura powszechna*, t. 1, Warszawa 1930

Sapieha Paweł ks., *Podróż na Wschód Azyi 1888–1889*, Księgarnia Gubrytnowicza i Schmidta, Lwów 1899

Schmorak L., *Dar Pomorza w Japonii*, „Morze" 1935, nr 10, s. 18–22

Schreiber Ignacy, *Polska bibljografia japonologiczna po rok 1926*, Towarzystwo Miłośników Ksiażki. Kraków 1929

Sieroszewski Wacław, *Na Daleki Wschód. Kartki z podróży*, Książka, Kraków 1911

Sieroszewski Wacław, *Na wulkanach Japonii*, nakładem Spółki Akcyjnej Wydawniczej, Lwów 1924

Sieroszewski Wacław, *Nowele*, Wiedza, Warszawa 1948

Sieroszewski Wacław, *Szkice podróżnicze. Wspomnienia*, [w:] *Dzieła*, t. 18, Wydawnictwo Literackie, Kraków 1961, s. 391–405

Sieroszewski Wacław, *Wśród kosmatych ludzi*, Towarzystwo Wydawnicze „Rój", War-

szawa 1927

Sieroszewski Wacław, *Z fali na falę*, Biblioteka Polska, Warszawa 1931

Skarga-Pawęski Piotr, *Żywoty Świętych Starego i Nowego Zakonu na każdy dzień przez cały rok*, Wydawnictwo Księży Jezuitów, Kraków 1936

Skarga-Pawęski Piotr, *Kazanie sejmowe*, z pierwodruku w 1597 r. Ignacy Chrzanowski, Warszawa 1904

Starkel Juliusz, *Obrazki z Japonii*, Ziarno, Warszawa 1904

Strumph-Wojtkiewicz Stanisław, *Tiergarten. Powieść z lat 1939–1945*, Książka i Wiedza, Warszawa 1986

Studnicki Władysław, *Japonia*, Maniszewski i Kędzierski, Lwów 1904

Szcześniak Bolesław, *Polonica japońskie*, „Teki Historyczne" 1954, t. 6, nr 3–4, Polskie Towarzystwo Historyczne na Obczyźnie, Londyn, s. 160–174

Szcześniak Bolesław, *Pōrando-no kizoku tankenka Beniofusuki hakushaku monogatari (Opowieść o hrabim Beniowskim, polskim arystokracie i podróżniku)*, „Konnichi-no Mondai" 1940, nr 2, s. 62–69

Ślósarczyk Antoni, *25 wieków w cieniu góry Fuji*, Książka i Wiedza, Warszawa 1961

Ślósarczyk Antoni, *Samuraje. Japoński duch bojowy*, Towarzystwo Wiedzy Wojskowej, Warszawa 1939

Ślósarczyk Antoni, *Wojskowość dawnego Nipponu na tle dziejów*, Główna Drukarnia Wojskowa, Warszawa 1938

Święcicki Julian Adolf, *Historia literatury chińskiej i japońskiej*, [w:] *Historia literatury powszechnej*, t. 2, drukarnia A.T. Jezierskiego, Warszawa 1901

Tabata Masanori, *Foreign Ministry acknowledges its wartime errors*, „The Japan Times", 11 października 1991, s. 3

Takeda Izumo, *Terakoja, czyli wiejska szkółka*, tłum. Jerzy Żuławski, H. Altenberg, Lwów 1907

The Collected Works of Bronisław Piłsudski, red. Alfered Majewicz, t. 1–3, Mouton de Gruyter, Berlin–New York 1998, 2004

Theiss Wiesław, *Dzieci syberyjskie. Dzieje polskich dzieci repatriowanych z Syberii i Mandżurii w latach 1919–1923*, Uniwersytet Warszawski, Wydział Pedagogiczny, Warszawa 1992

Tokutomi Kenjirō, *Namiko*, tłum. Emilja Węsławska, druk Józefa Sikorskiego, Warszawa 1905

Tubielewicz Jolanta, *Historia Japonii*, Zakład Narodowy imienia Ossolińskich, Wrocław–Warszawa 1984

Tubielewicz Jolanta, *Mitologia Japonii*, Wydawnictwa Szkolne i Pedagogiczne, Warszawa 1986

Tubielewicz Jolanta, *Nara i Kioto*, Wydawnictwa Artystyczne i Filmowe, Warszawa 1983

Tubielewicz Jolanta, *Od mitu do historii. Wykłady o Japonii*, oprac. Ewa Pałasz-Rutkowska, Trio, Warszawa 2006

Tubielewicz Jolanta, *Superstitions, Magic and Mantic Practices in the Heian Period*, Wydawnictwa Uniwersytetu Warszawskiego, Warszawa 1980

Umiński Władysław, *W krainie Wschodzącego Słońca. Powieść z życia młodzieży japońskiej*, Gebethner i Wolff, Warszawa (1911) 1925

Warhaftig Zorach, *Refugee and Survivor. Rescue Efforts During the Holocaust*, Yad Vashem, Torah Education Dept. of the World Zionist Organization, Jerusalem 1988

Watanabe Katsuyoshi, *Stosunki dyplomatyczne Polski i Japonii w okresie międzywojennym*, „Dzieje Najnowsze" 1992, t. 24, nr 4, s. 27–35

Vita et Mors Gloriose suscepta R. P. Alberti Mencinski e S. Jesu in odium Sancte Fidei Catholicae apud Japoes una cum aliis quatour ex eadem Societate Patribus interempti A.D. 1643 – 23 Martii a Gaspare Druzbicki S. J. conscript, Kraków 1661

Weulersse G., *Współczesna Japonia*, Gebethner i Wolff, Warszawa 1904

Wojna rosyjsko-japońska w obrazach, Warszawa 1904

Wojstomski Stefan Witold, *O Polskiej Legii Syberyjskiej – artykuły*, Warszawa 1937

Wolikowska Izabella z Lutosławskich, *Roman Dmowski. Człowiek, Polak, Przyjaciel*, Komitet Wydawniczy, Chicago 1961

Wrażenia z podróży misyjnej do Japonii, Centrala Milicji Niepokalanej, Niepokalanów 1934

Wykaz prac Wiesława Kotańskiego za lata 1982–1994 z adnotacjami treściowymi, „Japonica" 1994, nr 2, s. 171–187

Zischka Anton, *Japonia*, Trzaska, Evert i Michalski, Warszawa 1938 (?)

Z powodu wojny obecnej myśli kilka, Spółka Wydawnicza Polska, Warszawa 1904

Zwartendyk Jan, *Curaçao: Lifeline to Holocaust Survival*, „Jewish Studies", Spring 1996, s. 2–9

Żuławska-Umeda Agnieszka, *Japonistyka*, [w:] *75 lat Instytutu Orientalistycznego Uniwersytetu Warszawskiego*, red. Maciej Popko, Wydawnictwa Uniwersytetu Warszawskiego, Warszawa 2007, s. 171–179

Żuławska-Umeda Agnieszka, *Kamil Seyfried (1908–1982)*, „Przegląd Orientalistyczny" 1984, nr 1–4, s. 201–204

Żuławska-Umeda Agnieszka, *Profesor Stanisław Ryōchū Umeda (1900–1961)*, „Japonica" 2000, nr 12, s. 107–113

Pałasz-Rutkowska Ewa, *Difficult Beginnings. The Problem Concerning the Restoration of Diplomatic Relations between Poland and Japan after World War II*, „Acta Asiatica Varsoviensia" 2016, No. 29, s. 147–164; http://www.iksiopan.pl/images/Acta_Asiatica_Varsoviensia_29.pdf

Pałasz-Rutkowska Ewa, *Rescuer of refugees in Tokyo. Polish Ambassador Tadeusz Romer*, „Darbai in Dienos" 67(2017), s. 239–254; https://eltalpykla.vdu.lt/handle/1/34412

Pałasz-Rutkowska Ewa, *Historia stosunków polsko-japońskich*, tom II: 1945-2019, Uniwersytet Warszawski, Wydział Orientalistyczny, Katedra Japonistyki, Seria Japonica, Warszawa 2019

Pałasz-Rutkowska Ewa, Andrzej T. Romer, *Historia stosunków polsko-japońskich,* tom I: *1904–1945*, wyd. 3., poprawione i uzupełnione, Uniwersytet Warszawski, Wydział Orientalistyczny, Katedra Japonistyki, Seria Japonica, Warszawa 2019

Pałasz-Rutkowska Ewa, Andrzej T. Romer, *Historia stosunków polsko-japońskich*, tom I: wyd. 3., poprawione i uzupełnione, Uniwersytet Warszawski, Wydział Orientalistyczny, Katedra Japonistyki, Seria Japonica, Warszawa 2019

主要参考文献（日本語）

インタビュー・書簡など

アンジェイ・J・ベック、エリク・ブズィンスキ、グスタフ・ブズィンスキ、ヴィンツェンティ・フションシュチェフスキ、福島尚郎、福島安光、エルネスト・ヘップナー、ルドヴィク・フリンツェヴィチ、飯村繁、池田真之、ヴァツワフ・イェンジェイェヴィチ、マリア・ユシュキェヴィチョヴァ、笠井唯計、ヤン・キェニェヴィチ、ゾフィア・コグノヴィツカ（コムジャ）、ヴィェスワフ・コタンスキ、ヴァンダ・ルティク＝ザクシェフスカ、ヤヌシュ・ウォプシャンスキ、チェスワフおよびリシャルト・マツキェヴィチ、前田利為、前田利祐、松原史主子、松本照男、三井正子、森元治郎、鍋島直輝、小野寺信、小野寺百合子、大鷹正、大鷹節子、タデウシュ・ロメル、テレサ・ロメル、ミハウ・リビコフスキ、ゾフィア・リビコフスカ、酒匂秀夫、カミル・ゼイフリート、アンジェイ・シェロシェフスキ、杉原幸子、杉原伸生、ボレスワフ・シュチェシニャク、ヤニーナ・シュチェシニャク、プシェミスワフシルサルチク、マグダレーナ・トラヴィンスカ＝イェンチミク、ヴァンダ・トラヴィンスカ＝ヨナク、ヨランタ・トゥビェレヴィチ、アグニェシュカ・ジュワフスカ＝ウメダ、梅田良穂、ヴワディスワフ・ヴィエルホフスキ、エルジビェタ・ヴィガノフスカ、山田耕之介、山脇正隆、ヤン・ズヴァルテンディク・Jr

刊行史料（事典など）

外務省外交資料館日本外交史辞典編纂委員会編『日本外交史辞典』山川出版社、1992 年
『コンサイス日本地名事典』三省堂、1992 年
『コンサイス日本人名事典』三省堂、1990 年
『日本外交事典』山川出版社、1992 年
『日本外交文書』日本国際連合協会、1958 － 1984 年
秦郁彦編『日本陸海軍総合事典』東京大学出版会、1991 年

刊行史料（日記・回想など）

太田阿山編『福島将軍遺績』東亜協会、1941 年
小野寺百合子『バルト海のほとりにて』共同通信社、1985 年（OY）
小野寺百合子「小野寺武官の「戦い」―北欧の地の情報戦とリビコフスキーのこと」『正論』第 5 号、1993 年、186-221 ページ（OYS）
佐藤尚武『回顧八十年』時事通信社、1963 年
沢田茂『参謀次長沢田茂回想録』芙蓉書房、1982 年
杉原幸子『六千人の命のビザ』朝日ソノラマ、1990 年（(SY)
樋口季一郎『アッツキスカ軍司令官の回想録』芙蓉書房、1971 年

牧野伸顕『回顧録』（上下）中央公論社、1989 年
松村知勝『関東軍参謀副長の手記』芙蓉書房、1977 年
森元治郎『ある終戦工作』中央公論社、1980 年

研究書・論文など（日本語）

安部一郎「日本・ポーランド文化交流の歴史と現状」『日本と東欧諸国の文化交流に関する基礎的研究』日本東欧関係研究会、1981 年、8-19 ページ
有賀傳『日本陸海軍の情報機構とその活動』近代文藝社、1994 年
一原有常「波蘭大使ロメールと語る」『中央公論』、1939 年 11 月号、277-282 ページ。
一原有常「ロメル波蘭大使とポリティス希臘公使に対枢軸外交を訊く」『文芸春秋』1939 年 9 月号、20-26 ページ
伊藤述史「波蘭第一線に立てる人々」『文芸春秋』1939 年 10 月号、250-258 ページ
稲葉千晴『明石工作』丸善ライブラリー、1995 年
稲葉千晴「史料研究『落花流水』」『早稲田― 研究と実践』1986 年 7 月号、59-121 ページ、1987 年 8 月号、86-102 ページ
稲葉千晴「松山収容所のポーランド捕虜問題」松山大学編『マツヤマの記憶―日露戦争 100 年とロシア兵捕虜』成文社、2004 年、62-74 ページ
稲葉千晴「日露戦争中の日本・ポーランド軍事協力」山本俊朗編『スラヴ世界とその周辺― 歴史論集』ナウカ、1992 年、451-478 ページ
梅田良忠「ポーランドの歴史」『世界文化地理大系』第 13 巻（中央ヨーロッパ）平凡社、1957 年
梅田良忠『東欧史』（世界各国史 13）山川出版社、1958-1959 年
梅田良忠訳『クォ・ヴァディス』（ヘンリク・シェンキェヴィチ著）『世界名作全集』第 21 巻、平凡社、1959 年
エルマコーワ、リュドミラ「天正遣欧使節とポーランド―隠された絆」『日本研究』国際日本文化センター、第 27 号、2003 年 3 月、71-90 ページ
「欧州大戦を語る」『日本評論』10 号、1939 年、250-261 ページ
「欧州大戦を語る外人記者の座談会」『日本評論』1939 年 10 月号
大鷹節子「ユダヤ六千人の命を救った日本のシンドラー杉原千畝『美談』の陰に」『諸君』1996 年 9 月号、124-131 ページ
岡崎クリスティナ「ポーランド日本文化交流の歴史と現状」『日本と東欧諸国の文化交流に関する基礎的研究』日本東欧関係研究会、1981 年、19-24 ページ
於田秋光「戦乱の欧州より帰りて」『交詢月報』第 16 巻、1940 年 8 月、5-20 ページ
落合直文「波蘭懐古」『雄叫』偕行社、1960 年
「加藤朝鳥追悼号」『反響』1938 年 8 月
金生喜造「独伊軍事同盟と波蘭」『日本評論』1939 年 6 月号、239-248 ページ
木村毅『日本に来た五人の革命家』恒文社、1979 年
クレープス、ゲルハルト「ドイツ・ポーランド危機（1938 ～ 1939 年）に対する日本の調停」『軍事史学』第 99-100 号、1990 年、215-244 ページ
小船幸次郎「ポーランド所見」『文芸春秋』1939 年 10 月号、258-263 ページ

小森徳次『明石元二郎』（上下）、原書房、1968年
ゴレツキ、ロマン著、稲畑太郎訳『新波蘭』、1922年
澤地久枝、杉原幸子「スギハラのリスト」『文芸春秋』1994年6月号、306-313ページ
酒匂糸子「死のワルソーを逃れて」『婦人公論』1939年11月号、72-78ページ
柴理子「日本・ポーランド交流史（1940～1941）」『国際関係学研究』第10号別冊、津田塾大学、1984年3月、77-92ページ
島貫重節『福島安正と単騎シベリア横断』（上下）原書房、1979年
シュチェシニャク、ボレスワフ「ポーランドの貴族探検家ベニオフスキー伯爵物語」『今日の問題』2号、1940年、62-69ページ
シュチェシニャク、ボレスワフ「東西両洋間の友情」『花の心』vol. XLIV、1940年4月、1-4ページ
白石仁章「いわゆる『命のヴィザ』発給関係記録について」『外交資料館報』1996年9号、60-69ページ
白石仁章「戦前期におけるユダヤ人対策に関する一考察―『猶太人対策要綱』の政策決定過程を中心に」『国際関係学研究』第18号、東京国際大学大学院国際関係学研究科、2005年2月、25-40ページ
シルサルチク、アントニ『ポーランド小史―日本魂と波蘭魂』日波協会、1938年
杉原誠四郎『杉原千畝と日本外務省』大正出版、1999年
杉原幸子監修、渡辺勝正編著『決断―命のビザ』大正出版、1996年
杉原幸子、渡辺勝正『決断―命のビザ』大正出版、1996年
高橋（柴）理子「戦間期における東欧への政府留学生派遣について」『日本と東欧諸国の文化交流に関する基礎的研究』日本東欧関係研究会、1981年、221-228ページ
中日新聞社会部編『自由への逃走―杉原ビザとユダヤ人』1995年
「独立二十年 危機波蘭の現状」『改造』1939年10号、368-378ページ
『日本と東欧諸国の文化交流に関する基礎的研究』日本東欧関係研究会、1981年
パワシ＝ルトコフスカ、エヴァ、ロメル、アンジェイ・T・ロメル、松本照男・吉上昭三訳「第二次世界大戦と秘密諜報活動―ポーランドと日本の協力関係」『ポロニカ』第5号、恒文社、1995年、12-60ページ
パワシュ＝ルトコフスカ、エヴァ、アンジェイ・T・ロメル、大鷹節子「日本のシンドラー・杉原千畝―美談の陰に」『諸君！』1996年9月号、124-131ページ
パワシ＝ルトコフスカ、エヴァ「遠くて近い―ポーランド・日本両国民間の好感情の源泉」『日本・ポーランド国交樹立80周年および国際ショパン年記念事業　ショパン・ポーランド・日本展』実行委員会、凸版印刷株式会社、1999年、62-65ページ
パワシュ＝ルトコフスカ、エヴァ「日露戦争が20世紀前半の日ポ関係に与えたインパクトについて」防衛庁防衛研究所編『日露戦争と世界―100年後の視点から』2005年、143-168ページ
パワシュ＝ルトコフスカ、エヴァ「ポーランド～敦賀～日本、友好関係の通り道―ポーランド難民・ユダヤ難民と敦賀」地方史研究協議会編『敦賀・日本海から琵琶湖へ―「風の通り道」の地方史』雄山閣、2006年、7-27ページ
パワシュ＝ルトコフスカ、エヴァ「欧亜の架け橋：敦賀」涛声学舎編『欧亜の架け橋：敦賀』涛声学舎、2008年、5-14ページ
パワシュ＝ルトコフスカ、エヴァ「ポーランド日本間の国交回復問題。第二次世界大戦後の

外交関係」『日本歴史』、日本歴史学会編集、2015 年 7 月号、61–71 ページ
阪東宏『ポーランド人と日露戦争』青木書店、1995 年
ピスコル「欧州悲劇の発端」『日本評論』1939 年 11 月号、409-423 ページ
ピスコル「支那を訪ねて」『日本評論』1940 年 2 月号
『ポーランド教育』パンフレット第２号、日波研究会、1937 年
『ポーランド共和国憲法の特質』（英文）パンフレット第 1 号、日波研究会、1937 年
『波蘭事情』日波協会、1929 年
『波蘭事情』博文館、1940 年
『ポーランドの外交政策』、日波協会、1923 年
『波蘭文学に対し』パンフレット第 3 号、日波文化連盟、1938 年
前芝確三「ポーランド壊滅の十七日間」『改造』1939 年 12 号、128-149 ページ
松本照男「大正九年シベリア孤児救済秘話」"Voice" 第 11 号、1983 年、210-220 ページ
松本照男「ポーランドのシベリア孤児達」『ポロニカ』第 5 号、恒文社、1995 年、62-81 ページ
松山大学編『マツヤマの記憶—日露戦争 100 年とロシア兵捕虜』成文社、2004 年
百瀬宏「戦間期の日本の対東欧外交に関する覚書」『国際関係学研究』第 8 号、1981 年、津田塾大学
百瀬宏「新興東欧諸小国と日本」『戦間期の日本外交』東京大学出版会、1984 年
守屋長、織田寅之助『野の国ポーランド—その歴史と文化』帝国書院、1949 年
吉上昭三「ポーランド文学と加藤朝鳥」『ポロニカ』第 1 号、1990 年、恒文社、174-199 ページ
吉田貴文「『日本のシンドラー』再評価へ外務省調査」『朝日新聞』1994 年 10 月 13 日
渡辺勝正編著・杉原幸子監修『決断・命のビザ』大正出版、1996 年
渡辺勝正『真相—杉原ビザ』大正出版、2000 年

■著訳者紹介

エヴァ・パワシュ＝ルトコフスカ（Ewa Pałasz-Rutkowska）ワルシャワ大学教授
ポーランド・ワルシャワ生まれ。1987年、ワルシャワ大学大学院修了（人文学博士）。1983-85年、東京大学留学。専門は日本文化・近代史、ポーランド・日本関係史。2015年、旭日中綬章授与、2019年度国際交流基金賞受賞。
主な著書に、本書の他、*Polityka Japonii wobec Polski 1918-1941*〔日本の対ポーランド政策 1918-1941年〕（1998年）、*Cesarz Meiji (1852-1912): Wizerunek władcy w modernizowanej Japonii*〔明治天皇（1852-1912）――近代化された日本の君主像〕（2016年）など。

アンジェイ・タデウシュ・ロメル（Andrzej Tadeusz Romer）
リトアニア生まれのポーランド人。ミシガン大学卒業。ビジネスマンとして来日の都度、ポ・日関係の調査に従事。2018年逝去。
著書（共著）に『日本・ポーランド関係史』（彩流社、2009年）。

柴　理子（しば　りこ）城西国際大学准教授
山形市生まれ。1991年、津田塾大学大学院国際関係学研究科単位取得退学。1987-89年、ワルシャワ大学歴史研究所留学。専門はポーランド史、東欧地域研究。
主な著書に、『東欧』（自由国民社、1995年）（共著）、" Katerina Todorović (1877-1974): A Central European pianist and the Japanese reception of Western music in the early 20th century," *The 20th Century through Historiographies* (Ljubljana, 2018) など。主な訳書に、エヴァ・パワシュ＝ルトコフスカ、アンジェイ・T・ロメル『日本・ポーランド関係史』（彩流社、2009年）など。

〔増補改訂《ぞうほかいてい》〕日本《にほん》・ポーランド関係史《かんけいし》― 1904-1945

2019年12月25日　初版第1刷発行　　定価は、カバーに表示してあります
2022年 6月 5日　初版第2刷発行

著　者　エヴァ・パワシュ＝ルトコフスカ
アンジェイ・タデウシュ・ロメル
訳　者　柴　理子
発行者　河野和憲

発行所　株式会社　彩　流　社

〒102-0071　東京都千代田区神田神保町3-10
TEL 03-3234-5931 FAX 03-3234-5932
ウェブサイト　http://www.sairyusha.co.jp
E-mail　sairyusha@sairyusha.co.jp

印刷・製本　㈱コーヤマ
装幀　渡辺将史

ISBN 978-4-7791-2654-3 C0022